編集復刻版
行動する女たちの会 資料集成 第4巻 ISBN978-4-905421-89-4

第2回配本［第3巻～第5巻］分売不可 セットコード ISBN978-4-905421-87-0
2015年12月11日 発行
2018年2月28日 第二刷発行＊
揃定価 本体60,000円＋税

編集・発行 高木澄子・中嶋里美・三井マリ子
山口智美・山田満枝

発売 六花出版
〒101-0051 東京都千代田区神田神保町1-28
電話03-3293-8787 ファクシミリ03-3293-8788
e-mail : info@rikka-press.jp

組版 昴印刷
印刷所 栄光
製本所 青木製本
装丁 臼井弘志

乱丁・落丁はお取り替えいたします。Printed in Japan
＊第二刷はPOD（オンデマンド印刷）すなわち乾式トナーを使用し低温印字する印刷によるものです。

●――編集委員紹介

高木澄子（たかき・すみこ）
一九七六～一九九六年会員

中嶋里美（なかじま・さとみ）
一九七五～一九九六年会員

三井マリ子（みつい・まりこ）
一九七五～一九九六年会員

山口智美（やまぐち・ともみ）
一九九六年　解散直前に行動する女たちの会に入会

山田満枝（やまだ・みつえ）
一九七五～一九八五年会員

女はこうして作られる

教科書の中の性差別

男女平等の教育を考えるシリーズ Ⅱ

はじめに

「女は、女に生まれるのではなく、女に作られるのだ」というボーボワールの有名な言葉があります。大人になるまでの間に、家庭で、学校で、社会で、知らず知らずに吹きこまれる「女らしさのイメージ」――それが、私たち女性を「女の役割」の中に追いこんでいくのです。

「男は仕事・女は家庭」という性別役割分業意識が、性差別を支えていることを、私たちは国際婦人年以来、はっきり自覚するようになりました。性差別をなくしていくには、まず、すべての人の心に根を下しているこの性別役割意識を変えていかなくてはなりません。意識を変えていくうえで最も重要なのは「教育」です。ところが、今日本で使われている教科書の多くが、性別役割意識を変えるどころか、かえってそれを助長するような記述でいっぱいなのです。日本国憲法は男女平等をうたい、教育基本法は、男女の教育機会や、内容に差があってはならないと定めています。たてまえだけはそうなっていても、子どもたちが小学校・中学校・高等学校、と10年あまり、毎日接している教科書がこんなふうでは、とても日本の社会から性差別をなくしていくことはできません。教科書は、子どもたちが繰り返し読み、その内容を身につけていくものだし、また、まちがったことが書いてあるはずはない、と信じている権威ある書物です。それが、性別役割、性差別の意識を育てる内容でいっぱいだ、とは何とおそろしいことではありませんか。私たちが、このパンフレットに拾いあげたのは、そのほんの一部に過ぎません。これを手がかりとして、すべての教科書から、性差別につながる記述を追放していく運動を、みんなですすめましょう。さらに、性別役割を否定し、「女らしさ」「男らしさ」の神話を打ちこわしていく、積極的な内容を盛りこんだ、いい教科書を作るよう、文部省や教科書会社に働きかけましょう。

目　次

Ⅰ　教科書が押しつける女らしさ

1．社会科

・やっぱり女は内、男は外（小学校）

・人　イコール　男　？（中学公民）

・家庭ー誰のためのいこいの場？

（中学公民・高校倫社）

2．国語

・「心理学」の名の下に（中学）

・女の子が参加できない授業（中学）

3．英語

・SheとHe ではこんなに違う（中学）

・高校英語はHis-story（高校）

4．保健体育

・からだの違いで決めつけないで！

（高校保健）

5．家庭科

・何が何でも女は家庭（高校家庭一般）

社会科

やっぱり?! 女は内、男は外

（小学校）

とりあげた教科書 — 東京書籍・教育出版・学校図書・中教出版
大阪書籍は一・二年、日本書籍は六年のみ

一年生の準教科書（東京では区から支給）は、自分のまわり（学校・家庭・地域）の暮らしをみつめるという内容ですが、絵が大部分を占めています。

まず目につくのは、男の子と女の子の扱いのちがいです。海辺で貝を掘る男の子と、網をもって待っている女の子（大書扉絵）とか、学校へ女の子が花をもってくる、女の先生がかざる（東書、大書）に対して、男の子は動物に夢中（東書）、男の先生は体育を教えている（中教）といったふうに、男らしさ、女らしさをきめつけた印象を受けます。家庭生活の場面では、一層それがはっきり出てきます。

東書▼

1. 家庭内の男女

うちの人のせわはだれが……？

52年版（中教）には、『おかあさんは、おとうさんがつとめにまにあうように、どんなしごとをしていますか。』『おかあさんは、おとうさんのせわをするだけでしょうか。』とありました。まるで、母親が召使いか、さもなければ、父親が日常生活の無能力者のように扱われています。53年

▲東書 P.25

◀ ▶
東書P.28

版で、「おとうさんのせわ」ということばだけは消えましたが、他社もほとんどが、父親外勤、母親主婦専業という家庭を主役としています。

また、友だちの家として、農家・商店・両親共外勤等をとり上げている教科書でも、家事は母親が一手にひき受けている絵ばかりで、学習内容でも、母親のしごととして書き出させています。

父親が家事を分担している例は非常に稀で、東書の脇役（友だちの家）になる両親外勤の一家の父親が、保育園の送り迎えや、スーパーで買物をしている例一つでした。

また、兄や姉のいる家庭は出てこず、弟妹が一人くらいの例ばかりで、こどもが家事を分担していません（学図が例外）。

これでは「せわする人（主婦）」「せわされる人（その他全員）」を固定化し、「される人」は主婦の奉仕にもたれきっている姿を当然と受けとられるおそれがあります。

民主的な社会や家庭の一員としての個人は、自分の健康や身辺の世話ができ、自分の生活を律することが必要条件といえるでしょう。自立した個人を根底とした家庭生活を考えさせる社会科であってほしいと思います。

だれが働いたおかね？

『よしおくんのうちでは、おとうさんのはたらいたおかねで、くらしにつかうものをかっています。』（教出）、『まさおさんのうちでは、だれがはたらいたおかねで、くらしているのでしょうか。』（中教）

ふしぎなことに、農家や商家などの場合には、「だれが……」と考える場面はなくて、父親がサラリーマンの場合だけ、ごていねいに月給日の情景まで紹介しています（中教）。

きょうは げっきゅうびです。ひとつき はたらいた おかねを もらいました。

◀中教P.39

『おかねはどのようにして、うちへはいってくるのでしょうか。』（東書）などは、かんたんな経済流通の導入になってよいと思いますが、他社の－お金を稼いでくるのは父親だ－と、ことさら強調するのは、どういう意図でしょうか。

主婦が家事労働をすることは天職であるような描き方や、家業が忙しくても、外勤で疲れて帰っても、ユカタでくつろいで新聞をよんでいる姿は父親だけで、母親は常に立ち働いているという家庭像を教科書がすすめているという感じがします。

「うちにくるひと」として、牛乳、クリーニングの配達や、集金人をあげ、家庭と社会とのつながりをみるという発想も、現実の生活とかけ離れています。

2．生産や流通の中の女性

二年になると、「ものをそだてる」「つくる」「人やものをはこぶ」「みせではたらく」「人やものをまもる」人たちとして、さまざまな職業をあげ、多くの人の働きがあって暮らしが成り立っていることを、理解させようとしています。

目立つ仕事は男性！?

農業の紹介のところで、牛の世話や、機械を使って行なう田植・稲刈・脱穀などの写真や絵は、

▲中教 P.21　▼教出 P.25

全員男性のものです。女性はハウス野菜の手入れ・摘果とか、稲を手で束ねている姿しか見当りません。

総理府の統計によると、農業人口の62％は女性で、しかもその 2／3 が主たる働き手とあります。実際には、運転手つきで貸し出す大型のもの以外の自家用機具は、女性も多く使っています。しかし、この教科書で学ぶ都会の子たちは、一人前に働くのは男で、女は頭や体力を使わない補助労働だけと感じるのではないでしょうか。

漁業や林業も、男性の独壇場となっています（

▲中教 P.44,45

東書・学図・教出）が、植林用の苗作りや、ハマチの養殖に女性の姿がみえ（中教）、山の下草刈や、浜での荷上げにわずかながら女性が登場（大書）している例もあります。やはり男女とも働いている、きびしく又、美しい姿を示してほしいと思います。

工場生産の中では、シャツ－女、自動車－男、パン－男女（東書）とか、食肉加工－女、洋服－女、テレビ－女（学図）のように、業種別に男女が偏っていますが、両性とも働く写真がのっています。記述には130／250が女性とあって、絵は男性ばかりのパン工場（学図）や、保健婦以外は全員男性のパン工場の絵（中教）は、もう少し神経を使わないと、一定の方向をそれ自体がもってしまいます。

女はニコニコして包むだけ！

身近な商店の例をあげている流通機構の部でも図にあるように、仕入れや売り方を考えたり、客に品物をすすめたりするのは男性で、愛想よくおじぎをして、おつりを渡したり包んだり、店の掃除をするのは女性、という記述が、現実を表わしている、といえるでしょうか。なぜ、こう同じ姿勢で各社が足並みをそろえるのでしょうか。

世の中の役に立つのは男？

「人やものをはこぶ人たち」には、各社とも、女性が登場しません。郵便局員や電話交換手、スチュアデスや車掌など、現実に女性なくしては考えられない職種がかなりあるはずです。

「あんぜんをまもる人たち」の中で、警官や消防官に女性の出ない教科書も多く、婦人警官が1／15くらい描かれても、迷子や交通整理に限られています。少年補導や、スリ係の婦人警官もいて、増えつつあることをこそ、教えてほしいのです。

教科書は現実からかけ離れることはできませんが、少くとも、建前をはっきりうたい、個人の自立や、両性の平等を求める方向を打ち出すのが当然でしょう。そのための配慮を、もっとめぐらすべきです。

保母、看護婦、医師、保健婦等、子どもたちに縁の深い「安全・健康をまもる」人には、女性が多勢いますが、教科書の中の、「はたらく人たち」に入っていないのも奇異に思えました。

商店（八百屋・魚屋）のさし絵中女性の割合

出版社	市場	小売店	帳簿付	男女の役割記述
東書	$\frac{2}{12}$	$\frac{2}{4}$	$\frac{1}{2}$	魚屋さんでは売れそうなものや残った理由を相談する（P.10）
労図	0	$\frac{1}{2}$	$\frac{1}{2}$	父は仕入れを考え客にすすめる 母はにこにこありがとう（P.52）
教出	0	$\frac{1}{2}$	0	おじさんは客によびかけ、おばさんはおつりを渡す（P.12）
中教	0	女性は客だけ、店員は全員男性	——	父は売り方を考え、母は包んでわたす

3. 歴史の中の女性

六年で学習する日本史は、アウトラインだけですから、多くはのぞめませんが、女性の固有名詞が出てくるのは、各社共通の二人（卑弥呼と紫式部）で、その他清少納言が二社にありました（日書・学図）。

以後女性は姿を消しっ放しですが、江戸時代の身分制支配で出てくるのではないかと、しらべました。各社とも、「士農工商」の記述があっても、『妻は夫に、子は親に絶対服従』と女性の地位についてふれているのは一社（学図）だけです。

明治維新で男女の差別なく!?

明治政府の項にくると、唐突に、「身分や男女の差別なく、国民が平等に教育が受けられるしくみ」（教出）になったという文が出てきます。明治民法では、女性は法的無能力者として扱われ、一般に財産権も親権も与えられなかった差別も書いてありません。学校制度を整えていく過程で、女子を高等教育から除外し、中等教育さえも、「良妻賢母」の方針で男子と大きく差別していった事実がどの社にも出てこないのです。

学校ができる

新しい政府は、国民に新しい知識を得させることが、国の力を増すもとだと考え、一八七二年（明治五年）、学校の制度をつくり、みんなが平等に学校に行けるみちを開きました。

「どこのむらにも、どこの家にも読み書きのできない人がいないように。」とか、「女子でも勉強するように。」ということばが、政府のおふれ書にありますが、これによって政府の考えを知ることができ、また、当時のようすがわかります。しかし、初めには学校で習うことは役にたたない、授業料が高いなどといって、子どもを学校にやらない人や、やれない人がたくさんいました。

「普通選挙権」といっても女性を無視している問題や、婦人参政権運動についても、わずかにふれているのが一社（学図）だけでした。

男女差別は差別のうちに入らない

近代国家として発展するための国策、殖産興業の先頭を切った繊維工業が、13〜24才の小作農の娘によって担われていたと、三社の教科書に書かれ（学図・東書・教出）、女工哀史の一部を紹介している教科書も一社ありました（東書）。当時の貧農の子女、とくに娘が受けた非人道的な扱いを知り、人間を犠牲にすることを意に介さない差別思想が民主主義の敵であることを教えることも必要だと思います。

農村の封建的人間関係（日書）、同和問題（東書）、身障者差別（学図）等の差別問題を一応記述している各社にも、性差別を意識した教科書が一冊もみられないことが大きな問題だと思われます。気にとめないということは、差別者の側に立つということです。

紡績工場の仕事

およそ紡績工場くらい長時間労働を強いるところはない。だいたい十二時間制が原則になっている。……休み時間は、ほとんどの工場が、九時、三時に十五分づつ、十二時に三十分、合計一時間だ。しかし、いっぱんの女工には、ほとんど休みがないのと同じである。運転はとめるにしても、機械のそうじや、つぎの仕事の準備などで、十五分や二十分は、たちまちつぶれてしまうからだ。……家からかよう女工などは、持ってきた弁当を、仕事におわれるものだから、機械の間にひっかけておいて、あい間、あい間に食べたりした。（「女工哀史」の一部をやさしくしてまとめたもの）

社会科

人 イコール 男？

（中学公民）

とりあげた教科書――東京書籍・日本書籍・中教出版・清水書院・
帝国書院・大阪書籍・学校図書・教育出版

「地理」「歴史」「公民」の三分野からなる中学社会では、政治・経済、社会一般に関する事を「公民」で扱っています。ここでは、主に「公民」の中の「職業と人間」について考えてみます。

職業についてはじめて人といえる！

どの教科書も明快にいいきっています。『人は職業について働き、その収入で自分や家族の生活をたてたときに、はじめて独立した人間として生きることができる。』（日書）『人は何のために職業につくのであろうか。人間が人間らしく生活していくために、とくにたいせつなことは労働である。』（教出）『わたしたちは、職業をもつことによって、収入を得て生活の独立をはかり、責任ある社会人となるのである。』（清水）

また『仕事を通じて人格が作られる』（日書）『自分の個性や能力を発揮し、社会に役立つ仕事をしているという自覚は、わたしたちの生きがいにもつながるたいせつなことである。』（中教）のように、各社とも「職業は生活の維持、能力や適性の発揮、社会に対する貢献」という三つの意義をもつと述べています。そして『すべて国民は、勤労の権利を有し、義務を負ふ。』という日本国憲法の引用もありました（学図・中教）

さて、この「人は……」のもつ意味ですが、たしかに人間は経済面でも生活面でも、自立すべきものです。しかし、教科書が絵空事でないなら、生徒たちは父や母の職業生活を思い浮べ、また自分自身の遠くない将来を心に描きつつ学ばねばなりません。男生徒にとっても、女生徒にとっても、「人は」が両性全体を指していることをはっきり意識させ、現状を分析し、解決の方向を打ち出さなければ、疎外感か無関心をよぶことになるでしょう。

ところが、職業に関して示された写真も、各社合せて35枚中、男性だけのもの22対女性だけ9（それも『単調な仕事』とか『流れ作業』のタイトルで）、両性4でした。

女だけがひそかに悩む問題？

1976年の総理府統計によると、全就業者中女子は37.4％を占め、男子5人に対し女子3人が働いています。これは“女が働く”ことが、決して“特殊な場合”を意味しないで、一般的と考えられる数字です。しかしそれにしては、女性が職業人として責任ある仕事をし、人間としてふつうの

職業のいろいろ　①建設労働者
②一般事務員
③商店経営者

▲教出 P.29

○単調な仕事のくり返し　ラジオ製造工場での組立作業で，細かな手作業が続く。

▲東書 P.53

家庭生活を営もうとするときぶつかる問題を教科書がなおざりにし過ぎていないでしょうか。

教科書の記述どおり、「責任ある社会人」を志す女生徒にとって、「一人の人間が働くためには家族のサービスが必要なのだろうか。」と疑問に思うこともあるでしょう。「養育や介護を要する」家族は女性が背負うのが当然なのだろうか。なぜ女だけが責められるのかとひそかに悩むだけでいいのでしょうか。

多くの母親は若いとき職業の中断を余儀なくされ、中年となれば、「家計補助的労働」の待遇の仕事しかつけません。「家族に不自由をかけないように」と気を使いながら、不安定なパートの仕事でも働かざるを得ない姿を、正面からとりあげなければ、"人は職業について……"という建前が説えるはじから崩されてしまいます。

職業上の男女差別について、一切扱ってない教科書は一社（中教）です。しかし職業選択の項で、『現実の社会では、自分の希望や能力にかかわりなく、家がら、出身地や学歴、性別あるいは民族のちがいによって、就職や職業のうえでの差別が見受けられる。』（清水。同様のもの教出）と一言書いただけで、他のことは無視して通り過ぎた教科書もありました。

日本では女は家庭を守るべきものだった？

「人は……」でくくりきれない問題を、「女性と職業」という項をたてて、不十分ながらふれている教科書もあります（東書・学図・日書・大書。帝国は項がないが記述あり）。

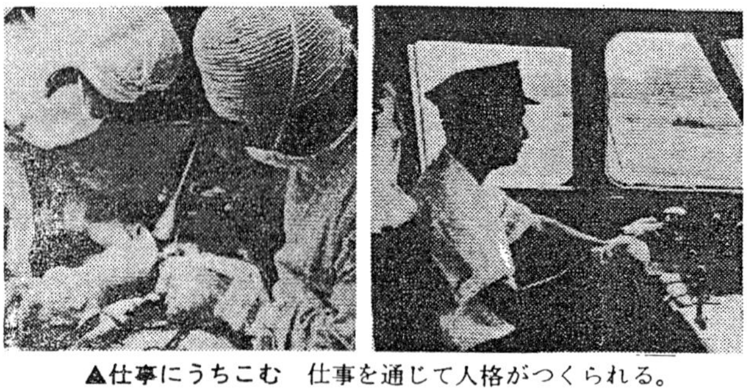

▲仕事にうちこむ　仕事を通じて人格がつくられる。

◀日書 P.34

『……女性にその能力があっても、責任の重い仕事や、複雑で高い技術を要する仕事をもたせない傾向もある。同じような仕事をしても、収入が男性より少いことがある。』（日書）、『不利な扱いが少くなったが……なくなっていない。』（東書）などです。しかし、『男子よりも早い年令で定年を決めたりするような不当な差別事例もみられる。』と定年差別の記述があるのは一社（帝国）で、賃金格差も、数字を示したのは二社（日書・教出）です。

賃金差別や定年差別は裁判で争われた例もあり、偏見や不当な差別を具体的に書いて、企業や国の政策の問題点も明らかにすべきです。

職場での男女差別の原因は、『日本では女性は家事や育児に従う方がよいとされ、教育の機会も……』（東書）、『わが国では長いあいだ、女性は家庭を守るべきもので、職業……家計の補助程度のものと考えられていた。』（日書）と書かれています。

本当に日本では女性は長い間、生産や流通の場から遠ざかっていたのでしょうか。農業人口が大部分を占めていた明治時代までに、野良で稼ぐ女性が少なかったとは思われません。夜なべ仕事でも、むしろを編み、機を織り、働きづくめだったことに目をふさぐのは無理です。

商家で女性が働いているのはもちろんのこと、明治以後発達した工業生産においても、軽工業が主だった大正末期までは、男工より女工の方が数多く働いていました。

女性本来とか、わが国古来とかいう考え方は客観性に欠け、たびたび政策的に使われてきました。戦争中は家から引っぱり出し、戦後も景気の変動に合せて都合よくキャンペーンが行なわれたことも書くべきだと思うのですが……。

低賃金政策の便利な道具として

経済のしくみも説いている教科書ですが、労働者の身分上の政策を『わが国では、臨時工やパートタイマーの雇用上の不安定さや、労働者間の賃金格差などの問題が課題となっている。』（中教・同様の記述大書・日書）と書いているのは少数でした。これこそが婦人労働の特徴とされているものです。

戦前、農村の口べらしということで賃金の体系をゆがめていたと同じことが、現在パートとして景気の安全弁に使われています。近頃はパートが長時間化して、身分上だけ臨時という場合が多くなりました。「女は家庭」という思想でしばり、「家計補助」という口実で賃金を下げていることを、はっきり書いては差し障りがあるのでしょうか。

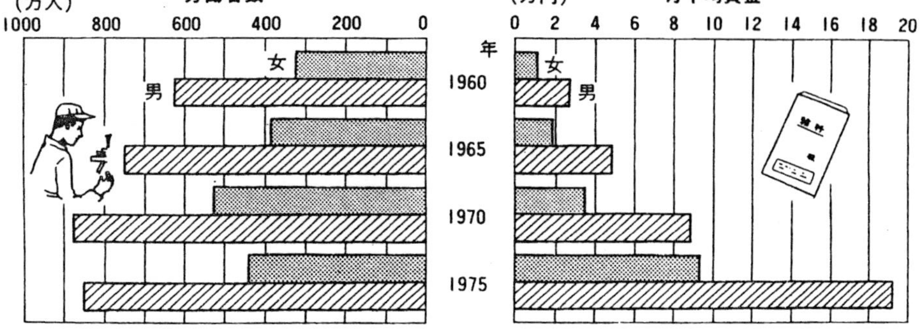

日書 P.40▶

▲男女別労働者数と平均賃金（常勤労働者30人以上の製造業の会社）（日本統計年鑑）

やはり流れはせきとめられない

「女は家庭」とうたっても、実際の流れの中で乳幼児や老人、病人の介護が社会問題としてとらえられるようになってきました。家事にしても、サービス業種の多様化がすすんできて、家庭の仕事の考え方も変化しています。戦後続いている、「家庭科共修運動」でいわれるような、「自分の心身や生活を管理できる自立した人間」の育成を目指すことも社会科でとり上げる時が来ているように思われます。

『家族の協力』（教出）が母親への手伝いの域を出ていないのに対し、『母親も職業について働いている場合、従来の家族の中での役割分担の考え方……母親に重い負担がかかることになる。』（東書）は性別分業の問題に少しですがせまっているといえるでしょう。『働く婦人の中央集会』（東書）の写真も、動きつつある現実をとらえています。

『しかし職業をもつ女性の負担は大きい。育児その他の家庭の仕事の社会化がじゅうぶんでないうえに、女性は家庭を守るべきものという考えが残っている。そのため、女性は職業上の地位を男性より低くされ、能力をじゅうぶん発揮できないことが多く、解雇しやすい形でやとわれることも多い。そこで、保育所の充実などが要求されるとともに、職業上の男女同権を実現するための婦人運動がおこなわれている。』（日書）の記述も、ひととおり問題をとり上げていますが、ただ羅列したり、女生徒だけの問題として、残り半分の男生徒に無関係であってはならないことです。

「国際婦人年」の運動が世界的に大きな波となって、「平等法」をはじめとする施策も各国ですすんでいます。人間としての労働と自立を求める女性の運動が拡がっていることを社会科の教科書が無視しては通れないものだと思います。

そして、男女を含めた「人間」が、人間らしい労働と生活を目指す教育を、義務教育の仕上げに位置する「公民」にこそ、強くのぞみます。

○職業訓練にはげむ身体障害者（東京都）

○働く婦人の集会　職業生活をめぐるさまざまな問題について話し合われた。（1975年）

◀東書

社会科

家庭— 誰のためのいこいの場

（中学公民・高校倫社）

とりあげた教科書 — 小学社会　教育出版
中学社会（公民）　教育出版・帝国書院・学校図書・大阪書籍
高校倫社　東京書籍

家庭でくつろげるのは誰？

> 【いこいの場としてのはたらき】
> 現代の複雑な社会生活のなかで、多忙な毎日をおくっている人々にとって、家庭は心の緊張をときほぐし、からだのつかれをいやす**いこいの**場である。家族のあたたかい愛情と自由なくつろぎのなかで、心のやすらぎを得て、明日への活力をつくりだしていくことができる。
> （中学公民・教育出版　P11・12）

中学公民でも、高校倫社でも、家族の機能として、生活・消費の単位、人間形成・教育、扶養、休養・いこいの場、などをあげています。その中でも上の文のように「いこい」とか「くつろぎ」「心のやすらぎ」などが強調されています。これらの言葉は、どのような意味で、使われているのでしょうか。意識調査をみても、男女とも家庭を休息・いこいの場と考える人が多いようですが、男が家族にいこいを与えたいと思ったり、女が家族からいこいを与えられたいと思って答えた数字とは思えません。男はくつろぎを得、妻や母は家族をくつろがせているのが、現実の姿ではないでしょうか。さし絵が象徴するように、「いこい」「くつろぎ」を家族に与えるためには、女は、いつも笑顔でお茶をだしたり、部屋をかたづけたり、洗たくをしたりしなければなりません。これでは「いこい」「くつろぎ」は、妻や母が、夫・子供に提供するものとなってしまいます。

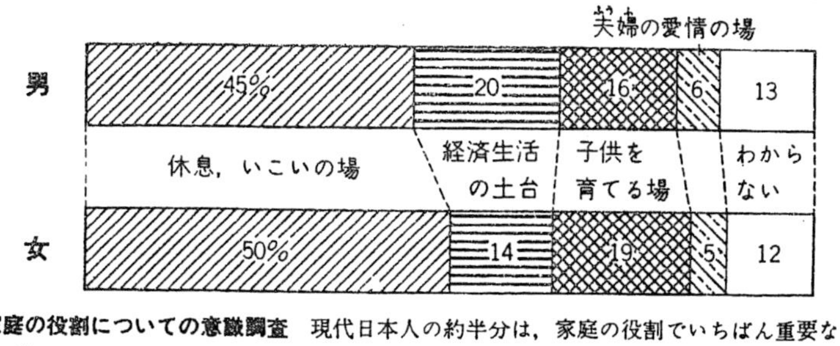

家庭の役割についての意識調査　現代日本人の約半分は，家庭の役割でいちばん重要なのは「休息・いこいの場」であると考えている。（1972年　総理府「婦人に関する意識調査」）

◀帝国（公民）P.13

教出 P.45▶

共働きは離婚の原因？

【不安定な家族関係の問題】

現代の職業生活は、しばしば、家族員がそろって生活するという機会を少なくしている。村落に見られる長期間出かせぎに行く人のいる家族や、３交代制の職場に働く人のいる家族、さらに主婦も仕事に出ている共働きの家族などは、その例である。このような家族では、ともすれば、こどもや老人が家庭にとり残され、家族の機能をじゅうぶんに果たすことができなくなる。その結果、家族に対する不満や家族員間の不和などが生じやすい。そのような不安定な家族関係から、家出や別居、さらに離婚という問題もおこりかねない。

（中学公民・学校図書　P12）

長期出かせぎ、３交代制勤務は、人間らしい生活をおくるためには、改めてゆかねばならない仕事の形態であり、重要な社会問題ともなっています。

でも、共働きも同じ社会病理でしょうか。上の文はまるで、共働きはいけないことだ、と言っているようです。女性労働者が全雇用労働者の３分の１を越えており、また生徒の家の多くは、両親が共働きであるという現状を、この文はまったく無視しています。

人はだれもが、働いて生きていくのが当然であり、その個人が集まっているのが家族です。共働きを非難するのではなく、家族が協力して円滑に暮していけるような条件を整える政策こそが、望まれているのです。

保育問題は女の心がけのみで解決するのか？

また、今日のきびしい経済情勢のもとに生活を維持するために、共働きの家庭も多くなった。そのため、家事に十分手がまわらず、子どもの養育や老人の扶養など、家庭生活にいろいろな影響をあたえている。

（中学公民・大阪書籍　P19）

わが国の若い世代の人々のあいだには、ややもすれば、子どもを養育する態度に混乱と無責任とがみられるのである。家族は地域社会や国民社会の中核的な構成単位であり、社会を存続させるうえでもっとも基本的な役割をになっている。したがって両親は、子どもの養育という社会的な役割の自覚と、責任ある態度とをきびしく追求していかなければならない。それでなければ、単に家族の内部だけでなく、家族外の社会の混乱と不幸をますます深刻なものにさせていくことになるのではなかろうか。
（高校倫社・東京書籍　P 37）

中学・高校とも、ほとんどの教科書で、現在の家族の問題点として、保育と老人介護の不充分さをあげています。引用文をみてもわかりますが、中学では、これらの問題は、共働きの増加によるものと書かれ、育児や老人の世話は、本来、家庭ですべきものなのに、それが充分でないとみています。これら保育や老人の世話を家庭内で、いったい誰がするのでしょう。「共働き」や「わが国の若い世代の人々」が、家庭を破壊しているような記述をしていますが、責められているのは、若い夫婦のどちらでしょうか。

解決策については、なかには、社会的にとらえ行政の責任等にふれている教科書もありますが、多くの教科書が、特に高校では、ほとんどすべてが、上記のような「社会的役割の自覚」とか「責任ある態度」という精神論だけで終っています。これでは、現実の問題は、何一つ解決できません。

男の生きがいは仕事でなくっちゃ………？

第３に、家庭第一主義、いわゆるマイ＝ホーム主義的傾向が問題にされなければならない。すでにみたように、現代社会では、家庭に生きがいを見いださざるをえない人々がふえ、そこに新しい家族集団の機能がみられるのであるが、同時にそれは、人間の生きかたについての問題を投げかけている。つまり、人間とくに男性にとって真の生きがいは仕事か家庭か、という問題である。もちろん、この２つは両立するのが理想であるが、現代社会におけるマイ＝ホーム主義には、職業生活における生きがいの喪失を家庭生活でつぐなおうとする逃避的傾向が強くみられるのである。しかし、このようなマイ＝ホーム主義は、かえって生活の空虚さを深めていくことになるのではなかろうか。家庭の幸福とは、けっして社会の幸福と無関係に成立するものではなく、社会の幸福とは、社会の矛盾をなくするための、職業をはじめとするさまざまな社会活動に積極的に参加する個人個人の努力をとおして、はじめて実現されるものだからである。したがって、社会的責任、とくに職業的責任をなおざりにして、いたずらに家庭生活だけに人間としての幸福を見いだそうとする生活態度は、問題にされなければならないであろう。
（高校倫社・東京書籍　P 38）

「人間とくに男性にとって真の生きがいは」「職業生活」にあるとし、家庭を生きがいにすることは否定しています。

『人間とくに女性』は何を生きがいにすべきだというのでしょうか？　上の文章の筆者は、実はこういいたかったのではないでしょうか。

第３に、家庭第二主義、すなわち職業第一主義的傾向が問題にされなければならない。すでにみたように、現代社会では、職業に生きがいを見いだそうとする女性がふえ、そこに新しい社会集団の機能がみられるのであるが、同時にそれは、人間の生きかたについての問題を投げかけている。つまり、人間とくに女性にとって真の生きがいは家庭か仕事か、という問題である。もちろんこの2つは両立するのが理想であるが、現代社会における職業第一主義には、家庭生活における生きがいの喪失を職業生活でつぐなおうとする逃避的傾向が強くみられるのである。しかし、このような職業第一主義は、かえって生活の空虚さを深めていくことになるのではなかろうか。女性の幸福とは、けっして家庭の幸福と無関係に成立するものではなく、家庭の幸福とは、家族間の矛盾をなくすための、家事をはじめとするさまざまな家庭内労働に積極的に参加する女性の努力をとおして、はじめて実現されるものだからである。したがって、家庭的責任、とくに育児や老人介護をなおざりにして、いたずらに職業生活だけに人間としての幸福を見いだそうとする生活態度は、問題にされなければならないであろう。

（高校倫社・ホンネ版）

変ってきた「おとうさん」

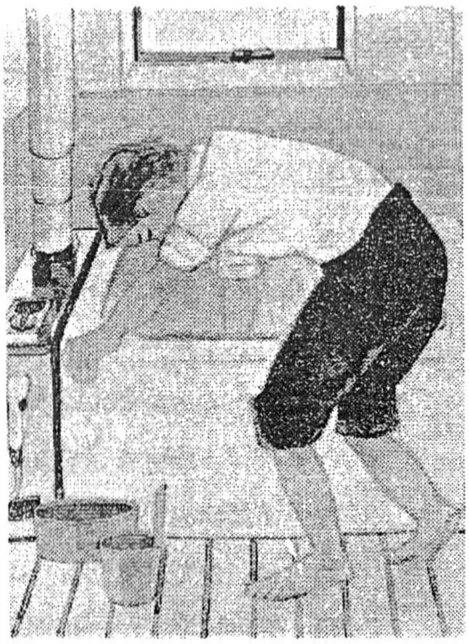

にちようびです。おとうさんは、おふろの そうじを しています。

みなさんの うちでは、どんな かぞくの せわが ありますか。

▲中教 P.39

53年度版まで、「夫は外で働いて給料をもち帰り、妻は夫と家族のせわをする」という家庭像を典型としていた中教出版の小学社会1が、54年度版から「うちの中で働いている父親の姿」をとり入れました。いままではせいぜいが「雨戸を開ける」くらいだったおとうさんが、ズボンをまくって「おふろそうじ」にとりくんでいる姿は健気にさえみえます!?

国語

「心理学」の名の下(もと)に

── 男はガンバレ・女はダメだ ──

（中学）

とりあげた教材 ──「心の底をのぞいたら」

三省堂　なだ・いなだ

まずはじめに、この「心の底をのぞいたら」の一部を引用します。

> でも、この自我の確立ということは、けっこう難しいことなのだ。ほんとうに、それができる人間のほうが少ないくらいである。宗教に頼る人もある。上役に頼る人もある。女の子の場合は、結婚して、自分の夫を頼りにすることになる。女の子は、将来どんな人と結婚するかと質問されると、よく頼りになる人と答える。それは、きみもよく聞くだろう。女の子が、結婚の相手に自分よりも年上の男を選ぼうとするのは、父親以外に、自分の頼れる人間をさがしたいという気持ちがあるからだ。女の子は男の子に比べて、思春期の反抗が少なくて、そのために、ほんとうに自我の確立できないものが多い。女が自我をあまり持ってこなかったと言われているのは、こうやってみれば、確かだったことがわかるだろう。
>
> 男は、女よりも、その自我を確立するように、強く望まれている。結婚相手にどんな女性を考えるか、と質問されて、女の子のように、頼りになる人なんて答える者は、いないだろう。男の子は、一人前の人間として、頼りにされるようにならなければならない。それだから現在では、男のほうが、自我をはっきりと持つために、女の子よりもよけいに苦しまなければいけない時代なのだ。

精神科医によって、心理学の立場から書かれたこの文章は、女性解放の視点から見ると、現行国語教科書中で最悪のもののひとつです。

思春期の心理を分析し、自我の構造を明らかにしようとするこの一文、自我を持つのは男だけ、という前提のようです。

> 子供は、五・六歳ごろから異性の親を愛するようになる。そのため同性の親を競争相手に回し、反抗心を持つ。男の子は父親に、女の子は母親に。母親はたいした存在ではないので、女の子は問題をそれほど深刻にしないですむ。が、父親のほうはとても強くて怖いので、男の子は強烈な反抗心の中からほんとうの自我

〔 を形成してゆく。しかし女の子は…… 〕

「女は自我を持てない。」

「男は頼られるよう、しっかりしろ！」

こんな言葉が堂々と教えられ、中学生の脳裏にきざみつけられています。なにより恐ろしいのは、これが〝心理学〟の〝真実〟だとされていることです。著者はエディプス＝コンプレックスについてこう書いています。

〔 フロイトが発見しても、当時の人たちに、そんなばかなことはない、と認めさせないようにしてきたのだ。そして、ようやく七・八十年もたって、今では、フロイトが考えたことが正しいと思われるようになっている。〕

フロイト説の欠陥もしばしば指摘されている今日ですが……

もし現実に女の子のほうが自我を確立しにくいのなら、その原因こそさぐるべきでしょう。父親への反抗のほうが、母親への反抗より強いとすればなぜか、従属を強いられた母親たちは、反抗に

価するだけの人格と責任を持ち得なかったのではないか。なぜ女の子は〝頼れる人間〟をさがさねばならないのか。幼児期から依頼心を強要されてきたからではないか。大人になっても独立して生きられないしくみがあるのではないか……。

フロイト心理学は社会背景を考慮せずに構築されたものでした。彼の時代から今に至るまで続いている差別社会に目をつむり、そこから生じた歪んだ心理を連ねてみても、中学生の心の成長の糧になろうとは思えません。

同じ教科書で

『ぼくの子供のころの夢は、探険家になることだった。』

（東書１） 羽仁進「君たちの夢君たちの未来」

『わたしはひとから愛される美しい女になろう。』（東書１） 木下順二「山の背くらべ」

『母親は妹の傷をおやじの目の前に突き出し、この傷は残るだろうか、残らんだろうか、女の子だから気になる、と自分の心配を父親に分けてしまった。』

（東書２） 木山捷平「尋三の春」

『敬語に関係して、男女の言葉に違いのあることも、日本語の特色の一つである。昔に比べて、女性語の特徴は、今日ではずっと薄れてきたが、それでも、男性の「飯を食う。」「茶を飲もう。」などに対して、女性はいわゆる女らしい言葉を使う。

※ 学習のたすけ

例をあげてみましょう。

男の言葉遣いと女の言葉遣い』

（東書３） 大石初太郎「日本語の特色」

国語

女の子は参加できない?! 戯曲の時間

――登場人物は男ばかり――

（中学）

とりあげた教科書―― 光村図書・東京書籍・学校図書・教育出版・日本書籍・三省堂

国語の教科書の登場人物は圧倒的に男が多いと言われています。著作者の96%を占める男性の眼は、どうも教室の半分しか見えないらしい……、女の子の存在を忘れているらしい……、そんな疑いが湧いてくるのが、教科書の中の戯曲です。

小・中学校のころの国語の時間。小説・論説文・詩、いろいろな教材がある中で、私は戯曲をとりあげた時間がいちばん好きでした。まず何人かの生徒が読み手に当てられ、それぞれ感情をこめて台詞を語りかけます。いつもの味気ない音読と違って、作品が生き生きと共感をさそったものでした。何度か読みあわせをしたあとで、教室で演じたこともありました。男子も女子も、どの役は誰がいい、この役はあの人にピッタリ、などと騒ぎながら配役を決める作業もまた楽しいことでした。

ところが――楽しくないことに、六社の国語教科書計18冊の中には十編の戯曲がありますが、そこに登場する人物はウンザリするほど男だらけなのです。（表参照）

55人の男に対する９人の女。教室には普通ほぼ同数の男女生徒がいるのに。まさに〝男の世界〟を脚色したようなこれらの教材は、教室でどのように扱われるのでしょうか。作品に沿って、それ

登場人物の男女比

	題	男	女	役柄
光村２	機の音	8	1	娘
光村３	ウィルヘルム＝テル	16＋その他	1＋その他	名門の娘・ベルタ
東書１	ウミヒコ　ヤマヒコ	2	0	
学図１	雷（狂言）	2	0	
学図３	泣かない仲間	3＋その他	1	少年の母
教出１	コタンに生きる	7	2	妻タマ，コタンの女
教出２	しびり（狂言）	2	0	
教出３	夕鶴	3	1	ヒロイン・つう
日書３	夕鶴	3	1	ヒロイン・つう
三省２	武悪	3	0	
三省３	三年寝太郎	6	2	ばあさま，長者の娘
	11	55＋その他	9＋その他	

人物

飯塚森蔵
妻　タマ
長男　健治
田代米助
井上伝蔵
坂本宗作
落合寅市
高利貸し
農民たち
コタンの人たち

▲コタンに生きる（教育出版）

登場人物

ウィルヘルム＝テル　（弓の名手として知られた猟師）
ワルター　（テルの長男）
ヘルマン＝ゲスラー　（シュウィーツ州とウーリー州の代官）
ルードルフ　（代官の家来）
フリースハルト　（帽子の見張り番）
ロイトホルト　（帽子の見張り番）
ルーデンツ　（ウーリー州に住む若い貴族）
ベルタ　（ウーリー州に領地を持つ名門の娘）
ワルター＝フュルスト　（テルの妻の父。三州の同盟を図った指導者の一人）
ウェルナー　（シュウィーツ州の名家の主人。同盟の指導者）
メルヒタール　（ウンターワルデン州の住人）
その他、牧師、役僧[1]、代官の従者、村民大勢

◀ウィルヘルム＝テル（光村図書）

それの役どころに合った生徒によって読まれ、演じられるならば、女性徒の多くは授業から取り残された存在となるでしょう。

たったひとりのヒロイン『夕鶴』の「つう」を除くと、女性登場人物は、娘・妻・母・ばあさま、それに通行人だけ。いわば自分の名を持たない女たちです。男を中心に展開してゆく物語の色どりとなったり、背景となったりする役割です。

『ウィルヘルム＝テル』には「村の女たち」が登場しますが、彼女たちの台詞は、

「ほれ、代官が来るよ」

「おお、神様。」

だけ。『泣かない仲間』の「少年の母」も、家出した少年をさがしてオロオロするばかりの歯がゆい存在です。彼女が退場したすぐ後には、こんな台詞もあります。

「え。ほう。こりゃ頼もしいや。涙をこぼさねえところが男だ。」

もっとも屈辱的なのは『三年寝太郎』に登場する「長者の娘」でしょう。

長者どんは寝太郎の策略にひっかかり、神様のお告げを聞いたと信じこみます。お告げは、

「長者どんは娘様を寝太郎の嫁にくれてやるべえし。」

とか。天罰を恐れて、

「どうでも寝太郎どんにおらの娘をもろうてもらうだ。」

と決心した長者どんは、娘を祝言の席へとせきたてます。

「さあさあ上に上がらんか。」

と。すると娘は、

「はい。」

とこの脚本中たったひとつの彼女の台詞を口にすると、素直に上がって座ります。

自分の意志も感情もなく、荷物のように差し出される娘。この配役を誰か女性徒に割り当てるのはずいぶん残酷なことに思われます。

わずか十編の戯曲の中にさえ、男のモデルはさまざまな人生を開拓しています。海賊になったり、山賊になったり、頓智を働かせたり、ウィルヘルム＝テルや飯塚森蔵『コタンに生きる』に至っては、はっきりと権力に抵抗する人物として描かれています。しかし、女たちはいつでも事件の圏外からながめているだけ。舞台の中央に踏み出した女は、「つう」のように人間社会から飛び立ってゆくしかないのでしょうか。この現実社会をたくましく生き抜いた女性の言葉をこそ、女子生徒に語らせたいのですが。

英語

SheとHeでは こんなに違う

（中学）

とりあげた教科書 ― 開隆堂「ニュー・プリンス」
東京書籍「ニュー・ホライズン」
中教出版「ニュー・エブリデイ」

中学英語では、以上の３種の教科書が全国の中学校の８割以上で使われています。そこでこの３種の教科書を点検して、気になる点をあげてみました。

くり返し練習することのおそろしさ

中学英語は、初歩の基本的な文章をくり返して練習するので、その内容がしらずしらずに英語といっしょに身について、固定観念になりやすいのです。だから、男の子と女の子の行動が一定のパターンになってしまうことは、男女の役割を固定してしまう、という点でとても危険です。

ところが、女の子が出てくるのはいつも、料理や、ケーキ作りの場面。スポーツといえば、いつも男の子が主役というケースがあまりに多くて、がっかりさせられます。

特に、文型練習は、さし絵といっしょに何度も繰り返される部分。そこに出てくる男の子、女の子の姿は何と画一的なのでしょう。

また、お母さんといえば台所――料理ときまっているのも困ります。働く女性がどの職場にもたくさんいるのに、なぜ大人の女は主婦で、家事をするものときめつけるのでしょう。

働く女性の姿が極端に少いばかりでなく、たまに出てきたとしても、従来から、女性向きとされてきた職業にかぎられていて、まるで職業にも、男性向き、女性向きの区別があるみたいです。

アメリカでは〇〇マンという職業名をやめて、性別を表わさない〇〇パースンという語を使うようになってきている、というのに……。

ともかく、こういう固定的な男女の姿を毎日、毎日、さし絵といっしょに繰り返させられては、しらずしらずに男女はちがう……という先入観が身についてしまいます。繰返しが多いからこそ、いっそう、性別にとらわれない生き生きした女性の姿を、現実の中からつかみ出して、のせてほしいものです。

（本文は24ページにつづく）

＝料理とケーキ作りはいつも女！＝

▼「エブリデイ」1年（14課）

▼「エブリデイ」2年（12課）

「エブリデイ」1年（14課）▶

◀「プリンス」1年（14課）

▼「プリンス」1年（10課）

▼「プリンス」2年（6課）

〈家事をする男の子はほんの少し…〉

▼「プリンス」1年（14課）

▲「エブリデイ」1年（13課）

▼「ホライズン」3年（6課）

▼「プリンス」1年（11課）

▼「プリンス」

職　業

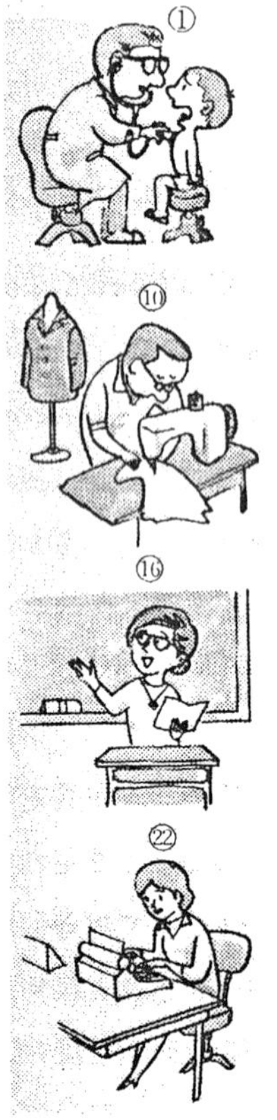

① doctor　② nurse
⑬ baker　⑭ fisherman
㉑ singer　㉕ dancer

＝女の職業は先生と司書だけ？＝

「エブリデイ」▶
１年（20課）

▼「エブリデイ」
２年（１課）

「ホライズン」▶
２年（８課）

▼「ホライズン」
２年（１課）

３年（巻末の表）――女性の働く姿は８種だけ！　どの職業だって、女の人がたくさんいるのにね。

③ dentist　④ milkman　⑤ newsboy　⑥ policeman　⑦ barber　⑧ pilot　⑨ stewardess　⑩ tailor　⑪ florist　⑫ laundryman　⑮ farmer　⑯ teacher　⑰ fireman　⑱ mailman　⑲ telephone operator　⑳ taxi driver　㉑ carpenter　㉒ typist　㉓ cook　㉖ actor　㉗ greengrocer　㉘ painter

男は行動的、女はおとなしく？

家庭生活や、職業の場面ばかりではなく、スポーツや屋外の行動的な活動の絵はいつも男性、女の子はお人形づくりやケーキ作り。これじゃ活ぱつな女の子はうんざりしてしまうはず。行動的な場面が少いせいか、スラックスやGパンをはいた女の子のさし絵にもめったに出会いません。現実には、学校生活でも家庭生活でも、スカートをはいている女の子の方がこのごろでは少数派ではないのかしら。服装の面でも、固定観念が強すぎます。これも、文型練習の場合に特にひどいのです。

絵で見る中学英語

＝スポーツ、男ばかりがはつらつと！＝

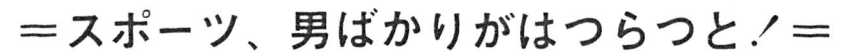

◀「プリンス」1年（9課）

「プリンス」2年（巻末の表）▶
──女の子だってスポーツはしたいのよ

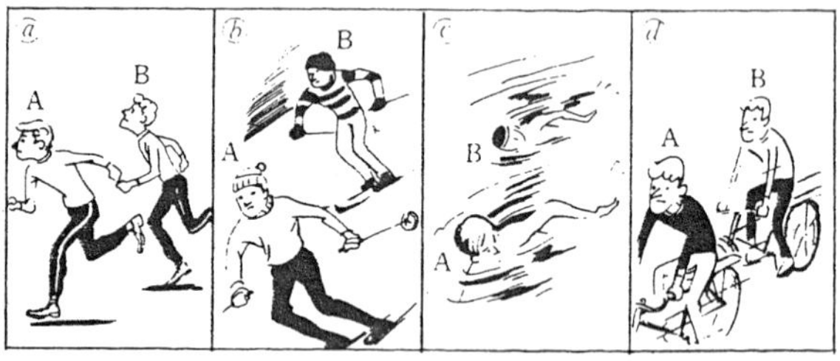

◀「プリンス」2年（巻末の表）
──こんなことばかりじゃ女の子もあきちゃうわ

▶「プリンス」1年（11課）

〈これはステキ、女の子もいきいきと！〉

◀「エブリデイ」3年（1課）

文型練習のさし絵は、単純化されたものが中心なので、髪型とスカートで性別をあらわすのが便利だからでしょうか。でも、ちゃんとスラックスをはいた女の子の姿を出している教科書もあるのですから、イラストレーターがちょっと意識的に注意すれば、もっと服装の面でもはつらつとした女の子の姿を出せるでしょう。文例にしても、さし絵にしても、教科書を作る人たちが、男、女、という固定観念を抜け出しさえすれば、もっと、もっと、いろいろなタイプの女性の姿を描き出せるはずです。HeとSheとはこんなにちがう！という見本みたいな教科書はもうゴメンです。

＝女の子はなぜいつもスカートなの？＝

〈「ホライズン」には…
スラックスの女の子の絵がない〉

◀2年（16課）
——これは貴重な一枚

〈「プリンス」には…
たくさん登場しています〉

◀2年（4課）
——これはほんの一例です

〈「エブリデイ」にも…　とても少ない〉

▲1年（20課）

◀1年（17課）

▶2年（1課）

▼2年（10課）
——活発に動くにはやっぱりスラックスね

▼1年（4課）

≪女性が主人公の物語≫

「ニュー・プリンス」では	『最後の一葉』オー・ヘンリー原作（３年11課）
	『笑い話』（２年７課）下のようなさし絵つきです。
「ニュー・ホライズン」では	『クララ・バートンと赤十字』（３年課外３）
「ニュー・エブリディ」では	『狼少女』（２年９課）

女はワキ役？　少ない登場人物

日常生活を扱った教材が多いのは、初歩の英語だから当然のことですが、女の子が全く登場しない課もたくさんあります。特に「ニュー・プリンス」の１年用では、３分の１の課は男しか出てきません。（１・８・９・12・15・18課）

しかも女の子は出てきてもいつもワキ役。話題を出すのは男の子で、女の子は答えたり、合づちを打つ役ときまっています。他の教科書では、たいていの課で女の子が出てきますが、ワキ役的存在なのは「ニュー・プリンス」と同じ。日常生活では、もっと男の子、女の子はいきいきと対等に遊んだり、話したりしているではありませんか。

教科書は、現実以上に、望ましい姿を描くべきはずなのに、現実よりもずっとおくれた男女の役割が強く出されているのは困ったものです。

また、英語の教科書には、いろいろな物語も出てきます。ところが、主人公はほとんど男性。

女の主人公は、どの教科書でも１人か２人しか出てこないのです。「ニュー・プリンス」では、２年７課の笑い話に２人の老婦人が出てきます。笑い話の時だけ女が主人公だなんて！それに、さし絵の女の人の姿をなぜこんなにみじめに描かなくちゃならないのでしょう。

男性では、ウォルト・ディズニー、パスツール、ガリレオ、画家のミレー、その他職業人として活躍している主人公がいろいろ出てきます。

絵で見る中学英語

＝物語で女性が主人公なのは…？＝

▼「プリンス」２年（７課）
――笑い話だけが、女性が主人公だなんて！
それにこの絵は、ちょっとひどいですね ▶

英語

高校英語はHis-story(History)

（高校）

とりあげた教科書——三省堂「ヴィスタ」・開拓社「シニアスワン」
開隆堂「ユニヴァーサル」・開隆堂「ショーター」・三省堂「シニアクラウン」

ロングドレスさもなくばエプロン姿の女たち

＜実例1＞

この話は、醜くて男の子にもてるはずがないと思いこんでいた女学生エヴァが、生まれてはじめてもてた話です。題して『最初の花』。14課あるうち、この課以外はたいてい男が主人公です。女を扱っていると思えば、男にもてないことをクヨクヨしたり、パーティにどんな服を着て行こうかと悩んだりしているストーリーとは。

（三省堂「ヴィスタ」）

（追記：筆者が最近この教科書の改訂版を見たところこの課がなくなっていることに気がつきました。喜ばしいことです。）

＜実例2＞

「シニアスワン」1年用には14課中6課に女性が登場しています。これは最も多い教科書にあたると思われますが、彼女が話の中で、何をしているかと言えば——買物か旅行なのです。中でも『最上階の部屋』に出てくる女主人公は実にみじめったらしいのです。アミイ・ベル、70歳、未婚。ヴェラ・ベル、その妹、68歳。2人は犬を連れて旅行中。所はあるホテル。この設定を聞いただけで、読者はもう話の展開を想像できると思います。そう、夢も希望も冒険もそこにはありません。男が旅する時は喜びや試練が盛りだくさんなのに、旅行者が女となると、ボーイさんにだまされてくやしがるという結末でチョンなのです。

（開拓社「シニアスワン」）

8. THE FIRST FLOWER
A story of a young girl's acute anxiety about her future

〈実例1〉わたしはあなたのかわいい花

＜実例３＞

エヴァもエミイもヴェラも、すそが床まで届くようなロングドレス姿でした。ロングドレスの女たちは、駆けることも、戦うことも、外で男性と一緒に働くこともできません。

さて、英語の教科書に描かれた女性のもう一つのパターンを紹介しましょう。エプロン姿の主婦です。いつでも息子や夫の話に耳を傾け、ほんの二言、三言しか話さず、編物をしているか、お皿を洗っています。

この課では、１人の男の子と友人が、父親とアメリカ英語とイギリス英語の違いについて、話し合っています。母親は伏目がちに、ソファーのはじっこに坐り、編物に忙しいのです。３人の話が終わりかけた頃、母はやっと口を開き、『アメリカの奥様は、電話をすると言う時、telephone

〈実例２〉旅行する女は、腰の曲がったしわくちゃ婆さん

〈実例３〉ママだってみんなとお話したいわ

〈実例4〉 もしもお母さんが男に生まれたら…

〈実例5〉
未来家庭でも、女はエプロンかけて皿洗い？

とは言わずcallと言うんですよ」と述べ、3人の会話に加わることができました。

（開拓社「シニアスワン」）

＜実例4＞

パーカー夫人　「あら、あの子に、職業を決めるのはまだ早すぎるわ」

パーカー氏　「若い男はできるだけ早く自分の将来を決めた方がいい。僕をごらん。本当は船乗りになりたかったんだが、決心が遅かったため、会社で一日中机に向かっている。もし僕がボブだったら船乗りになるな」

パーカー夫人　「そうね……もし私が男に生まれたら農夫になりたいわ。作物が成長していくのを眺めるってすばらしい生活だと思うの」

以上、高校生ボブの進路について、親子が語り合っているシーンです。これを読む人の半数にあたる女子高校生はどう感じるのでしょうか。「作物が成長していくのを眺めるすばらしい生活」をパーカー夫人が送るためには、農婦ではなく農夫にならなければならないのです。男に生まれ変わらなくてはいけないのです。

（開隆堂「ユニヴァーサル」）

＜実例5＞

ＳＦ的なお話でも、変わらないのが女性の姿です。あなたの家と同じような台所で一人の主婦が皿洗いをしています。よく見ると彼女は手に何か持っています。この物語のタイトルになっている"超音波"皿洗い器なのです。超音波のおかげで皿はあっという間にピカピカ。洗濯物も90秒で仕上がります。作者はいいます――これこそ夢の家庭！

ところが主婦ジェーンの一日は、朝起きて朝食のしたくをし、車で夫を8時10分の電車に間に合うように送り、家へ戻ってまた食事をするのです。あっという間に何でも片づく未来の家庭で、ジェーンはいったいどうやって残りの時間をすごすのでしょう。このままの毎日が続くなら、ジェーンにとって「夢の家庭」は「地獄の家庭」になってしまいます。　（開隆堂「ショーター」）

動物界もHeの世界

＜実例6＞

イソップにはじまって、向こうのお話には動物を登場させてモラルを教えている物語がたくさんあります。たとえば、Ｊ・Ｇ・サーバー作『とっても賢いハエ君』『有名になったオットセイ君』

2. His First Flight

〈実例6〉僕の処女飛行

『蛾と星』などは数社の教科書に掲載されています。なぜ、わざわざ〝ハエ君〟〝オットセイ君〟としたかと言いますと、オスによるオスのためのオスのお話だからです。主人公として物語を展開するのはオスしかいないのです。Sheはそこには一つも出てきません。He だけの世界です。

上図の課は6羽のかもめ一家の話です。皆と同じように飛べなかった1羽のかもめが、最後には飛べるようになったというアイルランドのお話です。もちろん、その1羽はSheではありません。題して――『僕の処女飛行』

（開拓社「シニアスワン」）

＜実例7＞

これは、公害に侵された子ガエルが医師の診断を受けているというお話ですが、おもしろいことに、この医師はもちろん、子ガエルも、親ガエルもオスなのです。He と同時に習い、暗誦させられたはずの、she ― her ― her の形は、ここにも一回も出てきません。

〈実例7〉メスのいないカエルの世界

（三省堂「シニアクラウン」）

＜実例8＞

このように、私達の目の前にひろがるのは全く女のいない世界です。男のしぐさ、男のことば、男の考え方が、あたかも女をも含む人間一般の代表として存在し、それが自然性となっています。ですから、ひとたび、女が出てくると、特殊で例外的な意識を呼び起こします。かならずや、そこに〝女としての特別の役割〟が強制されているからです。編集者ばかりか、著作者も9割が男性である今日、よほど気をつけないと男本位の内容に終始してしまうと言えましょう。

女の特別性を最もよく表わしているのが下図の課です。その名も、『危険なご婦人たち』 蚊のメスとオスの違いを6ページにわたって説明しています。生物学的事実を分かりやすくしようとしたためか知りませんが、オスをミスター・モスキトー、メスをミセス・モスキトーと呼び、まるで人間界の夫婦のように描いているところがミソなのです。『危険で、恐ろしくて、どん欲で生血を吸う妻たち!!』と書かれています。動物界の話はさまざまありましたが、メスが主人公となると、なぜかこうなります。（開隆堂「ショーター」）

LESSON 2
DANGEROUS LADIES

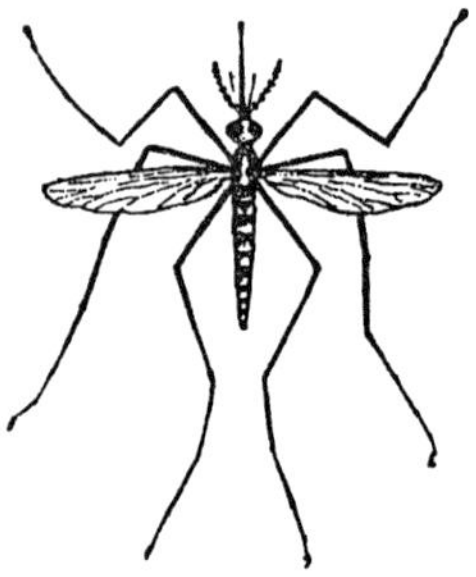

〈実例8〉
やっと出たメスのお話
――危険なご婦人たち

保健
からだの違いで決めつけないで！
（高校保健）

とりあげた教科書――講談社・教育出版・一橋出版・大修館書店・開隆堂・中日本スポーツ研究会

「保健体育」は中味が「保健」と「体育」に分かれています。そのうちから「保健」の部分に注目して、いくつかの気になる点を見てみましょう。（ただしこれは、「体育」の部分には全く問題がない事を意味しているわけではないのですが……）

丸みを帯びなきゃ女じゃないの？

自分のからだについてよく知っていなければ、自分で自分のからだをコントロールする事はできません。正しく自分のからだを捉えるためには、からだについての基礎的な、しかも科学的な知識が必要でしょう。そこで「保健」の授業でも一番はじめに身体の発達について学びます。

ところが……です。教科書を開いて読みすすんでいくと、「これが科学的記述だろうか？」と首をかしげたくなるところが出てくるのです。

たとえば

…性腺から、それぞれ男性ホルモン、女性ホルモンが分泌され、男らしさ、女らしさがいろいろの点にあらわれる。（講談社）

…女子では……全体として丸味を帯び、女らしくなる。（教育出版）

このようにして男は男らしい、女は女らしい特徴を、……あらわしてくるのである。（一橋出版）

女子は……からだ全体がまる味を帯びた優美な容姿になり……（中日本スポーツ研究会）

…肩幅が広くなり、筋肉の発達もよくなり、下あごが発達して男性的な顔かたちになる。…（中略）…卵胞ホルモンは……身体全体にまるみをあたえ、女らしさをもたらす。（大修館書店）

精神的にも男子では男らしい言動や考え方、感じ方が、女子でははじらいなどの女らしさがあらわれる。（教育出版）

また精神的にも男女差がはっきりとあらわれてくる。一般に男子が勇敢で積極性・独創性に富むのに対して、女子は優雅な感情に富み、繊細で持久的であり、根気のいる仕事をなしとげる能力にすぐれている。（一橋出版）

男子は……精神的には競争心が強く、決断力に富み勇気がある。女子は……精神的には鋭敏繊細で、優雅な感情に富む。
（開隆堂）

あげていけばきりがないほど同じような表現が続きますが、とにかくどれも「男は男らしい、女は女らしい」体つきや考え方を持つようになる、という記述をしているのです。

確かに平均してみれば、女子の体つきは丸みを帯び、男子はがっしりした体格になってきます。しかしそれをそのまま「女らしい」「男性的な」という言い方でくくってしまっていいものでしょうか。この言い方には、丸みを帯びた優美な体つきの女性を、「より女らしい女性」「より良い女性」と肯定しているニュアンスがあります。体つきには大きな個人差がありますから、中にはやせぎすの女性もいるでしょう。でもこの記述では、やせぎすの女性は「女らしくない女」「女といえない女」であり、きゃしゃな男性は「男といえない男」という事になってしまいます。

また、男だけが勇敢で積極的で創造力に富み決断力があって、女だけがみな繊細で持久的で優雅な感情に富みはじらいを持っているのでしょうか。男であるか女であるかにかかわらず、勇敢な人、独創的な人もいれば思いやりの感情に富んでいる人もいるのです。これらは個人的な違いであって、「男らしさ」と「女らしさ」の違いではないと思うのです。

体つきについても精神的な面についても、「男らしい」「女らしい」でひとくくりにしてしまう事は、どう考えても客観的で科学的記述だとは思えません。

母性は本能でしょうか？

〝母性本能〟という言葉を聞いたことがあるでしょう。多くの教科書で、「母性は生得的に人間が持っている〝生理的欲求〟の一つである」と記述されています。でもはたしてそうなのでしょうか。

母親が子供を殺す、いわゆる〝子殺し〟の事件が報道されるとき、必ず「母性の喪失」「母性本能はどこへいった」などと書かれます。でも、母性がほんとうに〝本能〟だとしたら、失われる事などおこるのでしょうか。簡単に失われてしまうものなら、それは〝本能〟だといえるのでしょうか。

母性が〝本能〟なのか。また、水・食物を求めたり、排泄をしたり、休息・睡眠を求めたりする欲求と全く同様な〝生理的欲求〟なのか。もう一度考え直す必要があると思います。

結婚しなくちゃいけないの？

成人した男女は、やがて結婚して家庭生活を営むようになる。（講談社）

結婚すればやがて子どもが生まれるのであるから……（開隆堂）

結婚は男女の共同生活によって、愛情をそだて、人間的な完成をはかるとともに、子孫を残すことを目的としている。
（一橋出版）

結婚によって結ばれた男女は、……優秀な子孫を育成し、つぎの世代をよりよいものにする社会的責任がある。
（中日本スポーツ研究会）

ひと組の男女が、互いに愛情と信頼をもって家庭生活をいとなみ、人間の完成を志すとともに健康な子孫をもうけるようにつとめることは、一家はもちろん国家や民族の繁栄にもつながる。
（教育出版）

“結婚と優生”について記述されている部分から、いくつかの文章をひろってみました。これらの例から読めるものは、人は大人になったら結婚するのが当然であり、結婚したら子供を産むのがあたりまえである、という事ではないでしょうか。

日本の結婚率は世界でも非常に高いといわれます。また、日常的にも「30歳をすぎても結婚していない男性」は半人前にしかみられなかったり、「30歳になっても結婚していない女性」は不思議そうな眼でみられたりします。

しかし、人が結婚するか否かは選ぶことができなければおかしいし、子供を産むか否かも産む本人が選ぶ権利を持っているはずです。生徒にはこのように「自ら選ぶ権利がある」という事を教えていかなければいけないのではないでしょうか。この教科書のような記述では、わたしたちの多様な生き方をあるひとつのパターンに強制し、生徒の可能性をせばめてしまうことにもなりかねません。

“結婚適齢期”って何でしょう？

“結婚適齢期”ということばを、世間ではよく口にします。以前ほどあまり表立って出てはこなくなりましたが、それでも多くの女性がそれを気にして早々と結婚していきます。結婚するか否か選べると同時に、いつ結婚するかも自分で選べばよい事です。

ところが、「保健」の教科書の中には次のように書かれているものもあるのです。

> 結婚のための条件をもっとも満たす年齢に達した時期を結婚適齢期というが、初婚年齢を男女別にみると、1973年には男子26.7歳、女子24.3歳で…（一橋出版）
>
> 結婚の適齢期は、わが国では男子20～34歳、女子20～29歳くらい（昭和48年における初婚平均年齢は、男子26.7歳女子24.3歳であった）と一般にいわれている。
>
> （中日本スポーツ研究会）

初婚年齢の平均値だけであれば単に実態を述べたにすぎず、他に何の意味もありません。しかしそれが“適齢期”という言葉と結びつけて述べられているところに問題があると思うのです。この場合、“適齢期”という言葉をのせる必要はないでしょう。

女は単純労働にむいているか

「保健」の中では、「職業生活と健康」についても学びますが、その中に「労働における女子の特性」という項があります。ここには、労働基準法の女子労働の保護の規定の他、女子の特性とは何か、その特性に適した職業は何か、などについて記述されています。

たとえば

> 女子は……単調な作業に対する適性に富み、感情も細やかであるので、事務関係の仕事や手先の器用さ、感情の繊細さなどの長所を生かした職業に多く就いている。（一橋出版）
>
> （女子は）機械的な記憶力、連続的注意作業能力などは、男子よりも優れているといわれる。
>
> （中日本スポーツ研究会）
>
> …一般に手先が器用で、動作の巧緻性や細い弁別能力にすぐれ、しかも忍耐強さをもつという、長所をいかした職場が選ばれ…。（開隆堂）
>
> 女性労働の特性としては、精神的には、機械的記憶、注意の持続性などに優れて

いること……　（学研書籍）

女性に適した作業として、計算作業・記録作業・書記的作業、公衆に接する作業、手加工作業などがあげられ……

（学研書籍）

…手先きが器用で、色彩感覚や音感などでは男子よりもすぐれ、くり返し作業にもよく適応する能力がみられる。

（講談社）

キーパンチャー・タイピスト・電話交換手・スチュワーデス・美容師・栄養士・保健婦・看護婦・デザイナー・物品販売や細かい組み立て作業などは、女性の特性に適した職業である。（講談社）

まとめていえば、「女性は単調な作業に適し、連続的注意能力が優れ、忍耐強くて繰り返し作業にもよく適応する」という事になります。しかし、性質・能力については個人的な差が大きいので、「女だから……、男だから……」とひとくくりにすることはできないと思います。結局、これらが〝女性の長所（？）〟とされることによって、多くの女性が単調なオートメーションの流れ作業や、単純な事務処理作業に追いこまれているのです。女性だって人間です。単調作業が大好きなわけではないでしょう。このような〝特性〟の記述は、女性をますます一つの枠の中にはめこんでしまうおそれがあります。

〝女性に適した職業〟についても同じ事がいえます。今はしだいに女性がどんな職業を選ぶことも可能になりつつあるのに、教科書で「これこれの職業が適しています」と選択の幅をせばめてしまっては何にもなりません。

また、この項には次のような記述もあります。

婦人労働者では、労働によって月経が不順になったり、月経痛が増加する傾向がみられる。また、早産率では、家庭婦人よりも労働に従事している婦人のほうが多い。（教育出版）

（前略）…このように、女子の労働にはなにかと障害がある。しかし、女子が単に家庭にあって、母性としての責務を果たすだけでなく、自分の才能を生かして働くことは、人間としても有意義なことであり、社会の発展にも大いに寄与する。したがって、女子が働く場合には、家事労働の合理化を図るとともに、配偶者や家族の理解と協力が必要である。

（中日本スポーツ研究会）

少し長い引用になりましたが、この２つの記述を比べてみてください。どちらの方が女性が働くことに対して肯定的イメージを与えるでしょうか。もちろん後者です。前者のような記述では、あたかも科学的データのみを並べました、と言わんばかりですが、実際に読んでいると、まるで女性が働くことは、健康上有害であるかのような感じを持ってしまいます。女性が労働によって体を害していくのは、多分に労働条件の悪さにその原因があるのです。現在の日本では一般的な労働条件がまだまだ他の先進国に比べたら遅れています。労働条件が整えば、女性もさまざまな職業について働く事が可能になるでしょう。労働条件の悪さを棚上げにしておいて、「女性が働く事は健康上害がある。」と言うのでは、考え方が本末転倒しているとは思いませんか。

家庭科

何が何でも女は家庭

（高校家庭一般）

とりあげた教科書── 家庭一般改訂版（一橋出版）・新訂版家庭一般（教育図書）・新訂家庭一般（学習研究社）高校家庭一般三訂版（実教出版）

「女子のみ必修になっている高校家庭一般については、『改めるべき』が90％、『やむを得ない』6.7％、『何ともいえない』が3.3％で、『当然だ』はゼロ回答だった。」（毎日新聞、'79・4・17） この数値は、「家庭科の男女共修をすすめる会」が、教育学者、教育評論家100人を対象にして行なった、「家庭科は女子のみの教科でよいのか」というアンケート調査の結果です。

また同記事によれば、「『改める理由』で代表的なものに、『家庭生活は人間生活の重要な一環であり、男女の結合、協力によって成立する。その責任に男女の差はなく、責任を果たすための教育に男女の差があるべきではない』『教育課程の中に男女別があるのは教育の後進性を示す指標』などの意見があった」と報道しています。

このように、「男は仕事、女は家庭」という考え方を否定し、男女平等教育を考える人々はここ数年来、急速に増えています。1978年10月に発表された総理府のアンケート調査（有識者対象）でも、「男は仕事、女は家庭」に賛成する人はわずか20％だけであったことを新聞は伝えています。

しかしながら、文部省は今後の新教育課程でも、相変わらず「家庭一般」を女子のみの教科としてしまいました。家庭生活に関する学習は女子だけが学べばよい、というわけです。女子だけが学べばよい学習とは、いったいどのような内容なのでしょうか。ともあれ教科書を開いてみましょう。

主婦は家庭生活の任務を遂行せよ

> しかし現代では、主婦も職業をもつ家庭が増加し、一方物資の生産・流通・消費のしくみも拡大され、変化してきており、家庭経営に当たっても、このような動向に対応し、新しい様相が展開されてきている。そこで、主婦はそれぞれの家庭の状況に合わせて、積極的に責任をもって家庭経営の任務を遂行することが望ましい。（一橋出版P.8・家庭経営の担当者）

「任務を遂行することが望ましい」と言われた女子生徒は、「任務である。やらねばならないのだ。そうでないとよくないのだ」と受け取るのが普通でしょう。つまり、「主婦は、家庭経営の任務を遂行せよ」というのと同じなのです。

> 家庭経営は夫婦を中心とする家族全員によって営まれるものであり、一般には

その重要な役割を果たすのは主婦である。（教育図書P. 16・家庭経営の担当者と家族の相互理解）

以上のように家庭生活の経営は長期の研究実践の積み重ねによって達成できるものであるから、その中心的役割を務める主婦の仕事はきわめて重要である。（教育図書P. 19・具体的な生活設計の方法）

このように家庭経営の運営は重要な任務であり、その栄誉ある任務の担当者は主婦である、と持ち上げることによって、主婦を家庭経営者に押し込めようとしています。

家事労働は女性でなければ果たし得ない性質の労働である?!

中心になって仕事を遂行し、家事労働全般を運営するのは主婦の役割である。それは単に主婦がもっとも家庭にいる時間が多いという理由によるだけでなく、家事労働には保育その他女性でなければ完全に果たし得ないような性質の労働が少なくないからである。（一橋出版P. 21・家庭労働の担当者）

家事労働を分類してみると、主婦がすること家族が分担することがはっきりしてくる。（教育図書P. 31・家事労働の能率的な方法）

とくに女性は結婚によって、家事労働のほかに妊娠・出産・育児などの役割が加わるので……（実教出版P. 228・結婚と健康）

とにもかくにも家事労働の担当者＝主婦であり、しかも、その理由は、家事労働は女性でなければ果たし得ない性質の労働である、と決めつけています。家事、育児を立派にやっている男性も多い現状を見ないで、家庭経営の担当者の項と同様、女性でなければできないものとおだて上げるしまつです。

保育においても「父親の男性の役割・母親の女性の役割」とダメ押しの教育！

こどもは家族の中でもとくに両親の大きな影響を受ける。母親からは女性の役割を、父親からは男性の役割を学び……（一橋出版P. 224・育児と両親の責任）

しかし保育の内容についてはそれぞれの特性を生かして分担を決めて行なうのが望ましい。一般には父親が経済的責任を分担し、母親が保育（世話）の責任を分担するのが普通であるが、人格形成については両親の共同責任と考えるべきであろう。特に父親の男性的役割と母親の女性的役割とは互いに相補っていくのが望ましい姿である。（教育図書P. 241・保育の協力と協調）

しかし父親と母親の果たす役割は必ずしも全く同一というわけではない。両者の特質をふまえた役割分担がある。近年共働きが増加して母親の社会進出がめざましくなってきたが、その場合にも父親と母親の役割分担は必要である。（教育図書P. 284・両親の役割）

母親は、一般に乳幼児の細かい身のまわりの世話や、基本的な生活習慣形成などの役割を受けもつことが多いが、父親も、そのような役割を積極的に受けもつことが必要である。しかし父親は、こどもに重要な問題がおこった場合、適切できびしい指導をすることも必要である。
（実教出版P.229・父母の役割）

女子生徒に、家庭の担い手は女性である、と性による役割を押しつけるだけでなく、さらに、彼女達のこどもにも、女性の役割、男性の役割を教え学ばせよ、と説くのです。

△　△　△　△

こうして調査してみると、家庭一般の教科書は「何が何でも女は家庭」とゴリ押し一辺倒です。4冊のなかでも、まだましと思われるのは、学習研究社のもので、写真等も抽象的なものでした。まだましなものが、どのような記述であるか参考までに以下に引用しておきます。

これからの私達の家族は、男女ともその能力に応じて家庭の運営に参加協力し、生活共同体としての家庭建設のために努力すべきであろう。（学習研究社P.7・私達の家庭生活）

一般に、母親は母乳を与えるなど直接的な保育の担当者として、また、父親はよい家庭環境を築くことをはじめ、こどもの成長につれてよき相談相手や精神的なささえとしての存在になるなど、父母の役割分担によって保育にあたる家庭が多い。しかしこの役割分担は固定化して考えるものではなく、特に父親はこどもの身のまわりの世話やしつけについても積極的に参加することが望ましい。そして両親の一貫した方針のもとに互いに協力し合いながら保育を行なうことが大切である。（学習研究社P.275・親の役割）

絵でみる高校家庭科

② 家庭のおもな機能 ②

◀ 登場する男性は16分の３。
家庭は女だけのもの??
（実教出版「高校家庭一般三訂版」54年度版）

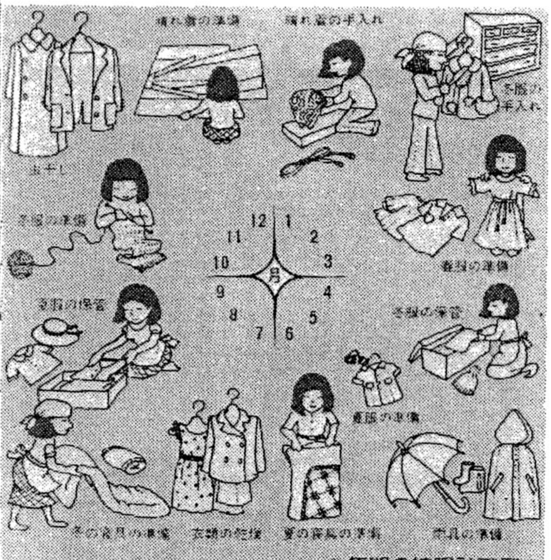

① 年間の被服計画例 ①

夫や子供、老人も加わると、▶
もっと楽しいのでは？
（実教出版「高校家庭一般三訂版」54年度版）

朝の見送り

●「男は外、女は家」そのものです。家族と家庭経営という章の扉にある写真。
（一橋出版「家庭一般改訂版」54年度版）

楽しい食事

●父・男の子は上座、母・女の子は下座。家長的雰囲気をもつ父。（一橋出版「家庭一般改訂版」54年度版）

●小さな子の食事の世話をする母のみが登場。できた料理を運ぶ父が居ると、ずっと良い写真になりそうだが…
（教育図書「新訂版家庭一般」54年度版）

Ⅱ　せめてこれくらいは……

1．国　　語

2．英　　語

3．家庭科

国　語

女性解放の視点に立って高等学校現代国語教科書を点検する

とりあげた教科書――旺文社・尚学図書（２種類）・三省堂・東京書籍・光村図書・明治書院・角川書店

上記７社のうち、真っ向から女性解放の視点に立って教材を選んでいる会社が２社ありました。それは、角川と三省堂です。

※　　※　　※

角川の２年第12章に「元始女性は太陽であった」（平塚らいてう）が、続いて同章に「個の自覚」（吉田精一）が載せられています。この文の後半は、雑誌「青踏」を社会的潮流からとらえ、解説したものです。らいてうは社会における女性劣位の思想をくつがえし、個のうちに潜める天才を充分に発揮させ、真正の人となることを目標としています。彼女の生き方を多感なる高校生に学ばせることは、女のとらえかたに新しい目を開かせるきっかけとなるのではないでしょうか。

けれど、この教材の配列には不満があります。これが第12章に置かれていることです。各高校の現状では教科書を１冊やり通すということが少ないので、この優れた教材が授業に使われないおそれがあります。第１章に持ってきてほしかったのです。そうすれば全ての生徒が読むでしょうから……。

角川の優れているところはもう一点あります。それは第１章に女性の作品を載せていることです。２年第１章第１に「洟をたらした神」（吉野せい）、１年第１章第２に「立ち読みの楽しみ」（曽野綾子）があります。他社で第１章に女性の作品が扱われているのは、尚学１年「伊勢の的矢の日和山」（壷井栄）だけです。

♧　　♧　　♧

三省堂では３年第９章に、戯曲「人形の家」（イプセン）と、伝記「世界最初の婦人記者」が載っています。

「人形の家」は、夫の考える妻の価値はただ人形のように美しくかわいいということだけ、対等に話しあう関係でないと気付いた妻ノラが、夫も子供も捨てて、ほんとうの結婚ができるような人格となるべく家を出てしまう話です。女は男に気にいられる存在であって初めて価値あるが如き観念が、現代日本にも色濃く残っています。それゆえこういう作品を生徒たちが読む必要性は高いのではないでしょうか。

「世界最初の婦人記者」は、たった18歳の娘が編集長と渡りあって無理に新聞記者としてもらい、底辺労働者の中に紛れこんで取材した記事で世間をあっと言わせた話です。知性、行動力、正義感、温情を兼ね備えたエリザベス＝コクレイン。胸のすくような女の生き方ではありませんか。

三省堂の特徴は女性解放を世界（ノルウェー・アメリカ）の作品から取ってきたところにあります。女性が主体的に生きることの正しさは今や世界的潮流として認められつつあります。そのことをこんな教材を通じて生徒に強調したいのです。

配列は10章中の９章ですが、やはり前の方に持ってきてほしいと思います。

また、三省堂の長所として、現存し、社会的に庶民の立場に立って行動している女性の文を載せていることがあります。もろさわようこ然り、石牟礼道子然りです。

♧　　♧　　♧

女性解放を真っ向から扱ったとは言えませんが深く関わる教材として、旺文社のものをとりあげます。

1年5章に「言葉の鍵をにぎる」（ヘレン＝ケラー）が載っています。解放ということが、らいてうの言葉をかりて「潜める天才」を伸ばすことにあるととらえれば、ヘレン＝ケラーの生き方も女性解放と深く関わってくると言えます。

また2年3章の「母のこと」（壷井栄）は、封建色の濃い時代を生きた母を娘がとらえた文章、2年12章の「十三夜」（樋口一葉）も、典型的な抑圧の中を生きる女を描いたものです。こういう生き方の中に、生徒は何を見るでしょうか。反解放の状況を生きる人のようすを知るのも大切なことと言えます。

♧　　♧　　♧

他の4社（明治・東書・尚学・光村）には、特にとりあげるべきほどの教材は見つかりませんでした。

♧　　♧　　♧

詩については石垣りん（尚学・光村・東書・三省堂）が評価され、短歌については与謝野晶子（全7社）が一人活躍しています。俳句では杉田久女（尚学・明治）、中村汀女（東書・尚学＜散文＞）が目立ちます。

石垣りんもきちんと考えて生きている優れた詩人であり、与謝野晶子も日本の女性解放の基礎になる人です。こういう人が教科書に載っているということは喜ばしいことです。

※　　※　　※

さいごに全著者のたった5％前後を女性が占めている現状について言いたいと思います。女性というもの——己が胸にみどりごを抱きとって乳を吸わせたものにして初めてもつことのできる感受性や思索——そのものの持つ心を軽んずることは人類を軽んずることではないでしょうか。

角川や三省堂に、女性解放の思想が真っ向から扱われているとはいえ、全著者の一割にも満たない女性著者であってみれば、本音は知れようというものです。早急に次の点に留意して改革を計って欲しいものです。

1. 女性解放の思想をもりこむこと。
2. 配列の第1章に女性の文を載せること。
3. 各分野において——特に芸術の分野において——女性の文章を半数にすること。

英　語

――その1　教科書から――

＜実例1＞　『次のバッターはジル』

兄と一緒に野球の仲間に初めてはいったジルが大ヒットをとばす話。「女の子にバットを振ることなんてできないよ」と言っていた兄はびっくり。（研究社　The New Age Readers Ⅰ　1課）

＜実例2＞　『コンテスト』

フィラデルフィアの貧しい家に生まれた少女、マリアン・アンダーソンがニューヨークの歌唱コンテストで優勝し、世界的な歌手になっていくようすと、その間耳鳴りで苦しむ彼女の葛藤を描く。（研究社　The New Age Readers Ⅱ　5課）

＜実例3＞　『オルコットの日記』

食事をとることさえ忘れて文筆活動を続けた若き日のオルコットを、エピソードをふんだんに取り入れ生き生きと描き出す。（開隆堂　The Universal Ⅲ　4課）

＜実例4＞　『万国の女性よ　団結せよ！』

ウーマンリブ運動を真正面から取りあげ、政治、社会、経済的位置づけをしている。女性解放運動の大切さを知ることのできる、唯一無二の教科書であろう。（三省堂　The Senior Crown English Ⅱ　6課）

＜実例5＞　『チンパンジーの恋』

英国の若い女性動物学者ジェーンが、チンパンジーの生態を研究するためアフリカ奥地でテントを張って生活する。チンパンジーと彼女が友達になっていくようすがとてもおもしろい。（三省堂　The Senior Crown English Ⅲ　9課）

――その2　副読本から――

＜実例1＞　『若いおばあちゃん』

女一人で、誰にも頼らず、日々新しいことに挑戦して生きているアン・ミラーのお話。老いていることや女であることの辛さを吹き飛ばしてくれ

〈実例1〉『次のバッターはジル』
ジルの打ったボールは大ヒット！

6. Women of the World—Unite !

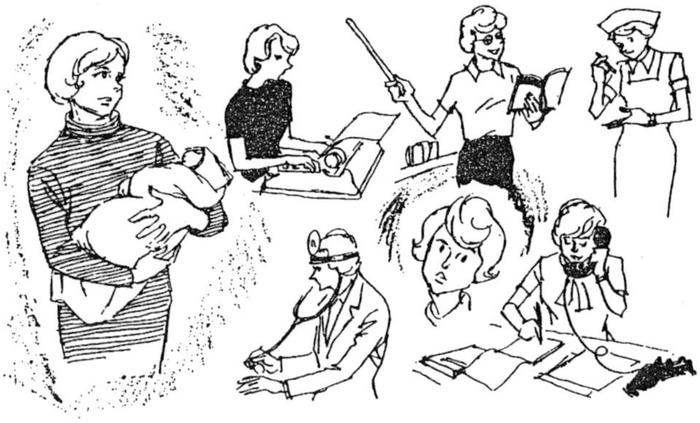

〈実例4〉「万国の女性よ　団結せよ!」

る。高校生向き。(文理『American Life Styles』P. 29～)

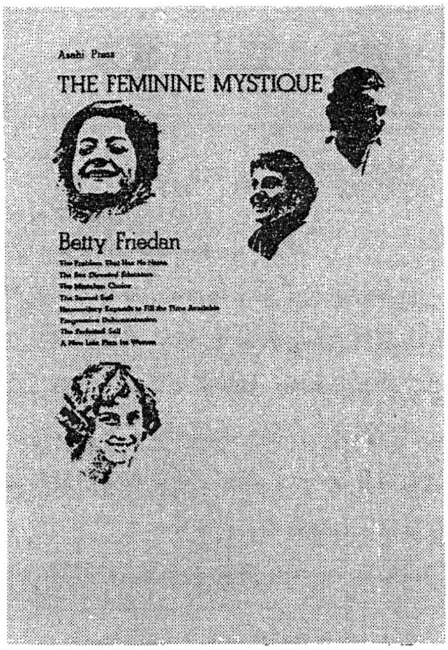

〈実例7〉『新しい女性像』表紙

<実例2>　『新しい女性像』Betty Friedan

アメリカのリブの古典とも言われる本を、日本の学生向けに編集したもの。高校上級から大学生向き。(朝日出版社)

<実例3>　『変わってきた男女の役割』

Carol & Nobuo Akiyama

家族、結婚、働く女性などについて、従来の観点から一歩進んだ見方でやさしく解説している。高校の副読本として最適。(リージェンツ・ワールドワイド イン コーポレイテッド　日本支社)

<実例4>　『若いアメリカ人の声』

Douglas Stout

サンフランシスコ近郊の6人の高校生、大学生と著者が個別にインタヴューしてまとめたもの。性、人間疎外、差別、ベトナム戦争などについて、アメリカの若者がどう考えているかを知ることができる。この本にあらわれる女性は、何と自立心に富んでいることか。著者の女性観が、かい間見られる気がする。(文研出版)

〈実例8〉
『変わってきた男女の役割』から
こんな風景があたりまえになるの
はいつの日?

家 庭 科

『男女共修　家庭一般　資料』

京都府立高等学校家庭科
研究資料作成委員会編

京都府教育委員会は、1973年より府立高校における家庭一般を男女共必修と定め実施しています。男女共修の家庭一般が実施されるにあたっては、京都の家庭科教師の十数年にわたる教科内容の研究の積みあげと、制度化を府教育委員会に働きかけ続けてきた活動がありました。

この本は、その実績の成果です。現在、府立高校ではこれを教科書のかわりにつかっています。「資料」となっているのは、文部省の検定制度のため教科書としては出版できないためですが、内容は、どの教科書よりも「男女共、生活する主体者」のためのものとなっています。文部省の指導要領にそった教科書とは視点の違う構成ですので、本文中の引用ではなく「はじめに」「目次」の一部、「学習内容」の一部を、ここに紹介したいと思います。

は　じ　め　に

家庭科は明治初期に学制が施行されて以来，女子だけのための教科とされてきました。

第2次世界大戦後「教育の民主化」の波の中で家庭科も古い良妻賢母養成の教育から脱皮して,「民主的家庭づくり」と生活を基盤にした「作業実践学習」を二つの軸として新しく出発しました。しかし，相つぐ教育課程の改訂の中で，主婦養成を目的とする女子のための教科にかわってきています。とくに高等学校における「家庭一般女子必修」という制度は，公教育の中に性による差別をもちこむものとして，また家庭科の教育内容を女子向きの技術主義に狭めるものとして問題があると考えられます。また，最近のように，子どもの作業体験，生活体験の乏しさが憂慮されているとき，生活を科学的にとらえ，家庭や生活について正しい認識をもち，実践力を養うことは，男女両性にとって重要です。このような意味から，わたくしたちは，男女を問わず,現在の家庭がつくられるまでの歴史的背景を明らかにするとともに，現在の社会の中での家庭生活の位置づけを正しく理解し，さらに憲法24，25条に示されているような「民主的な健康で文化的な生活」を営むことのできる実践力を身につけることが必要であります。

この資料は「家庭一般」を学習する上で，教科書に不足している点を補うためにつくりました。みなさんが，この資料を使って，生活に根ざした学習に生き生きと積極的に参加されるよう期待しています。

目　　　次

— 2 —

男女共修「家庭一般」学習内容

目　　標

生活の営みを科学的に解明し，民主社会における家庭生活の課題にこたえ得る力をつける。

1. 家族形態および家庭の機能が，社会の変遷によってどのように変ってきたかを明らかにするとともに，民主的な家族関係を理解し，主体的に生きる力をつける。
2. 家庭経済の実態を明らかにし，その問題点をとらえ，解決していく力をつける。
3. 衣食住の生活に関する科学的認識と，その基礎的技術を学ぶ。

生　活　と　家　族		
学習内容	学習上の要点	備　　考
「家庭一般」の学習について	○家庭一般の目標をしっかり理解し，把握しよう。 ○日本における女子教育・家庭科教育の歴史をふり返りながら，今日の教育条件の中で共修になった過程を知り，その意義を認識しよう。	教育の流れ
1. 家庭生活の現状	○現在の家庭生活のさまざまな問題点について具体的な事実に目を向け，問題意識をもってその根源について考えよう。 ○自然環境や社会環境の現状について学習しよう。	老人問題，出稼ぎ，内職，共働き，親子関係，公害，過疎，過密，自殺
2. 家族の歴史とその機能	○歴史の流れの中で，家族の形態・機能とそれぞれの社会における生産様式との関係を把握しよう。 ○とくに「家庭生活」の持つ「労働力(生命）の再生産」の機能については，ただ労働力を回復させるものとしてとらえるだけでなく，「人間らしく生きる」とはどういうことかを考え，権利意識の自覚，社会に対する働きかけの必要性を知ろう。	家族史・生活史

学　習　内　容	学　習　上　の　要　点	備　　考
・性の問題	○男女の性が，それぞれの社会的背景の中でどのように位置づけられていたかについて学ぼう。 ○現在の性のゆがみ（混乱・退廃）が性の不平等や性の商品化から生まれていることを知ろう。 ○真の「性の解放」について考えてみよう。	女性史・婚姻史
3．家庭生活と法律 ・憲法 ・民法	○旧憲法・民法と現在のそれを比較して，戦前と戦後の「家庭像」の相異を学ぼう。 ○とくに憲法24条・25条に示された「家庭像」を実現するための実践力をつけよう。	24条・25条親族・相続
4．家庭生活と職業	○人間としての進歩のために果たしてきた労働の役割について考え，「労働」の真の意味を知ろう。 ○経済のしくみの中で，職業の持つ意味を考えよう。 ○職業の選択や，老人と職業の問題についても考えてみよう。	労働基準法
・婦人労働	○婦人労働の現状とその保障について学習しよう。	母性保護
5．家庭生活と家事労働	○家事労働の本質を知り，その重要性を認識しよう。	
6．保育・教育 ・子どもの現状 ・子どもの発達 ・保育と社会	○子どもをとりまく社会的・家庭的条件に目を向けよう。 ○発達観について学習しよう。 ○児童観の推移とその社会的背景を知ろう。 ○児童憲章・児童福祉法・児童権利宣言について学び，子どもの福祉を考えよう。	子どもの人権侵害，子捨て，子殺し，過保護，育児ノイローゼ
・これからの保育	○家庭保育と集団保育の特質を知り，現状と課題を明らかにしよう。	保育施設・保育制度

生活と経済		
学習内容	学習上の要点	備考
1. 家庭経済の現状	○家庭経済の現状に着目しよう。	経済政策 インフレ
2. 収入について	○国民総生産と1人当りの所得，およびその問題点について考えよう。	国際比較
・収入の実態	○日本の賃金の特徴と実態について学習しよう。	賃金の本質 年齢別，性別，規模別，学歴別等
3. 支出について ・支出の実態	○支出の各費目についての問題点を学習しよう。	食物費，住居費 教育費，貯蓄，公共料金
4. 物価について	○物価のしくみを学ぼう。 ○物価上昇の原因について考えよう。	インフレ政策，独占価格
5. 消費者問題	○消費者としての権利を自覚しよう。 ○消費者運動の必要性について認識しよう。	消費者運動 消費者行政 消費者保護基本法
6. 生活保障 ・社会保障の実態と課題	○わが国の実態について学び今後の課題について考えよう。	医療保障・老齢保障・生活保障・児童保障・障害者保障

Ⅲ　海外の教科書

- アメリカ
- スウェーデン
- 西ドイツ

海外の教科書

海の向こうでも、こんなに男女差別だらけなのでしょうか。性差別があるとしたら、それにどんなふうに対処しているのでしょうか。

アメリカ

読売新聞によると、アメリカのメリーランド州では、全米婦人会議（ＮＯＷ）の代表が’74年の始めに州政府を訪れ、公立学校教科書について、厳しく抗議を申し入れたところ、州政府は各都市の教育委員会宛、即座に「教科書の中の男女差別内容を徹底的に洗い出すよう」通達を出したそうです。

首都ワシントンでも教育委員会が中心になって教科書チェックをしています。特に大規模なのが、ニュージャージー州プリンストン市の「言葉とイメージに表現された女性」という研究グループの調査です。

134 冊の国語教科書を分析し、「犠牲になったディックとジェーン」というパンフレットにまとめています。各州の教科書調査には、教育者や学校関係者、校長までもはいっています。

ニューヨーク州に本社を置くマックミラン社の改訂版では、女の子がのこぎりや金づちを使って大工仕事をし、男の子がアイロンをかけているさし絵がはいっています。

マッグローヒル社は「ハウスワイフ」（主婦）という言葉は、今後一切使わないことに決め、代わりに「ホームメーカー」を採用し始めました。同社が執筆者たちに配った手引書には、こう書かれています。

「重要なポイントは、男性と女性の姿をさまざまな役割とイメージの中に浮かび上がらせることです。時にはおとなしく、消極的で、こわがり屋で決断力に欠け、非論理的で子供っぽい男性の一面を描き、一方では力強く、積極的に勇敢な女性の姿も描いて下さい。」

同様に、「ニューヨーク・タイムズのスタイルと言葉の使い方の手引き」（これは、一流紙として、ニューヨーク・タイムズの記者や編集者が、片時も手離さない辞書）を引いてみても、「ハウスワイフ」の項には、こんな注釈がついています。

「できるだけ使わないこと。ほかの言い方がないものか、まずよく考えよう。主婦だけが家事をする人、消費者、と決めこんだような書き方をしないように注意。男だって消費もすれば買物もする。事実、いっしょに買物に行く主婦が多いのだから。

例えば、スーパーで買物中の女性に、物価高についてインタヴュー記事を書くとしよう。肩書は主婦ナニナニさんとはせず、男性同様“消費者”で十分。また、『34才の主婦が州議員に!』なんて、ビックリ仰天したような書き方をすると、『本来なら市政などとは無関係であるべき人が』というニュアンスを感じる読者がいるだろうから好ましくない。要するに、『主婦』という言葉を安易に使いすぎるな、ということだ。」

さらに、’71年に設立された「女性行動連盟」は教材ばかりでなく、おもちゃも研究・製作しています。連盟の会員は、全米各地に出かけて、教師や両親を教育するため、展示や研究会を開催し

▲ **買物のページ**（ほとんど男性であることに注目！）

料理のページ　男の子がエプロンかけて肉の下ごしらえをしている ▶

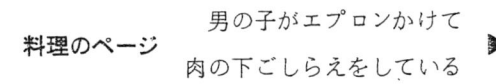

◀ **家庭設計の章の扉絵**
3人の年下の子に食卓の用意をする男の子

ています。

こんな運動の成果は、一目瞭然です。上の3葉の写真は、中等教育用家庭科教科書（Decisions in Living）から拾ったものです。下図の説明には、「若い男性は昼食の時、小さな子の世話を喜んでします。」と記述されています。

なお、日本を紹介する教科書ＪＡＰＡＮ(スコット・フォーレスマン社　’75年出版）には、こんな記述が載っています。

「日本の良い主婦であるきょう子は、夫を喜ばすことに、最大の喜びを感じている。彼女は朝一番に起き、一番遅く寝る。夫は常に一番先に風呂にはいる。きょう子は、昼間は主婦向きの手芸などをして時をすごす。きょう子とみつのりは決して二人で外出することはない。きょう子は夫が会社から帰ってくる時でも、バーから帰ってくる時でも、街で夜をすごして来ても、どんなに遅くなろうと、温い食事の仕度をして待っている。

しかし、きょう子の母の時代とは違い、きょう子は夫に遅くまで何をしてきたかをたずねることがある。また、みつのりは、彼の父の時代とは違い、妻にウソをつくことがある。

日本人の７割は、見合結婚であるが、二人は違う。彼らは近代的な恋愛結婚である。

みつのりは、三人の見合相手を断った。第一番目の女性は、料理ができなかった。二番目は良き母となるには性格が派手すぎた。三番目は英語が話せなかった。

両親もみつのりも、愛情や身体的美しさは、結婚の唯一の資格だとは考えなかった。みつのりは妻にそれがなくとも、必要なときには、家の外で満たされると思っていた。」

現在も、アメリカのどこかの教室で、こんなふうにわが国の夫婦が紹介されているのです。まんざらでたらめでもないところが、どうにも歯がゆく、くやしい限りではありませんか。

一日も早く、「世界にもまれな近代的建築革命の後に、今なお、はびこっている古い家族制度」（同書より）を私たちの手でつきくずす運動を拡めたいものです。

スウェーデン

スウェーデンでは、もう10年以上も前から「家庭科」は男女共修になっています。

ちなみに、男女平等が最も徹底して行なわれている国、スウェーデンの家庭科に類する教科の教科書を見ると、家庭を、人間がこの世に生まれ、生命を保ち、新しい生命をうみ、育み、ともに生き抜く日々の暮らしの場として、地域生活とも関連させて描いています。

家事労働は、男も女も、ひとりひとりがその方法を身につけ、その上に協力し合うものとしてとらえています。

ビアネール・多美子著『スウェーデンの性教育

Vad kan man göra?

さあ，何をしようか――オーラは自転車に乗ります。ママは新聞を読みます。パパは食事のしたくをします。オーサは馬に乗ります。　*LÄROMEDELSFÖRLAGEN. MAGNA*

"トーラ，少しは手伝ってくれよ！"　*NATUR OCH KULTUR*

と授業革命』には、

• パパもママも、同じように仕事をパートタイムに切りかえて、幼児の世話をする

• 自動車修理工、代議士、工科大卒エンジニアの半数が女性になる

のが来たるべき社会であるという教科書の例が載っていました。左下の絵は、同書にあったスウェーデンの国語教科書です。

日本では、性の問題を独立した教科書で扱ってはいませんが、スウェーデンは性教育の最も進んだ国で、生徒の発達段階に応じた、すばらしい教科書がたくさんあります。

内容やさし絵も、男女ともに愛情と性を主体的に担ってゆくという観点から工夫がなされています。性の営みを人間が生きてゆく営みのひとつとして、より高い次元で認承させる試みをしているのです。

西ドイツ

連邦政府が、教育改革に非常に熱心なのは、よく知られています。

中でも「Modelle——あすの生活を自分でするために」という連邦政府製作のパンフレットには、子どもばかりではなく、父親も母親も学べる「総合学校」の教育内容が紹介されています。

学びながら、再就職の資格を身につけたいと考えている主婦が大勢いるという時代の流れに、即

座に対応している姿勢がうかがわれます。

上のさし絵は、西ドイツの幼児〜小学生向きの性教育副読本「オリバーとウルリケ」(クラウス・ベルヒ著)から見つけたものです。

母と父が何をしているかに、注目して下さい。西ドイツだって、すべての家庭がこうだとはいえないでしょうが、あえて「あすの家庭像」として載せたのだと思います。

性教育とは直接関係ないような日常風景なのですが、性教育に最も必要な男女平等意識は、こんな工夫の中から、知らず知らずのうちに、育くまれてゆくのかもしれません。

ちょっぴり前進した教科書（高校家庭一般）

☆中教出版「改訂新版　家庭一般」55年度用

『……しかし、前にも述べたように、妻の社会参加、とくに職業に従事する場合が増加してくると、従来のような「夫は外回り、妻は内回り」という固定した考え方では、妻の負担が過重になりすぎる。変動の激しい生活実態に対応して、家庭生活を円滑に経営していくためには、従来の社会通念などにとらわれず、家族員が分担協力して家事を処理するような民主的な方針をとるべきであろう』（夫婦の役割）

『今日、施設の保育は、物心両面とも充実してきているので、ホスピタリズムなどの問題も少なくなってきている。反面、現代社会においては、家庭に育つ子どもにホスピタリズム的状況が発生するような条件も考えられるので、……』（子供の成長と家庭の意義）

『しかし、子どもは家庭の保育だけではじゅうぶんな成長が期待できない。集団の中で社会生活を経験することも必要である。また、現代の社会情勢のもとでは、子どもの保育も、個々の家庭内で処理するだけでは、解決できない問題が起こりがちである。たとえば、核家族の家庭で、母親が病気になった場合、両親が共働きで近隣に保育所がない場合……』（保育の協同化）

『今日のわが国では、これらの保育施設や保育制度は、一部を除いては、まだまだふじゅうぶんな段階にあるから、その充実は、数的に増加することの必要性とともに、内容面も乳幼児期の保育として、完全なものになるように検討されなければならない』（いろいろな保育形態）

『とくに主婦が職業をもっている場合には、主婦にとっても家庭がくつろぎの場となるように、よりいっそう家族全員が協力することがたいせつである。』（家族の協力と分担）

△　△　△

ここにあげた引用は、問題がない記述とは言えないものも含まれていますが、以前の教科書の記述に比べれば、少しはましなものではないかと思い引用しました。同じ教科書には次のような写真があるのです。役割分担をはっきり示しているよくない例です。念のため、取りあげておきます。

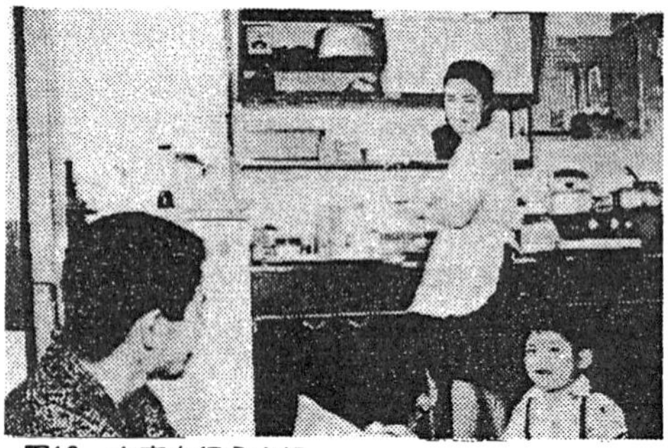

図18　家事を行う主婦

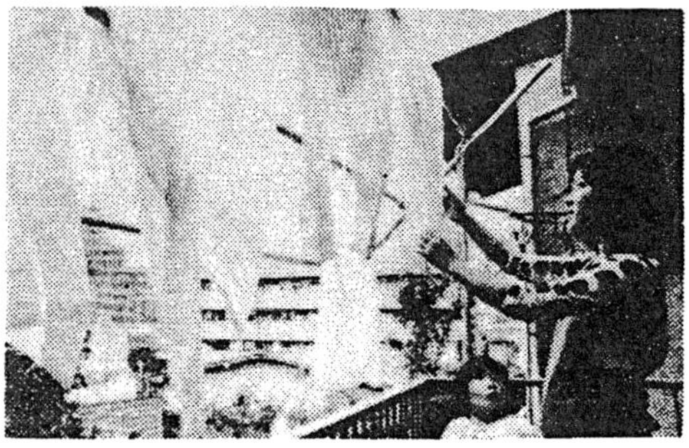

Ⅳ　資　料　編

・わたしたちの活動
・資　　料
・新聞から

わたしたちの活動

教科書チェック関係

１９７６・４

教科書の中の性差別記述のチェックを始める。自分の子供が使っている小学一年生用「しゃかい」を見て、びっくりした会員が持参した教科書。役割分担の意識が強いことに会員一同、「これでは、憲法の精神はどうなったの？他の教科書も是非調査してみよう」と活動開始。

１９７６・５

第一回教科書出版会社との話し合い。参加社：開隆堂、東京書籍、学校図書、光村図書、日本書籍。教科書の調査結果を示し、話し合う中で、はじめて教科書の中の男女差別に気づいた編集者が多かった。よい教材の提供と、継続的にこの会を持つことを約束して終わる。

１９７８・１

再び教科書中の性差別チェックを始める。

１９７８・４

「教科書研究センター」（新宿区本塩町20−2 ＴＥＬ．３５５−３６２５）にて海外の教科書を調べた。アメリカの社会科の教科書には、女性差別が黒人差別と同列に、一項目たててきちんと述べられている。家庭科の教科書は、表紙題が「Ｄｅｃｉｓｉｏｎ ｏｆ Ｌｉｆｅ」とあり、障害者のためのページもある。どの教科書も、男も女も、黒人やアジア人等様々に写真や絵に登場し、役割固定的なものは見られなかった。「こうでなくっちゃあ！」と感心の連続だった。

１９７８・７

第二回教科書出版会社との話し合い。（公開討論集会「ご存知ですか、男女差別だらけの教科書」東中野地域センター）

参加社名：清水書院、大阪書籍、開隆堂、開拓社、光村図書、日本書籍。

小中高５教科２０種類ほどの教科書についての調査結果を発表し、参加者に教育の中の性差別の重大な部分であることをアッピールする。

一男性編集者「当社は、差別をしておりません。男女平等の考え方でおこなっており、指摘されたことは差別とは思いません」

一女性編集者「（教科書中の同和問題の経過を話した後）差別されている者が、差別が無くなるまで声をあげていかないと、教科書の中の男女差別は無くならない」

編集者に女性が少ないことも、差別がいっぱいの教科書になる一因であると痛感した。編集者の裁量範囲であるさし絵・写真を男女平等を進める見地から編集すること、執筆者の選出も、男女平等の意識をしっかり持った人という観点から行われるよう強く要望。

１９７８・７

前記公開討論集会に不参加で、再度話し合いの約束をした出版社を訪問。不参加出版社には、その社の教科書の調査結果を示し、改善を要望する。出版社側の弁は次のとおり。

◎旺文社「教科書は社会より先を行くものじゃあない。不易流行が社の方針だ。原爆の問題にしても３０年経てから教科書に載った。」

◎山川出版「倫社教科書の著者から『次回改訂で

女性問題をとりあげてはどうか？』という意見が出された」由。実現を強く要望。

◎中教出版「５６年度の改訂で改めていきたい。現代の社会状勢に対応していかなければならない」

◎清水書院「さし絵や写真で努力する」

１９７８・８

教育分科会夏合宿（於　国立婦人教育会館）

地方から参加した会員、新しくこの合宿から会員になった方々を迎えて、英語、社会、国語、家庭科、保健の各教科ごとに、今までの調査結果をどのようにまとめるか検討する。普段は細切れの作業や討論も集中して出来、検定制度や、どのような形にしたら広く人々に読んでもらえるか等についても話し合う。

１９７９・４

教育分科会春合宿（都内目白、うずら荘）

持ちよった草稿を文章表現を中心に検討。目次作成。

その他の行動

１９７５・７

公立高校の男女別学調査、女教師率の調査を始める。

１９７６・３

国内行動計画への要望（家庭科の男女共修、全国別学・併学校を共学校に、教科書中の性差別記述の徹廃、進路指導における性別固定観念の排除）を総理府婦人問題企画推進本部へ提出。

１９７６・７

家庭科共修問題について影山裕子氏・奥山えみ子氏の報告と話し合い。この時、教育課程審議会答申が女子のみ必修に落ち着きそうだという情報が入り、ただちに抗議のハガキ投函運動開始。

１９７６・９

シンポジウム「家庭科はいつまで女だけ？」を、「家庭科の男女共修をすすめる会」他１２団体と共催。発言者は、前田武彦、吉武輝子、和田典子ほか。全会一致で「家庭科の女子のみ必修に反対し、男女共修の実現を求める」という内容の要望書を採択し、文部省教課審、婦人問題企画推進本部、同会議に提出。

１９７６・１０

教課審中間答申「家庭科の女子のみ必修」に対して、電話、ハガキによる抗議行動、「共修」への署名活動。

「ボクも私も作る人食べる人……」のビラマキ開始。

１９７６・１１

「家庭科の女子のみ必修抗議集会」を婦選会館にて開く。発言者俵萌子、中山千夏、山根英之、女子高校生他。

１９７６・１２

東京都民生活局婦人計画課へ、男女平等教育への行政改革試案を提出。

１９７７・２

高校校長会家庭科部会の差別的発言に抗議文を出す。

１９７７・５

大学における女性解放の視点に立つ講座調査を始める。

１９７７・７

名古屋の教師研修の手びきに「男女の特性を育てる教育の推進」の項があることを発見し、愛知県教育委員会に書面で抗議。

1977・12

一問一答シリーズ「男女共学を進めるために」作成。一年前より調査を続けていた、公立高校の男女の別学状況と女教師率の資料をもとに、男女別学の問題を人間らしい豊かな教育、教育権の平等などの観点から、広く世の中に訴えるため小冊子にする。内容は次の通り。

- はじめに
- 男女共学の歴史
- 男女共学をすすめるために一問一答
- 憲法と男女平等の教育
- 資料Ⅰ公立高校男女別生徒数教師数一覧表
- 資料Ⅱ男女共学の法的根拠となる関連法令
- 教育分科会の活動
- 入手容易な〝共学を考える本〞

残部が少なくなってきました。是非お読みいただいて、この問題を、あなた自身の場でグループで話し合ってください。そして、男女別学の学校をなくしていきましょう。購入申し込み先は、行動する会事務局に。一部２００円送料１４０円です。まとめると送料は安くなります。

1978・11

１０月２０日付朝日新聞の報道「修学旅行を見返りに？韓国へ招待旅行―三年前から高校長ら千二百人」を見てびっくり。ただちに、私教連、都教育委員会、各県高教組に抗議文を出す。

イギリスの男女平等機会委員会（ＥＯＣ）教育担当者、Ｗ・ヘイルさんをかこんで他の民間団体の人達と共に、イギリスの状況、日本の状況を話し合う。

討論集会「ごぞんじですか、男女差別だらけの教科書」（'78.7）から

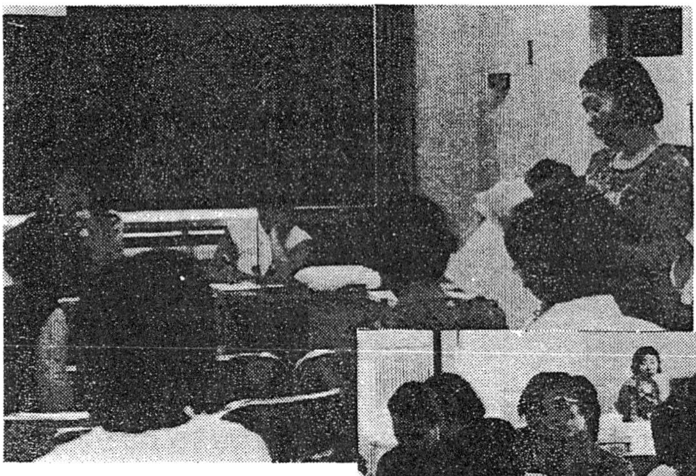

資　料

国際婦人年世界行動計画　（抜粋）

82. 教科書その他の教材を再検討し、必要な場合には、社会における積極的な参加者としての婦人像を反映するようこれらを改訂すべきである。

81. 教育および訓練の計画、カリキュラム、水準は男女について同一のものとしなければならない。両性を対象とする教科課程には、一般科目のほか、工業・農業技術、政治・経済、社会の時事問題、親としての責任、家庭生活、栄養および保健を含むべきである。

84. 男女共学と、男女合同の研修訓練を積極的に奨励し、新しい職業と変遷する役割について、両性を啓発するため特別の指導を行なうべきである。

83. 教育および訓練上の差別的慣行の内容を明らかにし、教育の平等を確保するために調査研究活動を推進すべきである。

国際婦人年メキシコ宣言　（抜粋）

6. 婦人には、男子同様、自らの知的能力を最大限に開発するための機会が必要である。したがって、各国の政策と計画は、婦人に対しあらゆるレベルの教育および訓練をうける可能性を完全かつ平等に与えるべきであり、かつ、このような計画と政策は、婦人を自己充足のための婦人の必要と国の発展の必要性とに合致した新しい役割に、意識的に指向せしめるものとすべきである。

国際婦人年国内行動計画　（抜粋）

（2） 教育訓練の充実

ア　学校教育においては、男女の平等及び相互の協力、理解についての学習を教育活動全体を通じて充実するよう、教育課程の編成及び学校運営の面で一層配慮する。特に、各学校における社会科、家庭科等関連教科及び道徳等において新しい時代に即応した学習指導が行われるよう配慮する。

ウ　婦人が若年時から正しい職業観を養い、生涯展望に立った職業選択を行うことができるよう、各種の教育、訓練において配慮する。

東京都行動計画第二部計画の課題と施策の内容

概要　学校教育（幼稚園・小・中・高等学校）においては、個人の尊厳及び基本的人権尊重の理念に基づき、男女平等の教育をすすめてきたが、社会においては、今なお、固定的な性別役割分業観やそれに基づいた慣習、性による差別などが見られる。そこで、男女平等の観点から教育課程の再検討を行い、男女平等教育を教育課程に位置づけるとともに、学習内容の確立を図る。

同時に、男女平等教育の推進にかかわりの深い分野について、学習内容の充実を図る。

新聞から

次々に指摘される〝差別〟に教科書会社側は口々に「気づかなかった」……＝東京・東中野地域センターで

家庭

中・高校教科書も 男女差別だらけ

依然『女は家庭』

出版社側、弁明しきり

行動を起こす会がチクリ

国際婦人年をきっかけとして行動を起こす女たちの会が、教科書出版会社の関係者を招いて「ごぞんじですか　男女差別だらけの教科書」集会を東京で先月末開いた。教科書のチェックで次々に明らかにされた差別の現状を指摘された会社側は「気づかなかった」「差別を意識しているわけではなかったが……」と口々に弁明していたが、気づかずに差別が生み出される現状を変えるためには、まだ当分地味な対話が必要のようだ。

同会が教科書のチェックを行ったのは一昨年の小学校用国語に続いて二度目で、今回は中学、高校用の国語、英語、社会、家庭、保健の各教科が対象。

夫に依存、忍耐美徳

さて、その実態は、光村図書の中学国語三を例にとると、まず本作りにたずさわる人は編著者二十二人、さし絵担当六人はすべて男。また筆者は男性二十六人に対し女性一人、主人公男性十人に対し女性三人。数少ない女主人公は「…耐えることのみが女の美徳であり、それ以外に女の存在を示す方法はないもののように母に教えられ、育てられた……」（新田次郎「足音」の千代子）といったように、冒険心がなく、すべての生活を夫に依存し忍耐のみを美徳とする女性像として出されているという。

調査の担当者は「家事にいそしむ母や妻だけでなく、働き、冒険し、わが道をゆくという生き生きした女性像も載せてほしい」と要望した。

この傾向は高校の英語教科書も決して例外ではない。七社の英語の教科書を調査したところ、編集者はすべて男性。どの教科書も女性の登場人物は男性と比べて少ないが、十六人中五人と女性を最も多く登場させている開隆堂のユニバーサル（一年用）でさえ、男性の登場人物を農夫、作曲家、ピアニスト、マネジャー、ドライバー、羊飼い、王様、彫刻家、法王、伯爵、学生、登山家とバラエティーに富ませているのに、女性は主婦、看護婦、学生、秘書、ウエートレスにとどまっている。

主語に女性が少ない

また旺文社の英作文高三用を見ても、女性を主語にした例は男性主語よりずっと少なく、あっても「スミス夫人は結婚前に生け花ばかりでなく育児と料理を習っておけばよかった」とか「フットボールのルールは複雑で女にわからないという人がいるが、本当ですか」といった調子。

男性を主語にした例文に、少年たちに将来の可能性をあたえる職業が載っているのとは対照的だ。

一方、「女性と職業」について項目を立てて載せている中学校社会科教科書は八社中四社。東京書籍のように「はたらく婦人の中央集会」の写真を載せたり「家事労働と男女差別」の囲み記事が家事と仕事の両立の難しさを指摘した前向きのものもあったが、全般的には「女は家庭」の通念を出ず、労働者イコール男性のイメージが濃い。中教出版などは、働く人の写真は男性ばかり。「進む社会的分業」と題する図版にも女性はどこにも出てこなかった。

米はすでに『平等権』

アメリカの高校の社会科教科書には、すでに「平等権の闘い」という章があり、黒人、インディアン、婦人運動の平等権獲得の歩みが詳しく述べられていて、調査員の一人は「教科書の中に盛りこまれた問題も、歴代大統領が果たした平等政策を書けとか、平等権の闘いを扱った映画を見てレポートを出せとか、市民団体のグループにインタビューせよなど、外への広がりをもち、日本の教科書とのあまりの差に驚いた。もっと固定観念をなくすことはできないものか」と訴えた。

これに対し、出版社側は、「まったく知らなかった。勉強会を開きたい」（大阪書籍）「英作文に性差別など考えていない。五十七年の大改定には責任をもって編集し直したい」（開隆堂）「『足音』はもう教科書には使っていない。これまでの本が男性優位なので、どうしても結果的に男性の作品が多く登場しがちだ。しかし教科書は現実の反映。これからは被差別者の女の側から努力したい」（光村図書）「男性なのでわからなかった」（日本書籍）と、一様に現状の差別を会の指摘どおり素直に認めた格好だった。

▲〈東京〉　'78.8.4
——討論集会「ごぞんじですか、男女差別だらけの教科書」のもよう

▼〈読売〉 '79．3．13
――海の向こうでも…

世界の論調

学校の教科書こそ、女性差別観を生む元凶だ――と、フランスの女権拡張運動家たちがヤリ玉に挙げはじめた。「ママは洗たく、パパ会社」と口ずさんでいるうち、こうしたことばの奥に潜む〝固定観念〟が、子供心に植え付けられて行くという。だが、そんな心配はいらぬ、かつての父親像もここ十年来の女権拡張で見る影もない……という調査もある。

◇

〝教科書こそ女性差別観生む元凶だ〟

「イル・ド・フランス（パリを中心とする仏首都圏）地区女性問題政府代表ウォルフロン女史は、同地区の二十の女性・家庭問題協議機関が行った研究を公表した。「教科書と児童読本における女性のイメージ」と題し、執筆陣はすべて女性。無作為にパリの一小学校を選び出し、使われていた教科書二十二冊、読本十六冊全部を徹底的に調べ、女性と男性では、性格、仕事、責任分担がどう異なって描写されているか書き抜き、一目でわかる表にした」

「結果は惨たんたるもの。どれを開いても、出てくる『女性』は外で働く夫と二人の子供を持つ家庭の主婦。この『ママ』の仕事はサラ洗いと洗たく、花に水をやり、めったに外出せず家を守る。対照的に『パパ』は、たくましくて行動的、快活に描かれる。列車や車に乗り、働きに行く。家ではパイプをくゆらし、新聞を読む。これでは『ママ』だって、さわやかな顔で繊維工場の職場から毎晩帰ってくるものだ――と子供たちが学ぶことはできまい」

「またウォルフロン女史は『児童に覚えさせるため同じ文句を繰り返し読ませるのが特に有害です』と指摘する。『ママは洗たく、パパお出かけ』と、一度聞いてもどうということはない。だが、言葉のリズムが面白くて口ずさんでいるうち『洗たくはママ』と覚え込んでしまうのだ」

（3月10日付、仏レクスプレス誌）

◇

「女権拡張運動に洗われ、男性人口の間にも変化の兆しが見られるようだ。特に失業の直撃を受けた男性たちは守勢に回っている。彼らにとっては、外の仕事は男性の特権であり、仕事に就こうとする女性は〝仕事泥棒〟なのだ。ともあれ、経済危機で最も影響を受けている層の男性の精神状況に〝急ブレーキ〟がかかっている」

「変化の最初の兆しが見られる層を分類すれば、中産階級の上の部、中流の都市生活者で戦後世代であろう。中でも若者や、『六八年』（大学紛争）を経験した、若々しいインテリの間で顕著である」

「〝女権運動以後の男性〟は、まず、台所やスーパーマーケットの中に見いだせるようだ。口ヒゲをはやした男性が、サラ洗いのふきんを肩にかけて戸口に現れたり、買い物車を押して歩く姿を見かけるようになったが、こうした男性は、称賛と感動の対象であり、『新版・男らしさ』のチャンピオンというべきだろう。日常の雑務を平等に分担するカップルは、春がめぐり来るたびに、少しずつではあるが増えているのである」

（2月26日付、ヌーベル・オプセルバトゥール誌）

（13） 12版 1978年

世界の教科書にみる日本

男性天国だが戦後女性に変化

では女性や妻はどのように見られているであろうか。

「女性は服従と尊敬をもって仕えなければならぬただ一人の主人（マスター）すなわちその夫をもつだけである。女性の生活様式は全くの服従から出発した。彼女たちは文句なしに夫の教えに従い、忍耐強くその命令を待つ。夫はその妻にとっては天（ヘブン）であった」。そして有名な貝原益軒の「女大学」を引用し、「娘のときは父に従い、嫁しては夫に従い、老いては子に従う」という「三従」の精神をあげている（アメリカ、アムスコ社会科、一九七五年）。

「日本の男性にとっては妻がどう見えるかは余り関心がない。これはアメリカ人との大きな差異である。重要なことは妻がいかにして妻としての義務を果たすかにある。離婚も少ない。アメリカでは五組の結婚のうち一組は離婚に終わるが、日本では二五組に一件にすぎない……結婚後、夫は特にいばったものの言い方を始める。両者の差異はこれで一層明らかとなる。妻は決して名前で夫をよぶことはない」

男性天国日本の記述はなお多い。「フジオカ氏はある会社の経営者であるが、ハルコ夫人は夫がゲイシャハウスへ遊びにゆくときも、まず身だしなみをよくするよう心をくばる。帰宅が遅くなっても嫉妬（しっと）の心をおもてに出さず、にこやかに出迎えてお茶をさし出す。こうしてハルコの生活は自分のものと他の女性との二重の領域にわたるが、彼女は自己の領域の中では、たとえつねに満足していなくても安全感を得ているのである」（アメリカ・高校用社会科「アジアの男性と女性」一九七〇年）。

「しかし戦後のアメリカの占領と日本女性自身の自覚は彼女たちの意識に革命的な変化をもたらしたのである」（前記アムスコ社会科）。（国際教育情報センター評議員・別技篤彦）

▲〈毎日〉 '78．6．15
――日本はこんな風に
紹介されている！

〈婦人民主〉 '79.4.13 ▶
――英会話の教材テープも…

How stupid!

女性蔑視も教えるの!!

リンガフォン・会話の教材

〝行動する会〟が抗議に立ち上がる

グレアム「島なんかに住んだら、病気になるかもしれないよ」

ジョージ「女房が三人いなかったら、もちろんそんなところに住みはしないさ」

グレアム「奥さんが三人あったら、その奥さんたち何をするの」

ジョージ「ひとりはそうじ、ひとりは料理、残りのひとりはぼくのせわをするのさ」

こんな調子の会話がつづくのはリンガフォン協会（英国最大の外国語学習教材会社）のスタンダード版。「知らないうちに正しい英語の使い方が身につく」と同会社の宣伝文句だが、『リンガフォンは知らないうちに女性蔑視が身につくものだ』と〝国際婦人年をきっかけとして行動を起こす女たちの会・教育分科会〟が抗議に立ちあがった。

同会会員の山根典子さんが中学生の娘の英会話の教材にと、リンガフォンを買い求め、夕食の仕度をしながら娘がまわすテープを何気なく聞いていると、ひどい内容が耳に飛び込んできた。「少しずつ耳をすまして聞いてみると、全巻に女性蔑視の会話が流れ、びっくりして、行動する会の仲間と抗議することにしました」という。

さっそくリンガフォン東京支社に申し入れ。三月六日、同社のパメラ武重編集部長（31歳のアメリカ人女性）が行動する会事務局に来て話し合い。

「聞くたびに不快になって、子どもも私もこの頃は聞きません」と山根さん。高校の英語教師は「本年度予算が余って、会話テープを買おうと思ったが、リンガフォンはやめます」という。

買物や化粧など一つ一つは日常生活の小さな描写で、「何が差別となるのか」と合点のいかないふうのパメラさんに、女はいつも、買物、化粧、ばかなものという描写（男は仕事や政治の話）で、女総体の扱い方が問題というと、さすがは女同士、わかりが早い。「会話は時代、時代の新しい流れに沿ったものでなければ生きた教材とならない」と答え、近い将来、改訂することを約束した。

「この機械、ボタン押しても何しても動かない」と訴えるジル（女）に「なぜプラグを差し込まないの。電気器具は電気が必要だよ。女って、おバカさんだね」とピーター（男）が言う。（リンガフォン、スタンダード版から）

１９７９年８月１日　発行
国際婦人年をきっかけとして行動を起こす女たちの会　教育分科会
東京都新宿区若葉町１－10 グリーン・マンション　D号
合同事務所「じょき」内　Tel 357－9565
印刷　㈱トライプリントショップ
東京都文京区向丘１－３－７　Tel 814－3780
メディアプレス市民工房
東京都新宿区荒木町３　駒ビル302　Tel 355－5065

¥３００

ACTION NOW in JAPAN

International Women's Year Action Group, JAPAN 1980

ACTION NOW IN JAPAN

Editorial Staffs

HABERU, Women's Group of Tsuda College

HIGUCHI Mariko
ISHIHARA Keiko
KOMANO Yoko
MITSUI Mariko
MORIYA Kazuko

Member of, International Women's Action Group

ACTION NOW IN JAPAN

JOIN US!

The International Women's Year Action Group Japan was organized in 1975 by 500 angry women.

Our major purpose is to realize equality between women and men and to create new women's culture against men's culture. Legally, Japanese women hold low social status, low economical status, low political status with very strictly assigned sex roles.

"Act, act, act" is the most compicuous characteristics of our activities. We go to the Diet to eliminate sex discrimination in politics. We go to NHK (Japan Broadcasting Corporation) to protest against the sexist programs. We go to law courts to support any women accuser who sues for sexual discrimination. We telephone, write letters, send telegrams, and set up signature seeking campaigns in order to make the situation free of sexual discrimination.

Our present 1,000-plus membership is organized into sections dealing with child study, single women, mass media, international affairs, homemaking and family life, employment, education, divorce, arbitration and justice.

We don't have so-called representatives, as every member is expected to take representation in rotation. Some section meet weekly, some monthly. The organization as a whole meets monthly to discuss specific areas and problems. We, however, meet anytime and anywhere as the situation demands. We have been and are willing to cooperate with other feminist group to hold joint meetings. Every meeting is open to the public. Anyone who is interested in our movement can attend our meetings. We need cooperation and sisterhood.

Sisters, who have a chance to visit Japan, please get in touch with us. Sisters, who are dissatisfied with the male-dominated culture, please join us becuase we need your support in Japan also.

OUR ACTIVITIES

Goverment and Administration

Since 1975, we have sent questionnaires and asked about women's policy and problems to Ministers, members of assemblies, governors, political parties, labor unions and so on, at elections or many other occasions. We made their answers public by printing them.

In 1976 we offered "Our suggestions" to the Governmental Planning of Domestic Action and demanded them to make a good plan for women. However, since its content entirely unsatisfactory, we presented the statement of protest against the Government.

In 1976, 4 male teachers(judges) of the Legal Training Center made discriminatory statements against female students(lawyers) attending the school. They said, "It's useless for women to get professional legal training since after they get married their legal knowledge is wasted", or "your parents regret the fact that you passed the National Bar Examination".

We protested against what they said and demanded the dismissal from the Diet. Therefore they were given a hearing at the Diet.*

In 1978, the Labor Standards Law Research Group proposed that the Maternity protection, such as limitation on working outside regular hours and prohibition of late night work, should be abolished from the Labor Standards Law in order to realize male-female equality. We opposed the proposal and demanded the enactment of a law for equality between the sexes based on the protection of maternity. Since then, we have continued to act in accordance to realize this goal.

We protested against Government when it was announced that they would not sign the Convention on the Elimination of All Forms of Discrimination against Women. We sent the statements to each Ministry and demanded them to sign it.

* See Appendix B

Mass Media

We demanded the following things, from NHK(Japan Broadcasting Corporation) in 1975.

1) to eliminate the sexist program which emphasize the distinction between sex and stereotyped roles for women and men.

2) to increase their female staff.

3) to give female announcer more active role.

We have immediately protested against T.V. Stations whenever we have found sex discrimination and stereotyped roles of women and men in the programs since 1975.

We staged a sit in at NHK(Japan Broadcasting Corporation) protsting against an English conversation programe because of its discriminative character of the whole conversation in the section titled "Teishu Kanpaku" (The Domineering Husband), and had the intolerable model sentences crossed out. Consequently the series materials were completely cancelled two months' later (1980)*

We protested against the sexism content of Linguaphone English Conversation Tape(American English Course), and made them provide to correct this part on the next editing.(1979).

On every occasion we find a television commercial which emphasizes stereotyped sex-roles, we protest against it. For example, we accused the catch phrase "Girls Cook, He Eats"** for an instant noodle, and the commercial has since been taken off the air. (1975).

We put the publishers of a magazine for women on traial because of their mistaken reports that ridiculed and blamed the above-mentioned action in 1975. We demanded the right of access and convinced them of their error. The opponent accepted all our claims, and reconcilement came into existence in 1977.

* See Appendix C and D
** See Appendix A

We protested against the feature articles "Onna Kyoshi wa Yappari Dameda!"(Female Teachers are no good)* of weekly magazine and let them present the feature articles of opposite assersion in the next issue in 1977.

We have protested against discriminatory articles of newspapers, magazines, comics, readings for children and all other publications which emphasize sex discrimination and steleotyped sexual roles since 1975.

Employment

We think that the enactment of a new law which prohibit the sex-discrimination and ensure the equal opportunity employment for both sexes is in urgent need. So far we made "Guidelines for Male-female Employment" through a lot of discussions. At the same time, we issued pamphlets & papers for publicity, held meetings and staged demonstrations.

We also have contacted the Government and labor unions to convey our ideas and thoughts, pointing out the importance of the Maternity Protection to express strong opposition to the Government's intention of the part of the abolition of provisions which protect females from the present Labor Standard Law.(1977 -)

We've checked the application forms of the Civil Servants of the Prefectural Governments which often contain frequent sex-discriminations. We protest against these sexual discriminations and demand the Central and Prefectural Governments for their changes. (1976 -).

We hold the "Consultation for Working Women" at our office. There, we listen to their problems, think and act together to solve them. (Accompanying her to the Public Labor Office or to her Company, etc.)

Seven women working for the Japan Steel-Iron Federation filed suit against the wage and work discrimination by sex. We formed the supporting organization and have been fighting with them together. (1978).

* See Appendix E

Female part-time employees under the much worse working conditions than regular full-time workers are increasing. We are now compiling the "Guide Book for Part-timers" to draw part-timers attention to their rights as workers. (1978 -).

Female University Graduates have very much difficulty in getting jobs here in Japan. We are now under the way to protest and get rid of this kind of sexual discrimination together with the university students.

Education

(1) Elimination of discriminatory expressions in textbooks:

School textbooks continue treating women as inferior individuals and household servants. Checking several texts, we found that a mother's job was portrayed as one of cooking, shopping and caring for children. We met with publishers, who explained that they and their staff(most of them were males) had not purposely presented family roles in terms of what was supposed to "properly" a man's and woman's roles, and said that they had been unaware that the expressions were discriminatory. We suggested in our monthly bulletin that parents read their children's texts and, when discriminatory statements are found, that they contact the schools or publishers involved and demand to remove those discriminatory features.

In 1979 pamphlets called "The Image of Women in Japanese Textbooks" were published.* To summarize the booklet:

The first grade books emphasize family life in which the father goes to work and the mother stays at home. It is rare to find fathers sharing any house work; only one book showed a picture of a father doing shopping in a supermarket and picking up children at a nursery school.

In the 2nd grade book, various work situations were introduced. Although statistics indicate that 62% of the farmers are women who operate farm machinery, women in the books were shown doing only

* See Appendix F

menial work. Pictures of industrial work showed women doing menial tasks in the food and clothing industry, while bread factory workers and car production entirely men. Pictures of policemen and firemen were all male except for one policewoman among 15 policemen. She had the stereotype job of taking care of a lost child. Women were often described in textbooks as "people who take care of health" such as nursery school teachers, nurses, and doctors. A description of a store showed men buying the stock while women bowed and wraped customer's purchases.

In 6th grade history textbooks, the number of women was very few. That women were discriminated in the educational system was not mentioned. Three textbooks did indicate that the work in the textile industry was done by 13 to 24 year-old farmers' daughters but did not mention that they labored under inhumane working conditions.

A section on "occupations" appearing under the heading of Politics, Economics and Society in junior high school texts indicated that "people who earn income from work live an independent life, and become responsible members of society." Twenty-two pictures in the book were of men at work, nine pictures were of women at simple assembly line tasks with only four pictures showing both sexes working together.

The Problems of working women are not touched upon in the textbooks although according to 1976 official statistics, women workers comprised 37.4% of the total work force. One textbook said that "there is a tendency not to hire women for important work or for technical work. Women are sometimes paid less than men." Another book mentioned the different retirement ages for men and women and two books indicated numerical differences in wages between men and women.

One textbook suggested that one reason for these differences was that a woman's work was in the home, and that women take jobs merely to supplement the family income, to cover extra family expenses. Only few books pointed out the problems of insecurity and low wages were suffered by women who are often temporary or part time workers.

Most of the books point out the insufficient care of children and the aged as present family problems. The increase in the number of working mothers among the younger generation is pointed out as the cause of the social problems. One high school book indicated; "It is an ideal situation for women to have both family and work, but there is a tendency to use jobs as an escape route from family life. Women's happiness cannot be separated from family's happiness."

Among 18 Japanese Language Textbooks for junior high schools published by six companies, 96% of the authors were men. There were 10 plays in which 55 men and nine women appear. Those women figures were daughters, mothers, wives, grandmothers, and other people who did not have names in the stories.

English Language Textbooks published by three companies are used in more than 80% of junior high schools. In pictures illustrating English conversation drills, situations show girls cooking and boys engaged in sports. Women holding jobs were teachers and librarians.

In a high school textbook, animals personified in stories were all "he." Six pages in another book described the female mosquitoes as "Dangerous Ladies" -- wives that were dangerous and fearful, and sucked blood!

The followings is one of the worst example from the viewpoint of women's liberation: "Independent selfhood is very difficult to achieve. Some people depend on religion and others depend on their superiors in a company. Women marry men and depend on them for their self-identity. If girls are asked what type of man they would like as a husband they often say a man who can be depended upon. Girls usually choose as a marriage partner an older man since they have a wish to have a person whom they can depend on besides their father. In adolescence, girls are less defiant than boys, for this reason there are many women who have not grown to independent selfhood. You can understand by through this explanation why women do not have a strong sense of self." These opinions were presented as psychological facts in a textbook.

The books on Health published by six companies states that only so called feminine beauty is considered appropriate for women. Men were described as creative and courageous while women were supposed to be graceful and sensitive. Marriage and child bearing are predominantly discussed. Suitable marriage ages for women are also recommended. One book discusses that women have the ability to perform monotonous work and have adapability with endurance to repeat the same work over and over again. Simple manual labor jobs are therefore listed as suitable for women. Instead of discussing problems of adverse working conditions, facts are manipulated to support the view that women's physical characteristics hinder them from working at a variety of jobs.

Home economics classes are compulsory for women. Four books published by four different companies were studied. Each book emphasized women's responsibility in the home on the grounds that women have had a central role in the family over a long period of time. One book states that "Although the formation of the child's personhood is the mutual responsibility of both parents, each has a different role. Mother takes care of the children in order to form the basic life habits, while the father takes the role of discriplining the child in cases of crises."

There are some rays of hope. In Kyoto, home economics is compulsory for both boys and girls. After 10 years of study, teachers in the home economics departments in high schools complied materials based on the concept of the cooperation of men and women in life together. This complilation has been used as supplementary material in the Kyoto school system.

The example of Kyoto is an exception. The materials presented in the study of textbooks used all over the nation indicate the Ministry of Education's understanding of the proper role of women in modern Japan primarily as a homebody.

(2) Teaching of Home Economics to Both Girls and Boys:

Home economics were introduced for both sexes after World War II, but within a few years they again became courses exclusively for girls. In elementary school, home economics is still taught to all students, but in junior high school boys learn shop while girls learn cooking and sewing. In senior high school, young women must take home economics classes while young men take PE. To protest this Education Ministry policy, we held a symposium titled "How long will home economics lessons continue to be only for girls?" While other countries progress toward sexual equality, Japan continues to traditionally educate males for work and females for housework.

(3) Promotion of Coeducation:

The aim of Japanese education has heretofore been to pepare boys to become society's leaders and girls to become wives and mothers. Along with this has existed a strong tendency toward single-sex educational institutions, which not only goes against the equality-of-opportunity principle in education but educates women and men for essentially sex-based social roles. Mutual understanding and cooperation between the two sexes cannot be learned at school. To change these aspects of present Japanese society, with its division of labor based on sex, we must start with the school system. Since education is fundamental to personality building, all schools should be coeducationsl, both during compulsory elementary and junior high years and non-compulsory for the senior high school years. We are presently compiling information about single-sex schools to be used as data against these types of institutions.

Divorce and "Housewife"

There are many women who were facing the husbands' violence and who were trying to get a divorce in vain. We made demands the Tokyo Municipal Government to set up a specific institution to provide those women with the place where they can escape to especially in case of the emmergencies. The institution opened in 1978.

We hold the "Consultation for Divorce" to help women who want to get a divorce. (1977 -)

We published the Book entitled "No Fear of Divorce!" (1978). Our Book has a high reputation and has received a lot of attention so far.

Calling for the right to work, we issued a "Declaration of Unemployed Workers by Housewives" and staged demonstrations on May-Day. (Housewives can often get no jobs but temporary, part-time jobs). (1978 -)

To change the housewive's traditional idea that women should stay at home, we made a tour of Danchi or Government sponsored apartment complex, held meetings and talked about the housewives' problems to find the way to a solution.

FROM NOW ON!

10 years have passed since the Women's Liberation movement was born in Japan. 5 years have passed since the International Women's Year Conference was held in Mexico.

Hundreds of feminists groups have come out by thousands of women's own will, originality and passionate ardor to gain equality. Yes, the Women's Year, 1975, raised various types of women's consciousness and affected the beginning of the grass roots movement by numerous women.

This year is the interim of United Nations Decades for Women. We cannot ignore the importance of this year only because it was established by the government's side. It is women's great power that brought forth the Women's Year. It is women's incessant resistance that made each government and administration come to notice that women's problems are an international political problem.

Convention on the Elimination of All Forms of Discrimination against Women, which was adopted in December, 1979, itself shows excellent results brought up by women.

Here in Japan, however, we have been suffering from a lot of discrimination. The Japanese Government has neither tried to listen to our sencere requests nor showed the affirmative will to eliminate those terrible discriminative situations. On the contrary they have started to push women into an exploited system of capitalism. For instance, women at home have to take over the business of the administration owing to the recent political change that they reduce the budget of social welfare. Women at work have been almost forced to accept a poor equality without the security of motherhood by the Government.

Nevertheless the Japanese Government, putting its best foot forward toward foreign countries, it going to advertize how Japanese women's status has improved by their effort. We cannot forgive the false reports by the Government. We want to let all women of the world know that the Japanese Government has only a

archaic-looking policy toward feminism. In the beginning of June, 1980, the Government announced that they would not affix its signature to the Convention because it is in conflict with the civil laws; 1) there is no law to prohibit sex discrimination in labor 2) At junior and senior high school, boys and girls have been educated separately in the class of home economics and physical exercise. 3) the Law of Nationality doesn't allow mothers the right to obtain Japanese nationality for her child. On hearing the news, women all over the country raised angry voices and it is said that the Government suffered from floods of protesting letters and telegrams. Therefore they could not help but amend their first decision and decide to sign it. We cannot be pleased with the Government's amendment, for even if Japan has ratified the treaty, it has been well-known that she is very slow to adjust the civil laws. Our fight begins from this point on.

Wide-ranged women's power is necessary to make the International Women's Decade fruitful. For that purpose, Women's Conference 80 preparation committee was started by many feminists groups and individuals in March, 1980. The Women's Conference 80 consists of a wide-variety of women, whose movement is based on individuality and self-initiative. We are joined together not by the order of labor unions or superior persons but by our own will. We held the Women's Conference 80 Part I on June 14, 1980, where over 300 women attended to express what they are doing to eliminate sexual discrimination. Some performed dramas, some showed slides, some sang songs, which we had cultivated for a long time to make our appeal most effective. We have decided to hold a much larger conference this coming fall.

We will highly appreciate receiving your message from aborad. We need international solidarity of sisterhood as much as possible.

INTERNATIONAL WOMEN'S YEAR
ACTION GROUP, JAPAN.

Green Mansion Apt. Complex,
Room No. D.
1-10 Wakaba
Shinjuku-ku
Tokyo, Japan.

(Tel) Tokyo(03) 357-9565.

We Revolt!

A banner strug says -- A Housewife is a JOBLESS PERSON.
We have, marched every year since 1979 to demonstrate equal opportunity on May Day

Sitting in front of Tokyo District Court to demand the dismissal of four sexist judges.

After staging a sit-in, we left NHK leaving a protest letter addressed to the NHK President.

PICTURES

This is an elementary school text book. All Pictures dipict the role of woman as a domestic wife or mother.

Holding a symposium titled "How long will home economics Lessons continue to be only for girls?"

We Speak Out!

We Get to know Each Other

In annual summer camps, every woman enjoy talking
each other in our consciousssness raising program.

PICTURES

Singing a song for our equal employment law written by ourselves.

We are practicing AIKIDO for protecting ourselves.

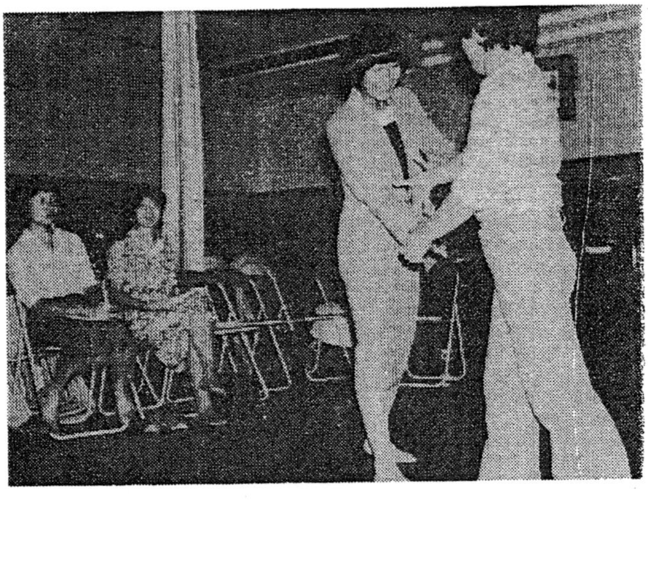

We love Ourselves Most

FURORE OVER JAPAN TV COMMERCIAL

Girls Cook, He Eats, Feminists Object

BY SAM JAMESON
Times Staff Writer

TOKYO—"I'm the person who eats," said the teen-age boy in a television commercial for instant noodles.

"We're the people who cook," said two young girls.

"Discrimination against women," declared a feminist group, demanding last month that the House Food Industrial Co. withdraw the commercial. The woman's group, which calls itself "The Assn. to Take Action in International Women's Year," threatened to resort to "resistance measures," including attempts to mount a consumers' boycott against the firm's products.

Now, the company has announced that it will drop the advertisement by the end of this week and switch its TV commercials to other products.

Claiming that it was "a matter of interpretation" whether the ad was discriminatory against women, the company explained that it "could not ignore the reaction of society."

Much of that reaction came in the form of parodies and jokes after newspapers reported the complaint by the Action Assn. The group is headed by the grand old lady of women's rights in Japan, Fusae Ichikawa, 82, a member of the upper house of Parliament.

Kyoko Takeda, a director of the Action Assn., said she was unhappy that the firm refused to admit that the ad was discriminatory. She also was upset because the company waited for almost a month before agreeing to remove the ad.

But she added:

"The commotion this controversy stirred has served a big purpose in making even those people who are apathetic about the roles of men and women think about that problem."

The commercial attracted the women's wrath because of its portrayal of women scurrying about to wait on a man. The youth in the commercial is shown sitting idly on a couch strumming a ukelele when the two girls rush up to him and say: "What kind of feeling do you have?"

He responds: "I have the kind of feeling that I want to eat instant noodles—now, right away."

After the girls bring the noodles to him, the boy says, "I am the person who eats" and comments on how good the noodles taste. Then the girls say, "We are the people who cook," and tell how easy the noodles are to fix.

The Action Assn. lost no time in pressing its victory. It made a new presentation of demands—this time to the Japan Advertising Inspection Organization, a body to which 395 companies belong.

The women demanded an end to all advertisements in which females are depicted as "subordinate objects or servants" of men. They also want outlawed any ads discriminating between married and unmarried women, or ads in which housework and child-upbringing are depicted as solely female roles.

"Girls Cook, He Eats"
- TV Commercial popular instant noodles.

APPENDIX A

APPENDIX B

"I despise women who like to study"
- a teacher of the Legal Training Center
  says.

MAINICHI DAILY NEWS/JULY 22, 1976

Women Lawyers Hit Discrimination

By David Tharp
Contributing Editor

Women lawyers of the Japan Bar Association and feminist activists demonstrated in front of Tokyo District Court Wednesday afternoon to demand the dismissal from the Legal Training Center of judges making discriminatory statements against female lawyers attending the school.

In a report drawn up by 62 concerned women lawyers about hazing of female students at the Legal Training Center, it is said that male teachers at the Center had made the following statements to the prospective women lawyers:

"Don't you think it's more important to continue the bloodline of the Japanese people (bear children) than to enter the legal profession?"

Another teacher said, "it's useless for women to get professional legal training since after they get married their legal knowledge is wasted."

One teacher berated a female student saying, "your parents regret the fact that you passed the national legal test."

And a fourth teacher is quoted as criticizing a student by mentioning, "I despise women who like to study because they discuss things logically."

Investigating women lawyers claim that when female students at the Training Center applied for menstruation leave of absence, the staff unnecessarily complicated the procedure by excessive red tape.

In another incident a male student criticized one instructor at the center as being discriminatory against women, and the teacher's response was to ask his name and warn him that "if he persisted in such an attitude he would never become a judge."

Women students claim that they are subjected to extraneous requirements such as compulsory attendance on group trips and visits to instructors' private homes. Non-attendance is reportedly noted down in making final evaluations of students before graduation.

Women at the Center complain they are treated more like children than adults, and that control over their personal lives is felt more keenly because they are all living in a dormitory together.

Other remarks reportedly made by instructors in front of classes include: "Don't get involved with cases having to do with Koreans!," and "One shouldn't accept cases brought by women. Women intellectuals particularly find it difficult to stick to their opinions."

Women students claim that such remarks are not unusual, but they have been afraid to discuss the situation until recently because of possible repercussions from these disclosures.

Patience apparently peaked recently when women students claimed they were expected to act as hostesses at an evening drinking session on a group trip. According to women who were present, Mr. Yoshinori Kawasaki, Dean of the Legal Training Center, treated them to a discourse about not allowing women to advance in a profession in which men were "risking their lives."

Mr. Kawasaki is reported to have been "half-naked" at the time, and several of the teachers made a strip tease in the inn in front of the women students. At the same time a teacher is said to have deliberately asked a woman student in front of the male students if she was a virgin. Another teacher reportedly demanded that women students should serve the men like hostesses.

A spokesman for the women lawyers investigating these incidents said, "such acts and statements are plainly in violation of Article 14 of the Constitution which forbids racial, religious, or sexual discrimination.

"It cannot be and must not be allowed that judges, whose profession is to defend human rights and who are involved in training future legal practitioners, utter such inexcusable statements."

A hundred of the 350 women lawyers in Japan have requested the Japan Bar Association and the Legal Committee of the Lower House of the Diet to investigate the situation at the school.

Woman libbers in action in Tokyo Wednesday.

APPENDIX C

"You have your wife under your thumb".
- NHK TV English Conversation Text.

4 月 13 日 (日)・再放送 16 日 (水)

亭主関白

The Domineering Husband

Today's Situation

Judy says: Hello. I am Judy Epstein, a correspondent for the weekly magazine, *News and Views*. I have come to Japan to report on everyday life here. Yesterday I was shocked to see a TV program about Gozo Oyama, the "Nippon ichi no teishu kanpaku" or the most domineering husband in Japan. He has his wife do everything for him—she dresses him in the morning, serves him his breakfast and does everything but eat it for him. He is a true sexist and his attitudes towards his wife were really terrible. I decided to interview him myself. Naomi, my Japanese friend, will be coming along as my interpreter.

✤✤✤ *Scene 1* ✤✤✤

Interview with Mr. Oyama

Judy: Mr. Oyama, you are said to be the "Nippon ichi no teishu kanpaku." Do you really believe you have your wife under your thumb?

Oyama: もちろんです。女房なんてものはどうにでもできるもんですよ。
(Of course I do. A man has got the right to treat his wife as he sees fit.)

Judy: Don't you ever consider her own rights, her feelings, ...?

Oyama: そんなことは私の知ったことじゃありませんよ。私につくすのが女房の仕事なんですから。
(That's no concern of mine. It's her job to serve me.)

Judy: Your wife should be your friend, your companion, your comrade, ...

Oyama: 冗談じゃありません。昔の人も言っているでしょう,「女は夫をもって天となし…」と。
(You must be kidding. They used to say in the old days, "A woman must regard her husband as her lord and master....")

Judy: That's sheer anachronism! You don't love your wife at all!

Oyama: いや，愛してますよ。何でもやってくれますからね。私は女房なしじゃ生きられませんねえ。
(Oh, yes, I do love her. She does everything for me. I don't think I could live without her.)

Judy: You can say that again.

Scene II

Interview with Mrs. Oyama

Judy: Mrs. Oyama, your husband seems to think of you as a servant.

Mrs. Oyama: しかたがありませんわ。ずっとこうなんですから。
(It can't be helped. It's always been like this.)

Judy: You sound very fatalistic.

Mrs. Oyama: 主人はまるで大きな赤ん坊なんですから。何でもハイ，ハイって言っていればごきげんなんです。
(My husband is just a great big baby. He is content as long as I don't contradict him.)

Judy: So you are indulging him?

Mrs. Oyama: そうかも知れませんわね。でも財布のひもは私が握っているんですし，子どもの教育は私まかせですし…。
(Maybe. But I am holding the purse strings; I make decisions about the education of our children; ....)

Judy: You mean you are in real control of the household?

Mrs. Oyama: やっぱりこの家は私がいないとダメなんです。
(Without me nothing could be done in this house after all.)

Judy: Now I think I know who the master is here.

○ 英語的表現

1. You have your wife under your thumb.
   奥さんを完全にコントロールしているんですね。
2. You are in real control of the household.
   あなたが御家庭を本当にコントロールしているんですね。

APPENDIX D

"NHK English Program Draws Feminists' Fire" - The Japan Time, Monday, April 14, 1980.

NHK English Program Draws Feminists' Fire

A feminist group made an overnight protest Saturday through Sunday against an English conversation program of the Japan Broadcasting Corporation (NHK), alleging that its contents were sexist.

The group of about 40 women raised objections to some of the sentences expressing the views of a domineering husband in the TV English Conversation Program II-III for Sunday.

In the program, Gozo Oyama, the most domineering husband in Japan, tells a foreign woman correspondent: "A man has got the right to treat his wife as he sees fit . . . It's her job to serve me."

And, asked for her comment on her husband's view, Mrs. Oyama answers the correspondent. "It can't be helped. It's always been like this . . My husband is just a great big baby."

The expression "A man has got the right to treat his wife as he sees fit" is used again in the section for expression exercise.

The women's group visited NHK headquarters in Tokyo Saturday evening and demanded that the program for Sunday be canceled because of its contents which, in its view, discriminated against women.

The women staged a sit-in as NHK officials in charge of the program told them that the program as a whole was not discriminatory against women and refused to cancel its broadcast.

In several hours of subsequent talks, NHK offered to delete the sentence "A man has got the right . . ." from the expression exercise section.

But the women's group rejected the offer, arguing that NHK, Japan's public broadcasting system, paid little attention to the problem of discrimination against women.

The group ended the sit-in at about 7 a.m. Sunday and left NHK leaving a protest letter addressed to the NHK president.

Despite the protest, NHK broadcast the program on Channel 3 from 7:00 a.m. to 7:30 a.m. But Mr. Oyama's controversial sentence was omitted from the expression exercise.

APPENDIX E

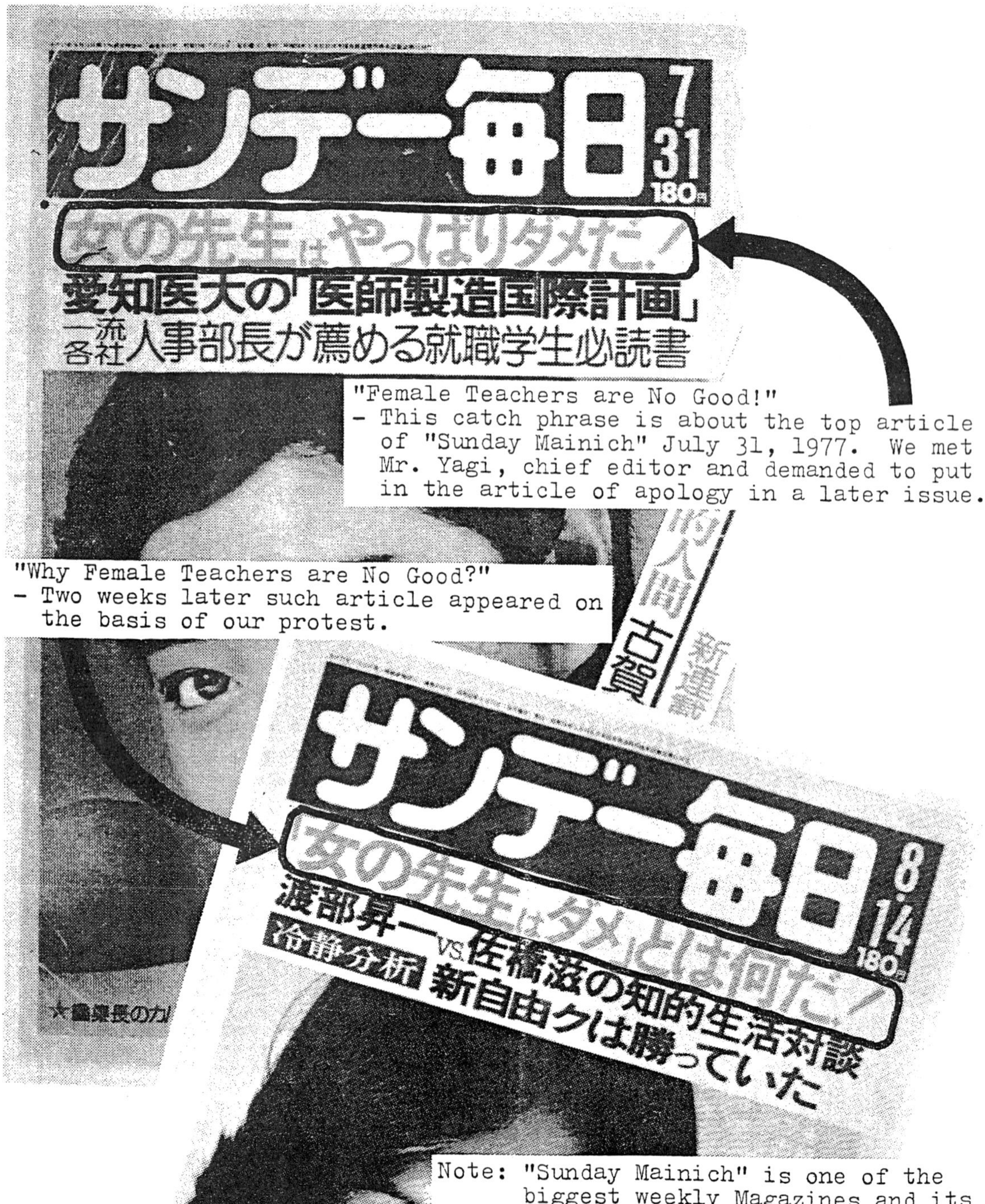

"Female Teachers are No Good!"
- This catch phrase is about the top article of "Sunday Mainich" July 31, 1977. We met Mr. Yagi, chief editor and demanded to put in the article of apology in a later issue.

"Why Female Teachers are No Good?"
- Two weeks later such article appeared on the basis of our protest.

Note: "Sunday Mainich" is one of the biggest weekly Magazines and its circulation is 500,000 a week.

Women still treated as inferior beings in school textbooks

ASAHI EVENING NEWS 9/1/79

TOKYO (AP) — Japanese women may have gained some independence over the past 30 years, but school textbooks continue treating them as inferior individuals and household servants, claims a national women's organization here.

Sexual prejudice is rampant in the nation's textbooks, complains a pamphlet published by the group, called the Society of Women Set in Motion by the 1975 International Year of the Woman.

The group of educators and activists wants to break down some of Japan's old traditions that treat women as subservient to men. But it says the notion that a woman's place is in the home, waiting on her husband and children, still is being pushed into the heads of youth from first grade onward.

Some schooltexts, they say, contain pictures of a husband lounging in his Kimono while his wife scurries around preparing dinner for the family. One picture shows a man with one hand firmly on his briefcase handing his paycheck to his wife, who looks down demurely while pouring tea.

A junior high social studies text explains that in some homes with working mothers, children and old people are left behind, and the functions of home life are not adequately carried out. It says this breeds dissatisfaction and disharmony and can lead to runaways, separations, and even divorce.

The same booklet offers lessons telling why women should stick to their God given place. A widely-used high school home economics book notes that there are many duties in the home such as child raising which only a woman by her innate character can fulfill.

In a junior high science book, a psychologist explains carefully that girls select husbands older than them because they are searching for someone other than their father to depend on...because girls show less rebellion than boys during puberty, in many cases they do not have fully developed egos.

Role-playing also emerges in a study of 10 plays appearing in middle school Japanese class books. There are 55 parts for boys against nine for girls, with the girls relegated mainly to cheering on the boy heroes.

Even women who do make it into the working world in texts are not allowed much range in employment. One English text with pictures of 28 professions assigns women eight spots in such jobs as teacher, nurse, typist, florist, and stewardess.

A high school health text says that because women are sensitive and adapt well to monotonous work, many are employed in office and hand work. It said that women were strong in endurance, rote memory, and following instructions.

These examples of sexual prejudice are the rule rather than the exception in school texts, said Nobuko Nakano, a junior high school teacher who worked on compiling the booklet.

"We have time and again complained to publishers, only to be told that they are not aware of any problem or that the books merely reflect social realities," she said in an interview.

The realities, she countered, are that women now occupy 37 percent of the work force and 64 percent of women have some kind of paying employment.

The group has had no better luck in pressing the issue with the Education Ministry. The ministry has no office to study the problem of sexual prejudice in schools, and an official of the Textbook Inspection Department told the Associated Press that it has never advised publishers on how women should be portrayed.

Pictures in school textbooks depict the role of a woman as sending off her husband in the morning, serving meals to the whole family and taking care of her children during daytime at home.

A lot of sexual prejudices appear in textbooks.

APPENDIX F

The time when mountains move has come.
People may not believe my words
but mountains have only slept for a while.
In the ancient days
all mountains moved burning with fire
though you may not believe it.
But, Oh! believe that
all women, who have slept, wake up and
move now.

YOSANO Akiko

¥250

家裁調停実態調査

1980年９月

国際婦人年をきっかけとして
行動を起こす女たちの会
離婚問題分科会

1. 調査の理由

1975年，国際婦人年の年に，私たちの"国際婦人年をきっかけとして行動を起こす女たちの会"が結成された。離婚問題分科会は同会の分科会の一つである。

労働，教育，文化，習慣，あらゆる分野に男女差別があるように，人生の一つの局面である"離婚"にもまた，男女差別が存在する。

法律では夫婦が合意さえすれば，簡単に協議離婚ができることになっているが，現実には，経済的に自立していない女の離婚は困難であり，夫の暴力に怯えて，離婚したくてもすることもできない女もいる。男女役割分業社会では，専業主婦にならざるを得ない女が多いが，そういう女性に対して，離婚の際の経済的保障は，法的にも実態的にもきわめて低い。それでは離婚後に，女が経済的に自立できる社会かというと，その配慮もない現状である。

一方，わが国には，夫婦が単位というモラルや政策が存在し，結婚からはみ出して生きることは，とくに女性にとって困難だ。いい例が年金制度である。共済年金にしても，厚生年金にしても，夫が被保険者であり，妻は，妻の座を失うと，自動的に遺族年金受給権を失う。男女役割分業社会が強いてきた内助の功に対して，離婚と同時に何の配慮もなくなるのは矛盾した考えといわざるを得ない。その結果，高齢で離婚した女性には，無年金になる人も出てくる。

離婚問題分科会は，離婚の際の男女不平等をなくすために，目標を"個の自立できる社会"に置いて，さまざまな活動をしてきた。

1977年，東京都でオープンした婦人相談センター（通称　駆け込み寺）設立のための運動や，1979年に出版した「離婚は怖くない」（読売新聞社刊）などはその一例である。

私たちの会では，毎月1回定例会をひらいている。毎回，問題を抱えた女性たちが参加してくる。私たちは定例会の時間の一部を話し合いに当て，問題解決の方向を共にさぐっている。手紙や電話についても，その都度有志が応じている。

毎回，新しい顔ぶれの人が，それぞれの悩みを抱いて参加する私たちの会は，運動体としては異色であった。運動を能率的にすすめるためには，この問題解決部分は重荷だった。が，個の悩みを受けとめつつ，社会全体の変革を進めていくというのが，私たちの願いであったし，日本ではじめて離婚というものに正面から向かいあった運動体としての使命でもあると考えてきた。

ところで，過去5年間の運動を通して私たちが気づいたのは，

「家裁の調停は，けっして男女平等に行われていない。女性にばかり忍従を強いる」

という訴えが多いことだった。

ただでさえ立ち場の弱い女が，頼みの綱にする家裁が，男女平等の視点で調停をしていないとすれば，これは重大なことといわなければならない。いかに法律が男女平等を規定し，私たちがそれを進める運動をしても，肝心の法の運用の場で，それをくつがえされたのでは何にもならない。

しかし私たちがきいた訴えは，女性側だけの声であり，事実を知るためには，男女双方の声をきかなければ公平とはいえない。私たちは家裁の調停の実態を知りたいと思った。

が，ご承知のように家裁の調停は密室の中でおこなわれる。現実の調停を見ることはできない。

そこで，私たちは，広く男女に呼びかけて，調停経験者に，調停の感想をきかせてもらうことにした。

2. 調査の方法

1980年3月30日， 私たちは，次のような文面の投書を，朝日新聞の声欄に出した。

この呼びかけに応じてくださった方の総数は273人。

その中には，家裁の調停委員のご意見や，たんなる悩みの相談というケースもあり，アンケートを発送したのは208人だった。

55. 3/30

離婚調停の実態
知らせて下さい

東京都　俵　萠子
（著述業　49歳）

〝女の時代〟〝女性の自立〟などという言葉が、声高に語られる時代になりました。が、それは、特定のエリート女性が、男性社会に加わって済むことではありません。ごく平凡な女性が、男女平等に働き、平等な結婚をし、必要とあれば平等な離婚もでき、平等な老後を送れることでなければなりません。

私たちは、婦人問題の中の、とくに離婚における男女平等という問題に取り組んでいるグループです。暴力が介在して離婚の自由もないなどという女性のために、〝駆け込み寺〟を作る運動を進めているのも、そのためです。

こんど、家庭裁判所の離婚調停における男女平等、という問題を検討したいと考えています。法律が男女平等であっても、現実の調停が、〝女は忍耐〟という内容であれば、法の精神は生かされていないことになります。反対に、男性の側に不当な忍耐を強いる場合も同様です。

そこで、これまでの調停の実態は、どうであるのか、基礎的調査をしたいと思います。全国の調停経験者の方々に、アンケートによる調査へのご協力をお願いするものです。プライバシーは固く守らせていただきますので、ご協力いただける方は、ぜひ、ご連絡下さい。男性の方々も歓迎します。

（連絡先＝東京都新宿区若葉一ノ一〇、グリーン・マンション二階D号、離婚問題分科会、電話〇三ー三五七ー五一四六）

回収総数は150通，男女の内分けは

男性　8通　　　女性　142通

私たちの希望としては，男女半々の回答が欲しかったが，男性側からの応募が少ないということは，男性は家裁の調停に対して，女性ほどの関心がない。関心がないということは，不満も意見も少ない。あるいは男性は経済力があるので，離婚の傷からの立ち直りが早い。再婚率が高い。などの理由だろうと判断せざるを得ない。

これもまた一つの重要な現実と受けとめて，私たちは集計作業にはいった。

3. 調査の結果

回答者が調停を受けた家裁は北海道から九州まで30県に分布している。東京が38人といちばん多く，ついで北海道が18人と多い。

北海道が多いのは，私たちのアンケート活動を，北海道新聞の婦人欄が紹介してくださった結果だと思われる。

調停を受けた当時の年齢は、

女性			男性
	20代……40人	(28%)	
	30代……57人	(40%)	30代……4人
	40代……32人	(22%)	40代……1人
	50代……10人	(7%)	50代……3人
	60代…… 3人	(2%)	

男性は，数が少ないので断定できないが，女性に関していえば，30代が圧倒的に多い。女性の回答者にたずねた「その時，相手方の年齢は？」という問いに対しても，「夫は30代だった」というのが58人でいちばん多い。同じ質問で，20代は25人，40代は37人。

以上の結果から，家裁の調停を受けた年齢は，女では30代，20代，40代の順となり，男は30代，40代，20代の順になる。

最近いわれている中，高年の離婚の増加は，この数字からも裏づけできるようであり，女性が60代（3人），男性が60代（5人），男性70歳以上（2人）という高齢の調停もあった。

調停を受けた当時のあなたと相手の職業は、

という質問に対して（女性回答者の回答）は，

妻　専業主婦……………78人（54%）

夫　会社員，公務員……71人（49%）

という組合わせがもっとも多い。女性は54%が無収入の専業主婦であったことを考えると，離婚の困難さが想像できる。男性では公務員，教員，大学教授，医師という比較的安定した，あるいは高収入の職種が目立つ。"無い袖は振れぬ"というが，夫がある程度の経済力を持っている場合に，かえって離婚はこじれ，調停に持ち込まれるのかもしれない。

ちなみに数少ない男性回答者は8人とも会社員または公務員であった。

当時のあなたと相手側の月収は

妻	0……………74人（52％）	夫　0……………4人（2.8％）
	5万まで……14人（9％）	5万まで……10人（7％）
	10万まで……19人（13％）	10万まで……14人（11％）
	15万まで……11人（7％）	20万まで……45人（31％）
	20万以上……5人（3.5％）	30万まで……21人（14％）
		30万以上　11人（8.7％）

男女の経済力格差はここでもはっきりしているが，お断りしておかなければならないのは，この数字は，調停を受けた当時の月収であり，なかには20年前の話もあり，現在の賃金水準ではかることはできない。

注目すべき数字としては，「夫の月収がわからなかった」と答えた女性が37人もいることだ。26％も夫の収入がわからない妻がいるということは，ふつうの家庭では考えられないことで，家庭崩壊の一つのバロメーターといえるだろう。

結婚年数は、女性側の回答で

1年未満………5人	20年未満………42人
3年未満………11人	30年未満………15人
5年未満………24人	40年未満………6人
10年未満………38人	50年未満………1人

離婚に対して，軽はずみに結婚して，軽はずみに別れるという批判がよくあるが，少なくともこの調査でみると，10年，20年，ときには50年近くも耐えた挙句の離婚が多いことがわかる。日本女性の平均結婚年齢は24歳だから20年以上たった人は，44，5歳以降の年齢になっているわけで，この人たちの年金問題が気にかかる。

調停当時のこどもの数

同じく女性側の回答で，

こども無し…16人　1人……43人　2人……45人　3人……31人
4人……1人　5人……3人　8人……1人

"子はかすがい"というが，調査の結果は，そうではないことを示している。

申立の事由

女性側の回答（重複記入あり）

離婚	112人（78.8％）
円満調停	17人
こどもの親権・監護権	18人
養育費	17人
別居	5人
慰謝料・財産分子	3人
生活費分担	1人

女が家裁に出る時は，心に"離婚"を期してゆく場合が圧倒的であることがわかる。（男性は離婚 5，円満調停 1，不明 2）

不和の原因

女性側の回答（重複記入あり）

夫の異性関係	60人（42.8％）
性格の不一致	52人（36.6％）
夫の暴力・酒乱	46人（32.3％）
生活費を入れない	40人（28％）
（経済破綻，借金，ギャンブルを含む）	
嫁姑問題	14人
夫の家出（蒸発）	10人
夫のなまけ癖	9人
愛情の喪失	4人
夫の異常性格	4人
妻の異性関係	1人
夫のマザーコンプレックス	2人

このほか夫や妻，それぞれの精神病やそれに対する偏見，妻が非嫡出子である

ことへの偏見，先妻の子との不和などがあるが，離婚の四大原因は，異性関係，性格の不一致，暴力，経済破綻だということはできよう。

男性側の回答では

性格の不一致…6人　　愛情の喪失…1人　　自分を信頼しない…1人

調停委員の年齢　（推定を含む）

男女の回答

男性調査委員	女性調査委員
30代…　0人	30代…　3人
40代…11人	40代…20人
50代…38人	50代…58人
60代…66人	60代…51人
70代…24人	70代…　9人

調停委員の年齢が高いことがわかる。

調停中、あなたの訴えを親身にきいてくれましたか

女性回答者	はい…61人（42.9％）	男性回答者	はい…3人
	いいえ…71人（50％）		いいえ…4人

男女とも約半数は，自分の訴えを親身にきいてくれなかったという不満を持っている。

調停委員の態度

女性回答者　（記入なしは24人）

理解してくれた………42人　　自分の人生観や道徳を押しつけた…38人

無理解…………………48人　　否定的な態度…………………………31人

古い道徳を押しつけた…36人

男性回答者　（記入なしは1人）

理解してくれた…2人　　無理解…3人　　否定的な態度…2人

調停委員は双方に公平でしたか

女性回答者　（記入なしは28人）

公平だった……36人　　不公平だった……78人

男性回答者　（記入なしは5人）

公平だった……　1人　　不公平だった……　2人

離婚という決定的に対立する場では，とかく調停に不満を持ちやすいことはわかるが，それにしても半数の女性が，「調停委員が，公平ではなかった」という不満感を持ったことは注目に価する。

調停委員が親身にきいてくれなかったと思う理由

（女性の記入なし10人）　（男性の記入なし1人）

この欄は自由回答で書いてもらったため，項目は多岐にわかれる。重複して，いくつもの理由をあげた人がいるので，総数は回答者数とは一致しない。

多い順にあげていくと

1. 相手方の話を信じ，相手の意見により多く耳を傾け，相手方に有利に進めた。（不公平感）

女性……83人　　男性……　7人

親身にきいてくれなかったと思う理由の最大のものは不公平感だ。相手が嘘をいっても，それを見破れないで，信じてすすめたという不満が多い。

2　男尊女卑の古い感覚やモラルを押しつけた。

女性……67人　　男性……　0

「女は我慢すべきだ」「女はかくあるべきもの」「女のくせに気が強い，だから夫がいやがるのだ」「女から離婚を要求するなどもってのほか」「女のくせに，夫以外の子を妊娠するなどけしからん」といった具体的な言葉（調停委員の発言）がことこまかに記載されている。

3　別居や離婚にいたった原因を，いくら話してもわかってもらえない。（無理解）

女性……48人　　男性……　2人

これはあとで出てくる調停委員の人選にも関係がある。離婚や経済的破綻を経験したことのない調停委員には，不幸に対する想像力が不足しているらしく，不満の声が高い。暴力の被害を訴えても，結婚年数が長いと"いろいろいっても，いままで辛抱できたんだから，大したことはないんでしょ"というふうに受けとられる。

「何がどうイヤなのかという感覚は，しょせん他人に説明してもわかってもらえないのだから，いっそ理由などきくな」という意見もあった。

4　こちらの要求を強引に削り，自分の意見を押しつける。

女性……35人　　男性……　0

「養育費の額を削られた」「自活できるんだから，養育費などいくらでもいいじゃないか」「財産分与，慰謝料の額を，調停委員の意見で強引に削られた」など具体的な記載がある。なかには，法外な，あるいは，現実を無視した要求もあるだろう。調停委員としては苦労する点だと思われる。

が，なぜ要求を削る必要があるのか，その説得に成功していないという見方ができる。

5　調停委員が形式的，事務的おざなりで，早く終わらせようとする態度が見えた。

女性……25人　　男性……　1人

6　調停委員の態度が傲慢，威嚇的で，見下した様子が不愉快だった。

女性……21人　　男性……　1人

7　自分が望んでいない結果を押しつけた。

女性……18人　　男性……　0

「離婚する気がないのに，離婚させられた」「別居しているのに同居を強制」「こどもを手放すことにさせられた」「夫が不貞をしたのに，早く離婚したければ，妻の方から慰謝料を払えといわれ，払わせられた」「双生児をむりやり分けさせられた」など，プロセスをきかなければよくわからないが，結果としては，まったく希望とアベコベになったという訴えが18人もいる。

8　自分の話を充分にきいてくれない

女性……15人　　男性……　3人

9　相手の社会的地位におもねる

女性……12人　　男性……　1人

通常，男性の方に社会的地位がある。それに対して卑屈な態度を示す調停委員に怒りを感じる女性がいる。あるいは男性の持っている社会的コネに弱いという不満もあった。専業主婦としては，その点でも無力である。

10　自分の要求に，調停委員が文句をつける。

女性……11人　　男性……　0

4番の意見と似ているが，具体的に要求を削ったというのではなく，批判をしたという意見。たとえば「私は相手の誠意を求めているのに，あつかましいとか，値段を吊り上げているという」「別居しているのに婚姻費用の分担を要求するのは間違っている」など。

このほかにもこまごまと書かれているが，10以上の訴えがあった項目だけをご紹介した。

調停委員をかえたいと思ったことがありますか。

女性	思った……84人 思わない…45人	（記入なし13人）	男性	思った……7人 思わない…1人

ただし，かえたいと思わなかった人の中には，「どうせかわってもらっても同じだ」という調停や，調停委員への諦めを表明していた人も何人かいる。

かえたいと思った調停委員は、男女どちらでしたか。

女性	男性
女性調停委員…17人	女性調停委員…1人
女性－男性調停委員…31人	男性－男性調停委員…3人
男女両方とも…37人	男女両方とも…3人

調停委員をかえたいと思った理由

この項目は，"調停委員が親身にきいてくれなかったと思う理由"と重複する部分もあるが，多かった答えから順に5項目だけを並べると

1. 相手を説得する力に欠ける

女性……21人　男性……　2人

2. 苦労を経験していないから，人の苦しみがわからない。

女性……10人　男性……　0

3. 女性の調停委員は主体性がなく，男の調停委員のいいなりになっている。

女性……　7人　男性……　1人

4. 女性なのに女の敵になるような調停委員はいやだ。

女性……　5人　男性……　0

「女は損なのよね」「しっかりした女に，男は息がつまるのよ」「別居して，あなたが働けばいいでしょ」などといわれた。

5. こちらの言い分が正しく相手に伝わらない。

女性……　4人　男性……　0

調停委員が主観を混えていうので，こちらのいい分が歪んで伝わってしまうという不満。

調停委員の意見で決まったことはありますか。その結果は、良かったか、悪かったか。

女性	有り……59人	男性	有り……4人
	無し……59人		無し……3人

その結果は

	女性	男性
良かった	15人	2人
悪かった	31人	1人
良かった点と悪かった点と両方	6人	

この質問については，現在調停中なので，まだわからないという人，結果はまだ何ともいえないと答えた人もいるが，はっきりと「結果は悪かった」といいきる人が31人もいた。

「良かった」と答えた人の理由には「こちらのいい分が通った」「常識的な決

着がついた」「養育費をとれるようにしてくれた」「こちらに有利に決めてくれた」「住宅ローンを，相手方に負担させてくれた」などの声がある。

調停・調停委員に望むこと

（女性記入なし28人）　（男性記入なし1人）

この質問に対する答えは，当然，調停委員に対する不満の裏返しになるだろう。

多かった声を10項目拾うと

1. 公平な調停をしてほしい。

女性……48人　男性……0

「相手の嘘を見抜け」「持ち時間を公平に」「相手を出席させてほしい」など。

2. 苦労のわかる調停委員を選んでほしい。

女性……39人　男性……0

「金持ちの苦労知らずは困る」「名誉職，ひまつぶし，老人救済事業，道楽仕事の調停委員が多い」「もっと涙のわかる人を」「コネの寄せ集めは困る」「人間対人間として臨んでもらいたい」「バカにしないでほしい」「離婚経験者にやってもらいたい」など。

3. 当時者の訴えをよくきき，理解してほしい。

女性……30人　男性……1人

4. 男女不平等思想，離婚否定論の押しつけはやめてほしい。

女性……28人　男性……0

5. もっと若い人を。

女性……21人　男性……1人

6. お座なりの，安易な解決をしないでほしい。もっと真剣にやってほしい。

女性……21人　男性……2人

7. 教養と正しい道徳観を持った人になってほしい。

女性……16人　男性……0

8. 主観を押しつけない人をのぞむ

女性……13人　　男性……　0

9. もっと親切であってほしい。

女性……10人　　男性……　1人

たとえば調停のすすめ方や，有利な方法（相手に弁護士がついた時は，こちらもつけた方がいいといった）についてのアドバイスをしてほしい。

10．こどもを引き取った女のために，もっと強く主張してほしい。

女性……10人　　男性……　0

このほか「調停委員の都合で，時間をダラダラ延ばさないでほしい」「もっと法的知識を身につけてほしい」「女性調停委員は，もっと積極的に発言してほしい」「男の調停委員は怒鳴らないでほしい」などの注文がある。

調停制度そのものについては

- 調停委員のリコール制
- 後日，調停記録の閲覧ができる制度を。
- 調停委員をかえて再調停の道をひらけ
- 相手の収入調査をもっと正確，厳密に出来るシステムを。
- 公費で弁護士をつけてほしい。

などの提案があった。

このほかに，調停を不調，または取り下げにした人への質問を設けたところ，女性の回答は

不調にした……43人　　取り下げた……16人

と意外に多い数字である。もっともこれは，何回も家裁に調停を出している人がいるから，単純に比率はとれないが，それにしても，142人の女性が約60件の不調（または取り下げ）を経験していることになる。

なぜ不調にしたのか，調停委員への不満からか。その辺を知りたいと思って設問したところ，離婚，和解，金銭，親権をめぐって，調停を受けてもなお両者の折合いがつかなかったというケース（調停委員には強制権がない。念のため）が24ケース，調停委員には何の力もないという絶望型が10ケース，調停ではラ

チがあかないから裁判にしたという人が8ケースあった。「調停委員は男の味方ばかりするので，イヤになった」という人も4人。

この調査は，家裁に調停を申し立てた人だけの調査であり，調停委員の意見はきいていないから，不調になった理由は双方にいい分があるだろう。本人の側に問題がある場合もあると考えられるが，いずれにしても離婚の問題は，家裁へ行けばかならず解決するというものではない。

調査官について

家裁へ行くと，調査官に，事情を調査してもらうことがある。その調査官の応待や能力についても，私たちの相談例では苦情が多かった。「不親切だ」「冷たい」「説教をする」「充分に調べない」「理解しない」など。

そこで調査官についても，調停委員同様の質問項目を設けたが，だれが調査官なのか，調停委員なのか，判事なのか，よくわからなかったという人が多く，答えは信憑性に乏しいので，この項目は省くことにした。

それにしても，生まれてはじめて裁判所に行った，しかも押しひしがれるような悩みを抱えている人々に，家裁は，もう少しわかりやすく，調停のしくみを説明すべきではなかろうか。

弁護士について

	女性回答者	男性回答者
つけない	94人	6人
つけた	48人	2人
相手方だけについた	7人	3人
つけないが相談だけした	2人	

弁護士をつけなかった女性が多いが，その理由は「費用が無かった」(32人)「必要がないと思った」(36人)「適当な弁護士を知らなかった」(20人)である。経済力もコネクションも持たない女性は，弁護士をつけたくても，つけることができない。男性側には弁護士がつき，もしそのために調停で不利になること

があるとすれば（そういう意見は，調停委員への不満の中にかなりあった），これもまた離婚における女性側のハンディキャップといえるだろう。

しかし弁護士をつければかならず有利になるかというと，そうでもない。

弁護士をつけた結果

	女性側	男性側
期待したほどではなかった…	22人	1人
有利になった	16人	1人
よくなかった	5人	
不明	4人	

弁護士にかかる費用を思えば，期待が大きいのは当然で，そのわりに効果がなかったと考える人が多い。

このほか私たちは，弁護士に対する感想をたずねた。回答数が少ないので数字を省き，以下代表的な意見をご紹介すると

「営利的すぎる」

「弁護士が忙しすぎて，落着いて話をきいてもらえなかった」

「相手方の弁護士の地位，年齢，性格などに押されて，こちらの主張を十分にしてくれなかった」

「弁護士同士が蔭で闇取り引きをした」

「いい弁護士とダメな弁護士を見分ける方法がない」

苦情は上記のようなものだが，

「親切で，いい弁護士だった」

「弁護士をつけたら，急に相手や調停委員の態度が変わって助かった」

「テキパキと運び，時間が短縮できた」

「法的知識があるので心強かった」

などの評価もあった。

調停で決まったことを相手は履行していますか。

	女性側	男性側
履行している	48人	2人
していない	26人	2人
はじめだけ守ったがあとはしない…	9人	
時々守らない	2人	
なかなか守らない	4人	
回答なし	47人	4人

回答なしが多いのは，取り下げ，不調にした人，あるいは取り決め事項のなかった人が多いためだと考えられる。

4. 調査のまとめ

調査の結果は，やはり私たちの想像していた通りだった。

調停委員が親身にきいてくれないという不満を持った人が50％。「ほかの調停委員にかわってもらいたい」という，不信や不満を持った人が約6割もいるということがはっきりした。

不信・不満の最大のものは，要約すると三つあるように思う。

1. 調停委員の能力
2. 調停委員の思想
3. 調停委員の使命感

1.の能力とは，たとえば，相手方の虚偽の申し立てを信じたまま調停をすすめるとか，片方に不公平感を抱かせるとか，あるいは離婚原因を的確に把握，理解できないといったことを指す。

2.の思想とは，当初私たちが，この調査を思いたった〝男女不平等思想〟〝封建思想〟〝旧民法的発想〟を指す。あるいは頭から離婚を悪とみなす古いモラルもこれに含まれる。

3.の使命感は，いいかえると，調停委員の態度や責任感といってもいい。それについて形式的，事務的，おざなり，傲慢，威圧的，見下した態度だという不満がある。

いうまでもなく離婚は，男女双方の人生にとって，運命を決める重大な出来事である。とくに男女役割分業社会で，結婚にしか生きる場のない女にとっては，死活にかかわる大問題である。

離婚の自由と平等を保証した法が味方してくれることを信じて，家裁へ駆け込んだ女性たちが，無能で，男尊女卑で，やる気のない，傲慢な調停委員に出会うとしたら，女たちの救いは，いったいどこに求めればいいのだろうか。

不備とはいえ，基本的には男女平等を規定した法律が，現実には，旧民法時代と変わらない運用をされているとすれば，どんな立派な法律も，絵に描いた餅である。

今回のアンケートの特色は，回答者が，自由回答欄に，あふれんばかりの文字を書き，書ききれなくて，アンケートの裏面までを文字で埋めつくしてきたことだろう。

鬱積し，やり場のなかった怒りと怨念が，いっきょに吹き出したという感じのアンケートを前にして，私たちは，あらためてその怒りと怨念の深さを感じとった。同時に，かつて一度も，この種のアンケート活動も運動もなく，従って怒りと怨念の持ってゆき場がなかった女性たちの実態を知ることができた。

一例をあげれば，東京八王子家裁で調停を受けたある女性は，こう書いている。

「家裁→調停委員→裁判→国家→法治国家という図式を私は信じていました。だからこそ家裁へ出向いたのです。

が，そこで見たものは，恐ろしいほどの男尊女卑的差別であり，不勉強で無能な調停委員が，国家権力の上にあぐらをかいて，早く終わらせようとしている姿でした。

こういう人が法にたずさわれば，法治国家は無法国家にすぎません。

無知ゆえに，何かものものしい，威圧的な態度で臨む調停委員に，心で不服を叫びながら，基本的人権も守られない絶望と疲れで，ほとんどなげやりな姿勢でいいなりになりました。

審判も裁判も望み薄という印象を受け，すべてを諦めました。

法律の名のもとで，このようなことが行われているということは，国家賠償にあたいすることだと，私はずっと思いつづけてきました」

これは，ほんの一例に過ぎない。

ご存じのように，日本の法律は，離婚に関して，調停前置主義をとっている。

協議離婚以外の方法で離婚しようとする人は，裁判の前に調停を経なければならないことが定められている。だとすれば，調停の役割は，本裁判同様に重大であり，その内容は，本裁判同様に公正でなければならない。

いままで，密室の中に隠れ，それゆえに批判を許さなかった調停のあり方に，私たちは，はじめて抗議を申し入れる。このアンケートにこめられた150の人々の意見を代弁して。

1. 各家庭裁判所は、私たちのアンケートを参考に、調停内容、調停委員のあり方について、検討、反省の機会をお持ちいただきたい。
2. 最高裁は、調停委員の人選方法について再検討されたい。
3. 最高裁は、全国的な規模で現調停委員にもっと十分な再教育をしていただきたい。
4. 最高裁は、調停委員のリコール制や調停委員の変更を求める道を拓くべきである。
5. 調停に立ち会う裁判官の数をふやし、原則として毎回かならず裁判官が同席するように現状を改める。

以上を私たちは関係各方面に要望すると共に，今後も，調停に関する苦情を受けつけ，共に研究してゆくつもりである。

最後になったが，調停委員の中にも，私たちと考えを同じくする方々がおられ，中にはよりよい調停のために協力を申し入れてくださった方々もいらしたことを付記し，あらためて感謝を申しあげる。また，私たちの調査は，あくまでも調停を受けた側の主張をまとめたものであるから，当然，調停委員には別の角度のご意見があるだろう。ご意見，ご批判をお寄せいただき，共によりよい調停制度，よりよい調停を創り上げてゆきたい。

統　計　資　料

1　あなたが調停申立てたのは何歳でしたか。

	女性		男性
20歳～29歳	40人	28％	
30歳～39歳	57	40	4人
40歳～49歳	32	22	1
50歳～59歳	10	7	3
60歳～69歳	3	2	ナシ

※回答数が少ないので実数としました。男性の場合のみ以下略

(イ)　あなたの調停申立てた時，相手は何歳でしたか。

	女性		男性
20歳～29歳	25人	17％	1人
30歳～39歳	58	40	3
40歳～49歳	37	26	1
50歳～59歳	15	10	3
60歳～69歳	5	3	ナシ
70歳以上	2	1.4	

2　調停を申立てた当時のあなたの職業は（女性）

ナシ（専業主婦）	78人	54％
教員（塾，ピアノ含む）	9	6
会社員	17	11
公務員	6	4.2
サービス業	3	2.1
看護婦	4	2.8
農業	2	1.4
保母	2	1.4
医師	3	2.1
薬剤師	1	0.7
ガイド	1人	0.7％
団体職員	1	0.7
まかない	1	0.7
スーパー店員	2	1.4
自営（店主）	1	0.7
家業手伝	5	3.5
工員	3	2.1
内職	3	2.1

調停を申立てた当時あなたの職業は（男性）

会社員　6人　公務員　1人　工員　1人

(イ) 調停当時の相手の職業は

女性

会社員	54人	38％	大学教授	3人	2.1％
公務員	17	11	工　員	3	2.1
自営業	13	9	自営業	12	8
教　員	6	4.2	その他	17	11
医　師	5	3.5	無　職	8	5.6
建設，大工	5	3.5	農　業	3	2.1
運転手	3	2.1	記入ナシ	3	2.1
団体役員	2	1.4			

男性

ナシ（専業主婦）　4人　教員　2人　内職パート　2人

3　調停当時のあなたの月収は

	女性		男性
ナ　シ	74人	52％	
0　円～　5万円まで	14	9	2人
6万円～10万円まで	19	13	
11万円～15万円まで	11	7	4
16万円～20万円まで	9	6	
21万円～25万円まで	3	2.1	1
26万円～30万円まで	2	1.4	1
不　明	10	7	

(イ) 調停当時の相手の月収は

	女性		男性
ナ　シ	4人	2.8％	4人
0　円～　5万円まで	10	7	2人

6万円～10万円まで	14人	9％	1人
11万円～15万円まで	16	11	
16万円～20万円まで	29	20	
21万円～25万円まで	12	8	
26万円～30万円まで	9	6	
31万円～35万円まで	1	0.7	
36万円～40万円まで	2	1.4	
41万円～45万円まで	1	0.7	
46万円以上	7	4.9	
不　明	37	26	1人

3　結婚年数は

	女性		男性
1年未満	5人	3.5％	
3年未満	11	7.7	
5年未満	24	16.9	
7年未満	14	9.8	1人
10年未満	24	16.9	1
15年未満	22	15.4	3
20年未満	20	14	
30年未満	15	10.5	3
40年未満	6	4.2	
50年未満	1	0.7	

4　当時，お子さんは何人でしたか

	女性		男性
ナシ	16人	11.2％	1
1人	43	30.2	1
2人	45	31.5	1
3人	31	21.8	4
4人	1	0.7	

5人	3人	2.1%	
6			
7			
8	1	0.7	
回答ナシ	2	1.4	1人

5　調停申立の事由

	女性		男性
離婚	112人	78.5%	5人
円満調停	17	11.9	1人
子供の親権（監護権を含む）	19	13	
子供の養育	2	1.4	
養育費	17	11.9	
生活費用分担金	1	0.7	
別居	5	3.5	
慰謝料と財産分子	3	2.1	
その他	4	2.8	
記入ナシ			2人

6　不和の原因または動機

	女性		男性
夫の異性関係	60人	42.2%	
性格の不一致	52	36.6	6人
夫の暴力，酒乱	46	32.3	
生活費を入れない，経済破綻，ギャンブル	40	28	
嫁姑の問題	14	9.8	
夫の家出，蒸発	10	7	
夫のなまけぐせ	9	6.3	
愛情の喪失	4	2.8	1人
夫の異常性格	4	2.8	
妻の異常性格	1	0.7	

夫のマザーコンプレックス	2	1.4%	
夫の精神病	3	2.1	
子供の親権	1	0.7	
先妻の子との不和	1	0.7	
夫の精神病に対する偏見	3	2.1	
妻の病気	1	0.7	
自分を信頼しない			1人

7　調停委員の年齢

		女性		男性
《男性調停委員の年齢》	30代			
	40代	11人	7.7%	
	50代	38	26.7	1人
	60代	66	46.4	5
	70代以上	24	16.9	2
	記入ナシ	3	2.1	
《女性調停委員の年齢》	30代	3人	2.1%	
	40代	20	14	
	50代	58	40	3人
	60代	51	35	4
	70代以上	9	6	1
	記入ナシ	1	0.7	

8　調停委員はあなたの訴えを親身にききましたか。

	女性		男性
はい	61人	42.9%	3人
いいえ	71	50	4人
記入ナシ	10	7	1

9　調停委員は公平でしたか

	女性		男性
公　平	36人	25.3％	1人
不公平	78	54.9％	2
記入ナシ	28	19.7	5

10　調停委員の理解度　（ダブリ記入あり）

	女性		男性
理解してくれた	42人	29.5％	2人
無理解	48	33.8	3
否定的	31	21.8	2
古い道徳を押しつけた	36	25.3	2
自分の人生観や道徳を押しつけた	38	26.7	2
記入ナシ	13	9.1	1

11　調停委員が親身にきいてくれなかった理由

	女性		男性
相手の話ばかり取り上げる（不公平）	83人	58％	7人
男尊女卑のモラルを押しつけた	67	47	
別居や離婚の理由を理解しない	48	33	2
要求をけずり，意見を押しつける	35	24	
形式的でただまとめようと急ぐ	25	17	1
威嚇的，傲慢，見下した態度	21	14	1
望まない結果を押しつけた	18	12	
こちらの話，訴えを充分にきいてくれない	15	10	3
相手の社会的地位におもねる	12	8	1
こちらの要求に文句をつける	11	7.7	
相手のいいなりになればすむことだという	10	7	
法律の知識が浅く見通し甘い	9	6	1
離婚に偏見を持っている	9	6	2
とくに女の調停委員が不公平	8	5.6	1

もっと真剣に考えてほしい	6	4%	
弁護士をつけたら態度が一変した	5	3.5	1
いいかげんな態度できく	5	3.5	
破綻や不和はみな妻のせいときめつける	3	2	
男の社会的生活には考慮を払うが，妻の社会生活は無視する	3	2	
老齢すぎる，年よりボケ，耳が遠い，何度でも同じことをきく，時間をムダにする	3	2	
職場の事情や社会生活を考慮してくれなかった	3	2	
自分の意見が気に入らないなら離婚などするなといった	2	1.4	
相手の欠席をとがめない	2	1.4	
時代感覚のズレた意見を押しつけた	1	0.7	2
夫婦の問題を子供がかわいそうとすり替え，焦点をずらす	1	0.7	
記入ナシ	10	7	1

12　相手の言い分や条件をより多くとりあげた

	女性		男性
は　い	70人	49.2%	5人
いいえ	48	33.8	3
不　明	24	17.6	

13　相手により寛大だった

	女性		男性
は　い	73人	51.4%	6人
いいえ	43	30.2	1
不　明	26	18.3	1

14　調停委員に代わってほしいと思ったか

	女性		男性
は　い	84人	59.1%	7人
いいえ	45	31.5	1人
記入ナシ	13	9.1	

15　代わってもらいたい調停委員は

	女性		男性
男性調停委員	31人	21.8%	3人
女性調停委員	17	11.9	1
男女両調停委員	37	26	3
記入ナシ	57	40	1

16　調停委員に代わってもらいたい理由

	女性		男性
相手を説得する力に欠ける	21人	14%	2人
苦労を経験していない金持で平和な人には人の苦しみがわからない	10人	7%	
女性調停委員は男性調停委員に従ってばかりいる	7	4.9	1
女のくせに女の敵になるような調停委員はいやだ	5	3.5	
こちらの言い分が正しく伝わらない	4	2.8	3
結果が悪かった	2	1.4	
前夫から金など取らずに再婚を考えろと言われた	2	1.4	
親切に教えてくれない	2	1.4	
そんな相手と結婚したあんたが悪いときめつける	1	0.7	
調停中の精神的負担が大きくて，そのわりに得る所なし	1	0.7	

若くて人生経験浅くて不適当	1人	0.7%	
障害のため不当な離婚を押しつけられた	1	0.7	
記入ナシ	17	11.3	2人

17　調停終了して自分の希望，または条件はどの程度実現したか

	女性		男性
ゼロ	56人	39.4%	5人
$\frac{1}{3}$ 程度	20	14	
$\frac{1}{2}$ 程度	18	12.6	1
全部通った	14	9	1
おおよそ	8	5.6	
記入ナシ	26	18.3	1

18　調停終了して相手側の希望，または条件はどの程度実現したか

	女性		男性
ゼロ	18人	12.6%	
$\frac{1}{3}$ 程度	1	0.7	
$\frac{1}{2}$ 程度	10	7	1人
全部通った	46	32.3	4
おおよそ	13	9.1	
記入ナシ（相手方の希望が調停の場へどう出たのかわからないので）	54	38	3

19　調停委員の意見で決まったこと

	女性		男性
有	59人	41.5%	4人
無	59	41.5	3
記入ナシ（わからないも含む）	24	16.9	1

20　調停委員の意見で決まったことについて

	女性		男性
良かった	15人	10.5％	2人
悪かった	31	21.8	1
わからない	5	3.5	
記入ナシ	8	5.6	1

21　調停委員の意見で決まったことの良かった点，悪かった点の理由

	女性		男性
こちらの希望をきいてもらえなかった	16	11％	
こちらの言い分が通った	8	5.6	
常識的妥当な決着がついた。	4	2.8	1人
養育費をとれるようにしてくれた	3	2.1	
こちらに有利に決めてくれた	3	2.1	
住宅ローンを相手に負担させてくれた	2	1.4	
記入ナシ（わからないも含む）	23	15.9	

22　調停委員へ望みたいこと

	女性		男性
●双方に公平であってもらいたい，相手の嘘を見抜け，持ち時間を公平に，相手に出席させてほしい	48人	33％	
●恵まれた立場の苦労知らずは困る（苦労のわかる調停委員を選んでほしい）	39	27	
●当時者の訴えを理解してほしい，よくきいてほしい	30	25	1人
●離婚否定論と女の忍従を強制しないでほしい，不貞した者の味方をするな，男上位，男有利はやめてほしい，夫の浮気は妻の努力が足りないという考えの人は不適当	28	19.7	
●老齢すぎる，当時者と年齢がひらきすぎる	21	14.7	1

●お座なりの解決，安易な解決しないでほしい，もっとわかろうと努力して	21人	14.7％	2人
●教養と道徳感を持っている人を望む	16	11.2	2
●調停委員の主観を押しつけ，かつ説得力がない	13	9.1	
●もっと親切であってほしい	10	7.7	1
●子供を引き取った女のために，もっと強く主張している	10	7.7	
●離婚女性のために，もっと財産分子，慰謝料を高額にして	9	6.3	
●調停委員の都合でダラダラ延ばさないでほしい	8	5.6	
●調停の内容とすすめ方をもっとくわしく説明してほしい	7	4.9	
●よくきいて，よいアドバイスと適切な判断を下してほしい	6	4.2	
●もっと法的知識をつけてほしい，事前に，法的な措置を	6	4.2	
●女性調停委員は感情的にならないでほしい	5	3.5	
●先入観で決めつけないでほしい	4	2.8	2
●離婚後の母子福祉，制度などもっと親切に教えてほしい	3	2.1	
●弁護士がつかなければ不利になるというのはおかしい	2	1.4	
●女性調停委員は意見を言わない，もっと主体的に	2	1.4	
●後日，調停記録を必要な時，閲覧できるようにしてほしい	1	0.7	
●相手の収入調査をもっと厳密に，正確にしてほしい	1	0.7	
●再審の道をひらけ	1	0.7	

● 調停委員のリコール制を	1	0.7	
● 調停委員より弁護士を公費でつけてほしい	1	0.7	
● 年代別に３人くらいほしい	1	0.7	
● 離婚や別居にいたって理由などきくな，どうせわからない	1	0.7	
● ない袖は振れない式の調停なら無意味，法を改正して，男性の責任と義務を強制してほしい	1	0.7	
● 若すぎる調停委員は不安	1	0.7	

23　調停を不調または取り下げについて

	女性		男性
不調にした	43人	30.2％	2人
取り下げた	16	11	1
記入なし（終了も含む）	81	57	5
調停中	2	1.4	

24　調停を不調または取り下げた理由　（ダブリ記入あり）

	女性		男性
● 相手の離婚希望が変わらないため（私は別れる意志がないので	18人	12.6％	2人
● 調停委員には何の力もない，説得力なし	10	7	1
● 調停委員が夫の嘘を信じ，夫の希望ばかり取り上げたから	8	5.6	
● 折合がつかなかった	4	2.8	
● 調停委員が男の味方ばかりするので	4	2.8	
● 相手が出席しないので	4	2.8	
● 調停委員の無理解と終始押しつけで	4	2.8	
● 早く終わらせたかったから	3	2.1	
● 相手方の引きのばし作戦のため	3	2.1	
● 調停委員のなげやりに半ばあきらめて	3	2.1	

●職場を休めない，時間のロス	3人	2.1％	
●調停委員に何回やっても同じといわれて	2	1.4	
●子供のため早く終わらせたかった（両親の争いを見せたくなかった）	2	1.4	
●夫が約束を守ると言ったから	2	1.4	
●相手が子供を渡せと強く主張し，私は渡したくなかったから	1	0.7	
●調停委員の，子供のためやり直したらという押しつけで	1	0.7	
●相手方の希望	3	2.1	
●調停委員が取り下げを強い，あと努力してくれなかったから	1	0.7	
●相手方が調停委員の意見をきき入れないため	1	0.7	
●夫のそううつ病のため	1	0.7	
●夫が信頼できないから	1	0.7	
●離婚理由なし，と言われ不調に	1	0.7	
●先入観で決めつけたから			1人
●自分の意志が伝わらないから	1	0.7	2
●不公平			1
●性格の不一致として調停委員は努力しなかった			1
●調停委員の軽率，不親切			2
●記入ナシ	6	4.2	4

25　調停申立から終了までの期間

	女性		男性
1ケ月～5ケ月	28人	19.7％	1人
6ケ月～1年	29	20.4	2
1年1ケ月～1年半	14	9	
1年7ケ月～2年	6	4.2	1

2年1ケ月～3年	6人	4.2％	
3年1ケ月～4年			1人
4年1ケ月～5年	4	1.4	
調　停　中	2	1.4	
記　入　ナ　シ	53	37.3	3

26　調査官について

	女性		男性
ついた人	77人	54.2％	3人
つかない人	55	38.7	5
解答意味不明（調査官とは何か知らない）	10	7	

27　調査官の性別（男女の回答を合計して）

男性　58人　　女性　19人

28　調査官の年齢（男女の回答を合計して）

男性調査官	30代	12人	女性調査官	30代	9人
	40代	21		40代	5
	50代	20		50代	2
	60代	5		60代	3

29　調査官は訴えたいことを親身にきいたか

はい	40人	50％
いいえ	33	41.2
どちらでもない	4	0.5

30　調査官の理解度（重複記入あり）

理解した	39人	48.7％
無理解	15	18.7
否定的	11	13.7

古い道徳	7人	8.7%
先入観，意地悪	11	13.7
事務的	2	2.5
記入ナシ	14	17.5

31　調査官の公，不公平について

公　平	35人	43%
不公平	28	35
記入ナシ	14	17.5

32　調査官の無理解の理由

●こちらの言い分を否定	12人	15%
●不公平	9	11.2
●理解した	1	1.2
●自分の感情，人生観を押しつけた	5	6.2
●相手の条件をのめ，とだけ言う	1	1.2
●事務的で冷たい	11	13.7
●理解しようとしない	7	8.7
●感情的	2	2.5
●男性上位	4	5
●人を見下す	2	2.5
●つま揚子をくわえ，事務的	1	1.2
●親切だった	1	1.2
●帰りの金も持たない3人の子連れの申立人に汽車賃1万円貸してくれ，うれしかった。何ケ月もかかって返した	1	1.2
●記入ナシ	11	13.7

33 弁護士について

	女性		男性
①自分が弁護士をつけた	48	33.8 %	2 人
②弁護士をつけなかった	94	66.1	6
③相手が弁護士をつけた	7	4.9	3
（③は②にダブっている人もいる）			
④つかないが相談だけした	2	1.4	

34 弁護士の年齢（男女共通）

30 代…11 人　40 代…18 人　50 代…9 人　60 代…6 人

70 代 …2 人　年齢不明…4 人

35 弁護士の性別

	女性	男性
男性弁護士	40 人	2 人
女性弁護士	7	
性別もれ	1	

36 弁護士をつけた結果

	女性		男性
有利だった	16 人	33.3 %	1 人
期待した程でなかった	23	47.9	1
よくなかった	5	10.4	
相手の弁護士と陰で打ち合わせ	1	2	
よくわからない	3	6.2	

37 弁護士をつけての調停を終わった感想（回答は女性のみ）

• 相手方がつけたので自分も心細くてつけた	4 人	8.3 %
• 相手が口が上手で 1 人では無理	5	10.4
• 第 1 回の調停でこちらの言い分を全くきいてもらえなかったから二度目はつけた	3	4.1

•法律相談所または裁判所からのアドバイス	2人	4.1%
•男の性格上，不調にして裁判にしようと思って	2	4.1
•どうしても子供を取りたかった	1	2.1
•一対一の調停に応じたくなかった	1	2.1
•遠方のため，便宜上まかせた	1	2.1
•相手が嘘ばかり申し立て，逃げる可能性があった	1	2.1
•調停委員が申立人の話をきかぬから	3	6.2
•営利主義（弁護士は）	2	4.1
•調停委員が相手の味方ばかりするから	4	8.3
•思うような結果が得られなかった	8	16.6
•人格的に疑わしいのでやめた（相手の弁護士と陰で打ち合わせしたり，相手の財力にくみしてこびた）	2	4.1
•書類提出，法的約束の実行方法等の法的知識が身についてよかった	5	10.4
•温かい励ましを受けたりし，弁護士をつけてから自分の気持ちも変わり，よかった	3	0.06
•自分は円満解決を望んだのに，結果として離婚させられた	1	0.02

38　弁護士をつけなかった理由（重複記入あり）

	女性		男性
•費用がなかった	40人	28.1%	
•適当な弁護士を知らなかったから	20	14	1人
•必要ないと思った	38	26.7	5
•自分でやりたいと思った	1	0.7	
•記入ナシ	67	47.1	1

39　弁護士を依頼した人の支払い総額（弁護士への報酬）

	女性	男性
1万～10万円	13人	1人
11万～20万円	12	

21万～30万円	0人	
31万～40万円	6	1人
41万～50万円	6	
51万～60万円	4	
100万円以上		
記入なし	7	

40 依頼するならどういう弁護士がよいと思うか（重複記入あり）

	女性	男性
●営利主義でなく親切な人	8人	1人
●相手方に買収されない人	2	
●こちらの主張を強力に進め発言してくれる人	2	
●人間性豊かで誠意の人	12	1
●要求を適切に理解し，立場をわかってくれる人	2	
●女性弁護士	3	
●経験豊かな女性弁護士	8	
●忙しくても，相談には十分に時間をかけてくれる人	2	
●男女平等な視点から仕事を遂行してくれる人	10	1
●苦労した経験のある人	1	
●地元に住んでいて，その人の評判がきける人	2	
●費用のあと払いの都合にも理解してくれる人	1	
●全くわからない	1	

41 調停で決まったことを相手は履行していますか

	女性		男性
履行している	48人	33.8％	2人
履行していない	26	18.3	2
初めだけ守った。時々送金して来る（守らないので家裁や弁護士を通しても含む）	12人	8.4％	
決まったばかりなのでわからない（守ってくれると思う。守らないと思う不安も含む）	7	4.9	

調停中	2人	1.4％	
回答なし（不調，取り下げ，決めたことなども含む）	47	33	4人

42 調停で決まった養育費について

	女性		男性
履行している（すると思うも含む）	41人	28.8	
履行させている（裁判所へ寄託させて）	5	3.5	
慰謝料，養育費なしで別れた	12	8.4	
全く履行されていない	27	19	1人
初めだけ守ったがすぐ途切れた	12	8.4	
夫の嘘のため，児童福祉手当ももらえなかった	1	0.7	
決まったばかりでわからない	3	2.1	
養育費を送っている	1	0.7	1
別居中だけ生活費を届けてきた	1	0.7	
記入なし	39	26.7	5
近いうち増額請求に応ずるつもり			1

43 年金について （回答は女性のみ）

年金での死別と離婚の差別反対	23人
夫婦単位ではなく，個人年金にすべき	6
夫婦単位ならば，別れた妻にも結婚年数に応じた扱いをしてほしい	20
国民年金も払えない	9
離婚後，継続してかけられるシステムにして	5
離婚した女に国民年金の掛金を安くしてほしい	3
無年金になる	3
国民年金の額が少ない（支給される）	2
年金受給年齢を引き下げて	1
記入なし(離別した女と年金のかかわりは全くわかりませんも含む）	70

¥300

家裁調停実態調査　1980年9月

1980年11月22日発行

国際婦人年をきっかけとして行動を起こす女たちの会
離婚問題分科会

東京都新宿区若葉町1−10　グリーン・マンション D号
合同事務所「ジョキ」内　☎03−357−9565

印刷　トライプリントショップ
☎03−814−3780

見逃すな！教科書の中の性差別

〜『女はこうして作られる』補足資料〜

チェックした教科書

家庭科	高校	NO 1〜5
国語科	小学校	NO 6、7
	高校	NO 8〜10
社会科	小学校	NO 10〜15
	中学・公民	NO 16〜19
	高校・現代社会	NO 20〜22
保健		NO. 23

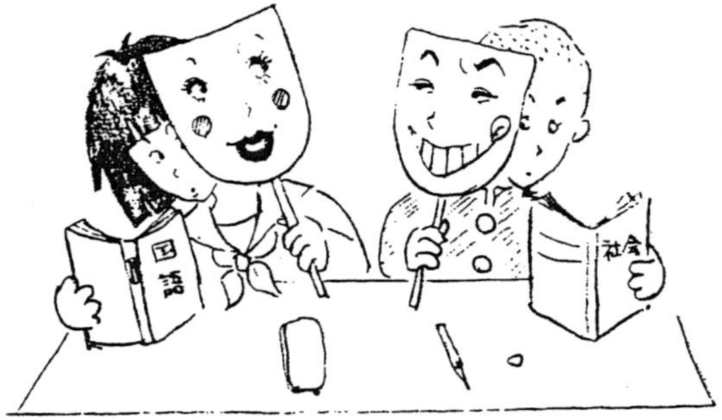

国際婦人年をきっかけとして行動を起こす女たちの会・教育分科会

高校 家庭一般 の場合

△ 57年度用 5社を比べてみました。

1 全体的なこと

実教出版（実教）……女子のみが使うものとして作られており。グラビアには、スカート・ワンピース（本文では被服製作の教材です）

学研研究社（学研）……女子のみ使用として作成。各節のタイトル脇には女子生徒の写真ばかり。

教育図書（教図）……女子のみ使用として作成。グラビアに、TPOに合わせた女生徒の装い写真。（ワンピース・スカート）

東京書籍（東書）……女子のみ使用として作成。表紙うらには、「家族周期―ある夫婦の結婚から老後まで」グラビアには ワンピース・スカートの着装例

一橋出版（一橋）……男・女が使用することを考慮して作成。グラビアには「世界の市場」「川と生活」「温室育ちのトマト」「子どもと保育」等。ワンピース姿の女生徒はない。挿し絵や写真にも、性別役割分担を否定しようとする姿勢が見られる

NO2

2. 家族や家庭についての記述

実教

（4）　家庭の機能

家庭の機能は，表 1-1 のようにまとめることができる。従来家庭がもっていた機能の多くが，社会へ移行している（図 1-5)。

わが国では，近年，核家族世帯が非常に増加したが，このような傾向は，家庭の機能にも変化をもたらし，次のような問題が生じている。

1）産業構造の変化により多くの女性が職場へ進出した。こどものある主婦もまた，収入の増加や生きがいを求めて，職につくようになった。（図 1-6)。その結果，祖父母のいる家庭に比べて，幼いこどもの保育や青少年のしつけなどに，ふじゅうぶんな面があらわれてきた。

2）一般にこどもの数が少なくなったので，こどもの扱い方が過保護におちいりがちで，独立心や忍耐心の欠如をまねきやすくなっている。

3）人口の高齢化が進み，老人が増加した（図 1-7)。しかも，老人だけの家庭がふえており，老人への世話がいきとどいていない。そのため，老人が孤独におちいり，生きがいを失いがちである（図 1-8)。

女性が職場に進出したから、子どもの保育や青少年のしつけが不十分になったと、女生徒に教えることは、女生徒に「子どものために、働きにでるのは止めよう」と教えているのと同じ。

一橋

現代の家庭は，夫婦と未婚のこどもあるいは夫婦のみといった，核家族によって構成されるものが増加しているが，この傾向は年々強まっている。そのうえ，単身者の世帯がふえ，家族の構成人員は年ごとに減少している（1-1図)。

このような世帯構成のもとでは，とくに家庭と社会との結びつきが重要であり，社会福祉・社会保障など，家庭の外からその生活をささえる諸制度なしには，家庭はもはやその機能を完全にはたしえないようになっている。こどもの養育，住宅問題，老後問題など，身近な問題を考えても，このことは明らかであろう。

家庭はまた，社会的，政治的，文化的変化の重要な担い手でもある。婦人が平等の権利，機会および責任を享有し，男性と同等に開発過程に貢献すべきならば，家庭内で伝統的に夫婦のそれぞれに割り当てられてきた役割を状況の変化に応じ，たえず再検討，再評価することが必要であろう。

「国際婦人年世界会議・メキシコ宣言」1975年より

社会的に家族の問題を支える必要を説き、国際的動向を資料として、載せている唯一の教科書

NO 3

3 家事労働についての記述.

教図

して，その配分を考えたい。ここでは主婦の生活時間の計画について，考えてみよう。

① 家事は，家族の社会的な生活に合わせなければならない面と，自主的に計画できる面のあることを考えて，計画的に行い，できるだけ自由時間がまとめてとれるようにする。

② 家事労働も，仕事と休息をはっきり分ける。また，仕事の種類の変化で気分の転換を図る。

何がなんでも 家事は主婦のもの!!と したいようです。

愛情という美名のもとに

実教

家事労働は，職業労働と違って，能率を向上しただけでは家族が満足するものではない。食事についていえば，老人に対しては栄養面を考えるだけでなく，し好的にも好まれる調理法をくふうしたり，幼児のおやつは，できるだけ心をこめてつくるなどの配慮が必要である。また，こどもの被服をすべて既製品でまにあわせることは，自由時間の少ない母親には便利であろうが，母親自ら製作したものは，こどもの心に残り，母子の愛情の交流が生じるものであり，経済的でもある。

家族のために愛情をこめて仕事をすれば，家事労働の時間はふえるが，それによって家族の喜びが得られ，家庭が明るくなろう。

一橋

従来，家事労働は，女性の手にゆだねられる傾向が強かったが，家族のそれぞれが協力し分担すべき性質のものであるから，特定の家族にだけその役割を固定化してはならない。

⋮

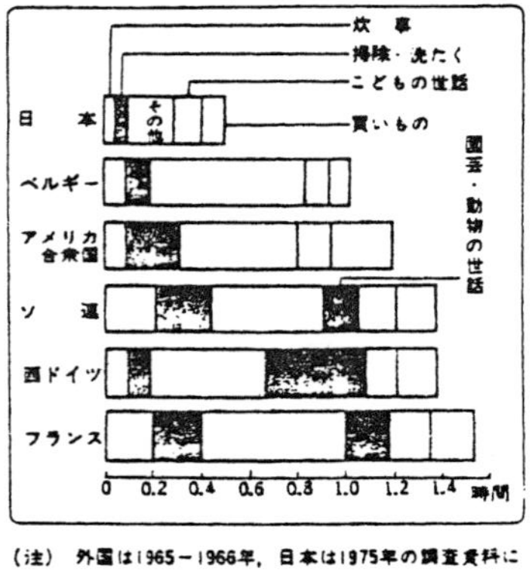

（注） 外国は1965－1966年，日本は1975年の調査資料による。

（経済企画庁「生活時間に関する調査」）

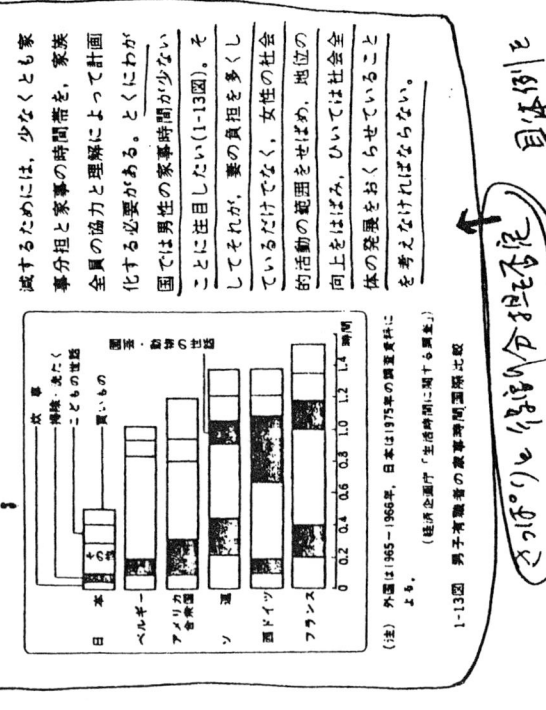

1-13図 男子有職者の家事時間国際比較

減するためには，少なくとも家事分担と家事の時間帯を，家族全員の協力と理解によって計画化する必要がある。とくにわが国では男性の家事時間が少ないことに注目したい(1-13図)。そしてそれが，妻の負担を多くしているだけでなく，女性の社会的活動の範囲をせばめ，地位の向上をはばみ，ひいては社会全体の発展をおくらせていることを考えなければならない。

さっぱりと役割分担を否定

具体例を示している まし(な例)

東書

資料 家事労働と家族の協力

下図でもわかるように，家事労働の負担は家庭によって異なる。

乳幼児がいる家庭，共働きの家庭などでは，家事労働が過重になる傾向が強い。このような家庭では，家族が協力して，主婦の負担を軽減するために，各自に適した仕事を分担することが必要である。

最近では，共働きの夫婦などで先に帰宅した方が食事の準備をするとか，休日には一方が洗たくをする間に，他方がそうじをしたり，買い物をしたりするなど，家事労働の役割分担が自然におこなわれている事例も多く見られるようになった。

まだ主婦＝家事がぬぐえない書きっぷり

NO 4

学研

図⑬ 家事時間の計画例（共働き家庭の平日）

時刻	計画
7	起床 ●掃除 ●朝食の用意 朝食
8	●あとかたづけ 出勤
17	●帰宅 買い物
18	●夕食の用意 夕食
19	●おとかたづけ 団らん
20	●子どもの世話・教育 ●洗たく物の整理・つくろい
21	●郵便物の処理 ●買い物計画（または自由時間） 入浴
22時	●洗たく（または自由時間） 就床

家族の協力のしかたの例
①身じたく，身のまわりの整とんは自分でする。
②使った道具はもとの場所へもどす。
③ごみは決まった所へ，汚れものは洗たく場へ運んでおく。
④大事な相談にのる。
⑤掃除，洗たく，買い物，調理などの手伝いをする。
⑤留守番，子どものお守りなどをする。

誰か！著者なのか その辺が入ると もっとよいのに．

実にあたり前のことなのに．こういうことでも書かないよりはまし と考えるのか．それとも．こんなことすら，出来ない家族の日本の実情を教えるための教材とするのか……．

4．母性についての記述
保育

実教

結婚することによって生活のしくみや内容が変化する。とくに女性は，家事労働のほかに，妊娠・出産・授乳などの役割が加わるので，これらにたえられる健康体であることが望まれる。結婚するにあたって，互い

・・・・・・・・・・・

の接触時間の減少などがその例である。そこで母親が仕事をもつ場合には，まず母親にかわる適切な保育者を得ることであり，父親をはじめ家族や社会の協力がぜひ必要である。

・・・・・・・・・・・・・・

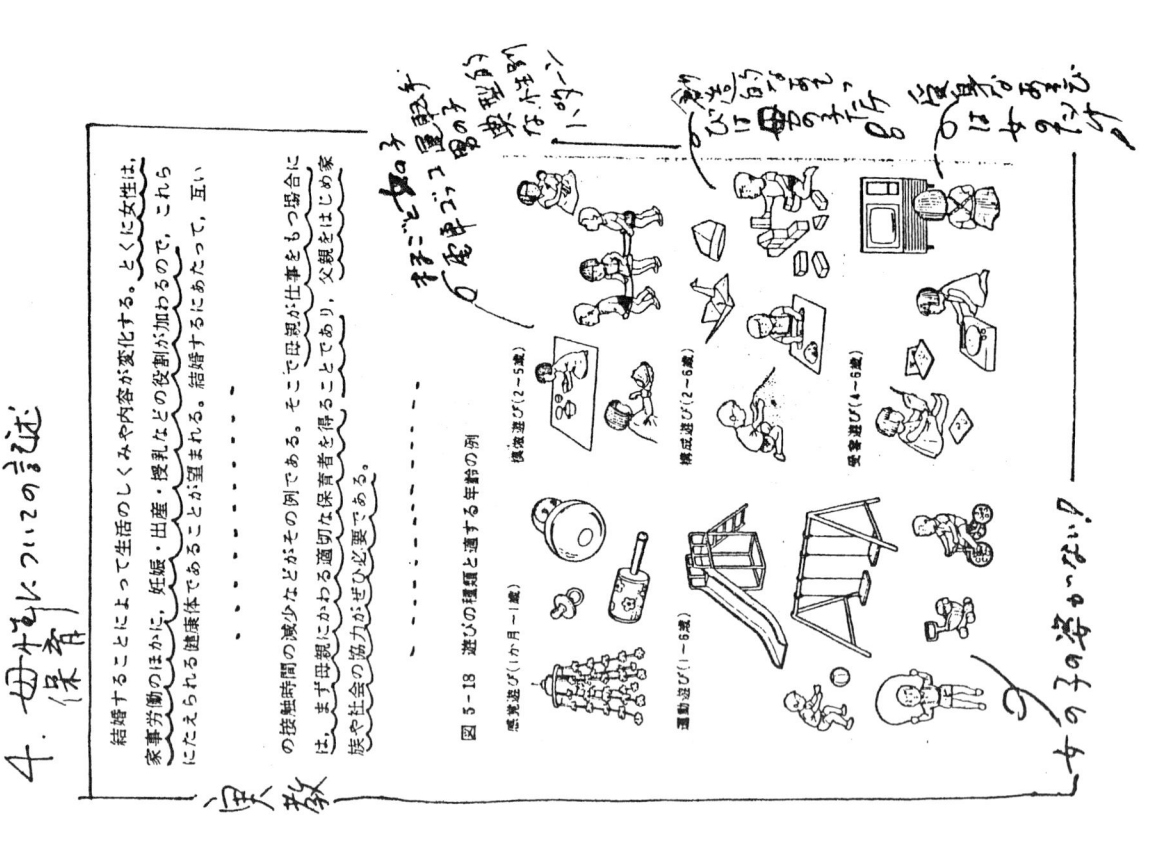

図 5-18　遊びの種類と適する年齢の例

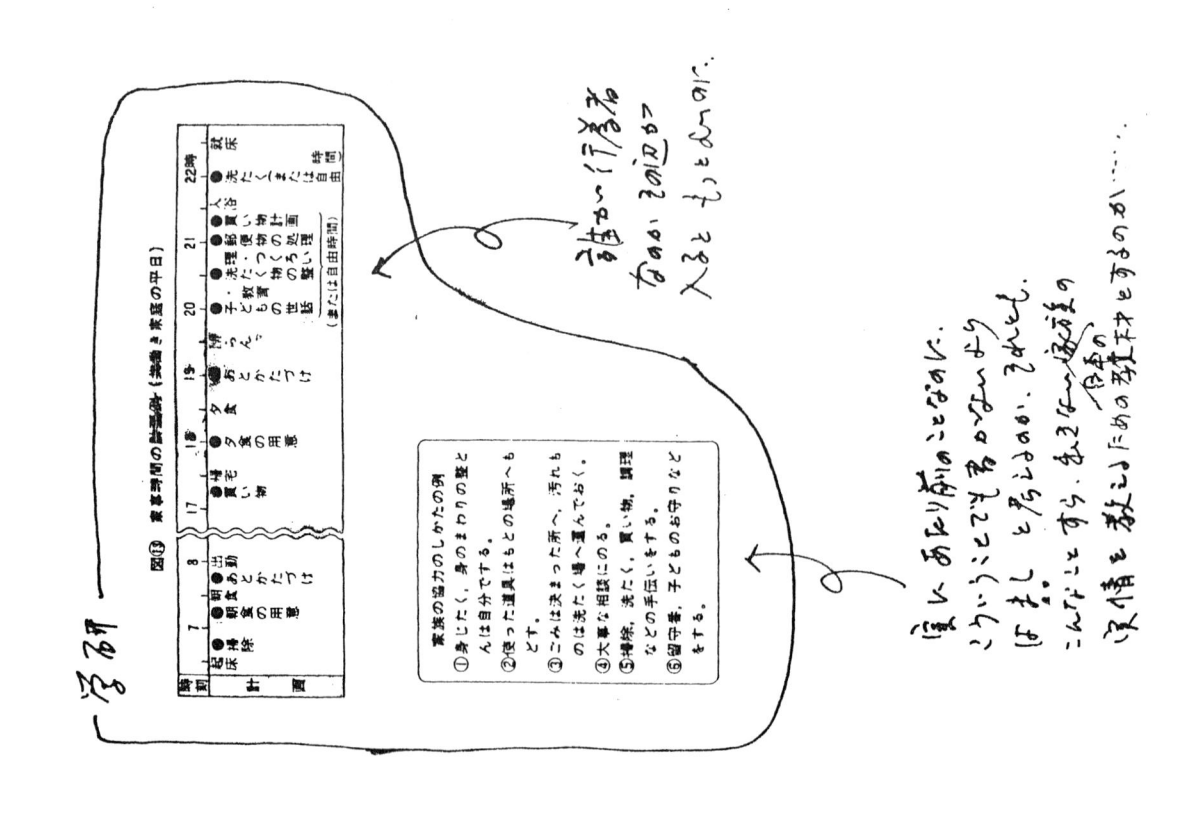

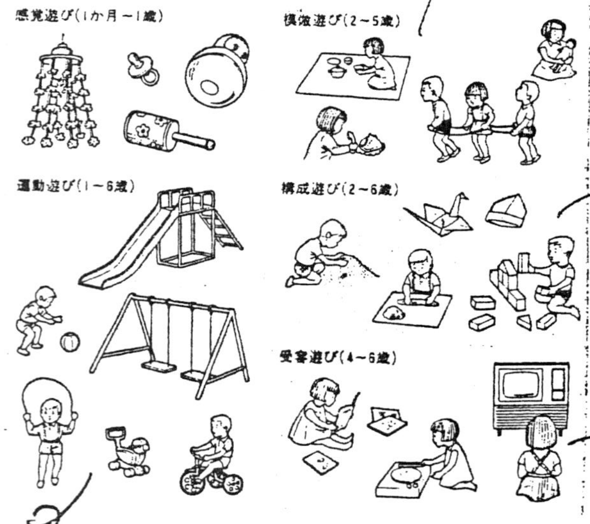

ままごと 女の子
電車ごっこ 運転手 男の子
典型的な性別パターン

創造的なあそびは男の子だけ

受身なあそびは女の子だけ

女の子の姿がない！

教図

この生殖は、男女両性によってはじめて可能になる。特に女子の場合は、体内に子どもをみごもり、育て、分べんし、乳を与えて保育するという尊い重要な使命をもっている。したがって、からだの構造も機能も男子とは異なり、精神的にも特有の性質をもっている。このような特質がすなわち母性である。

- - - - - - - - - - - - - - - -

そのためには、女子が生れながらに備えている母性の芽ばえを健全に発達させることから始まるので、結婚や出産前よりからだの健全につとめ、精神的にも充実させ、また、規則正しい生活態度も身につけておかなければならない。そのうえではじめて、母性の機能が健全に発揮できるのである。

母性を賛美し、強調！

父性についてもわずかながらふれ、母性・父性共の発達の必要を説いている。

学研

長し、その過程で得た母親像を1つのモデルにしながら、社会的な経験や教育によって得た多様な母親像をもとり入れ、自分自身の独自な母性を形づくっていくのである。

母性がどう発達するかということは、もっぱら女性自身の問題であるが、男性の及ぼす影響も無視できない。生まれてくる子どもに対する責任は、男女が等しく分担すべきものであるが、この協力態勢が十分でないと、母性の自然な発達にゆがみが生じ、子どもの生育にさまざまな問題が生じやすい。したがって、男性の側にも、十分な父性の発達が要求されるのである。

女子は母性として、男子は父性として、自ら修養をつんではじめて両方がいっしょになって、新しい世代を育て、世に送り出すことができるのだ。

エレン・ケイ「児童の世紀」1900年

中扉

その設置のための法律は異なり、対象もちがっているが、同じ時期のこどもが保育されているのであるから、こどものためには、当然、同じ保育内容でなければならない。そのため、とくに近年、幼稚園と保育所の一元化が強く求められている。それは、こどもの地域における仲間づくりからいっても必要なことといえよう。

また、現在では、幼稚園・保育所のいずれもが数量的には不足している。そのため両者の積極的な増設が望まれている。

保育施設にはこのほか、無認可保育所があり、それは職場や地域あるいは公民館、病院などで、さまざまな形態をもって行われている。保育の内容も、障害児保育、病児保育、共働きの両親をもつ小学生に対しての学童保育などがある。

保育者には、幼稚園教諭、保母のほか、近年保父も公認された。保育ママや学童保育指導員などふくめ、さまざまな形でこどもたちの保育にあたっている。

一橋

この他、他社には見られない「父性の健康」の項が母性の健康と同じ重みをもって書かれている。第一節は「母性と父性」となっている。

6
NO 主

小学国語

●編集委員中の女性の割合
K社 27人中0、M社23人中1人、T社20人中3人。
この編集委員の割合と、その社の教科にとり上げられた作品の作者中の女性の割合とはかなり相関関係があることに気づいた。

●主人公、活躍する登場人物の性別
これも作者の性別に関係する場合が多い。
低学年は一応女子も出るけれど、回数も活躍度もやはり男子中心である。
動物が主人公のときでも
「でておいで。ぼくとのはらにいかないか。」（カエル）
—教出一上—
（魚の）「スイーミーはいった。『ぼくが目になろう』」
—光村二上—
「何を食べているのかね、おれにも一つくれないか。」（オオワシ）
—東書二下—
民話の天狗も大男も出るが、山んばはのっていない。

●問題となっている「女らしさ、男らしさ」「性別役割」「人間ぎらい男」等について例を拾ってみる。

◇女らしい子
「しのちゃんは言いかけましたが、みんながどっとわらったので、目になみだをためて下を向いてしまいました。」（「太郎こおろぎ」光村三上）
「淳子は、そんな後君の帰りを待ちながら、いつのまにか（あの時みたいな電話をかけてくれないかな）と、ぼんやり思っている。」（「雪のぼうし」教出六下）
女の子はやはり内気で受動的、そしてたまにいたずら好きの妖精になっても、
「でも、ピューンはやっぱり女の子です。頭に一つだけ、花をつけています。赤と白とがまじっているきれいな……」（「ピューンの花」教出二下）とおしゃれを忘れない。

◇男は泣かない
「（男の子は）いつまでもめそめそするもんじゃない。きっぱりあきらめるんだ。」（「子牛の話」光村三上—男の子は—のことばを新版で削除。）
「おとうさんは……ぼくがけんかをして、なくと、『こら？けんかぐらいで、なくもんじゃない。』と、大きな声でいいます。おとうさんは、しごとでけがをしても、ぜったいなきません。」（「ぼくのおとうさん」光村一下）

◇本来の男の子、女の子
「せっちゃんはおきゃんで、まるで男の子みたいに。それにひきかえ、うちのさぶちゃんはねえ—」と、らしくない男の子、女の子が珍しく登場したと思ったら、
「三郎は……大声をあげてせっちゃんに追いつき、見事せっちゃんのほっぺたに、べしゃんとどろを塗り付けてやった。」「いつもなら……むきになって立ち向かうはずのせっちゃんだったが……『もうゆるして』小さい声で……」
「（三郎は）力をこめてせっちゃんの手をひっぱって起こしてやった。」「せっちゃんのほうは……いつものせっちゃんらしくなく、おろおろしていた。そこで初めて二人とも本来の男の子、女の子に立ちもどったみたいだった。」（「どろんこ祭」光村六上）でめでたしと終る。

◇わくを外れた女の子も登場し始めた
「『どろぼうとはなによ。』……『やる気か、おまえ。』『やったなこいつ。』『なによう』」と男の子に負けていないで、さっぱり仲良くなる。（「ひっこしてきたみさこ」教出二上）
「トッコときたら、山の子たちに弱みを見せたくないものだから、東京の自まんばかりしてしまったのです。」村の子がおこると、「ふんだ。あんたたちなんかと、だれが遊んでやるもんか。」といって意地をはっていたけれど、「おめえ、つり橋わたれたから、いっしょに遊んでやるよ。」（「つり橋わたれ」光村三上）
のように女の子でなく、子どもとして登場してくる姿は少しずつだが好ましい変化も起っている例である。

◇お父さんの汗のにおい
「さとるさんのお父さんは……さっとざい木を止めると、大きなとび口をふり上げて、カツンカツンとくさりをほどきました。『上手だなあ』」（「鉄こう場」光村三下）
「わたしが父のぬぎすてたシャツを取ってみると、ぷうんとあせのにおいがした。」（「父の仕事」教出小四）
お父さんが働く姿は父親らしくて頼もしく、汗のにおいも懐しいものになっている。

No.7

◇おかあさんの手に

個人としての女性はまず登場しない。「おかあさん」だったり「おかあさん」だったり。

わたしがすいても「おかあさんおかあさん、おかあさんだっこして……子もり歌を歌いました」と女三重の役ばかりである。（「春のうた」光村二）

職業の形で出たときも「お母さんがわかい時、看護婦をしていたことは一郎も次郎も知っていました。」（「春夫のひみつ」東書五上）のように結婚までのことであったり、また、静かに働くお母さんの例は

「ぼくのおかあさんは、毎日毎日、工場に通って、魚をあらいに行きます。……どんなにつかれていても、通りに出ていらっしゃい、スーパーに行ったりしながら……帰ってくると、母さんのエプロン……がおかしくなるのだなと思いました。」「ぼくはおかあさんの手にさわってみると、かたくなっていました。」

とあまり明るく描かれていない。女が働くことのよさを感じさせるものではないと気にかかってしまう。

男も女も老人も子供も、自分で考えて行動し、働く姿をもっと描いてほしい。

◇一人の人間として

伝記はその人の一面でなく、人間としての生き方を全面的にとらえるものであろう。

「キュリー夫人」（教出五下）

「ナイチンゲールの生涯」（東書五下）

くらいしか出ていないのはさびしいことだ。数少ないが、日本の近代に目を向けて、積極的に生きた女性の姿にふれさせることの大切さを痛感する。

＊　＊　＊　＊

以上、手近にある小学国語三社分について述べたが、

文部省が「差別撤廃条約」の重要な柱である教育の制度や教科書に新しい方針を打ち出すところか、「家庭科中学の必修」にしぶっている。教科書検定では反女性解放に熱意を注いでいる現在、教科書会社も一つに積極的な努力はしていない。前途は……。

◇わたしは助手

役割分業が職業の中にもちこまれているのは、現実の労働事情として問題になっているが、ロボットが日常の役に立つ将来の夢を描いた中にも

「鉄夫は、ロボット研究所の所長さん。わたしは助手。」と女子は補助職として位置づけられているのは固定観念の証であろう。

（「ロボットがいたら」光村三上）

◇一人前の働き手

女の子でも、子どもでも、家族の一員としてしっかり家事にせいを出している作品がある。

「近所のおばさんが、あわてて買いに行って、『母さん、いそがないと……あ、ちょっと待って……』といいながら、はりきっていた。……明日は手と手で……働くって大変だ。……」

◇マラソンは男のスポーツ

話の港

[illegible]

寄りによってはマラソン、教科書まで改められる時代である。

一、提案者を加藤先生から鎌田くんに変えた目的は？

「学級会の提案は、先生主導型より、子ども自身の方が望ましい。リーダーシップをとるのが、女子に偏っては困る。」

－そんなに女子ばかりの活躍？何人？

「同じ六年用の上巻に、話し合いの単元があって、鮎村さんという女子が提案している。他にはない。」

－なぜ原作を改変してまで？

「やはり教職のことを女子に提案させている（これは編集部で書きおろしたもの）ので、マラソンは男子がよいと思い……」

マラソンは汗を流し、力をふりしぼってやるスポーツで、昔から男のものだ－去年から女子も始めたが－から、男子にふさわしい。」

－学校で実際あった原作という事実を曲げてまでの必要は？

「やはり男子向きということと、男女のバランスを考えないと……」

－他の部分では男性本位でバランスがとれていないが。

「現実には女性の活躍の場が少なくて、そういう文が少ないので、中学などはむつかしい。」

一、先生の指導の部分で、「マラソンはもうあきてしまったの？」を「あきたのかい」に変えた理由は？

「マラソンの指導は男の先生がふさわしい

高校国語 その I

山本周五郎「日本婦道記」教科書に登場。

封建時代、自分を殺して"婦道"に殉じた女性たちを描いた「日本婦道記」の一編が明治書院「基本国語Ⅰ」に登場した。幼いころ養女に出されたお高を、裕福になった実父母がひきとりにきた。が、彼女は貧しい中で大切に育ててくれた養父の恩を忘れられず、留まって孝行を尽くす道を選ぶ。

『糸車』

感動のラストシーン

「おまえ成人したら姉上をずいぶん幸せにしてあげなければいけないぞ。」と、松之助に言うのだった。
「大きくなれば分かるだろうが、姉上はこの父やおまえのためにせっかく幸せになれる運を捨ててくれたのだ。自分のためではない。父とおまえのためにだ。……忘れては済まないぞ。」
松之助は父の目を見上げて、少年らしくはっきりとうなずいた。糸車の音はぶんぶんと、歌うように静かなうなりを続けていた。

婦道
従順
勤勉
質素
孝行

お高は評判の孝行娘。病身の養父を助けて せっせと糸を紡る。

たわいもないストーリーだが、山本周五郎の文章は日本的感性を充分にくすぐる。つまるところ、「泣ける話」なのだ。

小説の中で

女の後は汚い

『伊豆の踊り子』川端康成
大修館「国語Ⅰ」

木陰の岩の間から清水がわいていた。泉のぐるりに女たちが立っていた。
「さあお先にお飲みなさいまし。手を入れると濁るし、女の後は汚いだろうと思って。」とおふくろが言った。
私は冷たい水を手にすくって飲んだ。女たちは容易にそこを離れなかった。手ぬぐいをしぼって汗を落としたりした。

女々しいやつ

『津軽』太宰治
第一学習社「国語Ⅰ」

帰ろう。考えてみると、いかに育ての親とはいっても、露骨にいえば使用人だ。女中じゃないか。おまえは、女中の子か。男が、いい年をして、昔の女中を慕って、一目会いたいだのなんだの、それだからおまえはだめだというのだ。兄たちがおまえを、下品な女々しいやつと情けなく思うのも無理がないのだ。おまえはきょうだい中でも、一人違って、どうしてこんなにだらしなく、汚らしく、いやしいのだろう。しっかりせんかい。

バッタのような女

『バッタと鈴虫』川端康成
明治書院「基本国語Ⅰ」

不二夫少年よ！　君が青年の日を迎えたときにも、女に「バッタだよ。」と言って鈴虫を与え女が「あら！」と喜ぶのを見て会心の笑みをもらし給え。そしてまた「鈴虫だよ。」と言ってバッタを与え女が「あら！」と悲しむのを見て会心の笑みをもらし給え。
更にまた、君が一人ほかの子供と離れた草むらで虫を探していた知恵をもってしても、そうそう鈴虫はいるもんじゃない。君もまたバッタのような女を捕らえて鈴虫だと思い込んでいることになるのであろう。

「文学性」ということばがある。書き下ろしならば当然避けられるようなことばが、「文学作品」だから、しかも有名な作家の作品だから、堂々と登場する。
これを女子高校生たちは声に出して読まされる。

NO.9

高校国語 その2

『相手依存の自己規定』
鈴木孝夫
三省堂「新国語Ⅰ」

「話の相手がだれで、自分に対してどのような地位・資格を持っているかを見きわめた上で、その場に最も適切な」ことばが選ばれるのだという。
夫と妻の関係は、上下関係である。
だから、

わたしの家内も子どももけっしてわたしのものは読まないが、時たま短い原稿を家内に清書させるときだけは別である。
『ふくろう』井伏鱒二
中教出版
「国語一」

こんな文章が教科書に出てくるのだ。

人称代名詞は身分を示す

「おまえ」は目下を呼ぶことば。息子や、弟や、そして妻を。

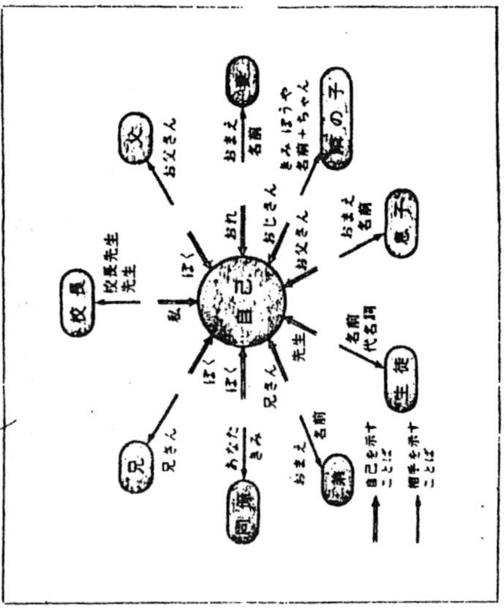

妻以外は男ばかり。

母は〜、姉は〜、妹は〜、娘は〜、隣の女の子は？

せっかくの女性の作品も…

夜の熱さに立上る吾子戦争に出でゆきし人のごとくに若し　森岡貞香

後者は、青年期に達した息子をうたった母の歌である。「戦争に出でゆきし人」は、作者の夫、「吾子」の父親である。この歌は、青春をうたっていると同時に、女の目から見た若い男をもうたっている。つまり、女が男の中に見た青春をうたった歌である。「夜の熱さに立上る」とうたっているが、本当のところ、息子がなぜ、何につき動かされて立ち上がったのか作者には理解できないのだ。むっくりと立ち上がった姿だけが彼女には見えたのである。それはちょうど、夫が戦場に出て行ったときと同じだ。彼は、〈何か〉につき動かされるように家を出、戦場に行き、帰らぬ人となったのだった。〈何か〉とは、男の内側に棲む、女にはわからない男の〈若さ〉なのではないか。若かった夫の中に見たものを、今、青年期を迎えた息子の中に彼女は見ているのである。女性の鋭い感覚のみがとらえ得る、まさに〈何か〉としか呼びようのない青春の〈本質〉が見つめられている歌である。

『[illegible]について』[illegible]
中教出版
「新国語一」

男は、女にはわからない〈何か〉につき動かされて戦場へ行く。それは〈若さ〉であり、青春の〈本質〉である。

言うに事欠く
比喩表現

元来、詩とはそういう働きをするものであった。生まれ故郷から離れてしまって浮浪している言葉をもう一度故郷に帰し、家出した浮気娘を生家に連れもどし、気がればかりして心ないことを言っている嫁を実家に帰して、そこに本来の生気と意味を取り返すことが、詩というものの本分であった。

『言葉の国[illegible]』[illegible]
[illegible]「国語Ⅰ」

老人が若い女性に胸をこがすのは美しい。

(ゲーテは)七十四歳のときにウルリーケという十八歳の少女を愛し、結婚しようと思ったのです。ちょうどわたしくらいの年の老人がみなさんくらいの年のお嬢さんに胸を焦がしたのですから、普通ではないと思われるかもしれません。ある意味では、確かにそのとおりです。しかし、七十四歳にもなって若い女性を愛するというのは、これはまた本当に美しい、幸福なことであり、愛の豊かさを物語っていると思います。だれだって、そういうことができればと思っているのです。

「文学にみる人間の生き方」[illegible]
中教出版「新国語一」

それで、若い男性ならば、どうだろう。

No.10
~~No.5~~

小学校 社会科 低学年

[1年生　学校図書，中教出版

「女はこうして作られる」で調査した教科書の次の，現在使われているものを調査しました。「女はこうして……」での指摘批判を，残念ながら今回もくり返して言わなければなりません。でも，私たちの運動の成果も散見できるようです。

⇧学校図書 P.40

なんとも楽しい絵ですね。まさおくんのおかあさんは、おつとめです。コーヒーを入れるおとうさん。

でも、次のページを見て。「働く母はパートタイマー」である記述が多いのよ。"おかあさんは、パートで働くもの"というイメージを与えるわ。

高校 国語 その3

調査した11冊中7冊までに載る

- 三省堂「新国語I」
- 第一学習社「国語一」「新国語一」
- 東京書籍「国語I」
- 角川「精選国語I」
- 明治書院「基本国語I」「精選国語I」

「国語I」が選ぶ理想の女性は『筒井筒』（伊勢物語）の女。

幼馴染みの夫婦 いつか男に愛人が。でも 女は少しも嫉妬するようすもなく、夫の不在の時も化粧して恋歌を詠む健気さ。イヨッ、日本女性の鑑。

さて、年ごろ経るほどに、女、親なく、頼りなくなるままに、もろともにいふかひなくてあらむやはとて、河内国高安の郡に、行き通ふ所いできにけり。さりけれど、このもとの女、あしと思へる気色もなくていだしやりければ、男、異心ありてかかるにやあらむと思ひ疑ひて、前栽の中に隠れゐて、河内へいぬる顔にて見れば、この女、いとよう仮粧じて、うちながめて、

風吹けば沖つ白波たつた山夜半にや君が一人越ゆらむ

と詠みけるを聞きて、限りなくかなしと思ひて、河内へも行かずなりにけり。（第二十三段）

でも、こんな作品も…

。『あれから二十年』小原ミチ
角川「精選国語I」
戦没農民兵士の妻の記。「あの人といっしょに暮らしたのは、たった五か月だったも。…」

。『西村少年』梅崎春生
角川「総合国語I」
男女別学 オナゴ蔑視のアホらしさがよくわかる。

。『野麦峠』山本茂実
角川の二冊。
「ああ野麦峠」の一部

。『ノラは家出してからどうなったか』魯迅
三省堂「新国語I」
一九二三年の講演。内容がいまだに新しいのが情ないが。

① 母はみな専業主婦！

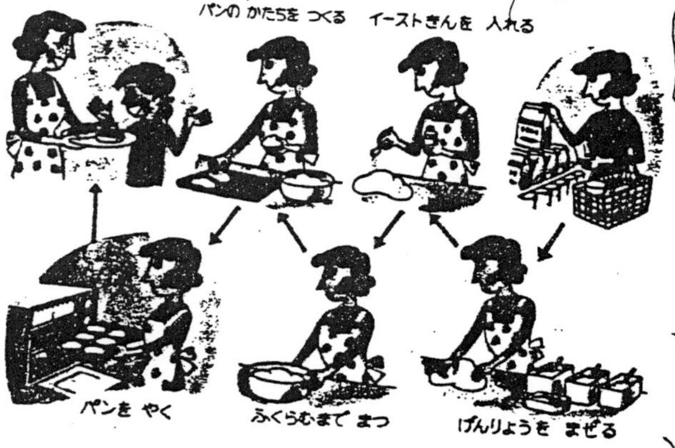

「パン工場」の学習の導入よ。なにもお母さんが作らなくても….下の絵の楽しそうなこと！

大阪書籍も「おかあさんのパンづくり」があったわ。

おかあさんは主婦なのよ。

↑中教出版

教育出版↓

みんなでやれば楽しいゾー。

先生もいっしょ。

でも失敗しちゃった。

中教出版 P.44 おかあさんはパート→

おかあさんも、ごぜん十じから ごご三じまで、ようふくを ぬう こうばで はたらいて います。

でも、いくら母が外で働いても、父親や子どもが家事を分担していないるの絵はめったにないのよ。農家や商店でもそれは同じよ。

特に、アイロンがけや炊事はどの絵も必ず女がやってるのヨ!!

その辺も変わらなくちゃ！

2年生

学校図書、中教出版、東京書籍 教育出版、大阪書籍、日本書籍

2年生では、「職業としてのしごと」について学習します。生産や流通の中の女性がどう描かれているか関心のあるところです。ですが、教科書のお話の案内役である「わたし」や「ぼく」の家庭の姿もいろいろな場面に登場するので、「家庭」も一つのチェックポイントです。結論を言えば、1年生と違い、直接に「家庭」を扱うわけではないためか、女性・母を描くときに、配慮が全くなくなり、著者たちの旧態依然とした観念が正面に出てきているのです。「生産、流通の中の女性」のチェックとともに、そのへんも見ていきましょう。

＊文字の欠けは原本のとおりです(六花出版編集部)

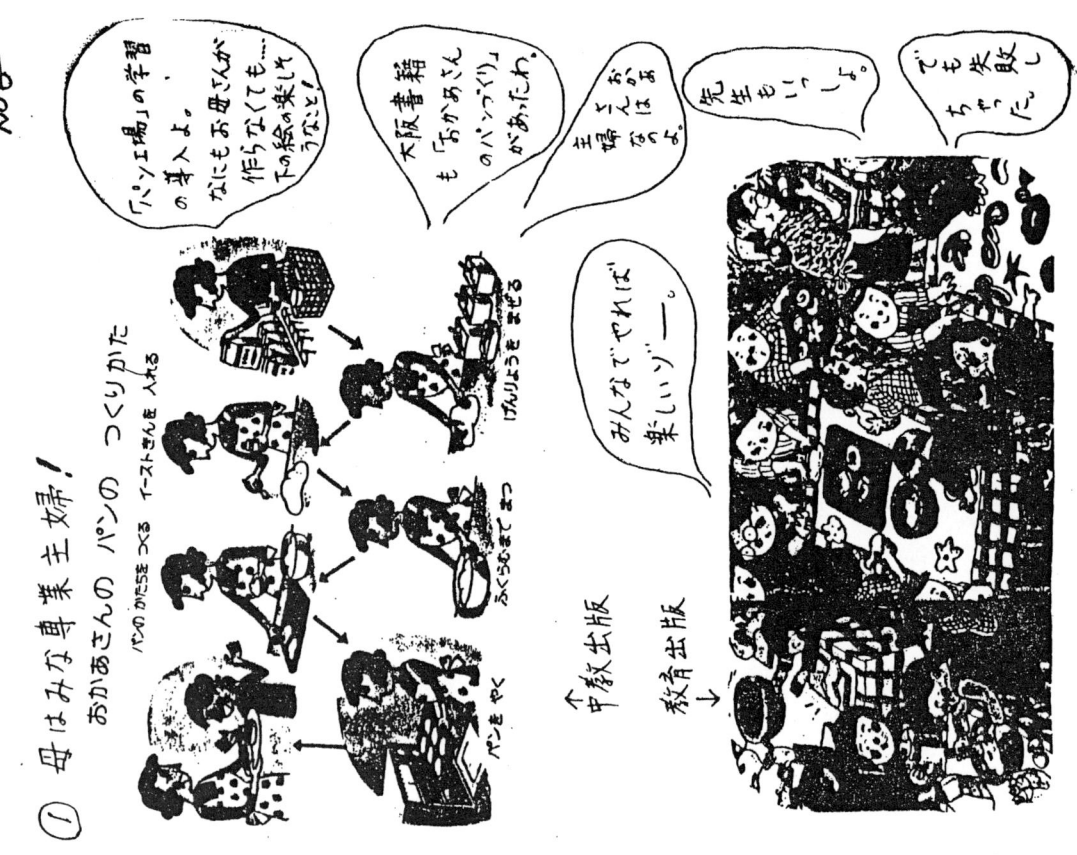

のりものしらべ（うちの人の1しゅうかん）							
日	10	11	12	13	14	15	16
よう日	日	月	火	水	木	金	土
つとめ（お父さん）		■■	■■	■■	■■	■■	
学校（おにいさん）		■	■	■	■	■	■
かいもの（お母さん）			■		■		■
あそび（お母さん わたし）	■■						
びょういん（おばあさん）				■■			

↑
東京書籍

「1年生」ではおつとめしていたおかあさんがのりものを使って買い物に……

日本書籍
↓

たけしさんのくみのおとうさんの休みの日		
		おとうさんのしごと
きまっている	日	こうじょう かいしゃ ぎんこう 水どうこうじ おいしゃさん やくしょ 先生 クリーニングや
	月	デパート しょくどう
	火	すしや びょういん
	水	
	木	
	金	
	土	かいしゃ
きまっていない		バスのうんてんしゅ おまわりさん だいくさん ようひんてん

働く母をもつ子も多いのに。父の休みの日だけ調べているよ。お母さんは調べないの？

② 働く母がいた！

1人だけいました、おつとめするおかあさんが！
「おとうとをほいくしょにあずけてから、かいしゃへいきます。」
そして、わたしは、働く父母を助けて、「お米をうけとっておく」役目を担っています。

← 大阪書籍

この次のページは「まいにちパンを買いに行くのはぼくのしごと」です」で始まるのよ。

おさごはんの とき、
「しんぶんやさんや
ぎゅうにゅうやさんは、
あさ 早いね。」
と いうと、おかあさんは、
「あさ 早くから しごとを
する 人は、ほかにも
たくさん いるのよ。」
と いいました。
おとうさんは、きのう、
こうばで よなかまで
はたらいて いたので、
まだ ねて います。
おかあさんは、おとうとを
ほいくしょに あずけてから、
かいしゃへ いきます。
わたしに、
「夕がた おこめを とどけに
くるから、うけとって おいてよ。」
と いって、いそいで 出かけました。

大阪

子どもの生活力や自立心を養おうという意欲を感じるのです。

同じく大阪書籍
↓

農業には、女性がたくさん登場するんだけど、コンバインを操作する女性の絵はめずらしいわ。農作業の中でも性別役割分担している絵ばっかり。実際はちがうのにね。

③「はたらく人」はみな男！

学図の「いえにくる人たち」はみな男です。現実とは違うのではないでしょうか（次ページ参照）。東京書籍も表紙をめくると「はたらく人たち」と題したイラスト＋写真の見開きなのですが、みな男です。

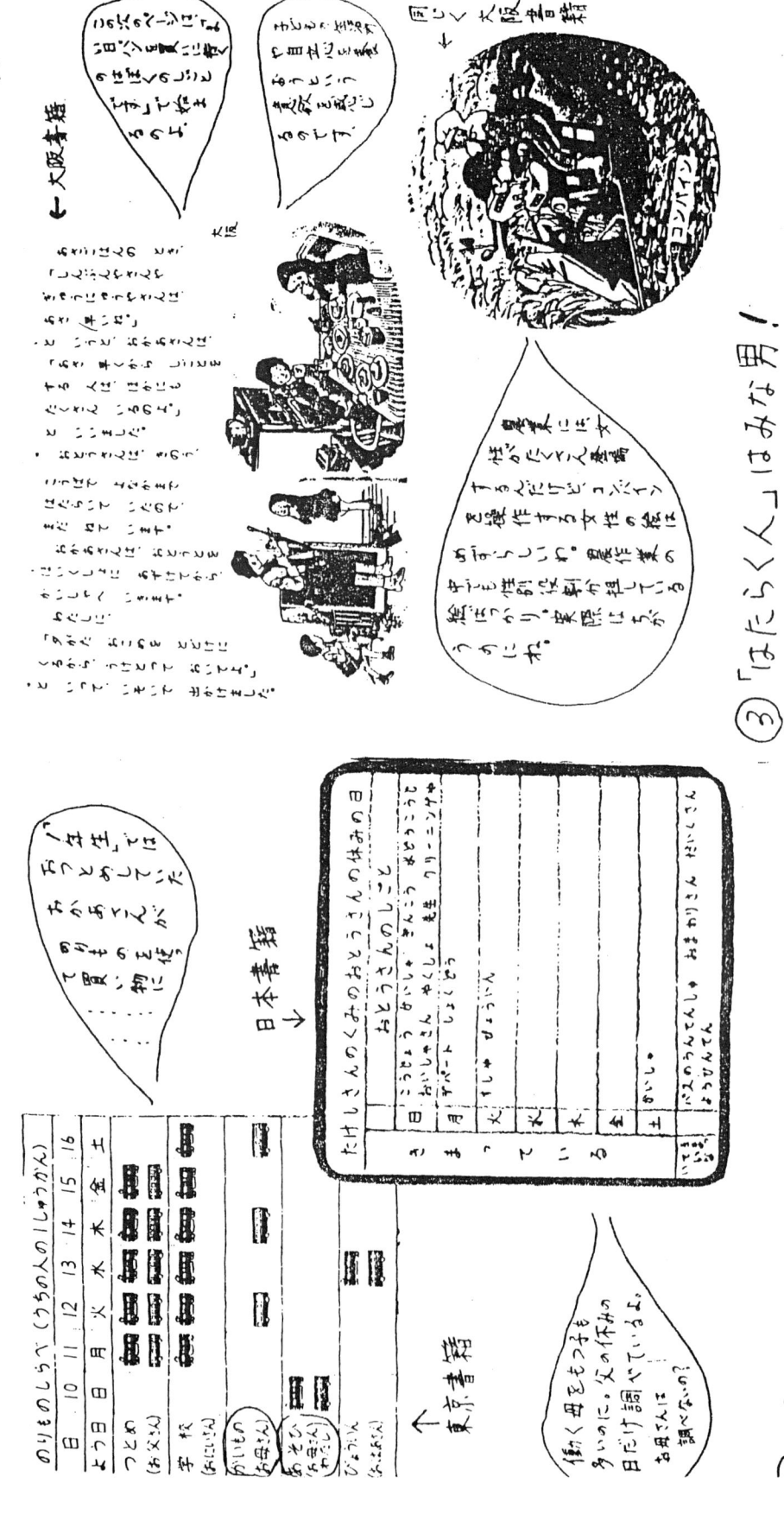

NO 13

④ 女の子、男の子の描き方

小学校低学年では社会のようすを実際に子どもたちが演じているページがいくつかありますが……

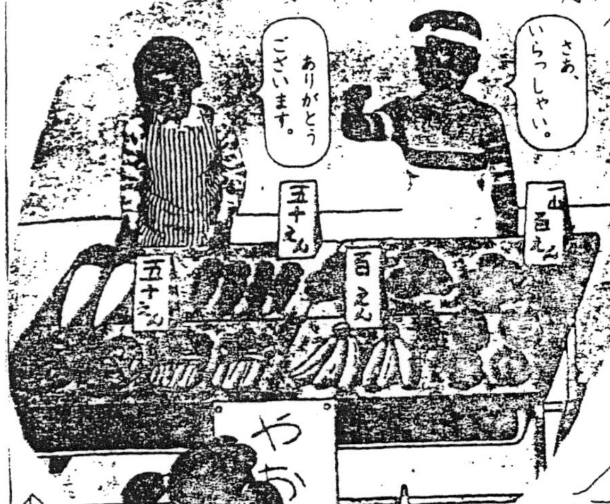

↑東京書籍

大人の性別役割分担の観念をそのまま演じさせているね。女の子は、あいそよく包むだけなのよ。

クラスでやることもあるけど、いつも、おもしろい役はできないんだから、女の子が運てん手でもいいでしょ!!

中教出版→

東京書籍も同じような絵があるよ。駅員が3人、乗務員が1人、みんな男の子がやっているよ。女の子はアナウンスだけさ。女の子にはつまらない授業よね。(P.64〜65)

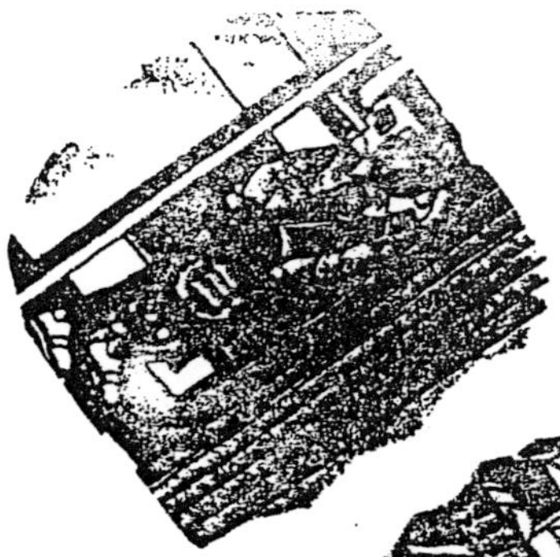

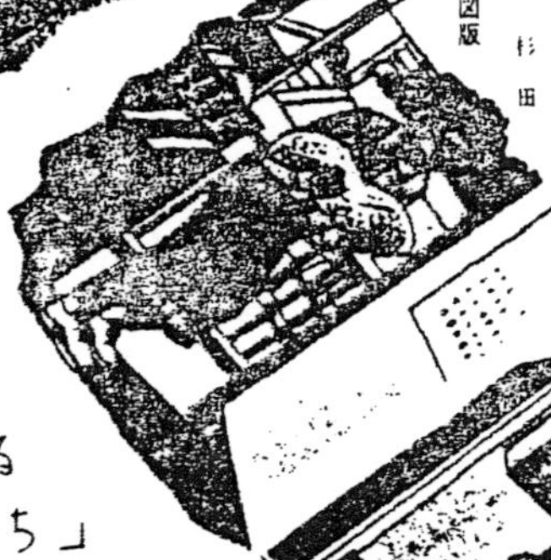

↑学校図書「いえにくる人たち」

編集委員
大野連太郎
朝倉隆太郎
星野清一

企画・編集
阿部三男
磯三千雄
熊谷速新
須藤雄二

編集・執筆
会田満
相原要
織井道雄
折原一雄
北俊夫

装てい
杉田

さし絵・写真・図版
新井苑子
岡部繁雄
久保雅

↑これでは女の視点は入らない。

中教出版　巻末
↓

おとうさんの　手
たけだ　やす子

おとうさんの　手は、
ごつごつして　いる。
ふとい　ゆびは　しわだらけだ。
かっこわるい　ゆびだけど、
この　手で、トマトや
きゅうりを　つくり出す。
おとうさんの　手は、
わたしの　うちの
だいじな　たからだ。

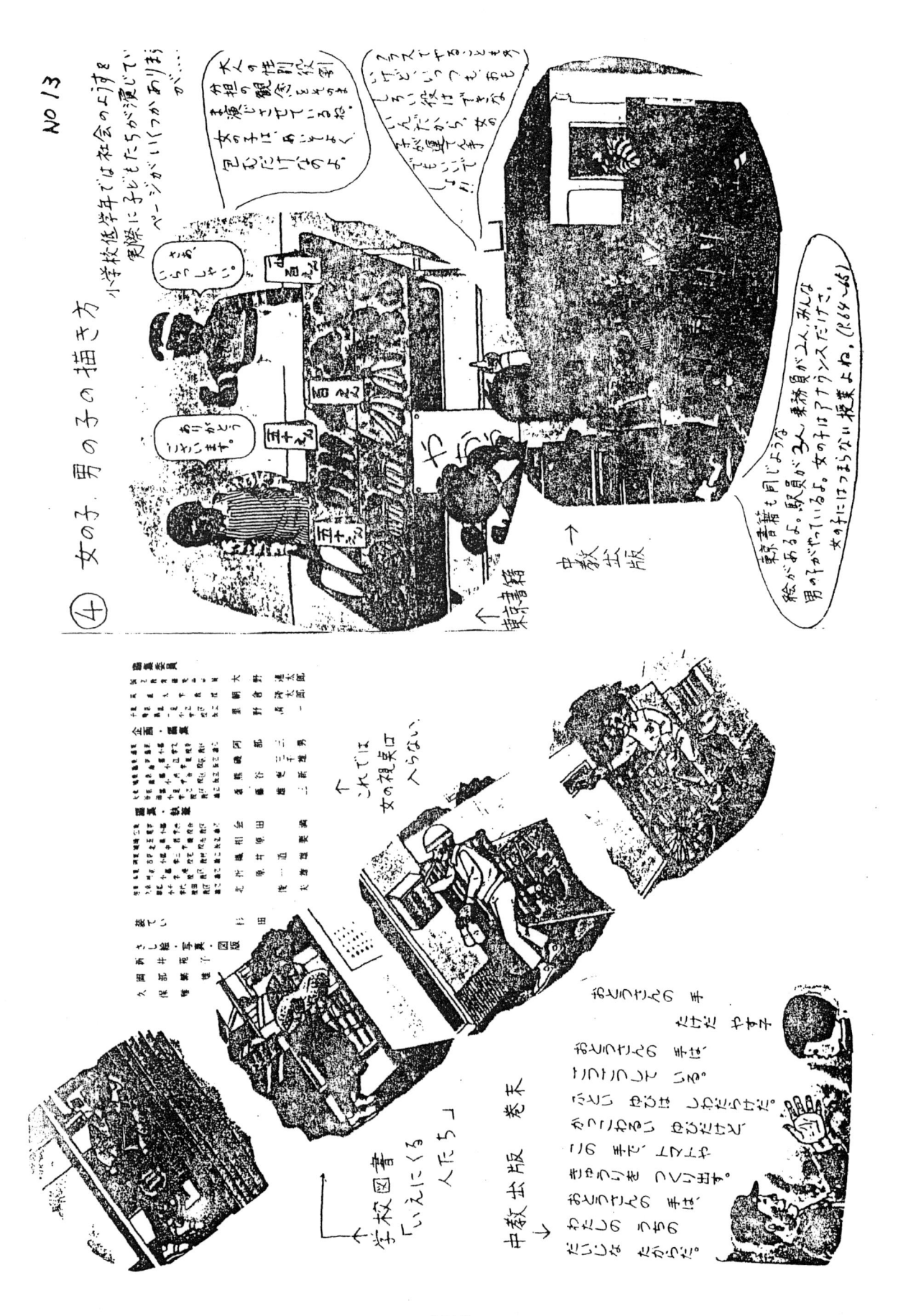

〔要望〕

① 1年生教科書では、父・子どもの家事参加を進めること。

② 母＝パートタイマーと決めないこと。

③ 2年生教科書に登場する家庭、女性にも1年生教科書同様の配慮をすること。

④ 「はたらく人」といえば男の絵を続けるという固定観念を改めること。

⑤ 商店、農家、工場、会社の仕事を、著者・さし絵画家が勝手に性別役割分担させている。せめて実態に合うようにすること。

⑥ 子どもを描くとき、男の子女の子による役割分担を排すること。

⑦ 「ここ（パン工場）では、男の人が100人、女の人が120人働いています。」という記述がありながら、さし絵はみな男（学図）というような矛盾がいくつもあります。さし絵画家さんたちの固定観念（働く人＝男）によるものでしょうが、それにしても ひどいものです。著作者だけでなく、さし絵や写真の担当の方の勉強を望みます。

NO 14

《小学6年　社会》

とりあげた教科書　　教育出版、東京書籍、学校図書、中教出版、大阪書籍、日本書籍

※ 結論からいえば、小学社会も1979年『女はこうして…』の時から、ほとんど変わっていないのです。ただ出版社や執筆者のとりくみ方によって多少の変化は感じられるのでみていきましょう。

Ⅱ 歴史の中の女性　――　やっとふえた女性の固有名詞　――

今回、従来のヒミコ・紫式部・清少納言という三羽ガラスに加えて、次のような名前が加わりました。

北条政子（尼将軍）	― 学図、大阪、日書	→ 岩下志麻がNHKでガンバッタからか？
出雲の阿国	― 日書	→ ?
横田英子	― 日書	→ 日本資本主義発達史上の英雄として初登場！
与謝野晶子	― 教出、学図、中教	→ 当然デス
前畑ヒデ子	― 教出	→ マエハタガンバレ！日の丸アゲロ！

さらに、学図のものには 平塚らいてう の名が 尾崎行雄・犬養毅と並びました。

しかし、ふえたといってもこの程度。150ページぐらいの歴史の記述のなかに両手の指があまるくらいしか女性の名が出てこないなんて！

<大阪書籍>、

丸マゲの女性たちが汗を流して働いている図デス。

さまざまな[illegible]

<大阪書籍>

平安京の店　平安京には、織物や魚、やさいなどを売る店がたちならび、町がにぎわいました。

大阪書籍、中教は、生産者としての女性を描こうと努めているのが感じられます。

｜

デモ、歴史に忠実であろうとすれば働く女性の姿がもっともっと出てくるはず

NO 15

2 あいもかわらず「男女差別は差別にあらず」

封建時代〜明治民法下の女性差別についての記述のある教科書はいまだに皆無！ 前回、ただ一社「妻は夫に、子は親に絶対服従」と江戸時代の女性の地位にふれていた学図も81年度版では削除！ WHY？

大阪書籍が「新しい身分制」という項目で「（士農工商はなくなったが）男女のちがいなどによって人間のねうちを決める考えやならわしも、残っていました」と書いているくらい。

“性差別を意識した教科書が一冊もみられないことが大きな問題だと思われます”……アア、このコトバだけは繰りかえしたくなかったのに。

3 エッ！ 1925年に「普通選挙制度」？！

教科書は人間の半分が女性だという単純な理屈がわかっていないらしい――。女性が参政権を得たのは戦後のコトです。いいかげん「男子普通選挙」というコトバを使ったらどう？ このような「人間＝男」という思い込みはもうヤメテほしい。

〈日書〉

普通選挙運動　さらに、政治を国民のものにするため、おさめる税額に関係なく、満二十五さい以上の男子に選挙権をあたえようという、普通選挙運動が高まった結果、一九二五年、普通選挙制度が実現しました。

年	20さい以上の人口		
1890	23 000 000		450 872
1928	32 738 000		12 408 678

↓ 女性の選挙権にはまったく ふれていない！ グラフもたいがいの出版社は もうちょっと女性の存在を反映してるというのに。

〈中教〉

やがて、一九二五年（大正十四年）に選挙法が改正され、二十五歳以上の男子は、すべて衆議院議員の選挙権をもつようになりました。婦人にも選挙権をみとめようとする運動が進められましたが、あたえられませんでした。いっぽう、政府は、普通選挙の実現とひきかえに、社会主義の運動をとりしまる法律をつくりました。この法律は、ほどなくその力をあらわします。

→ 婦人にも選挙権をみとめようとする運動？

〈学図〉

普通選挙制度が議会で通る　男性に比べてさまざまな差別を受けていた女性の間でも、選挙権を得るための運動がおこり、平塚らいてうらが指導者として活動しました。

国民の政治への関心が高まってくると、おさめる税金の額に関係なく、みんなに平等な選挙権をみとめさせようとする普通選挙の運動が、いっそう強まりました。議会では、尾崎行雄・犬養毅らの努力がみのって、一九二五年（大正一四）、二五才以上のすべての男子に選挙権をあたえるという、普通選挙の制度が成立しました。これによって、選挙権をもつ人の数は、約四倍にふえました。しかし、女性には、これまでどおり選挙権はみとめられませんでした。

→「普通選挙」などといえば“らいてう”さんだって怒りますヨ。

4 さし絵etcの無神経さはもっと考えて！

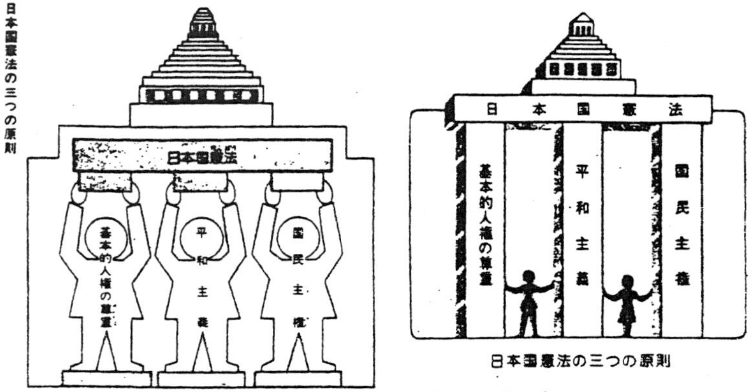

〈東書〉　→ 比べてみて！ 憲法の半分は女が支えるのだ！　〈大阪〉

●日本国憲法に定められている義務

教出や東書のイラストは〈父さん―勤労、母さん―つきそい〉？

〈大阪書籍〉

選挙する権利―♀，選挙される権利―♂ というイラストの構図は万古不易。

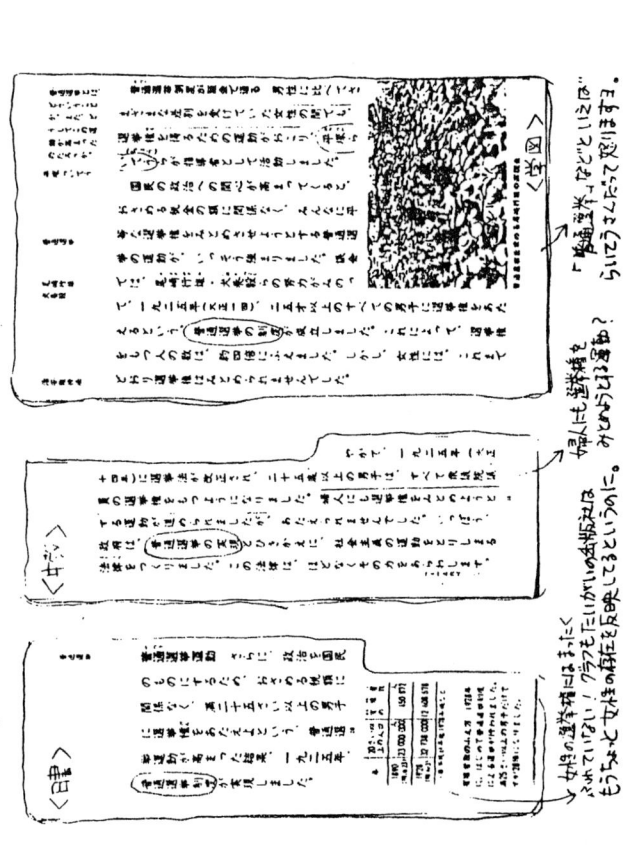

中学社会［公民］「労働」の分野　各社比較

NO 16

出版社：日本書籍

教科書の記述

● 女性と職業

【女性の差別待遇】日本では長いあいだ，男性は社会に出て活動し，女性は家庭を守るべきものとされてきた。その底にあるのは，「おんな，子どもは」ということばが示すように，女性は弱くて男性に劣るという考えである。

しかし第二次世界大戦後になると，一方では各方面で女性の労働力を求めるようになり，他方では生活向上のため職業をもとうとする女性がふえて，多くの女性が働きに出るようになった。そのなかには，男性に劣らない能力を示す者も数多くあって，女性は社会の多くの分野で，男性とならんで，職業人としてりっぱに活動できることが明らかになった。

けれども今日でも，女性の職業上の地位はいっぱんに低い。男性と同じようなしごとをしていても，賃金は男性より低いこともあるし，人を減らそうとするときには，まず女性から減らすということもある。また重要なしごと，とくに人を指揮・監督するようなしごとには，女性をさける傾向もある。

【女性の重荷】女性には，子を生み育てるという役目があり，これは社会が存続するのに欠くことのできないことである。したがって社会は，母性保護と育児のために必要な制度や施設をととのえる責任がある。

ところが今日の社会は，この責任をおもに個々の家庭，とくに女性個人に負わせている。そのため女性は結婚すれば，職業の負担の上に家事や育児の負担がかさなり，職業を続けられなくなる者が多い。こうして職業を続ける期間の短いことが，また女性を差別する理由の一つとなっている。

> **共働きの生活から**
>
> 共働きを始めて足かけ8年になる。最初の子どもが生まれたとき，賃金の低さがもとで，共働きを続けるために，入所の可能性の高い保育所の近くにアパートを借り，福祉事務所に夫婦で日参した。そのとき，希望する者にはだれでも，入所できるような保育所の増設を強く願ったものだった。そして，二人目のときも，一人目と同じように福祉事務所に日参し，感謝した。それからもう3年になろうとしている。
>
> 時間に追われて8年間は過ぎた。ふりかえってみると，毎日の生活の中味の薄さを思い知らされる。共働きの最大の問題点は，どうしても，母親の方に負担が多くかかって，組合活動はおろか，本を読むにもその気力が出ないことだ。肉体的な疲労は，年をとるとつらい。これからしもうしばらくはこんな状態が続くかもしれない。
>
> 私の最大の望みは，子どもとともに，自分自身も成長して，働くことに誇りをもつことである。
>
> （ある働く婦人の手記より）

【女性解放の動き】女性を解放して男女平等を実現するための運動は，婦人運動を中心に進められてきた。1975年には，国連の主催で「国際婦人年世界会議」がメキシコで開かれた。各国から婦人代表が出席して，女性解放のための「世界行動計画」を定めた。これを受けて国連総会は1976～85年を「国連婦人の10年」とし，各国に行動計画の検討と実施を求めた。

日本政府もこれに応じて1977年，母子家庭の保護の職業訓練や女性に対する差別定年制の解決，保育所の整備などをきめた。しかし，これに対して婦人団体などから，「世界行動計画」より遅れているという批判が出ている。

♀ 指導書もなかなか充実しています。「国際婦人年世界会議」の説明，「世界行動計画」「メキシコ宣言」等が資料として掲載されています。（他社にはない）

♀ 授業の展開例では，以下を生徒に考えさせています。

① 職業生活に従事している女性はどんな状況におかれているだろうか。

② この負担から免れるにはどうしたらよいか。（特に女生徒の意見を求めたい。）

③ 女性解放の要求と努力について男性はどんな役割をはたすことができるか。（特に男生徒の意見を求めたい。）

④ 対等の男女関係とはどんなものか，どうしたら実現できるか。

そして「整理」では，「女性差別の解決には，男女の協力が必要だが努力の前進にはさらに全社会的展望が必要であることを説示する」としています。

寸評

♀ これは なかなか意欲的。「女性と職業」という項目を設け，2頁使っています。

♀ けれども，気になる文もいくつか。「賃金は男性より低いこともある」「女性から減らすこともある」「女性をさける傾向もある」などの表現は，差別の実態をあやふやにするのではないでしょうか。数字で示してほしいところです。

♀ また，「男性に劣らない能力を示す者も……りっぱに活動できることが明らかになった。」の一文はちょっとひどい。「男なみに働けるんだったら働いてもよい」「そうじゃなければ家にいろ。」の声も聞こえそう。働くことは権利です。

♀ でも，「共働きの生活から」の手記といい，「女性解放の動き」の項目といい，他書にはみられない内容です。

♀ 他社も，せめて本書くらいの取り組みを開始してほしいものです。

出版社：東京書籍

教科書の記述

〔女性と職業〕

経済が成長するにつれて，女性の就業者がふえ，その分野もひろがってきている。しかし，女性の場合，男性に比べ，雇用関係の安定していないものや，労働条件の不利なものも多い。このように女性が不利な扱いをうけるのはなぜだろうか。

日本では，長い間，女性は職業につくよりも家事や育児に従うほうがよいとされ，女性の能力や役割に対する偏見が強い。それとともに，結婚や出産に際して退職することがあり，女性の勤続年数が短いことも一つの問題とされている。男女の平等を原則とする憲法の定めを，実際の社会に生かすうえからも女性が職業につくための条件を整えていくことがたいせつである。また女性も職業人として自覚を高めていくことが必要である。

- 職についている女性に，気がかりなことをたずねたNHK調査あり
- 結婚後も女が働くことについてのNHK意識調査あり。

寸評

〔寸評〕

♀〔女性と職業〕という項目を設けた（日書と東書のみ）点，評価できますが，具体的にどのような差別があるか，よくわかりません。結婚，出産時には退職させられる，事実を指摘すべきです。（上記波線）

＊文字のかけは原本のとおりです（六花出版編集部）

教科書の記述・寸評

出版社

大阪書籍

このような格差（企業の規模、職種などによる）のほかに、わが国では、男女の性別による労働条件の格差がいぜんとしてつづいています。女子労働者は、男子労働者にくらべて、賃金が平均して50%ほどにおかれています。それればかりでなく、結婚・出産によって就業を制限されたり、退職しなければならない定年を若く決められたりしています。男子の定年を54才以下に定めている企業はほとんどないのに対して、女子の場合はまだ多く残っており、職業婦人としての生きる道が、十分に開かれていないといえます。

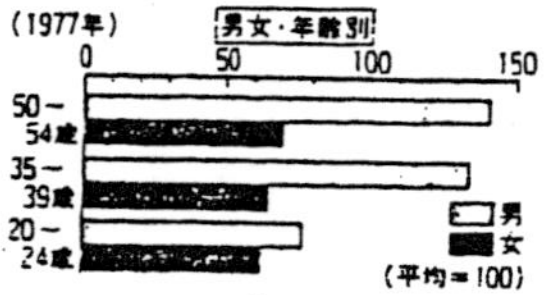

↑賃金格差のグラフ

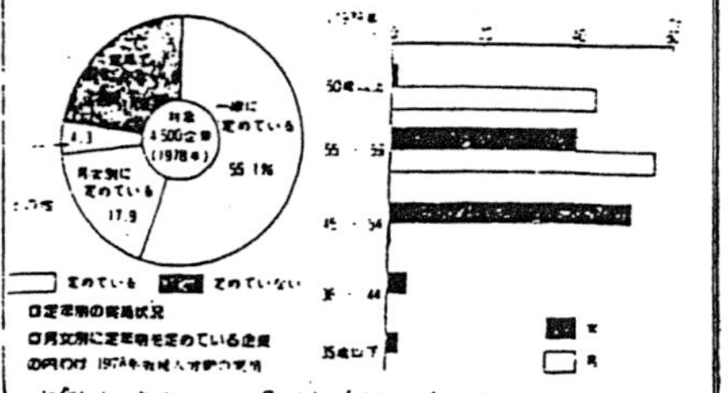

定年制の実施状況 男女別定年制の内わけ

［寸評］
♀ 賃金差別、結婚・出産による就職制限、若年退職制等を一応指摘しています。「職業婦人」とは何ともひからびた言いようですね。

教育出版

（職業選択の自由が完全に実現しているわけではない。）……さらに、就職の際のあるいは就職後の職業生活における男女の差別、身体障害者に対する雇用上の差別が存在することも事実である。今後は、職業をめぐってのさまざまな差別や偏見をとりのぞき、人権尊重に徹する民主的社会の実現を真剣に考える必要がある。

〈コレだけ!〉

清水書院

いっぽう、第二次世界大戦以後、女性は、軽工業、商業、サービス業、金融業を中心に職場に進出し、大きな役割をになってきたが、賃金格差にみられるように、その地位は男性に比べて低く、なかには臨時雇い、パートタイマーとして不安定な条件のもとで働く人も多い。

・男女別労働力人口のグラフあり

〈コレだけ!〉

中教出版

（政府は、就職の機会をふやす努力をおこなっている。）それでもなお、家庭の状態や出身地域・思想・性別・身体障害などによる差別が完全にはなくなっていないため、あるいはまた、年齢が高いといった理由のために、思うように就職できない人々も少なくない。大企業ほどこうした人々の受け入れをこばむ傾向が強く、最近では法律や政府の指導によって、その傾向をおさえようとする動きもしだいに高まってはきたものの、根本的な解決の見とおしはまだ立っていない。

〈コレだけ!〉

学校図書

職場や職業とのかかわりの中で、女性の働く機会が拡大し、就職者が増加したことをみのがしてはならない。近代社会の展開とともに、女性の社会的進出がみられ今では多くの職場や仕事上で女性が活躍している。

しかし、女性が働くことについては、就職できる職種や職場での仕事の内容、また、その仕事をつづけるための社会的条件などの点で、さまざまな問題がいまだに存在している。女性に対する差別がいろいろなかたちで残っているからである。工場内に保育所をもうけたり、育児休暇を定めたりするなど多くの点で改善されてきているが、今後解決されなければならない課題は多い。

（その直後に以下の記述）

現代社会では女性の職場への進出、職場についての偏見も少なくなってきている。

（「賃金問題」の項で）

日本の賃金は大企業に働く労働者と中小零細企業に働く労働者の間に差があり、また男子と女子、常用と臨時工とのちがいや、学歴のちがいによる差が大きいことも問題である。

［寸評］
♀「いろいろな形で残っている女性への差別」「解決されなければならない課題」とは何でしょう。具体的に示してほしいところです。

「労働」の分野のまとめ

♀ 日書はかなり意欲的。指導書も充実。群を抜く。

♀ 大書、今一歩。

♀ 教出、清水、中教は取り組みの立ち遅れが目立つ。特に教出は「家庭」の分野もひどいし、本分野でも「男女差別が存在することも事実」の一言だけ。

♀ 「女はこうして…… 」での指摘はここでもくり返さなければなりません。女が働くことは、決して特殊な場合ではありません。しかし、それにしては、女性が職業生活の中でぶつかるさまざまな問題、差別をなおざりにしすぎています。教室には、女生徒が半数いるのです。また、日書の指導書が示す通り、男生徒の問題でもあるのです。一層の取り組みを望みます。

中学社会「公民」「家族」の分野　各社比較

NO 18

出版社	大阪書籍	教育出版	清水書院
記述	（また）男女同権の考え方がひろまってきましたが、家事労働は女性に決めつけたり、賃金その他の労働条件で男女差別をしたり、家庭でも社会でも女性はまだ低い地位におかれています。農家や商店の主婦には、農作業や店の仕事で労働過重の人も多く、とくに共働きや出かせぎに行っている家庭の主婦は、家事のほか内職などに追われています。 さらに、今日のきびしい経済情勢のもとで、生活を維持するために共働きの家庭も多くなりました。そのため、子どもの養育や高齢者の扶養などについていろいろな家庭問題がおこっています。いっぽう、各種の電気器具や家庭用品が普及し、また従来家庭で行なわれていた裁縫・洗たくなどの仕事が家庭外でも行なわれるようになり、家庭生活の合理化が進んできました。そこで生活時間の計画的な使い方を考え、夫婦で家事・仕事の分担を決めるなどして、女性も男性と同じように、社会の中で自分を生かしていけるようにしていくことが、たいせつになってきています。	家庭内の女性差別、性別役割分担の問題、働く父親と保育の問題に一切ふれず、家事労働の下の「共働きの問題」があげられているだけです。 **共働きの問題**　つぎに、働く母親と保育の問題について考えてみよう。最近、女性の職場への進出が著しく、しかも結婚したのちも職業について働く女性が増加してきている。それとともに、子どもの保育の問題をどう解決するかが課題となってきている。国や地方公共団体の援助により、保育所の数はかなりふえてきているが、まだ、働く母親の子どもを保育するにはじゅうぶんな数とはいえない。家庭電化製品の普及による家事の合理化と、そのために収入を多く必要とすることや、結婚後も社会のなかに自分をいかすため、働く母親はますます増加する傾向にある。家族の生活を安定・向上させるうえで、保育施設の充実はどうしても必要になってくる。(P.133)	たとえば、炊事・洗たく・掃除などは、母親や姉妹などの「女性の仕事」と一方的に決めつけていないだろうか。わが国では男性が外で働き、女性が家庭を守るといった習慣が長い間行なわれていた。しかし男女同権となり、女性も自分に適した仕事をもつようになった現代の社会で、このような習慣が続けられるとになれば、男性に比べて女性により大きな負担がかかってしまう。とりわけ、共働きの主婦の負担は重くなりがちで、家族の理解と協力がぜひとも必要である。 また最近では共働きの夫婦がふえているが、やがて子どもが生まれて育児のために職を退く主婦も多い。そこで託児所や保育所の施設がいっそう整備されることが望まれる。
寸評	♀「家事労働は女性に決めつけたり」と性別役割分担の問題に触れている点、評価できますが、あまりに不十分です。 ♀共働きの理由を「生活を維持するため」にのみ求めるのは一面的です。 ♀そして、保育や老人扶養の問題の発生を共働きのせいにしていますが、そこからは働く女性を責める声が聞こえてきます。 ♀その上で「女性も男性と同じように社会の中で自分を生かして」といっては一貫性がありません。「女性も社会の中に自分を生かしていくとき、どんな問題を現在の社会、家庭は抱えているか」何ら具体的に示してくれません。	♀余計な寸評は書きません。本教科書の教師用指導書の中の用語説明「共働き」を次に記します。上記「共働きの問題」の真意もそれでよくわかります。 用語説明「共働き」　夫婦が共に働いて生計を立てること。商店・農家など自営業のものと、夫婦とも他に就職しているものとがある。子供が生まれるまでは問題は少ないが、子供ができると保育の問題が起こってくる。子供の保育は母親にあたるのが最も望ましいが、その実現が働きに出る妨げとなっている。それと、子供の預け先の保育所の数の不足や内容が問題となっている。しかし最も大切なのは、保育の期間中は母親は働きに出なくともある程度の収入が保障され、保育の手が離れた段階で再び勤められるという状況をつくり出すことである。	♀性別役割分担の問題を（他社に比べ）かなり具体的に記述していますが、今一つすっきりしません。「家族の理解と協力」とはどういうことでしょう。大阪書籍と同様ですが「男性の家事分担の必要」「男性の自立の必要」は、なぜ書けないのですか。 ♀「男は外、女は内を守る」が、わが国での長い慣習とは、ほんとうでしょうか。明治時代までの女性労働は、無視できるものではありません。歴史の事実をまげてはいけません。 ♀結婚すると女はみな主婦なんですか。「共働きの女性」「職を退く女性」等の表現ではいけませんか。

＊文字のかすれは原本のとおりです(六花出版編集部)

NO 19

《中学公民六社をチェックして》

♀「女はこうして……」当時の教科書と同じ批判があてはまります。

♀教科書により、女の問題への取り組みに大きな違いがあります。具体的な例も多く、意欲的なもの、通りいっぺんの記述で終わっているもの、女性の社会進出、自立をかえって批判するもの の3タイプに分類できます。

日本書籍

【家庭と女性の地位】今日では、夫と妻がたがいに人格をみとめあい、協力して新しい共同の生活を築いている家庭もあらわれている。

しかしまた、妻は家事を受けもち、夫その他の家族に奉仕するのがよいという考えがひろく残っている。こういう家庭では、妻は自立的精神が弱くなり、自分の才能をじゅうぶんにのばすことがむずかしい。また、女の子を育てるのに「女らしく」を重くみて、従順でおとなしいことだけを求めることになりがちである。

その根底にあるのは、いまの社会が男性本位であって、女性の社会的活動の分野が狭く、女性の経済的自立がむずかしいことである。そのため女性の多くは、結婚すると夫の収入にたよって家庭にとじこもるようになり、社会的な知識や訓練を受けることがむずかしくなる。そして、それがまた女性の社会的進出をさまたげ、男性本位の社会を続けさせることにもなっている。

そこで女性のあいだでは、こうした状態を打ち破って、女性を解放し、男女の平等を実現しようとする運動が、続けられている。

〔寸評〕

♀「家庭」の分野でこのような項目を設けているのは本書だけ。評価できます。

♀内容も筋道よく、また、〈男性本位の社会〉とか〈妻は夫その他の家族に奉仕するのがよいという考えがひろく残っている〉という言葉の使い方あるいは女子教育の問題にまで言及している点、他社の追従を許しません。

♀ただ、この記述の上の写真は「夕食準備の買い物をする主婦たち」「多くの主婦が安くて栄養のある夕食をつくろうと心をくだいている」との説明。記述にマッチした写真はないのですか？

学校図書

（女性問題には いっさいふれず）

「現代社会では子どもを保育所に入れ、食事の準備も勤め帰りにスーパーマーケットで、できあいのものを買ってきてすますこともできるなど、これまで家族の中で営まれていたことが、外でまにあうようになった。家庭内での仕事も、電化製品の普及によっていちじるしく変わった」という記述。いったい何が言いたいのだ！と教科書をめくっていると、下のようなコラムに出会った。ヒドイ！

学校図書 P.184

個人と社会

家庭というのは、船の母港のようなところだなと思う。東京の学校に行っている兄が、家に帰ってきて何日かすると、すぐ父や母と口争いをするが、東京でくらしていると家のことがなつかしく思いだされて、帰りたくてしょうがなくなるという。母は「血は水よりも濃いというからね。」というがそのとおりだと思う。血のつながっている家族の共同生活というのは、わたしたちに安らぎをあたえるものである。「人間は社会的動物である」といわれるが、わたしたちにとって、もっとも身近な社会は家庭なのかもしれない。

ところで、わたしたちは、家庭だけでなく同時に多くの社会に属していると思うが、わたしの場合はどうだろうか。生まれたときからこの町に住んでいるわけだから、近所や町とのつながりも深い。山にかこまれたこの町は、便利がよいとはいえないが、兄などは「こんなよいところは日本中でそうざらにないよ。」などという。上下水道や保健所のことなどで、市にも大変おせわになっている。小学校や中学校も、わたしたちにとってたいせつな社会の一つである。わたしは、中学校ではサッカークラブにはいって活動しているが、このクラブもなくてはならない集団生活の場である。

日本の国、日本の社会はどうだろう。日常生活にはあまり関係がないようだが、日本の国・社会のきまりや経済・文化とのかかわりなしには生きていくことはできない。大きくなったら、父のように働くことになるだろうか。職場もたいせつな社会の一つである。

このように、わたしたちはいくつもの社会に属し、それぞれの社会と深くつながりあって生きているのである。こうした個人と社会とのつながりあいについて考えてみることにした。

東京書籍

近年、夫婦がそれぞれつとめに出るような家庭も多い。そうした場合、家族のあいだでの新しい役割分担を考えなければ、母親にだけ家事の負担がかかるという問題がある。育児は家族の基本的なはたらきの一つであるが、最近では、保育所のような社会的な施設によっておぎなわれるようになってきている。また、しつけとか、生活の知恵のようなものも家族生活のなかでつちかわれ、伝えられてきたが、最近ではそうした機会がじゅうぶんとはいえなくなってきている。

〔寸評〕

♀「新しい役割分担」を提唱している点、評価できます。これはきっと性別役割分担を否定したものなのですネ。そうでしょう？

♀ただ、後半の文章は、大変気になります。育児の社会化→しつけ、生活の知恵の伝承がなくなる、という記述は、おとなりの学校図書が「保育所」や「できあい」を批判している論調とあい通じています

♀婦人問題のお勉強をまずして下さい。

中教出版

女性の地位を守る

1976年（昭和51）、民法が一部改正され、離婚して結婚前の姓にもどった者が、結婚していたときの姓をつづけて使用することをのぞんだ場合には、離婚の日から3か月以内に届け出をすれば、その使用が認められるようになった。以前は、離婚した場合には、例外なく結婚前の姓を使用することとされていた。わが国では、結婚して姓を変える者は、一般に女性であり、このため、離婚によって結婚前の姓にもどることからおこる社会生活上の不便や苦痛は、おもに女性に負わされる結果となっていた。この改正は、女性の地位の実質的向上をはかることをめざしたものといえる。

〈これだけ！〉

〔寸評〕

♀家庭内の女性問題にはその他一さい記述されていません。

♀ただ本書は、個人の権利を前面に押し出している点が好感がもてるのですが。

♀ただ女性の問題はそこで解消されない。生徒に現実の差別へ目を向けさせたい。

♀「基本的人権」「平等権」の項でも、男女平等に触れていますが、どれも同じように「まだ男女差別がある」という程度の記述でした。学校図書のみが、内容はたいしたことは書かれていないのですが、「男女平等」の項目を設けてありました。

♀世の中のさまざまな差別を比較している記述に驚きました。「なかでも重大なのは、結婚や就職などのときにあらわれる部落差別である」（日本書籍）「（女性差別を述べたあとで）また、深刻な人権問題として部落差別があげられる」（清水書院）。どの差別が重大か、などという比較は、はなはだナンセンス。やめていただきたい記述です。

♀総じて、編者、著者、教科書会社の編集者、さし絵を書く人、写真を選ぶ人たちが女性差別に対する認識を深められることを強く希望します。

＊文字のかすれは原本のとおりです(六花出版編集部)

NO 20

高校　現代社会にみる性差別

パート「女はこうして作られる」の時は、中学公民、高校倫社について「職業と人間」という単元、家族・家庭に関する記述をチェックした。〈P9～16〉しかし教育課程の変更により、高校の社会科に「現代社会」という科目が新設された。この科目は、今年四月の新1年からはじまるもので、教科書もまだ生徒の手にはわたっていない。

そこで今回は、この現代社会の教科書を ①生きがいをめぐって ②家族・社会保障に関する記述 ③女子労働に関する記述 ④基本的人権の単元での性差別の記述 の4つの観点からみた。

①男の生きがい・女の生きがい

女の生きがいは♡

← 山川 P82「職業と生きがい」という単元のカット

2　生きがいを求めて

職業と生きがい

山川 P85 →

家族のため，社会のため，国家のため，人類のため，というように自分の周囲から社会全体にいたるまで，人間社会の維持と向上のために，自分の仕事や職業が一定の役割を果たすことを知るとき，人びとはその仕事のなかに生きがいを見いだし，充実した人生を送ることができるであろう。そして，現代人にとって，天職とはこういうばあいをいうのであろう。

P86

ふえる余暇

こうした余暇が生活時間に占める比重の増大は，家事労働をおもな仕事とする家庭の主婦についてもいえることで，家事労働の合理化の結果生じた余暇をどのように有意義にすごすかは，主婦にとって大きな問題である。

主婦にとっての生きがいは？

求めることのたいせつさ

もし，「君たちには将来がある。今後の活躍を期待している。」といわれたとしたら，そのとき青年はどう考えるだろうか。A君は素直に，「そうだ，がんばろう。」と思い，B君は，「そんなことといったって，わたしの将来はもう読めている。大学に入学し，適当に勉強して，一流会社に就職し，ある程度の役職について，定年となるのだから。」と思い，Cさんは，「わたしは短大へ行き，学生生活を送り，それから，だれかいい人を見つけて結婚するのだから，期待されても困る。」と思ったとしよう。

B君やCさんの場合も，その人なりの人生観があるであろう。しかし，この二人には，自分の将来を，みずからの選択や判断で切り開いていこうとする姿勢や，将来は未知数だという考え方が欠けているのではないだろうか。

この文章に下のさし絵！

「やっぱり女子は結婚すればいいのよね。」

「男子は結婚しないのかしら？」

↑ 中教 P127

中教 P173 →

⇨葛　藤　青年期にはどんな葛藤があるのだろうか。その苦しみを乗りこえるところに人間としての成長があるのだろう。

性別役割分担はそのまま？

アメリカの青年の発達課題
本文の五つの課題は，ハビガースト（R.J.Havighurst 1900～ ）の考え（右表）を参考に，日本の事情を考えてまとめたものである。

① 両性の友人との新しい，成熟した人間関係をもつこと
② 男性，女性としての社会的役割の達成
③ 自分の身体的変化を受け入れ，身体を有効に使うこと
④ 両親や他のおとなからの情緒的独立
⑤ 経済的独立のめやすをたてること
⑥ 職業の選択とそれへの準備
⑦ 結婚や家庭生活への準備
⑧ 市民として必要な知的技能と概念の発達
⑨ 社会人としての責任ある行動をとること
⑩ 行動を導く価値観や倫理体系の形成

↑東書 P207

同じ東書 P193では「子どものうちは男の子と女の子との間にはあまり行動に大きな違いはないが，おとなは男性と女性ではあきらかな行動にちがいがある」とある

② 期待される家庭像

家族が生活する場を家庭という。家庭は，生まれてくる子どもに，生活を営むうえに必要な基本的行動様式を習得させる人間形成の場であるとともに，経済活動の基本的な単位として共同の経済生活を営み，幼児や老人などを扶養・保護する役割をはたしている。家庭はまた，家族の愛情と信頼関係によって心理的やすらぎを得て，明日への活力をつくりだすいこいの場としてのはたらきをしている。

検定を通ると 家庭はいこいの場に変身！

教出 P26 検定後 ＋ 検定前 → 家庭と職場　家族は，共同で家庭生活を営み，生活を共にする場としての住居を定めている。

一橋 P30.31 → たとえば，社会保障制度の整備によって，老人扶養の問題も，私的扶養から公的扶養に移行しつつあるといわれている。しかし，家族や親族の愛情にもとづく情緒的機能は，公的扶養では肩代わりできないものとされている。また，老人にとっても，老人になれば好みが幼少期のものに還元してくるだけに，物質やサービスを中心とする援助よりも，家族や周囲からのいたわりを望んでいるのである。（中略）

したがって，今日の核家族化が進む中でも，血縁で結ばれた家族は，家族員の消費の場であり，あすの生活を支えるエネルギーの再生産の場であると同時に，子どもの人間形成の場であり，老人をふくめた家族員の情緒的安定を求める場であることが強調されるのである。

家族・家庭についての記述は「女はこうしてつくられる」（P13～16）の時からほとんど改められていない。あいかわらず「いこいの場」「老人・子どもの扶養」が重要視されている。特に今回の検定でめだったのは老人の扶養についてである。どの教科書でも社会保障に関する単元をもうけているが，その中で，必ず問題点として高齢化社会の到来をあげている。核家族化が進み，老人福祉のための負担が増大していくのをくいとめるため，老人の扶養を子供（嫁…女）にさせようとする政府の意図がそのまま検定に反映している。

好学 P103 → 日本の社会保障は，今後，年金部門を充実させていくことが必要で，それによって高齢化社会の到来という困難な事態に備えなければならない。それだけに，福祉社会は国民全体で築きあげるものであるという自覚を一層深めることが，国民一人一人に強く望まれる。

④ タテマエだけの女の人権論

検定前 →

人間尊重の立場

新しい規範を確立しようとするさい，その根本となるのは，やはり人間尊重の立場でなければならない。それをもっと具体的にいえば，人間は商品のようには扱えないということの確認である。「資本主義社会の特徴の一つは，さきにも述べたように，人間の労働力が商品として売買されるということである。」

しかし，それ以上に人間そのものを「かせぎをうむ資本」とみなす考えかたが，法の分野においてさえ定着していることが問題である。

たとえば，15歳の若者が交通事故の犠牲者になったとしたばあい，それが男性であれば，55歳まであと40年生きてかせぐであろう所得が根拠になって賠償金が決定されるが，女性であれば，結婚適齢である25歳まではたらいてえるであろう所得を基礎に計算されるならわしである。同じ人間の生命の値うちが，男女の性別でこのように異なることは，人間尊重の立場からして承服できることではない。

「かせぎをうむ資本」として扱われて，いる例を男女差別の判例から具体的に記していますね。

⇩

検定後 →

新しい規範を確立しなければならない。そのさい根本となるのは，やはり人間尊重の立場である。もっと具体的にいえば，人間は商品のようには扱えないということの確認である。それ以上に人間そのものを「かせぎをうむ資本」とみなしてはならないということである。

人間尊重の立場からは，人間はみな平等であり，人種・信条・性別や社会的立場などによって差別されてはならない。すべての人びとの生命・自由，幸福追求の権利，すなわち人びとの基本的人権は保障されなければならない。同時に，このような権利は，人類社会のすべての構成員に認められねばならず，こんにちなお，多くの人びとが飢餓や悪疫に苦しんでいる発展途上国への援助は，緊急で基本的な課題である。

抽象的なタテマエ論にすりかえられてしまった！

〈実教〉P13.14

なぜ，ここで発展途上国云々がでてくるのでは？

全体的に，女の人権についてのヒドイ記述は少なかったです。なぜなら，女の人権について書いた文が少なく，それも，ほんの数行のタテマエ論しか見当たらなかったからです。

同和問題についての記述はけっこうありました。差別の問題はどれも重要です。女の問題についても（全ての差別の問題について）具体的に十分書いてほしいです。

③女の労働について

・・「女は安定志向」?

●理想の職業　女子と男子とでは，職業に対する考えが異なり，女子は安定志向，男子は自立志向の傾向がみられる。

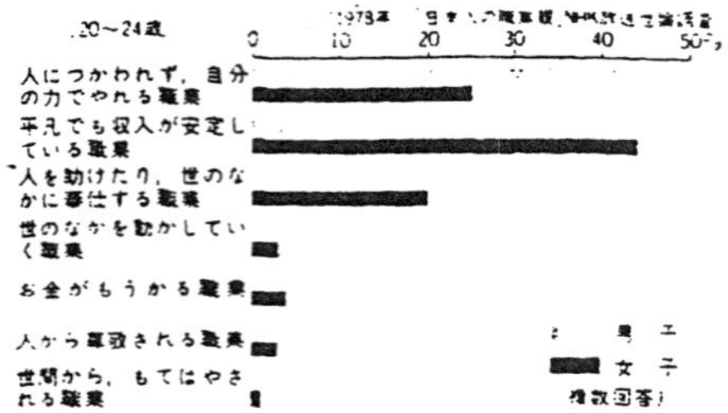

〈教育出版〉

〈東京書籍〉
P.256にも同様のグラフあり

「女子は安定志向」とありますが、女にどれだけの職業が開かれているでしょうか。
現実の状況についてももっと載せてほしいものです。

・女の仕事はパートだけ?
(前略)

雇用問題　女子労働者の雇用も改善を要することである。女子労働者にとっては，育児や家事の負担が軽くなってきたということもあって，その数が増加し，とくに中年女子の労働者の増加はめざましい。女子労働力の中でもっとも人数の伸びが大きいのは，サービス部門における常用

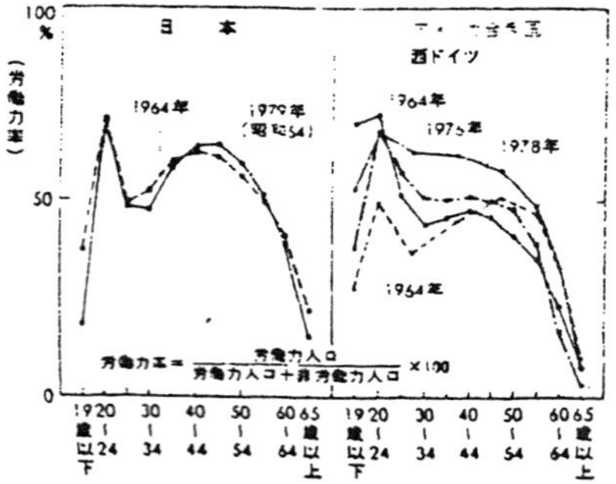

⇦女子の年齢別労働力率の国際比較　(日本労働協会「労働白書」昭和54年などより)　結婚・出産・育児期の落ち込みの推移を比較してみよう。

パート労働者である。しかし，女子労働者にとっては，就職の機会，

NO 22

雇用条件などについて必ずしも男子と対等にはなっていない。そのため今後は，女子労働者については，家事と仕事が両立するように保育所などの施設を充実させていくだけではなく，女子に対する不当な賃金差別などを解消していくこともたいせつである。
(一p.256)

〈中教〉
P137〜8

この文では、「女は専業主婦としての役割を果たした上で」しか働いてはイケナイようです。
働く女といえば、まず教科書ではパートがでてきますが、その問題点については非常に表面的な記述ばかりです。
また、女だけが、家事と仕事を両立させなければならないのでしょうか?　グラフについても、なぜ日本がM字型になるのか、本当はどうすべきなのか、もっと書いてほしいものです。

・文部省の迷検定!
では、はじめからこのような教科書だったのでしょうか?

検定前→

女性差別をめぐる問題
男女が法の下に平等であることは，今日では，だれでも知っている。しかし，社会的には，まだ女性に対する差別意識が横たわり，とくに職業の面において顕著である。雇用実態についていえば，パートが多く臨時雇いとして雇用されることも多く，また，賃金について見ても，従業員30人以上の企業を例にとると，平均賃金では男性の50〜60%にすぎない。それに，結婚退職制や出産退職制や定年格差などもあって，それらを考えあわせると，男女間の社会的差別がいぜんとして存在することを指摘することができる。
(中略)仕事をもって働きたい女性の働く権利が男性と同じく保障されてこそ，真に民主的な社会といえる。男女差別の問題を放置して，民主主義社会の発展はないのではないだろうか。

具体的に問題点が書かれています。

⇩

検定後→

なんと!たった2行になってしまいました。

いっぽう，女性差別の問題も社会の中に存在しているが，女性差別の解消は，いまや世界的にも大きな問題として取り上げられている。

〈中教〉P.256〜7

女は補助労働力ではありません。
もっと女の労働状況の現実を書いていってほしいと思います。

No 23

やっぱり男が主人公

教科書の中の男女平等

「婦人民主新聞」82年11月22日

検定一書き変えなど、今、大きくゆれ動く教科書の中で、男女平等はどのように扱われているのか——九日、東京・婦選会館で「家庭科の男女共修をすすめる会」主催の集会が開かれた。

主語はすべて男中心

「現代社会」を中心に発表してきた[illegible]さん(高校教師)は、「[illegible]——教科書で、今、男女平等はどう扱われているか——の問いに対し「男女平等は扱われていない、いるはずがない」と断言した。

教科書の[illegible]中から。そこには[illegible]はなく、女が[illegible]ことはないというのだ。

「人間として女が[illegible]られてしまっているので、女性そのものの存在が浮かび上がってこない。「[illegible]」や[illegible]、最も「[illegible]」からく、[illegible]している」と三井さんはいう。

高校保健体育の教科書を開いてみる。表紙のウラに人間の臓器がカラーの図で紹介されている。脳から始まり気道・総頸動脈…肺臓…肝臓…精巣(睾丸)—男性の臓器だ。さて女性は、と探してみても見つからない。どのページにも、"表表紙のウラ"にも、女性の臓器は出てこないのである。[illegible]かはわからないが、この教科書は十二人の男性の執筆。女性は一人も入っていない。

性差ばかりを強調

この"発見"をした三井さんはさらに次の文章を示した。

——男女の身体は、根本的にも違っており、体力にも差がある。(……)筋肉運動の基礎になる体力は、明らかに男子がすぐれている(……)筋肉の運動がともなうと、男子のほうが女子よりもすぐれている。(……)年齢に応じて男女差が大きくなる。[illegible]性は十六歳ごろまでは女子がすぐれているが、それ以後、差がみられなくなり、むしろ男子が女子を上まわるようになる——(大修館)

かなり短い文章の中で、男子の"優位性"が強調されている。このほか、教科書全体にわたるという、なんのためにこうまで強調されねばならないのだろうか。

「受けてである生徒たちはどんな思いで見るだろうか。「女は弱いもの、体力は男より劣いもの」という意識のみ強調することは、"女らしさ""男らしさ"というものに定着していくのではないだろうか」と、三井さんは学校の体力測定で、"女らしさ"のために自分の力をだしきらない女生徒の姿を指摘した。性差ばかり強調されては、自分に挑戦しない女生徒が作り出されて、当然なのかもしれない。

恋愛・性はタブー

「家庭生活と健康」の項をみてみる。

——結婚によって生活の内容やしくみがかわり、とくに女性は、家事労働をはじめ、妊娠・出産・育児など、健康に直接関係する問題に直面する——やはり、女にのみ家事・育児が押しつけてある。ある意味では「性(?)のある教科書」といえるのだろう。

「深刻なのは、今生徒が一番悩んでいる"性"について全く記述がないこと」だという。この事は「現代社会」の教科書にもいえる。

「現代社会」で恋愛を[illegible]する「青年の課題」で、恋愛や性はどのように扱われているのだろうか。

——恋愛は、人間生活のなかでけっして小さくない意味をもっている。……恋愛は…甘美な面につきるものではないことも知っておかなければならない。そして性もまた、前で考えるのとはちがった方向に、人を前進させる強い力を潜在させている。すぐれた文学作品を読んで、恋愛にからむ人間の愛憎について学ぶのもよいであろうし、また、恋愛はもっと人間的に成長してからのことと考え、勉学や芸術、スポーツに集中するのもひとつの道である——(第一学習社)。

別の教科書では——恋愛や性をなにかうしろ暗いもの、いやらしいものと考える時代はもはや過ぎ去った。むしろ反対に、それは人生の最も美しいもののひとつであるからこそ、性急に花ひらかせて散らしてしまうことのないように、たいせつにその時機を待って、ふくらませてゆきたいと思う(一ッ橋)——。

これが高校の教科書の内容である。結局のところ恋愛・性は否定され、ゆた道徳のみが押しつけられている。現実とはあまりにかけはなれた教科書の姿に、性に悩む高校生の姿が見えるような気がする。

家庭系列だけは女が主人公(中学生にふさわしい服装——東京書籍)

実例 1

東教「現代社会」哲学の課題

ひらかれた愛

~~男女の~~(女性との)恋愛も、(男同士の友情と同様)全人格的な結びつきを求めるが、そこには異性へのあこがれがふくまれている。

そして、(僕たちは)他人から切りはなして「二人の世界」をつくろうとするが、しばしば現実にぶつかって挫折し、失恋する。しかし、「恋は平凡な人間を詩人にする。」とよくいわれるように、恋愛は(僕たち)共の心をゆたかにし、感情を高める。「君の瞳はつぶらにて、君が心は知りがたし、君をはなれて唯ひとり、月夜の海に石を投ぐ。」(佐藤春夫「少年の日」)という詩は、(僕たちの女性に対する)ほのかな恋心をよくあらわしている。

原文でははっきりしなかった文意も、吹き出しを入れ、行間をくみとることによって作者の思いが明確になる。これは男性による男性のための男性の文章であり、「少年の日」ではあっても、決して「少女の日」ではないことを読者は知る。

実例 2

大修館 1981年発行「保健体育」(高校用)

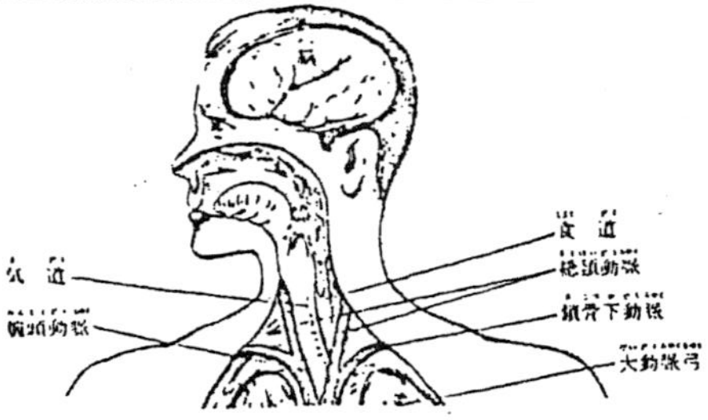

(中略)

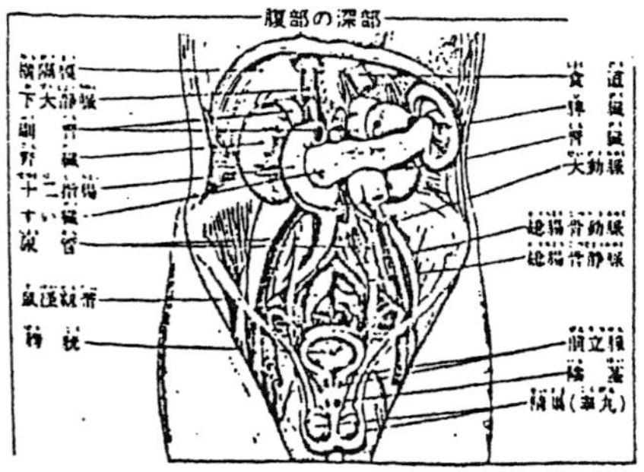

表紙のウラにある図絵である。
タイトルは「おもな臓器」

しかし、これは頭のてっぺんから下半身にいたるまで男性の臓器である。

女性の臓器に関してはどのページにも言及されていなかった。

ACTION NOW IN JAPAN

Edited and Published by
International Women's Year Action Group
Nakazawa Building 3F
Araki-cho 23
Shinjuku-ku, Tokyo 160 Japan

INTRODUCTION

The International Women's Year Action Group, Japan, is a private organization established in March, 1975 by 500 women. Members include attorneys, teachers, politicians, journalists, homemakers, office workers, engineers, social critics and students.

Our main purpose is to realize equality between men and women. Legally and socially, Japanese hold a very low position with very strictly assigned sex roles — a situation that we are working to change to one free of sex discrimination.

Our present 1000 members are active in fighting discrimination in employment, education, mass media, international affairs, homemaking and family life, single women, social welfare, tourism and prostitution, divorce arbitration and legal justice. Our membership fees are ¥500 (US$1.70) per month, and we welcome members from overseas.

We have prepared this pamphlet to shed some light on current women's problems in Japan and it is with great pleasure that we think of our sisters around the world sharing knowledge with us as the Decade for Women draws to a close.

There are nine sections in this pamphlet, in which we try to cover broadly the major problems facing Japanese women today.

Our aim in preparing this pamphlet is firstly to express our guilt towards, in particular, the peoples of Asia and the Pacific. This guilt arises from the Japanese military aggression towards those people up till 1945. Today, those same countries are being invaded by Japanese capital and products. Although our power as women is not great enough to stop this aggression, we accept responsibility for this situation and we will do anything we can to improve relations with the people of Asia, of the Pacific and of the Third World.

Secondly, the International Women's Year Action Group in Japan would like to draw your attention to how Japanese former military aggression and present economic aggression are supported by a rigid Japanese system based on discrimination against women.

Before WW II, the government adopted a policy of "fukoku, kyohei," which means national prosperity and strong soldiers. Under this policy, women were regarded as tools to produce and nourish babies — the soldiers of the future. Nationalistic concerns for "my country" were given top priority in the people's lives, with the result that women's humanity was trampled on.

After Japan's defeat in WW II, the government adopted a policy of rapid economic growth, aiming at catching up with and surpassing advanced countries. The government has supported and is still supporting enterprises which give profit-making first priority despite the social cost. Sex roles are firmly entrenched and enforced in a variety of ways. Men must dedicate their lives to their work in order to keep the economy strong and women are assigned the entire task of care of the family and giving the men comfort at home. All the people of Japan are thus dedicated to "men's work," and female humanity is still being trampled on.

Thus, Japan the Economic Giant is based on a profit-first attitude which divides men and women and refuses to acknowledge people who cannot or will not work in the robotic manner of the Japanese company man.

In recent years, the United States is putting more and more pressure on Japan to increase the domestic arms budget. This has resulted in cuts in the social welfare budget and has increased the women's burden in caring for children, the aged, the sick and the handicapped. This remilitarization is being carried out at the loss of quality of life in spite of the fact that the Japanese Constitution specifically forbids war.

And our Constitution guarantees the equality of men and women, yet our government has never acknowledged women's basic right to work. The sexual roles displayed in media and education are widely accepted, leading to strong discrimination against women who work. In 1983, women's wages averaged only 52.2% of men's. Women's wages have actually been decreasing in proportion to men's since 1978. The figure was 53.1% in 1973, 55.8% in 1975, and 56.2% in 1978, when it began to drop.

Japan is rapidly becoming an aged society. As old-age pensions are based on working income, women's low wages will directly lead to further difficulties in their old age.

Despite all this blatant discrimination in the Japanese social and legal system, the Japanese government says it is ready and qualified to ratify the Convention on the Elimination of All Forms of Discrimination against Women.

So you can see that we have become a society of runaway capitalism that has lost concern for human welfare and suffering. Men and women have become divided and controlled and most of them allow themselves to dance to the music of ruinous consumerism. As a result, our society perpetuates social injustice and discrimination against women, which directly leads to Japanese aggression and sex tourism in Third World countries.

We think that men used to being waited upon by their wives and who have no responsibility except to their companies can easily ignore the painful situation of Third World countries and deny responsibility for their aggressive sexual acts.

We recognize that discrimination against women is an essential cause of unjust economic control and that it is detrimental to world peace and humanism.

So we will continue our fight to radically reform the relationship between men and women by abolishing sex roles and enabling women to be independent economically as well as emotionally.

We are aware of a trend in advanced nations as well as in the Third World to follow the Japanese path to accelerated economic growth. We hope that this trend can be stopped, for Japan's past economic growth was obtained through systematic discrimination against women.

At the end of the International Decade for Women, we hope that all women everywhere can go hand in hand, working together for world peace and for sexual equality. Let us all keep exchanging useful information and keep one another informed about our successes and our failures.

International Women's Year Action Group, Japan

This pamphlet was prepared with the cooperation of the following persons.

Tomoko Aeba	Atsuko Maeda
Kaoru Ashiya	Yasuko Mizusawa
Chris Boatwright	Yasuko Murakami
Takako Hayama	Michiko Nakajima
Yoko Hayashi	Satomi Nakajima
Keiko Ishihara	Kerry Laws
Tomoko Ishizuka	Sumiko Takaki
Ilan Ivory	Kimiko Tonegawa
Yuko Kobayashi	Kazuko Watanabe
Shigekazu Kumakura	Satoko Yamaguchi

CHAPTER ONE: THE POLITICAL SITUATION IN JAPAN

Japanese Women before the War

Up until the end of World War II, Japanese women were denied the right to vote and to study at universities. Their rights at home were also limited; they could not make any legal contract without their husbands' consent. They were forced to cooperate with men in a war which men had started and which killed millions of people. Many women had their husbands and sons go to war, their homes destroyed by air raids and atomic bombs and many lost their lives.

The New Constitution

After the war, in the ruins caused by air raids, Japanese women got a new constitution, in which two great ideas were honored; the first, the abandoning of weapons, the other, sexual equality. The constitution declared that Japan should abandon war forever, keeping no army, navy or air forces. It declared at the same time that no sexual discrimination should be allowed to exist in any area. This constitution abolished most of the existing legal discrimination. With the constitution in their hands, Japanese women, full of their hopes of establishing a peaceful country, started moving in new directions. In the election in which women voted for the first time, thirty-nine women were elected to the Diet.

Women in Japanese Politics Today

Forty years have passed since the birth of the new constitution. We have now only nine women in the House of Representatives (1.8%), and eighteen members in the House of Councillors (7.3%). In the prefectural assemblies, the number is even smaller (1.2%). We have had only two women cabinet ministers to date. Ashamed of the low position of women, and considering that this is the last year of the United Nation's Decade for Women, they appointed a woman Secretary of the Environment last year. As to mayors, we have only two town mayors but no city mayors or governors. Of high-ranking government officials, a mere 4.3% are women, of whom only 0.5% are administrators. In the government advisory councils, women occupy only 4.3%, and more than half have no women members. Japan is a very male-dominated society.

Policy for Undesirable Amendments to the Constitution

What has caused the above-mentioned situation? It was caused by Japanese government policies aimed at changing the Constitution for the worse. The Liberal Democratic Party, to which Prime Minister Nakasone belongs, began trying to change the Constitution soon after it was established. The L.D.P. even declared this to be their policy in 1955. But the people, especially women, objected to the policy very strongly. So they have had to change the Constitution through extralegal reinterpretation of the ideas of the Constitution.

Expanding Armament Expenditures

Even though the Constitution declares that Japan shall possess no war potential, our country has been militarizing itself in the name of 'self-defense', and now we have an army that is the seventh largest in the world. President Reagan, not satisfied with the size of the army, demanded greater armament of Japan. Our government dares to break the limit of 1% of G.N.P. in expanding armament expenditures.

The Policy for Strengthening the Role of the Home

Such military preparedness directly results in cutting down the budget for welfare. Japan is becoming an aged society much more rapidly than other countries. The Japanese government, aiming at cutting the welfare budget, emphasizes the importance of the family. That is, the family should be responsible for raising children and supporting aged parents. Who in the home is responsible for that? Of course, women. It is taken for granted that women should run the home, bring up the children and look after the aged.

Sexual Roles Support the Japanese Economy

Care of the young and the aged is not the only role which Japan forces upon its women. We women are forced to undertake the care of men who work desperately, going into markets over the world. Moreover, working as insecure, low-wage workers, Japanese women have been contributing to Japan's economical prosperity. In the course of Japan's high economical growth, sexual roles for women and sexual discrimination have been strengthened.

Japanese Women Protesting Armament and Militarization

Japan has become a major economic power, making the best use of sexual roles. Even politics is dominated by the power of money and is closed to women. It is a pity that Japan is developing into a major military power as well as an economic one. Now the ideas of peace and sexual equality guaranteed by the Constitution are being trampled on. If Japan should go on this way, women might be fated to send their husbands and sons to war, or to be involved in a nuclear war. The Japanese women who feel that things are approaching a crisis have taken action, treating the causes of peace and equality as inseparable.

We Japanese women firmly protest against our government, whose policies are just the opposite of the ideas of the Convention on the Elimination of Sexual Discrimination which is being ratified only as a matter of form in order to avoid criticism from other countries. We must demand that the policies be changed, joining hands with the women of countries that have been suffering from Japan's economic invasion.

Present Situation

According to surveys conducted by the Ministry of Labor, the average wage of female workers in Japan is only 52.2% of that of their male counterparts. This disparity in the average wages and salaries between men and women has become even wider for the last decade because of the policies carried out by the ruling Liberal Democratic Party and enterprises.

They take full advantage of the female labor force by dealing with them as cheap, temporary "part-time" workers with none of the security which most men can enjoy as permanent workers under the Japanese lifetime employment system. This is done by burdening women with all the work of child-rearing and taking care of the aged in addition to their daily house chores; this results in making it difficult for women to continue their jobs outside the home.

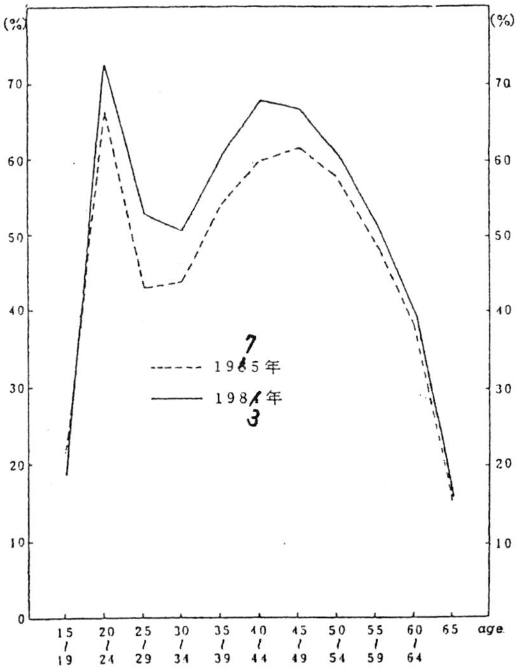

Fig. 1 Patterns of Labor Force Participation by Women of Different Ages

Source: General Agency Statistics Bureau

Figure 1 shows the outcome of the policy mentioned above. The female employment population appears to be an "M" curve, according to age. The male labor force line never appears so. This is what we call "M-type employment" and is one of the characteristics of the Japanese female labor force.

Major Japanese enterprises do not recruit women over 30 on a full-time, permanent basis. Women workers in their middle 30s and 40s are mostly employed as "part-time" workers. The labor conditions of these "part-time" workers are quite poor. Their average wage per hour is 560 yen while that of male workers is 1,400 yen. Although they are called "part-time workers," 40% of them work more than seven hours per day.

Labor Laws Being Worsened

The Japanese government has officially admitted the necessity of the enactment of an "Equal Employment Law" to ratify the UN Convention on the Elimination of All Forms of Discrimination. But its view of sex discrimination has been as follows: Women workers have been discriminated against in employment because they don't work as hard as men. In order to realize equality between men and women in employment, special protection for women workers should be abolished.

Thus, the government passed a bill for "Job Equality" by a majority vote of Liberal Democratic Party members in May 1985. At the same time it revised the Labor Standards Bill, relaxing restrictions on women's overtime working hours, lowering labor standards for women which will in turn result in worsening men's labor conditions.

This new law does not conform to women's right to work as a fundamental human right. Furthermore, it doesn't even forbid discrimination against women in hiring, promotion, and job assignments but just "requires" employers to treat men and women equally in these areas. The Arbitration Commission appointed to settle disputes arising from unfair treatment of women in employment is not even given the right to make investigations. How can such a law eliminate the discrimination against women in employment?

On the other hand, the Labor Standards Law used to limit overtime working hours of women to some extent and banned holiday and night work for women in principle. For men, there have actually been no limitations on overtime working hours and night work so that Japan has not been able to ratify the ILO treaties on working hours.

That is why Japanese women have demanded the restrictions of men's working hours and night work, raising the labor standards for men to the level of that of women in order to realize equality between men and women in employment. But the present government policy will definitely extend the long working hours of all Japanese still further (they exceed 2,000 hours per year at present) and will draw much more criticism from other industrial countries.

The Purpose of the Revision of the Law

The Japanese government will make full use of the "Equal Opportunity Law" which does not help women fight against discrimination by sex in employment so it can pretend to be a country of equality internationally. Domestically, enterprises will force women workers to work without caring about their families, just as their male counterparts are forced to do now. As a result, married women who have the responsibility for housework and women who have children to take care of are destined to leave the offices, turning themselves into "part-time workers" just as the enterprises expect. The enterprises will be able to get lots of underpaid workers legally.

Men will be forced to work harder and harder being threatened by losing out to women while only women who are able to work like male workaholics will be able to survive this severe inhuman competition.

Accordingly, people who are handicapped, sick and old as well as women who have children will removed from the work force so that enterprises can save costs and make great profits. The Equal Opportunity Law of Japan is favorable only to business.

Women's Fight

Feminists groups in Japan such as the International Women's Year Action Group and the Group for Creating an Equal Employment Opportunity Law have demanded for years that the Government as well as political parties including opposition parties enact an effective law which can eliminate sex discrimination in employment, obeying the UN Convention on the Elimination of All Forms of Discrimination Against

Women. But women's voices were ignored. A bill which met our demands was submitted jointly by the opposition parties in the summer of 1984 but it was defeated by the ruling party's majority vote. This proved the Japanese government's attitude that gives priority to enterprises' benefits over those of women, moving away from the spirit of the UN convention on the Elimination of All Forms of Discrimination Against Women.

We Japanese women will never forgive this attitude of the Japanese government and will go on fighting against it. We appreciate that women all over the world are speaking in support of us against the Japanese government.

CHAPTER THREE: SEXISM IN EDUCATION

The greatest outrage within Japanese sexism in education is not merely the affirmation of sexist thinking and the present sex discrimination, but the reproduction and perpetuation of such things. Japanese children, through various aspects of school education, are taught to follow two separate paths — men and women. We would like to discuss sexism in education by dividing it into three main topics.

Discrimination within the Education System

In Japan, integrated education in its real meaning ends with primary school. In junior and senior high school, students are taught separate subjects, according to whether they are male or female. Considering that all students in Japan must attend junior high school and the school years are the crucial period of growth in an individual's life. We realize, then, that sex discrimination in the education system is an extremely pressing problem.

At the center of this problem lies the issue of "homemaking education." Such education involves, not shelter and how to manage one's living expenses, but also learning how to get along with others. Homemaking education is, therefore, necessary for all boys and girls in their development as individuals. However, in junior high school, the emphasis for boys is on industrial education, for example, woodwork, metalwork, and mechanics, while for girls it is on homemaking, for example, cooking and sewing. In senior high school, girls are required to learn homemaking, but it is an elective for boys. Furthermore, given the confusing curriculum, with its wider selection of electives for boys, and the social pressures to conform to masculine norms, choosing between such electives as homemaking and industrial education poses many problems for boys.

This present system obviously contradicts the Convention on the Elimination of All Forms of Discrimination Against Women, and in response, women strongly protested against this and confronted the Department of Education. In June 1984, though reluctantly, the Department of Education established a committee to re-examine the homemaking education system for the first time. In December, the committee submitted its conclusion to the Department of Education, but the report, "Boys' and Girls' Elective Pre-requisites," proved highly unsatisfactory. The submission satisfies Article 10 Clause B, "the same curriculum," of the Convention, but is ineffective in satisfying Article 10, Clause C, "The elimination of any stereotyped concept of the roles of men and women at all levels and all forms of education."

To abolish discriminatory sex roles, we must have a strong system where both boys and girls learn homemaking and childcare. Affirmative action to fight against sex discrimination is necessary in the field of education, as well as in the area of work.

Nevertheless, the Department of Education's efforts to ratify the Convention, in actual essence, have proved to be mere token attempts which completely ignore the aims of the Convention.

Sexism in Textbooks

For the past ten years, women have been doing a survey of textbooks. In the textbooks, many instances of sex discriminatory ideas can be seen. Discrimination can be exemplified by textbook illustrations and photos, the balance between the numbers of male and female characters and the portrayal of either sex. For example, the women cited: pictures portraying the husband bringing home the pay packet and the wife receiving it, expressing profuse gratitude, photos of the father relaxing in a Japanese cotton houserobe, reading the newspaper while the wife is at his side bringing him drinks.

Furthermore, in primary school social studies classes, the phrase, "living on the money the father has worked for" is taught. The occupations of the characters in textbooks include doctors and lawyers who are male, and nurses and childcare attendants who are female; female presidents of companies or governments don't appear. Thus, generally speaking, women are not included among people who 'work'. At the same time, in books about human internal organs, only illustrations of the male body and no pictures of the female body and womb are included. In sports, excluding dance, only pictures and photos of males appear. It is an outrage that female students must learn from such sexist textbooks!

In Japan, only books which pass the Department of Education's censorship can be used. This censorship system promotes the standardization of sexist roles. For example, the Department of Education requested the author of a high school social studies textbook to revise descriptions of women's status during the Edo Period. This was due to the fact that the Department of Education thought that, "... this textbook gives the impression that men at that time were extremely chauvinistic, even though the description in the text is true." Furthermore, a textbook on Modern Japanese Thought was rejected by the censorshipboard on the grounds that, "... its three-and-a-half-page description concerning women's liberation is too long." In the above-mentioned ways the censorship system promotes and maintains sex discrimination in textbooks by eliminating descriptions which could aid in the abolishment of sex discrimination.

The women who have been struggling with this problem have publicized their discussions with textbook editors and have thus achieved some improvements. However, from here on, how we deal with the problem of the national censorship system will continue to be an important issue.

Sexism in School Life

Within school life many actions are based upon sexist thinking which encompasses many commonly taken-for-granted customs. Student name lists, for example, are divided according to sex and boy's names always come before girls' names. The head parent is often assumed to be the father. Chairpersons and presidents of student associations and clubs are boys, girls are secretaries or treasurers. Whenever there are activities, the reception duties are assigned to girls, while chairing meetings or giving orders, or administering oaths are assigned to boys. Generally, boys' work and girls' work are divided and reflect the sexist stereotypes of adult society. Such things are taken as normal, and consequently, people who voice an objection are made to appear strange. In addition, for boys to learn science and mathematics, as well as for girls to learn to be attentive and gentle, while boys learn that they should be strong, are accepted assumptions which bring about warnings such as "unmanly" and "unlady-like."

In various ways, then, traditional sex-role stereotypes are affirmed and legitimized within everyday school life, textbooks, etc. Consequently this perpetuating situation has become systematically the reality of education in Japan. It is obvious, therefore, that the actual situation of education in Japan perpetuates the backwardness of the inequality between Japan's men and women.

We Japanese women, therefore, have decided to continue to protest against the government and the Department of Education toward the ratification of the Convention on the Elimination of All Forms of Discrimination against Women.

Fig. 2 Stereotypical Sexual Roles

The examples below are taken from the entrance examination given applicants to prefectural high schools in Saitama Prefecture. Example A is from the 1981 exam. After many letters of protest, Example B shows a change in attitude on the part of the examiners.

Example A (1981)

> When I was ten years old, my mother started to work. I was very glad, because I thought I could do (1)(wanted, anything, I) to do. I thought I could watch television for a long time. But when I came back from school, I couldn't find any one in my house. I wanted my mother to be at home.
>
> My mother was very busy. She had to get up at five every morning, cook breakfast, and clean the rooms before she (2)(leave) home at seven thirty. She came home at about six. She was very tired, but (3)she never said so. I often made tea for her. She said, "Thank you, Akiko. It's very good." Soon she began to cook dinner. (4)It was not easy for her to cook dinner after a day's work.
>
> Two years ago, she became sick. She had to stay in bed for five days. I said to her, "Is there anything I can do for you?" My mother said, "No, thank you. Please take care of your little brother."
>
> My mother is still very busy now. These days I try (5)to help her as much (A) I (B). When I am in the kitchen with her, I can talk with her. I think I have learned a lot from her. She always says that she is very happy to work with me. I love my mother very much, and I want her to live long.

Example B (1982)

> "Oh, it's seven o'clock," cried Kimiko.
>
> Mother wasn't at home, because she went to Kyoto with her friends yesterday morning. It was the first time for her to visit the city.
>
> When Kimiko went into the kitchen, Father was (1)(read) the morning newspaper. She found breakfast was ready on the table.
>
> "Good morning, Father," said Kimiko, "Oh, breakfast is ready. Thank you very much, Father. I'll get up earlier tomorrow morning."
>
> Father answered, "That's all right, Kimiko. You studied late last night."
>
> Kimiko said, "Today is Saturday, but (2)I have to take my lunch with me, because I'm going to play tennis after school."
>
> "Then, (3)(A it B shall C make D I) for you?" said Father.
>
> "No, thank you," said Kimiko, "I'm going to make it by myself."
>
> Kimiko was very busy making her lunch. She thought, (4)"There is a lot of work (   ) do in the morning. I'll get up early and help Father and Mother every morning."

CHAPTER FOUR: SEX DISCRIMINATION IN THE MASS MEDIA AND PROTESTS AGAINST THEM

In 1975, International Women's Year, we demanded that Japan's semi-governmental national television station, NHK, treat men and women equally in all their programming and we approached a food company about an offensive TV commercial.

The commercial was for instant noodles and showed a young girl and boy with a bowl of noodles on the table in front of them. The little boy says joyously, "I'm the one who eats," while the little girl proudly proclaims, "I'm the one who cooks!" This commercial was stopped one month after we initiated our protest and there have been some gradual changes in NHK's programming.

Since 1975, we have continued our protests about sex discrimination in newspapers, magazines, advertisements, TV, radio and textbooks and have filed some lawsuits. We have made some impression on the media but much discrimination still exists.

In Japan, the media is dominated by males. It is unfortunate that there are so few women in this influential segment of society. In order to remove the strong anti-woman bias from the media, we have two strategies. One is to get more women employed in media and advertising. Secondly, in addition to our protest actions and demands, we must offer the mass media creative, non-discriminatory ideas.

Offensive TV Program

Three years ago, a show called "Maiching Machiko" came on TV. "Maiching" means to be embarrassed; "Machiko" is the name of a female grade school teacher. The show was sponsored by Gakken, a large publisher of textbooks and reference books.

Machiko comes as a teacher to a grade school and she is so cute and glamourous that one boy, the leading rascal of her class, cannot keep his hands off her. He often peeks up her skirts or spies on her while she is changing clothes. In one show, he touched her on the breast, whereupon Machiko just let out a little scream, twisting her body and blushing in embarrassment. She didn't look angry, but rather half-pleased.

Such a TV program reduces even a school teacher to a sex object for her young pupils and is insulting to women. It also does much harm to the grade school children who watch this popular show. So we demanded that the show be taken off the air at once. To our surprise, the sponsor and producer answered that there was no deep meaning in a pupil touching his teacher's breast, that it was a mere expression of intimacy. Our protests were reported in the newspapers and the offensive content of some scenes was lessened but to our regret the show was not changed fundamentally.

Discrimination in Advertising

We had one very successful protest campaign last year. It involved an advertisement displayed in Tokyo's commuter trains. The ad was for "Morning," published by Kodansha, one of Japan's largest publishers. It treated the female body like a piece of merchandise and was insulting and degrading to all women.

The ad showed just the upper torso of a woman in a very thin sweater. A male hand holding a pair of chopsticks could be seen and the chopsticks were pinching at the woman's nipple. The ad copy read, "Chichi mo aidoku hashi kara hashi made," a play on the word 'chichi,' which can mean father or breast and 'hashi,' which can mean chopsticks or, in this case, from cover to cover. The message could be translated innocently as "My father enjoys this magazine from cover to cover," in one sense but also had overtones of enjoying women's breasts to the full. In addition, the use of the chopsticks on the clearly visible nipple was quite sadistic. This vulgar ad was hanging in full view of the general public in many trains.

We protested to the head of advertising of Kodansha and we met with him and his staff. We asked them how they would feel if they saw a similar picture of a penis being pinched by chopsticks. The advertising men said that they were sorry and promised not to do such vulgar things in the future. We also made them promise to set up a monitoring system to prevent similar ads in the future.

At the same time, we protested to the railroad company that displayed the ads. They replied that they would take care in the future to reject ads that were insulting to women.

This offensive ad and our protest against it were taken up by one of Japan's largest newspapers, the Asahi Shinbun, and many people were warned to avoid this kind of discrimination.

Discriminatory Comic Strip

This same newspaper, however, publishes the misogynic comic strips of Sanpei Sato. In his strip, a lower-level female executive appears, quite rare for Japan, so at first it appears quite modern but we can also see that he classifies women into the 'beauty' and the non-beauty and all his women are either very young or very old. Besides, his aim in life seems to be to peep at women's underwear.

The most incredible example of his disgusting strip, which we protested last year, is as follows: A man dies. Many men and women attend the funeral. The relatives of the dead man whisper to female mourners, "His last wish was that you give a glimpse of your panties when you bow to pray before his picture." And each woman shyly does as she was told. This pornographic strip is insulting to women and we find it astounding that it should be published in a major newspaper. We protested to the Asahi, demanding that the strip be cancelled until Sanpei Sato develops a better sense of equality between men and women. But, to our regret, the strip continues.

Sexist Announcer on National TV

Kenji Suzuki is a very famous announcer on the semi-governmental NHK television and is a very famous sexist. He has written many books. One of them is "Kikubari no susume," or how to serve others with care. The book was a best seller and is full of discriminatory phrases against women. Here are a few examples:

"God gave women very kind hearts and deep emotional feelings, but little ability to think, so they don't tend to think very deeply."

"Men are superior in producing things. Women have the ability to maintain that which has already been produced."

We sent a letter of protest to him, telling him that he should educate himself about the international movement for equality between men and women and that he should change his discriminatory ideas against women.

He is very arrogant. He answered, "I am right and you are very narrow-minded." He is such a person and we find it offensive that such a person should be employed by NHK, which it supported by a mandatory NHK viewers' fee, which every television owner must pay whether she watches NHK or not.

We shall continue our fight against Kenji Suzuki and Sanpei Sato and against all the media which are making profits from the commercialization of female sexuality. The level of consciousness about such forms of discrimination is very low in Japan and we see a long fight ahead. However, in our efforts, we have seen that our voices will be heard when we raise them and we will continue to raise our voices in protest and demand, until the commercialization of women and the degrading use of our bodies in the media has been stopped.

We accept that sexual intercourse includes the possibility of conception and that once a woman becomes pregnant, her physical energy is involuntarily concentrated on the process of giving birth. 'Natural' as it is, conception is not the only motivation for intercourse, and contraceptives, even if used with care, are known to fail. A woman's body and her life should not be simply placed in the hands of chance.

Abortion's Status As a Crime

The state has a history of controlling childbirth according to its own interest with no heed for the actual (and usually difficult) conditions of individual women. The state's first act to direct a policy of government against women (the Abortion Prohibition Act 1869) was passed at the time of Japan's move toward modernization during the early Meiji Period (1868 - 1912). Aiming at a larger population, based on the government slogan "A rich country and strong military," and the patriarchial family system, the status of abortion as a crime was established in the Japanese Penal Code (the so-called Criminal Abortion Law), where it remains unchanged even today.

The Eugenic Ideal —— in the Context of Militarization

As militarization proceeded, priority came to be placed on severity of control rather than just its breadth. This can be seen in the objective of the Japanese People's Eugenic Law (1941) which was "the avoidance of an increase in those who possess poor genetic composition or are prone to genetic disease." This law was modelled on the Nazi Sterilization Law, and enforced "eugenic operations," that is sterilization, upon disabled people. At the same time the prohibition of both abortion and contraception for "healthy" women meant they were forced to seek out backyard operations where they ran the risk of death, internal injury and jail.

The Eugenic Ideal —— in the Context of Economic Growth

Nevertheless, soon after the defeat at war (1945), with the shortage of food and housing and so on, (and an increase in mixed-blood births), the government immediately set about making adjustments to the former Eugenic Law. A renewed version, the Eugenic Protection Act, which permitted the carrying out of both abortion and sterilization under certain exceptional circumstances, was enacted in 1948. This meant that eugenic considerations were given priority despite the continuing existence of the Criminal Abortion Law. Included among those clauses permitting abortion, however, were "maternal health and economic factors" clauses; hence a great number of women who, for many reasons did not, or were unable to, choose to give birth had abortions, under the protection of the "economic factors" clause —— a situation which has continued up to the present.

Thus, the clause concerning "economic factors" has actually permitted women to decide whether or not to give birth to some extent. But the Eugenic Protection Act itself is a despicable act that must be abolished. In Japan, therefore we are placed in a complex situation, when we demand woman's complete freedom to "decide." We cannot allow any amendment of the Eugenic Protection Act to limit conditions permitting abortion while the Criminal Abortion Law remains intact (even if it is almost never applied, its very existence means that it may be enforced at any time).

The Eugenic Ideal —— in the Context of a Stable Growth Economy and an Aging Society

Around 1972 and again ten years later, moves were made to have the clause "economic factors" removed from the conditions permitting abortion. In 1972 a draft, including the additional clause that it would be permissible to abort "irregular" fetuses, was submitted to the Diet, but the reaction of both women's and disabled people's groups and the whole country in general was so strong that it was dropped. Over 1982 - 1983, we formed the "'82 Committee against the Revision of the Eugenic Protection Act," for the purpose of preventing a similar bill from being passed. Since then a great number of people, predominantly women, have continued to show their anger through participation in hunger strikes, demonstrations and face-to-face meetings with authorities. However, the government is not giving up its desire to move in this direction, having declared its intention to amend the Act in accordance with contemporary standards in medical science and social circumstances. In such a trend we can clearly see the kind of policy aimed at with regard to women.

What is the core of this policy on women? The government is growing increasingly aware of the dangers posed by the fast approaching "aging society" of Japan. It is therefore doing all it can to ensure absolute quality and quantity control over the required young labour force. Moreover, in order to maintain its advanced capitalist system under such conditions, it is intent upon having women return to the home to support a family-based bureaucratically-controlled society.

Considering the lack of completely reliable contraceptive methods, and the obstacles to women's economic independence which severely limit a single woman's choice to give birth, the prohibition on abortion must be seen as a way of enforcing a system where childbirth and indeed sexual intercourse become possibilities only within the marriage system. What is more, for those women who are married, it leads to an increase in mental, physical and economic stress by binding them ever more strongly to the home. What the state fears most in its drive towards a bureacratically-controlled society is women controlling their own sexuality and childbearing, and determining their own lives. And the family system's "need" for child-bearing can can be seen as a need for suitable heirs and disallows the birth of children with disabilities; it thus reinforces the eugenic ideal.

At present, sexual desire is being incorporated into our controlled society as an important support for the capitalist system. Sex is being used and commercilalized as a release for the workaholic Japanese male's pent up frustration. The abolition of the Eugenic Protection Act and the de-criminalization of abortion will not be possible without the development of rich and caring sexual relationships based on the mutual humanity of the sexes.

The freedom of abortion which we demand requires inherently a struggle not only against the state and men but also against the eugenic ideal within women ourselves.

What Do We Want?

Our present society enforces a uniformity of lifestyle and a single standard by which to evaluate all human life, the result of which is that those who cannot or would not adapt themselves to society tend to be isolated and discriminated against. What we want is a society quite opposite to this.

What we seek ultimately then is the realization of a society where there exists no conflict between the life of a woman and that of the child, and that is where we have the freedom to give birth and raise our children safely, and when we wish, regardless of the question of "eugenics" or handicaps.

From P21

Restrictions Imposed Upon Eligibility for Child Support Benefits

The social security program in Japan provides for female-headed households with Mother and Child Support Allowances* and Mother and Child Welfare Allowances*; however these cover only those households where the cause of the father's absence is death. Families supported by divorced, separated or single mothers were eliminated from the scheme from its inception with the pronouncement that 'divorce is a non-natural (that is, avoidable) occurrence and therefore does not qualify as a condition for social security.' Behind such a policy lay the belief that a woman should stay with her husband until death, and that the state should not provide for those who did not fulfill their duty as wives.

Against such a view emerged the criticism however that all families supported by women and struggling on low incomes suffer the same economics and social disadvantages, regardless of how their situation came about. In 1961 the Mother and Child Welfare System was augmented by the enactment of the Child Support Allowance Law, which provided for fatherless children who had not until then qualified for benefits. Thereafter the conditions of eligibility were broadended and the actual allowance raised.

With the financial crisis of recent years however the government's attitude began to change. In 1980 the Ministry of Health and Welfare issued an ordinance which severely restricted eligibility for the allowance, claiming that it was not the government's place to provide an allowance that "encouraged" divorce. Under this ordinance, investigations which invade the private lives of individual families came to be carried out, and as a consequence, many children have been deprived of their benefits.

The clauses which disqualify a family from receiving the allowance are both sexually discriminatory and an invasion of personal human rights for example; 1) in cases where the mother left her husband with her children due to a disagreement between the parents, her family does not qualify for benefits; 2) in cases where the father left his family, if there has been at least one letter or telephone call from him within a year it is considered that he is willing to pay support and the family does not qualify for benefits; 3) in cases of families of single mothers, if the mother does not comply in revealing the father's name, his intention regarding his acknowledgement of paternity, and whether he has a wife and other children, the family does not qualify for benefits.

With the increased severity of the conditions for eligibility, cases such as the following have come to lights A certain mother took her child and, fleeing from her husband's violence, raised the child on her own 6 years, but because she was discovered to have sought contact with her husband (in order to negotiate a divorce) she was denied eligibility for the allowance.

The financial strain faced by families supported by women is general and widespread. According to a 1980 national survey of living conditions, the average income of female-headed households amounts to less than half that of the average family. Moreover, the benefits themselves constitute approximately one-fifth of the total family income for the average recipient family. The importance such an allowance has for such families then cannot be overestimated.

In 1984 however in order to further decrease the cost of the social security program, proposed amendments to the Child Support Allowance Law were submitted to the Diet. Despite the fact that the original formulation of the law had recognized that providing children with adequate living conditions was a national as well as parental responsibility, the proposed modifications represented a fundamental reversal of policy, depositing responsibility for children's welfare firmly with the parents.

Essentially, the amendments, which were enacted this year, mean that the following categories are to be deprived of benefits; 1) families of single mothers, and 2) families where the father's income at the time of divorce was over a certain amount - regardless of whether or not he is actually providing for the family financially. As well it is stipulated that the amount provided should be cut, a stricter means test be enforced on the mother, the period during which benefits are received be shortened, and that a new system of application for the benefits be instituted.

Clearly these moves on the part of the government, which first became evident in the latter half of the International Women's Decade, aim at restricting a woman's choice to divorce, and her freedom to remain single. As well as infringing upon the rights of women the above-mentioned conditions result in discrimination against children on the basis of their parents' lifestyles, and therefore contradict both the International Convention on Human Rights and the Children's Charter.

Throughout Japan, families supported by women continue to express their anger and opposition to the modifications to the Child Support Allowance Law, and demand their withdrawal.

Movements against State-Registered Prostitution in the Meiji Era (Middle 19c - Early 20c)

The movement against state-registered prostitution in the Meiji era, started by a group of educated people in Gunma Prefecture, gained fruitful results. State-registered prostitution was abolished in Gunma in 1893. This attitude against prostitution in Gunma has remained staunch since and, even today, massage parlors (used for prostitution) are not given licenses to operate there.

The Japan Women's Christian Temperance Union (founded in 1886) and the Salvation Army (founded in 1895) pioneered the anti-prostitution movement in Japan. They fought the owners of rooms for licensed prostitution in Yoshiwara in order to rescue licensed prostitutes. They continue to be active in the fight against prostitution today.

"Jugun-Ian-Fu"

Late in World War II, the Japanese Army sent Korean women to the front as "jugun-ian-fu"s, women who follow the army to give soldiers "amusements." Japanese soldiers at the front raped and injured the jugun-ian-fus, killing most of them. It is estimated that 80,000 to 100,000 Korean women were forcefully sent to the front during the war. Most of them were young.

Prostitution Prevention Law

After Japan's defeat in 1945, when the government abolished state-regulated prostitution, it simultaneously established a new form of prostitution which catered directly to the occupying forces by giving financial support to the brothel owners and the procurers. A new policy was made to publicly approve those areas crowded with street girls, calling the areas "special eating and drinking areas."

The women's associations and the women's branches of labor unions which supported a full-scale prostitution prevention law established a committee, carried out anti-prostitution activities and movements, conducted a nation-wide campaign to raise funds and collect signatures and generally aroused public opinion.

In May, 1956 they finally saw one of their long-cherished aims for the prostitution prevention law fulfilled, partly as the result of long standing anti-prostitution movements continuing from the Meiji era.

Through this law, Japan as a nation outlawed institutionalized prostitution and introduced administrative guidelines for implementing protective measures for the rehabilitation and welfare of women. Procurers, providers of places for prostitution or of money, goods and other means of financing, and receivers of money in advance were penalised. However, only women were punished for "acting with the intention to commit prostitution on the streets." The punishment was not applied to male clients who agreed to have sexual relations with these women.

Increasing "Massage Parlors"

In 1966, only 10 years after the fulfillment of the Prostitution Prevention Law, the government revised the law "Regulating Businesses Affecting Public Morals." The definition of massage parlors is: Businesses which offer services to customers through physical contacts with members of the opposite sex in private rooms of public bath houses." The government established zoning regulations for building such massage parlors.

The revision of the law virtually gave official recognition to the massage parlor businesses, which had previously been regarded as "social outcasts." After the promulgation of this law, massage parlors expanded and increased rampantly.

Year	1963	1971	1980	1983
No. of Massage Parlors	390	814	1,234	1,695

There are many kinds of exploitation of prostitution other than massage parlors. But massage parlor prostitution is different in the sense that its operations are guaranteed or protected by the law and therefore has de facto recognition by authorities. The law permits prostitution to exist in our modern times. It is as vicious and anachronistic as state-regulated prostitution.

The women's groups against massage parlor prostitution which had taken action at the time of the passing of the Prostitution Prevention Law approached women Diet members, held supra-party informal meetings and drafted an amendment to "the Law on Public Baths" with the intention of banning massage parlor prostitution, and submitted it to the House of Councillors. The bill has never been taken up, though it has been resubmitted every year.

The government revised the law Regulating Businesses Affecting Public Morals again in 1984, admitting the role of police regulations in fixing the status quo. As a result of this, the issue of infringing upon the human rights of prostitutes has been raised.

The massage parlor enterprisers, on their part organized "the All Japan Federation of Special Public Bathhouses," and expressed their objections to the bill for amendment, demanding compensation of at least one hundred million yen (about $400,000) per massage parlor if the bill was to be approved. Our government accepted some of the profits as tax from the massage parlor operators who exploited women through prostitution. Moreover, testimony in the law suit about massage parlor tax evasion revealed that political donations made to the Liberal Democratic Party (the Government party) may average ¥100,000 (about $400) per month per massage parlor. If this is correct, the total donations can be presumed to reach ¥2,034,000 (about $8,136,000) in a year, 1983.

Conclusion

Massage parlor prostitution is an officially authorized exploitation of women through prostitution, in spite of the supposed illegality of prostitution in Japan.

Nevertheless, the Japanese government is now planning to ratify the UN Convention on the Elimination of All Forms of Discrimination against Women, ignoring one of the most important problems awaiting solution.

Women's organizations have developed their movements, but their power is not strong enough to make the law change. This problem of prostitution is one of the most important subjects that Japanese women face and are trying to reform.

How the Public Pension Program Promotes Sex Roles

The public pension program in Japan is made up of Employee Pension and National Pension Insurances (EPI and NPI), their coverage being up to 80%. EPI covers only family units, and NPI only individuals. This separation causes serious problems, particularly for women.

EPI has been developed as a pension program for the employed and thus for family units. NPI is pension insurance for self-employed and unemployed individuals not covered by EPI, and is the most recently developed of the two. Under the present EPI (and also NPI) system it is most probable that a divorced housewife whose husband was a participant of EPI would be deprived of the benefits of EPI and also those of NPI. Thus, under the present system, a divorce eliminates the right of housewives to financial protection by public pension.

At present in Japan, essential changes are under way in order to reorganize the pension system into a single Universal Public Pension Program. One of the proposals is to combine the two types of pension into a 2-level system: a modified form of NPI, Fundamental Pension Insurance (FPI), and a modified EPI (MEPI). The idea of EPI will be to cover everybody, providing them with fundamental pension protection. In addition, the employed will be eligible to receive benefits from MEPI, if they make contributions proportional to their wages.

Housewives under the new program will be eligible to participate in FPI without paying premiums. Hence, the new program represents an advance in the aspect of women's eligibility for the public pension. Working women and men who participate in MEPI will pay a premium based on a definite rate irrespective of their marital status. This means that the housewives' share of the FPI premium is carried by all working women and men as MEPI participants. Consequently, the new public pension plan will promote a division of sex roles in family units. In addition, under the present EPI, working women have the advantage that the age of eligibility for benefits is 55 for women, 60 years for men. This may be favorable to women working in the present situation where there is sex discrimination in the compulsory retirement system. The public pension program newly proposed intends to eliminate the sexual disparity in age governing eligibility for the pension. Therefore, while sex discrimination against women in working and employment conditions remains almost unaltered, the new program can be espected to bring with it various new types of problems, particularly for women.

Medical Insurance System Promotes Stereotyped Roles

— Children Are Regarded as the Father's Dependents even if Their Mother Also Works —

The medical insurance system in Japan is composed of two types of health insurance programs: Employee Health Insurance, which organized by company cooperatives, covers those employed in companies and factories. National Health Insurance covers family units. Either of these provide for a man's dependents (which may include wife, children, parents or siblings) but rarely for a woman's. This fact can be traced to guidance of the Government based on a traditional cultural prejudice concerning the division of sex roles, namely "men for work and women for housework." An ordinance of the Ministry of Health and Welfare (1968) says that as a rule the husband, not the wife, should be the person responsible for dependent family members where husband and wife both work. Hence a husband can easily have a new child included as a dependent in his insurance program. However, if his wife made the same request, it is unlikely that it would be accepted without some interference from the office into her private life; questions such as "Why is your salary higher than your husband's?" or "Why do you have to support your family?" and so on would be asked.

Apart from insurance, employers at companies and factories in Japan provide a family allowance for their employees in addition to their wages, as livelihood assistance. The employers adopt various levels of pay standards for the family allowance, all of which discriminate against women in line with the Ministrial ordinance mentioned above. Hence it is quite unusual for women to be provided with a family allowance, a fact which contributes to the salary difference between women and men.

We demand that the Government rectify the discriminatory ministrial ordinance which denies women the right to support their children. We demand a health insurance system which treats its participants equally, irrespective of their sex. We also demand that companies and factories provide a family allowance to women under the same conditions as men. To these ends we have taken our struggle to court in a number of cases.

⇨ P16 ℓ3

CHAPTER EIGHT: THE NATIONALITY LAWS OF JAPAN

The pre-war nationality law of Japan, which come into effect in 1899, required a married woman to have the same nationality as that of her spouse. So when a Japanese woman married a foreigner, she had to give up her Japanese nationality and acquire her husband's nationality. If a husband became a naturalized citizen of a certain country, his wife had to change her citizenship, too.

After World War II, the present Constitution was established and the new nationality law was set up in 1950. This new law allowed married couples to have different nationalities. By this law, Japanese wives acquired the right to have a nationality independent of their husbands.

However, this law still allowed serious discrimination against women. According to this law, a child's nationality was subject to his or her paternal lineage. The child was able to obtain Japanese nationality only when the father was a Japanese. A child was allowed to have its mother's nationality only when the child's father was not known or the father didn't have any nationality, for example, a child of a U.S. citizen born outside the U.S. can get U.S. nationality only when the child's parents satisfy certain residential requirements. Therefore, when Japanese women and American men married in Japan and had children, many of these children couldn't have any nationality. The child couldn't get the Japanese mother's nationality, and the American father didn't satisfy the residential requirements for the child to get U.S. nationality. After World War II, many mixed-blood children were born between Japanese women and American men stationed in Japan. Especially in Okinawa, where there were many U.S. bases, there were many children who had no nationality.

Such a law based on paternal lineage infringed on the guarantee of equal protection of the laws under the Constitution, and it also violated the U.N. Convention on the Elimination of All Forms of Discrimination against Women: so have asserted many women in Japan and they have been fighting to amend the nationality law for a long time. At last, in 1984, as a result of this movement, the amendment of the nationality law was realized under the new doctrine of "paternal or maternal nationality for a child: The law has been in force since January 1, 1985. But there still remains the issue of existing people of no nationality.

CHAPTER NINE: RACIAL DISCRIMINATION IN JAPAN AND ASIAN WOMEN'S SOLIDARITY

The Korean Women's Movement

Today about 780,000 foreigners live in Japan and about 83% of them (670,000) are Koreans, so racial problems in Japan are mainly those concerning Koreans in Japan.

The Korean Peninsula was a Japanese colony from 1910 till 1945. During that period Korean men were forced to come to Japan to work in coal mines and other places. About 65,000 Korean women were forced to accompany the Imperial Army as "consolation for soldiers" for sexual intercourse and they went from place to place with the army.

In 1944 alone (a year before Japan lost the war), 390,000 Koreans were taken to Japan. It was literally "looting human beings." For example, a Korean wife, who married for just three days, was robbed of her husband. He was working in a field and was caught and carried away in a truck by Japanese soldiers. At present, 99% of the Koreans in Japan are said to be people forced to move to Japan before 1945 and their descendants.

Korean women have suffered from both racial and sexual discrimination in Japan. In order to overcome this discrimination and strengthen their racial ties, they established the Korean Democratic Women's Union in 1947. The first job of the Union was to open night schools to solve the problem of illiterate Koreans. Many Korean women hadn't been able to attend school because of poverty. At night schools, children were taught the Korean languages and to take pride in their race. A Korean woman said she had cried to hear her children call their parents "omoni, aboji" (Korean words for mother and father) for the first time in her life. Until then the children had called their parents the Japanese word "okā-san, otō-san."

In 1950 the Korean War broke out and the peninsula was severed into two countries. Korean women in Japan have been asking for peaceful unification of their homeland and they have also been struggling against deeply rooted racial and sexual discrimination in Japan. For example, Koreans' rights to pensions, livelihood protection and some other social security benefits used to be restricted because they didn't have Japanese nationality although they had lived in Japan and had been paying taxes for a long time. But those problems have been partially solved through Koreans' strenuous efforts.

Nonetheless, there still remain various problems. Koreans are discriminated against when they look for jobs; their children are often treated roughly by their Japanese schoolmates; the Alien Registration Law requires Koreans (and also other foreigners in Japan) to register their fingerprints, which is treating them like criminals.

The basic policy of the Japanese government toward Koreans is to encourage their naturalization to Japanese, so more Koreans have been getting Japanese nationality year by year. However, the Women's Union is trying to promote Koreans' self-awareness of their race and they have opened a mothers' school, sports clubs for young women and other activities for this purpose. Increasing numbers of Japanese women are joining the Korean women's movements.

I once asked a Korean woman who has lived in Japan for more than 50 years: "What do you think of Japanese women's ways of living?" She answered with reserve, "Well, I think most of them are enjoying their own life and seem to have no concern about peace in Asia. But Japanese women's liberation, which has been active in various kinds of fields, has given me great hope." In order to meet these expectations, we want to promote movements of women's liberation in Japan that will get rid of any kind of discrimination including racial problems and will seek eternal peace in Asia.

Seeking a True Solidarity with Asian Women

— Economic Aggression and Sex Tours —

Japanese sexual discrimination has not only led to internal problems but has caused problems in all Asian countries were the Japanese are sacrificing women to their own economic goals.

In the 1960s, Japan made rapid economic growth by following a policy of reckless productivity. After causing many problems at home, including pollution, health problems and destruction of the environment, Japanese companies took their swollen capital and began an economic invasion of Asian countries during the 1970s.

While building factories in Asia which destroyed the environment and paid low wages to Asian workers, Japanese companies sold their own goods at high prices in Asia.

Japanese men also went to these countries on sex tours: group tours organized by ordinary travel agencies which introduced the men to pornographic shows and prostitutes. These men went to Asia to use their superior wealth to buy women who had been forced into prostitution to feed their families.

In 1973, a movement initiated by Korean women, grew up to fight against sex tours. Sometimes women distributed leaflets at the airports from which men departed on their sex tours.

In 1981, on a visit to ASEAN countries, then-Prime Minister Suzuki was urged by women in the Philippines and Thailand to solve this problem. The anti-sex tour movement in Japan also became much larger in response to the activities of Asian women. Women's groups in Japan held lectures, meetings and demonstrations and published pamphlets appealing to travel agencies and the authorities to stop this Japanese participation in the sexual slavery of Asian women. The matter was brought up in the Diet and in 1982, the laws regulating travel agencies were made stricter.

— Increase in Importation of Asian Women —

While the number of male 'sex tourists' has been reduced through women's efforts, the number of Asian women working in the Japanese sex industry has been increasing since 1979. Many of these women work under conditions that are true slavery. In their own countries, they are offered jobs as singers or dancers. Once in Japan, however, their passports are taken from them and they are forced to work as bar hostesses, stripers or prostitutes. It is estimated that there are 100,000 such Asian women working in Japan. They are often paid only one-third to one-fourth the wages paid Japanese women in the sex industry. Often, to keep them from running away, none of their wages are paid to them, or the procurer will deduct 'expenses' until little remains.

There have been cases of such women escaping, running to embassies or police stations. In one tragic incident one of these women was burned to death.

When these women go to the authorities for help, they are often summarily deported for visa violations and little is done to prosecute those who imported them. In this situation, only the weak become victims.

To be sure that the tragedy of these women is not repeated, women's groups in Japan dedicated to fighting the domestic sex industries and prostitution are coming to grips with the problem of Asian women working in Japan. A refuge center for women escaping prostitution will be opened in April, 1986, where any woman can seek shelter, regardless of race or nationality. The shelter is not simply with them. We must learn to live together with them, for the problem of the sexual enslavement of Asian women in Japan is but a reflection of the institutionalized discrimination in the very structure of

Japanese society itself. Therefore, this problem belongs to us, to Japanese women.

— Toward True Solidarity —

Japanese government policy, which gives the economy priority over humanity, has craftily controlled and used men as well as women through intensifying sexual discrimination. Men are turned into "company-first" drones, while women are expected to stay at home giving selfless devotion to their men, the companies and the country. In return, they are supported by the money men earn and which they are not allowed to earn for themselves. Prostitution is very much a part of this structure. Men enslave women, buy them with money, in order to relieve their own feelings of enslavement to the company.

Women who are forced to stay at home and take care of the men are also used as a cheap, part-time labor force. They are hired when times are good and are the first to go when cuts are enforced. Since they are not able to gain economic independence they are forced to be tolerant of men buying prostitutes, as they are also involved in the logic of the "company first" men's society. In Japanese society today, women have become separated from each other and from male society. In this situation of disconnection, women as well as men are involved in the victimization of Asian people.

It is hoped that, by grappling with the problem of Asian women working in Japan, we Japanese women can find true solidarity with them and can break out of this discriminatory social structure.

POSTSCRIPT

There are many women's groups working on various issues throughout Japan. The International Women's Year Action Group would like to introduce two of them to you.

Tokyo Rape Crisis Center
P.O. Box 7
Joto Post Office
Koto-ku Tokyo 136 Japan
03-207-3692
Donations to : Postal Savings A/C
Tokyo 9-93429

WE NEED YOUR HELP TO PROTECT WOMEN'S MINDS AND BODIES

We define rape as follows:

1. Rape is a form of sexual violence through which women are controlled, conquered and possessed.
2. Rape is any sexual act which a woman does not want.

Rape is not a crime committed only by perverts. Rape is a result of women being seen as objects, not as human beings, and rape is an act of degradation of all women's dignity. Most women tend to think "Rape has nothing to do with me," but rape influences all women's lives in various ways. For example, women have been taught since childhood not to walk alone in dark streets at night, not to travel alone, not to go to places (parties, etc.) where only men are.

The restrictions of women's sphere of activity take away women's freedom of choice, limiting the development of their abilities and personalities. Also, warnings such as not to be unnecessarily friendly to a man, or not to be alone with a man influence how women relate to other people.

We at the Tokyo Rape Crisis Center:

a. Are providing a telephone counselling service.

b. Will provide information and help for the woman to recover physically and mentally. If the woman wants us to accompany her to the hospital, we will help her to be treated with dignity as a human being.

c. Believe that sexual acts which are performed by taking advantage of a woman's position are rape. We fight against rape from the woman's side.

d. Will help women to become mentally independent so that they will not be overly afraid of violence in their daily lives and so that they will not sympathize with their attackers.

We are an organization working not only for women who have been raped, but for all women, to enchance our self-determination as independent human beings. We believe that rape is a problem for all women, and we want to change that situation. We ask for your help and co-operation.

* The present Rape Crisis Center premises, which we have been renting since September 1983, are due for demolition. We are therefore in need of donations - as little or as much as you can manage, to finance the immediate move.

* Ideally, we'd like to buy an office, so this problem doesn't arise again, and for that we need 1,000 people to donate ¥10,000 each!
* Publicising the center is extremely important. Please buy the stickers (¥500 for 20) and put them in places used primarily by women, such as public toilets.
* Please become a member of the Tokyo Rape Crisis Center. The annual membership fee is ¥3,000, or more if you can afford it. Supporting members will receive periodic information of our activities.
* In order to help us help women we urgently need more women to take part in the training to become telephone counsellors (Native Japanese speakers only). We are also looking for women doctors and lawyers, if you know someone who can, please let us know.
* If you want more information, or would like to help in any way, please don't hesitate to contact us.

We hope women will support each other by giving financial and practical help to the Tokyo Rape Crisis Center.

International Feminists of Japan
c/o Christine Boatwright
Shimouma 6-2-11 #105
Setagaya-ku Tokyo 154
Phone (03) 793-6241

The International Feminists of Japan was founded in 1979 to answer Tokyo's great need for an English-language women's group where feminists from around the world could come together for feminist education, action and support. Many women come to Japan for periods of a year or less; because it is difficult to learn the Japanese language in such a short time, foreign women not only often become isolated from feminism in their own countries during their stay here, many have difficulties connecting with Japanese feminism. We hope that IFJ is a place where all women can immediately connect with a variety of feminist activities.

The chief activities of IFJ are arranging a monthly meeting and publishing a monthly newsletter. In addition, IFJ tries to provide liaison with Japanese feminist groups and information about Japanese feminist events and activities. We also sponsor cultural and social events and organize a semi-annual women's conference.

The monthly meetings usually consist of a presentation on a specific feminist topic followed by small group discussions. Topics are frequently educational ones about Japanese women's issues. Some topics covered in 1984 were: Women Journalists in Japan, reports on Activities of Japanese Feminist Groups, Racial Stereotyping, "Not a Love Story," a film on pornography, Japanese Women's Literature, Sexism in Textbooks and education in Japan, Food as a Feminist Issue.

Because of the transient nature of our membership, our lack of voting rights and visa problems, we do not have a great deal of political clout; we try to do our part by supporting Japanese groups at rallies and demonstrations and through letter-writing campaigns, particularly in the media/pornography area.

IFJ also maintains a small feminist library. There are many independent affiliates which offer women-only activities ranging from martial arts to hiking to women's literature studies.

Anyone may join IFJ by paying ¥2,000 yearly dues (¥3,500 overseas). Men may be members but may only attend when invited by the membership. Our membership is about one-third Japanese.

We hope that all women from around the world will check in with IFJ when in Japan. We have French, German, Spanish, and Chinese-speaking members — we'll find a way to welcome you to the foreign feminist community in Japan!

ACTION NOW IN JAPAN

行動する女たちの会 資料集成

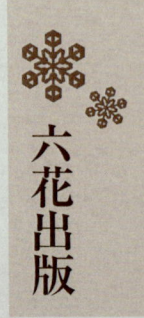

編集復刻版

第4巻

パンフレット等出版物Ⅱ

六花出版

刊行によせて

編集復刻版『行動する女たちの会 資料集成』編集委員会

今から四〇年前の一九七五年一月一三日に「国際婦人年をきっかけとして行動を起こす女たちの会」は誕生しました。家庭の中で、学校教育の中で、職場の中で、労働組合の中で、マスコミ報道の中で、政治の中で、女を差別していることは許せないと怒る女たちが集まりました。

この年の三月一三日には「私たちは行動を起こします」の声明文を発表し、「社会は男と女によって構成されているにもかかわらず、社会のしくみは男中心に組み立てられ、女の生き方は、はなはだしく制約されています。男も女も一人一人の意思と個性に従って自分の人生を選びとれるような社会をつくり、新しい文化を創造することをめざします」と宣言しました。

翌月五日には、婦選会館で「女の一生を語りつぐ集い」を開催し、女が生まれてから死ぬまでに受けるさまざまな差別体験を語りあいました。あふれるような人の集まりでした。

その年の九月、性別役割分業を象徴するインスタントラーメンのテレビコマーシャル「私作る人、僕食べる人」の中止申し入れ時にも、週刊誌や新聞のバッシングはすさまじく、会は裁判にも訴えました。

会の女たちは、電車の中の吊り広告、新聞雑誌記事や広告でも「これは女性差別だ」と感じるとすぐ電話をかけ、直接会って話し合い、抗議しました。

学校での男女別名簿の使用など、当時は世間の人が「ささいな事」「そんなことに目くじらを立てなくても」と考えたことにも果敢に抗議してきました。また、抗議のみならず、「働く女性の相談室」の開設や、女子学生への就職差別問題への取り組み、雇用平等法をつくる運動、そして日本ではじめての行政へのDVシェルター開設の働きかけなど、会は数多くの提案や実践を行ってきました。

こうした私たちの行動の積み上げや、男女共同参画社会基本法などにより、いま表面的には、女性差別は見えにくくなっているかもしれません。しかしながら、現在の日本社会に生きる女性たちが抱えるさまざまな問題を考えるにつけ、行動する会の運動は、「性別役割分業」や「性差別」の撤廃にこだわり、女たちの中に共感を広げ、具体的な社会変革につなげた取り組みだったといえるのではないでしょうか。

行動する会の活動報告、発行物、チラシや裁判資料等がいま復刻され、日本の女性運動、とくにウーマンリブやフェミニズム運動の流れの中に位置づけられることは、過去の歴史を記録・保存するという意味からも、また今後の運動をすすめていくためにも、重要な意味をもっています。

私たちが四〇年前に願ったことは、まだまだ実現されていません。男女差別がなくなる日まで、行動を共につづけましょう。

編集復刻版『行動する女たちの会 資料集成』第4巻

刊行にあたって

一、本資料集成では、国際婦人年をきっかけとして行動を起こす女たちの会（一九七五～一九九六年）発行のチラシ・抗議文・パンフレット等出版物（書籍を除く）・機関誌及び関連資料を集め、収録した。

一、第1巻巻頭に井上輝子・山口智美による解説を掲載した。

一、本資料集成は、原寸のまま、あるいは原資料を適宜縮小し、復刻版一ページにつき一面または二面・四面を収録した。

一、資料中の書き込みをそのままとした場合がある。

一、原本はなるべく複数を照合して収録するようにしたが、原本の状態が良くないため、印刷が鮮明でない部分がある。

一、原資料収集にあたっては、左記の方々のご協力を得た。改めて御礼を申し上げます。（敬称略）
坂本ななえ、利根川樹美子、前田知子、水沢靖子、盛生高子、横田カーター啓子

（編者・編集部）

［第4巻 目次］

資料名●発行年月――復刻版ページ　〔　〕は編集部で補足

●全巻収録内容

第1巻	チラシ・抗議文・声明書等Ⅰ	解説＝井上輝子・山口智美
第2巻	チラシ・抗議文・声明書等Ⅱ	
第3巻	パンフレット等出版物Ⅰ	
第4巻	パンフレット等出版物Ⅱ	
第5巻	機関誌「活動報告」1975年4月～80年	
第6巻	機関誌「活動報告」1981年～86年3月	
第7巻	機関誌「行動する女」1986年4月～90年	
第8巻	機関誌「行動する女」1991年～96年10月	

パンフレット等出版物Ⅱ

男女平等の教育を考えるシリーズ Ⅰ

一問一答

男女共学をすすめるために

◎入手容易な〃共学を考える本〃

「婦人解放と女子教育」　一番ヶ瀬康子他編　勁草書房

「女の教育一〇〇年」　金森トシエ編　三省堂

「日本婦人問題資料集成・教育」　三井為友編　ドメス出版

「日本の女子高等教育」　藤井治枝　ドメス出版

「スウェーデンの性教育と授業革命」　ピアネール多美子　晶平社

「女性解放の思想と行動」　田中寿美子編　時事通信社

「私の青春ノート——愛のメッセージ」　樋口恵子　ポプラ社

「女教師だけを責めないで」　駒野陽子　読売新聞社

「あごら11号　女と教育」　ＢＯＣ出版部　＜あごら＞

「月刊　家庭科教育」　家政教育社

「女の子はつくられる」　佐藤洋子　白石書店

はじめに

昭和四八年春、会員の一人が福島県に転居した時のこと、通学出来る学区内に共学の公立高校が一つもないことに大変驚き、県当局及び学校に問合わせてみますと、
◎別学という規定はない、希望者がないだけだ、もしあった場合は中学で志望先変更を指導する。　◎女子を入れないのは校長の裁量権であり、県としては介入できない。　◎男女関係がからむ。　◎女子は理数科についてゆけない、
等々、全くビックリするような返事を受けた一同、大いに怒りました。
「平等の基本に深く関わることだから捨ててはおけない。全国的に洗い出して闘ってゆこう」
教育分科会はこうして共学確立を行動目標の一つに定めたのです。
別学が平気で許されているような教育の中に、すべての差別を「悪」とする考え方が生まれる筈はありません。男女差別の問題に限らず、総ての人が人間的なあたたかい生き方を取戻すためにも、平等の基本理念に反する別学は無くさなければならないと考えています。

1

もくじ

男女共学の歴史

男女共学というと、戦後のものであると思っている方も多いでしょう。男女共学は敗戦のときまで、なかったのでしょうか。

4

男女共学というと、戦後のものであると思っている方も多いでしょう。しかし、明治のはじめ義務教育がスタートしたころには、女子教育の盛んな一部の城下町などを除くと、ほとんど男女共学の学校でした。

日本の義務教育（藩校・寺小屋など明治以前のものと区別して近代学校といいます）は明治5年の学制にはじまります。フランスの学区制にならったものといわれ、非常に近代的なもので、男女の区別なく教育をする必要を説いています。

この学制に一歩先んじて明治2年に「藩の女学校」が設立され、岩国藩（但馬、現在の兵庫県）では「女子の学業は男子と別にすべきではないが、我邦の中世以降の通弊（男女別々の字句・文章など）があるために、にわかに共学することはできないので、仮にしばらく、この女子だけの学校を設ける」という趣旨の女学条例なども出され、新しい時代の流れの中で男女に同等の教育を与える必要性が認められるようになりました。

しかし、学制では教育は無償ではなく、各家庭にかなりの負担がかかったため、就学率は低調でした。とくに、それまで女子教育について独自の考え方を持っていなかった地方では一律に男女共学といわれても、急にはついてゆけず、女子の就学率は低調でした。

そこで女子の就学率をあげるために裁縫・手芸など、いわゆる女子向きの教育を施すようになってきました。明治10年代には、早く

も男女共通教育の精神はうすれ、女子教育といえば手芸・裁縫などを強調するようになってきました。しかも、温和貞順など婦徳の育成を前面に押し出した女子教育も強調されるようになりました。

そして、とうとう明治16年には、男女共学の中学校はなくなってしまうのです。（小学校も明治30年には別学にするよう訓令が出され「女生徒の員数が一学校を構成するに足る」ときには男女別学にすることになりました。現実には同じ校舎内に男子クラスと女子クラスと男女クラスを持つ併学校というかたちで男女別々の小学校ができあがってゆきました。）

この年（明治16年）には、明治13年の集会条例の公布（自由民権運動に対する弾圧）にひきつづき、新聞紙条例も公布され、近代技術は受け入れるが近代思想は受け入れない明治政府の体質がしだいに形成され始めるころです。

それが形となってあらわれるのが明治23年の「教育勅語」です。天皇制国家に奉仕する臣民の教育のはじまりです。この年には、女子の政治活動は全面的に禁止されています。

明治28年には、高等女学校規定が出され、中学校（男子校）より教育内容が低いものとして位置づけられ、いわゆる女子向きの教科内容が多く、英理数などは時間数からいっても中学校と差をつけられました。

このように、近代的な男女に平等の教育を

6

与えるという考え方も、すっかり姿を消し、男女分離の教育ができあがってきました。

こんな中で大正２年には、東北帝大が女子の入学を許可しています。中学校と全く教科内容の違う高女卒の女子が大学に入ることは、とてもむずかしいことだったことでしょう。また、大正７年・東京女子大を設立した安井てつ氏は男女平等を理想として、共学を希望しましたが、文部省の許可が得られませんでした。

大正10年には、文化学院ができ、原則的に男女共学制で教科内容も性別によって区別をせず、なかなか異色の学校でしたが、文部省規定にあてはまらず、東京府も許可を与えなかったため、学校とは認められませんでした。

このような差別に対し、大正12年には女子教育振興会が生まれました。これは五千人にものぼる女子教育家（女子を教育する人・女教師とは限りません）が設立を要望したもので、女子教育促進のため設立されました。東北帝大の女子入学許可以来、女子の大学入学志願者も多く、文部省に大学として認可されていない日本女子大などを大学に昇格させる運動なども行なわれました。

大正13年には同じ大学で同じ課程を修了しながら、何等資格が与えられないことを不満として女子学生連盟が結成され、女子教育振興会とともに議会へ運動を推進しましたが、衆議院は通過したものの政府は何等実施せず女子の大学教育への道は開かれませんでした。

昭和7年には、大日本国防婦人会などができ、このころから敗戦まで戦時下の軍国主義教育が一層強化されました。男子は「軍人」として、女子は「軍国の母」として教育するためには、男女別学は必須のものでした。

本格的に男女共学制が実施されたのは、昭和22年、6・3制の実施のときからです。

教育基本法第5条・憲法14条によって男女共学になりましたが、戦前からの共学の要求とは全く無関係に占領軍からの指示というかたちで共学が実施されました。

これに対し国民は、男女別学制から共学制へ、という大きな変化を当然のように受け入れました。

実際、混乱した戦争直後、共学の利害得失を十分に検討する余裕もなく、ただ新しい制度をものめずらしく容認していたにすぎませんでした。

その後、一九六〇年代「後期中等教育の多様化」路線の中で教育基本法成立後に打ちたてられた高校三原則――小学区制・男女共学・綜合制――は「女子に対する教育的配慮」「コース分け」などによって、次第になしくずしになってきました。

別学校・併学校はいまもなお多く、また男女共学校でも十分な男女平等の教育が行なわれているとはいい難い現状です。

男女共学をすすめるために

一問一答

9

異性に対する批判力と、異性のもつすばらしさへの敬愛の気持ちを共に育てるためにこそ、共学は必要だと思います。

一、教育基本法五条では『男女の共学は認められなければならない』となっています。この表現からしても別学であってもよいのではありませんか？

共学の歴史を読めばわかるように、基本法制定までは、まだ中学校と高等女学校とは男女別の学制で、教育内容も違っていたのです。だから急に全ての高校を男女共学にしなければならない、という表現は使えなかったのでしょう。しかし、可能な限り共学にしてゆくべきだ、というのが基本法の精神にのっとった考え方だからこそ、義務教育は全て共学になりましたし、新設の公立高校はどんどん共学にしているのではありませんか。別学のままになっている公立高校が旧制の中学・高等女学校の後身である場合が多い事実からみても、別学は古い学制の遺物でしかないと言えましょう。

10

二、同じ指導要領にそってやっていれば、別学でも平等ではないでしょうか？

同じ教育課程、指導要領にしたがってやっているのだから別学は差別とは言えない、という考え方は、現実を知らないからこそ言えることです。男子校と女子校では、教育目標がどうしても違ってきて、男向き、女向きのねらいが定められがちです。事実、別学の多い関東北部や東北などの女子校では公立でも教科書はA・B二種のうち程度の低い方を使うとか、選択科目を女子向きのものしかおかないとかして、共学大学進学や職業選択の幅を狭めていることが多いのです。これでは教育の機会均等がおかされているとしか言えません。

また公立の共学校がないとか、または極度に少ない地方では、共学に行きたいと思っている大多数の生徒の意志が無視されてしまうのです。ほとんどの公立高校が共学である東京でさえ、公立高校にはいれない生徒はどんなにのぞんでも、私立の別学校に行くしかない、という現実もあるのです。

三、男女の特性を生かすには別学の方がいいと思いませんか？　共学にすると男子は弱々しく、女子は粗暴になると言われていますが……

男女はたしかに生物学的に見れば性差はありますが、今の社会で言われている「男女の特性」の多くは、社会的・文化的な条件の中で後天的に作られたものです。ですから、教育の場で、特に性差を意識して教育しなければならない場合はないはずです。学校で学ぶ知識の量や、内容に差をつけることは、教育機会や内容の差別ということで、憲法の精神にそむくことになります。また、体力や言語能力、道徳的判断能力などは、男女ともに人間として必要ですし、男女が協力しあい、競いあう中でバランスよく伸びてゆくものだと思います。

男は強くたくましく、女はやさしくしとやかに、という〝特性〟は、長い歴史や社会的条件の中で作り上げられてきたものです。その証拠に、男らしさ、女らしさの特徴は、地域や国、時代によって異なっているではありませんか。女だって、強さやたくましさは必要ですし、男にとってもやさしさやデリケートな心づかいなどがなくては欠陥人間ではないでしょうか。男女それぞれがいっしょに学ぶことによって、異性のもつ長所を学びあい、人間として完全に成長しあえるようになるの

12

が共学のもっともよいところなのです。強さ、たくましさ、やさしさ、思いやりなどを、男女別々の特性と決めつけないで、人間としてどちらにも必要な美徳だとわかるように教育しなくてはなりませんね。

同性だけだという気易さからくる安易な馴れ合いムードをなくし、お互いに異性からみても恥しくない人間になりたいと努力する緊張感は、人間の成長にとってとても大切なことではないでしょうか。

四、共学だと男女間の問題が生じやすいのではありませんか？

男女がいっしょにいると、何かまちがいがおこりはしないか、と心配するのは「男女七才にして席を同じうせず」といった古い時代の感覚が残っているからでしょう。

高校時代は、たしかに異性への関心が強い時期ですが、別学校に学んで、異性といっしょに過す時間が少ない生徒は、男女とも、異性に強いあこがれや関心をもち、自分の中にひとりよがりの異性像を作りあげてしまいます。手紙をやりとりしたり、デートのチャンスをいろいろと求めて異性との交際の場をつ

くろうとしますが、そういうやり方で得た相手はおたがいによそゆきの顔でしかつきあえませんから、相手の弱点を見抜くことができず、かえって盲目的に相手に溺れてしまったり、ただ容姿や外見的な魅力にひかれるだけであったりしがちです。ですから概して、女だけ、男だけですごしてきた生徒の方に、会話の交際をとびこえて性的関係に走ってしまう傾向が強いのです。

共学だと、日常生活を共にしているので、それぞれの長所短所もよくわかるし、虚像にあこがれて失敗することも少ないのです。異性としての魅力と、人間としての魅力をとりちがえたりせず、ありのままの姿で異性をとらえる目、批判する目も育ってきます。

以前、大久保事件という誘拐殺人事件がありましたが、彼にひっかかって殺された女子高校生がみんな女子校の生徒であったことなどは、別学校にいると、いかに異性を見る目が育たないか、ということのいい実例だと思います。

異性に対する批判力と、異性の持つすばらしさへの敬愛の気持を共に育てるためにこそ共学は必要だと思うのです。

五、異性への関心が強い時期だからこそ別学がいいのではありませんか？　それに社会に出れば男女とも協力するのですから高校の時ぐらい別学でもいいはずです。

　四で述べたようにこの時期だからこそ、いっそう共学がのぞましいのです。異性に対するあこがれと関心の一番強い時期こそ、異性のことを理解し、どう協力してゆくかを学ぶもっとも適切な時ではありませんか。この時期に別々にいて、おたがいに自分の心の中に虚像の異性観、おしきせの先入観を確立してしまったら、それから先、大学や職場や家庭で接触の機会があっても、その先入観を取りのぞくのに大変な努力をしなくてはなりません。

　現実には、社会に出てからの方がかえって男向き、女向きという雇用の不平等があるため男女がフランクに協力しあったり、交際しあう場が少ないとは言えないでしょうか。特に日本の社会では、地域の中で、上下関係なく男性と女性が対等に交際できる場が比較的少ないことからみても、高校時代の共学はとても大切な機会です。

　相手を自分勝手に作りあげた異性像にあてはめて恋愛し、結婚してみてから、男とはこんなものだったのか、女とはこんなものだったのか、と現実の姿を知って、がっかりしても手遅れです。一緒に机を並べて勉強したり、

そうじをしたり、生徒会やクラブ活動をしてゆく中で、はじめてありのままの飾らない異性を知ることができるのです。その中から生まれた異性観や愛情こそがほんもので、いちばん裏切られることがないのです。対等なパートナーとしての異性を選ぶには、人間としてどういう人物かを十分知る機会が必要です。男女のあり方を学ぶ最も大切な高校時代を別々に過しているなんてもったいないことではありませんか。

六、女子の主体性を育てるのには別学校の方がかえっていいのではありませんか？

たしかに共学校では、何でも男子にリーダーを押しつけて、女子は主体的に動こうとしない傾向がまだ残っています。女子校なら生徒会長でも学級委員でも、キャプテンでも、女子だけでやらなくてはいけませんから、主体的に行動せざるをえない、という事情を活かすことはできましょう。

　ところが大部分の女子校では、「女はこうあるべきだ」「女だから……」「女のくせに……」といった女子の特性を強調する方向を学校自体が教育目標に据えていたり、親もそ

のことを望んで女子校に入学させたりしているので、せっかくのチャンスもなかなか活かしきれないのが実情です。私立の女子校の経営者には「女の子ならおとなしくて学校の言うとおりになる」「施設が痛まない」「与えられたことに文句を言わず素直に従う」から経営や管理が楽だなどという感覚を持っている人も少なくありません。ですから私立女子校は、教師の管理意識の強いところが多く、今なお生徒会さえ機能していないところもあると言われます。これでは、女子の主体性を伸ばす教育などとても望めませんね。

　共学校でも、学校や教師たちが、積極的に女子の主体性を伸ばそうとしないで、男子に何でもリーダーシップをとらせてしまっていれば、意味がありませんが、男女それぞれがその個性に応じて、できるだけ力を発揮できるような教育の姿勢を打出せば、女子もいつも受動的になりがちな男女の分業意識のあやまりに気づき、主体的に行動できる人間になろうと努力するでしょう。逆に、リーダー性や積極性などとは全くかけ離れた男子がいるという現実をまのあたりにできるのも共学だからこそです。そういう男子を見てゆく中で、女は男より劣っているのでもなく、主体性や指導性も男女によって違いがあるのではないということが知らず知らずのうちにわかってゆくものです。

　別学の中でも女子の主体性を伸ばす努力は必要ですが、男女が一緒にいてもそれぞれが

主体的であることが理想です。別学校で育てられた主体性が男性のいる社会に出たとたんたちまちしぼんでしまうというようでは困ると思うのです。やはり、はじめから男女ともにいる社会で育った主体性こそがほんものではないでしょうか。

七、共学だと理科や数学に女子がついてゆけないのではありませんか？　それに女子を男子と競争させるのはかわいそうですし、男子の進学率の低下を招くことにも なりませんか？

18

理数系の教科は女子の方が劣る、という神話はかなり根強く残っているようですね。たしかに戦前の教育の中では、女子は理数系が弱かったのです。だって、高等女学校と旧制中学では、教育内容がまったく違っていたのですから。女子の行く学校では、男の中学校より年限が一年短かいところもあり、理数系教科の時数も極端に少なかったし、内容もず

っと程度が低かったのです。その分だけ、女子は作法とか、裁縫、育児、料理などを勉強させられていたのです。

教育基本法によって、男女の教育内容や程度に差があってはならない、という原則ができ、六・三制の教育制度になってからは、女子は理数系の能力が劣る、という神話のうそがはっきりしてきました。数学だって理科だって、男子より優れている女子はたくさんいることは、共学の小・中学校ではっきりわかりました。

しかし、今も女子には、理数系や社会科などにあまり興味を示さない生徒はいます。これは、女性が社会に出て活躍した歴史がまだ浅く、今でも結婚したら家庭にはいるのがふつう、と考えている人たちが多いからです。どうせ将来あまり必要がないのだから、とめんどうな学習から逃げようとする女子が多かったり、最初から「女は理科系はダメなのよ」と決めてかかったりする女子がいるのは残念なことですが、これだけ女子の進学率が上がり、社会へ出て働く女性が多くなっているのですから、男子と同じように、あるいはそれ以上に、理数や社会の勉強を大切にしてゆく女子もどんどん増えています。同じようにがんばれば、女子の方が理数や社会に弱いなどということはないのです。教師や父母など、身近にいる大人たちも「女は理数系はダメだ」という神話を信ぜず、その子の個性に応じて能力を伸ばしてやろうという姿勢をとれば、

これからの女性の中には、理数系に情熱を燃やす人がますます多くなることでしょう。実際、理科系大学への女子の進学も年々増えていますし、薬剤師、看護婦など女性の多い仕事も理数系の学問なしにはできないのですが、みんなちゃんとりっぱに勉強して力をつけているのです。

共学にすると進学率が下がるというのも、受験に必要な理数系の教科は女子がいると足手まといになる、という考え方から出ているのでしょう。

女子が学んだ理数の実力を生かせる社会になっていないから、理数系の勉強が好きでも文科系に進路を変えざるをえない、というような事例も少なくありません。男でも女でも、それぞれ個性を生かして働ける社会になれば男女の能力や進路にそんなに差が出てくるはずはないのですが……。男性の中にも、いわゆる一流企業を退職して保父さんになるために勉強している子ども好きの人がいますし、女性の中にも、船乗りになりたい一心で海洋学科へ入学した人もいます。最近では、女子が野球部やサッカー部にはいれないのはおかしいと抗議している女生徒も出てきました。むしろ、意欲や力があるのに、それを伸ばすチャンスを与えない方がずっとかわいそうなことではないでしょうか。

人間が持っている可能性を最大限に伸ばすチャンスを与えるのが教育の役目です。共学の学校生活の中で自分の適性や能力を発見し、

男女の別にとらわれることなく、すべての若者が可能性をいっぱいに発揮して生きられるようにしてあげたいものです。

また進学率が下がる、上がる、ということに左右されて、能力のないものは切り捨てていく、という選別教育のあり方そのものは、男であれ女であれ容認してはならないことです。有名進学校が私立男子校に多い、ということで別学がいいという考え方は、女子だけでなく人間として能力の弱い者を切り捨てることを当然だとするおそろしい考え方なのです。女子もまた、有名受験校にはいりさえすればよい、という男たちの悪い学歴主義に毒されないようにしたいものですね。

八、教師の立場からしても別々の方が教えやすいのではありませんか？

学力や、関心に違いのある生徒より、学力がそろって、同じような関心のある生徒たちの集まりの方が教えやすい、というのは教師の怠慢さのあらわれです。同じことを一律にいっせい授業で教えるだけなら機械でも、テレビでも可能です。いろいろな生徒がいて、興味・関心に差があることを生かしながら、疑問や問題を発見させるようにする授業の方が理解が深まり、ほんとうの実力がつくのだ、ということは良心的な教師ならだれでも知っています。均質の生徒にいっせい授業でただ

教え込むやり方は、受験勉強のように得点をあげるためだけの授業には効果的かもしれませんが、ほんとうの実力はつきにくいのです。

また授業だけでなく、生徒の心身の発達全体を考える時、いろいろな個性の人の集まっているグループの方がずっと刺激が多く、多様な発達をうながすことができるのも確かです。学校は、人間製造工場ではないのですから均質な人間を多数作り出すことが目的であってはなりません。均質の方が効果があがるなどと言う先生がいたら、その先生の教育者としての姿勢そのものを問題にすべきでしょう。受験戦争の中で、生徒も教師も親も目先の効果だけを追うようになりがちですが、ほんとうの教育とは何か、ということを、教師も生徒も共に考えなくてはならない時代だと思います。

九、共学にしたら家庭科や体育の時間割編成が困難ではありませんか？　また教員数やトイレ・更衣室などの施設も改めなくてはいけなくなるわけですね。

　現在の高校教育課程や指導要領のもとでは、家庭科の女子のみ必修や、体育の男女別学がふつうに行われていますが、それでもたくさんの共学校で時間割をちゃんと組んでなんの支障もなく行なっています。家庭科や体育も、現行指導要領でも共修にすることも不可能ではありません。現に京都府立高校ではほとんどが家庭科の男女共修にとりくんでいます。これからの時代の方向としては、できる限り家庭科や、体育も男女いっしょに学べるようにしてゆくべきですから、時間割編成上の困難はさほど問題になることはないでしょう。

　また、共学が望ましいとすれば、教員の数や、トイレ、更衣室などの施設を増やすのは当然のことです。現在の私立校に別学が多いことの理由のひとつには、男だけ女だけの方が経費が安あがりで済むということがあります。教育予算をけずって、本当に良い教育が生まれるはずはありません。望ましい教育のためには、できる限りの財源を投資するよう要求してゆきたいものです。

十、私立高のほとんどが別学なのは、それなりのよさがあるからではありませんか？

現在、私立高に別学が多いのは、これまで述べたような理由で、男は男らしく、女は女らしく教育したい、という親の昔ながらの考えに迎合していることと、別学の方が経費がかからず経営しやすいという私学経営の事情からきているのです。

たとえば、東京都内だけでも今、二百七十校以上の私立高校がありますが、共学は二十校にも満たないのです。学校案内を読んでみると、男女別学を特色の第一にしており、男子校は社会に役立つ積極性や有名大学への進学教育に、女子校は良妻賢母的な教育に重点を置いていることがわかります。昔は、私立は建学の精神にのっとって、公立にはないユニークな教育がなされているところが多かったのですが、現在は受験戦争によって教育全体がゆがめられ、私立と言えば進学塾まがいの学校がいい学校だという風潮になってきているのです。進学校であることを親に手っとり早く納得させるためのひとつとして、まず男女別学をうたい文句にしているのでしょう。だって、四、五で述べたように別学なら男女交際もなく勉学に専念できると思い込んでいる親が多いのですから。

ただしマスコミなどであげられている有名進学私立高は、数からするとほんの一握りで

24

あり、公立にはいれないために仕方なく行く私立高の方が多いのです。そういう私立高にとっても経費をできるだけ安くあげ、経営を楽にするには、男だけ女だけの学校にしておく方が無難なのです。中には専任教師よりも講師の方が多かったり、一クラスに五十五人以上もつめこんでいる劣悪な教育環境の私立高も少なくありません。

　別学がひとりひとりの生徒にとっていいから私立高のほとんどが別学校なのではなく、単純に男子と女子を別けて指導する方が私学経営にとってやりやすいから、別学校が多いということがこれでおわかりかと思います。

25

憲法と男女平等の教育

26

憲法・教育基本法と男女共学

教育基本法五条「男女は互に敬重し、協力し合わねばならないものであって、教育上男女の共学は認められなければならない」と書かれていることについて、「男女共学としなければならない」ではないから、共学でなくても基本法違反、あるいは憲法違反ではないという考え方があります。

しかし、教育基本法の制定時に、高橋誠一郎文相はその提案理由の中で、憲法二六条「すべて国民は……その能力に応じてひとしく教育を受ける権利を有する」という条文にのっとった上で、基本法三条の「すべて国民はひとしくその能力に応ずる教育を受ける機会を与えられなければならないのであって、人種、信条、性別、社会的身分、………によって教育上差別されない」という条文と、先に述べた五条ができたことを述べています。

したがって、憲法の「ひとしく教育を受ける権利」基本法の「ひとしくその能力に応ずる教育を受ける機会」はともに性別により、ちがう機会しか与えられないことを許さない、という精神をうたっているものと考えられます。

女子又は男子が肉体的条件、あるいは能力的にその教育内容が履習できないというのでなければ、公立学校においては女子のみ、あるいは男子のみしか入学させない、という規定は許されないはずです。だから、国立の女子大（お茶の水女子大、奈良女子大、東大衛生看護学科など）もほんとうは違憲であり、

基本法違反なのです。今、東京の公立の保母学校などにおいても、「女子のみ」という規定がはずされるようになりました。国公立高校も、肉体的あるいは能力的に入学が不可能なわけではないのだから女子校、男子校として別学が存在することはおかしいことが明らかです。

そこで、公立男子高校、女子高校でも、なぜ女子、あるいは男子を入れないのかと追求されると、入れないのではない、希望者がないのだと弁解することが多いのです。事実は入れない、という姿勢を学校側がもち、中学校の進路指導などで事前にふりわけてしまっていながら、入れないのではない、希望者がないのだという言い方そのものが、本来は共学でなければならないこと、また入学の希望があれば五条の通り「共学を認めなければならない」ことを明らかにしていると言えましょう。

施設設備が共学には不向きだ、男子のみ、女子のみで教育する方が便利だ、同じ内容の教育をすれば差別ではない、などの理由で別学校を存続させようとする意図の中には、やはり、男は男らしく女は女らしく教育したいという旧い考えが残っているのでしょう。特に前身が旧制中学旧制高等女学校など、伝統的な校風を誇っている有名校では、その傾向が強いのです。校風そのものが旧い時代の教育観を反映しているのです。

現在、新設の公立高校はほとんど共学でス

28

タートしています。憲法の精神、基本法の精神をすんなり受け入れれば、共学になるはずですから、別学は旧い時代の名残りだといってよいのでしょう。

現在別学の公立高校にも、私立高校にも積極的に共学の方向へ向うよう行政指導していくのが、憲法・基本法にのっとって教育をすすめていくべき国、文部省の姿勢でなくてはならないと思います。

戦後の施設設備や、教育の態勢がととのわなかった時期ならともかく、経済的にこれだけ豊かになり、国民の教育要求が強くなっている現在もなお、憲法、教育基本法の精神に反した公立別学校が温存されていることは、それらの地域の教育関係者や、父母の考え方がおくれていることを口実として、差別を黙認、あるいは存続させたい気持が文部当局にあると疑われてもやむを得ないのではないでしょうか。

教育の機会均等と男女共学

教育基本法三条は教育の機会均等に関する条文ですが、教育というのは機会が均等でありさえすればよい、というものではありません。ひとつの教室の中に男子と女子がいて、「互いに敬重し、協力し合う」ことによって、別学では得ることのできない経験をすることが大切なのです。第三条とは別に第五条に男女共学の条文を設けたのは、単に学校の制度

ということばかりではなく、教育現場での男女の関係をいい表したものです。

　というのも第五条男女共学の条文は、成立過程では「女子教育」という見出しで、「男女は互いに理解し尊重し合わなければならないもので、教育上原則として平等に取り扱われなければならない」となっていました。

　見出しが「女子教育」から「男女共学」になり本文も現行のように変ったのは、このような規定があると、いつまでも男尊女卑の観念をとどめることになる、という判断からでした。したがって現行の「男女共学は認められなければならない」という第五条の後半は、「男女は互いに敬重し、協力し合う」ということを体得させるためにあるのです。ですから第三条機会均等と同様、第五条男女共学も男女平等のためには重要な条文なのです。

　「男女が互いに敬重し、協力し合う」ことのできない別学校では、協力し合うことを学びとれないのですから、子どもたちにとって大切な学習する権利が侵されているともいえるのです。

資料I

公立高校男女別
生徒数教師数一覧表

31

福島県

学校名	生徒数		学校名	生徒数	
	男	女		男	女
福島	1,416	0	棚倉	494	449
福島女子	0	1,419	東白農商	819	509
福島西女子	0	994	鮫川分校	51	77
福島商	1,066	0	石川	217	567
福島農蚕	664	239	田村	795	333
福島工業	909	22	船引	351	469
福島北	583	414	小野	518	534
川俣	524	496	平田分校	32	69
梁川	196	488	会津	1,194	0
保原	791	437	会津女子	0	1,342
安達	617	456	若松商業	718	219
二本松工業	599	122	会津工業	1,158	13
本宮	316	639	猪苗代	319	356
安積	1,389	0	喜田方	682	249
御館分校	64	75	喜田方女子	0	938
湖南	113	152	喜田方商業	342	330
安積女子	0	1,202	喜田方工業	813	5
郡山女子	0	1,395	耶麻農業	103	223
郡山商業	687	282	西会津	246	286
郡山工業	710	11	大沼	418	517
郡山西工業	738	0	坂下	424	374
須賀川	923	284	会津農林	702	273
長沼分校	183	180	川口	148	166
須賀川女子	0	809	田島	562	483
岩瀬農業	655	301	南会津	189	171
白河	1,016	0	只見	102	111
矢吹分校	178	235	つつじが丘分校	28	35
白河女子	0	1,210	磐城	1,406	0
白河農工	658	334	磐城女子	0	1,386
塙工業	438	149	平工業	977	7

32

学校名	生徒数		学校名	生徒数	
	男	女		男	女
平商業	234	1,016	富岡	0	526
内郷	529	838	川内分校	56	77
好間	263	286	双葉農業	240	127
湯本	817	533	相馬	645	10
小名浜	217	729	新地	117	152
小名浜水産	448	0	相馬女子	0	1,068
勿来	264	526	原町	582	759
磐城農業	350	238	相馬農業	474	403
勿来工業	986	82	飯館分校	114	132
遠野	153	250	小高	216	441
四倉	305	637	小高工業	900	9
双葉	568	238	若松女子	0	1,361
浪江	0	786			
津島分校	64	71	86校	37,783	34,131

資料49年度

別学20校共学66校（併設校22）

普通科全日制58校（6分校を含む）

男子のみの学校	7校
女子のみの学校	13校
全クラス男女別学校	1校
一部別学クラスのある学校	7校
共学校	30校

問題点

＊福島県は、全国でもめずらしく男女別学の学校を多く持っている県です。

＊男・女共に入学させても、校内でクラスをつくるときは、男・女別にしている学校もあり、全日制普通科高校の半分が不自然な形をとっています。

＊生徒の多くは、「友情・協力」ができるといって、共学を歓迎しています。

（福島県高教組資料より）

◎　女教師率不明

33

栃木県

学校名	生徒数		教員数	
	男	女	男	女
宇高	976	0	49	1
宇東高	965	0	51	1
宇女高	0	1,244	52	12
宇中女高	0	1,395	56	22
△宇工高	1,348	57	108	2
△宇農高	717	246	57	12
△宇商高	683	557	56	10
△鹿高	688	680	46	18
△鹿農高	391	254	43	9
△鹿商工高	484	462	44	8
△粟野高	89	305	18	9
●今高	509	727	46	14
△今工高	470	4	46	2
△日高	396	551	38	9
△足尾高	143	142	27	5
△石高	579	259	31	12
△小高	760	273	38	15
△小園高	304	240	33	10
小城南高	0	1,070	43	34
栃高	962	0	48	1
栃女高	0	1,245	41	20
△栃農高	521	304	44	13
△栃工高	791	44	62	3
△栃商高	530	561	41	13
△壬生高	521	306	28	12
△藤岡高	117	117	12	4
佐高	876	0	47	1
佐女高	0	1,110	39	19
△佐商高	557	197	36	7
足高	822	0	42	1
足女高	0	1,098	32	20

34

学校名	生徒数		教員数	
	男	女	男	女
△足工高	916	59	77	4
△足商高	406	438	37	5
真高	953	0	51	1
真女高	0	1,186	35	27
△真農高	455	257	41	9
真工高	482	0	37	2
△芳高	241	441	21	9
△茂高	542	301	39	9
烏高	677	0	35	1
烏女高	0	814	22	18
△馬高	396	375	42	10
大高	961	0	48	1
大女高	0	1,097	44	30
△黒羽高	305	371	31	7
△那農高	475	389	50	11
△那工高	601	1	41	1
△那高	316	381	30	9
△黒磯高	391	427	23	17
△矢高	332	272	36	11
●矢東高	476	339	34	10
△塩高	165	228	16	9
△高商高	280	409	30	7
△氏高	429	669	35	19
△喜高	335	324	28	11
55校	25,333	22,226	2,237	557

資料49年度　●印共学　△印併学

56校中　別学18校（男子高9校女子高9校），併学23校（男女別クラスで勉強），共学2校。女教師率　20%

問題点

・別学18校中17校までが普通科、進学校。女教師率10%以下の学校はすべて男子高又は圧倒的に男子の多い学校である。

35

東京都

学校名	生徒数		教員数	
	男	女	男	女
●日比谷	837	371	53	4
●九段	712	368	42	8
△三田	451	490	36	12
赤坂	63	70	23	9
城南	486	533	41	9
△八潮	499	554	41	10
大崎	524	553	41	9
南	578	618	45	11
雪ヶ谷	511	626	44	13
●小山台	795	311	45	5
●田園調布	518	322	32	8
大森	597	473	40	10
羽田	405	398	32	8
一橋	320	344	30	9
忍岡	475	489	33	11
△竹台	398	440	31	11
●新宿	745	350	44	6
△駒場	542	546	48	14
●戸山	814	398	54	5
●青山	635	443	42	7
広尾	438	395	32	9
都大付	410	417	30	9
△目黒	541	535	40	10
△桜町	586	629	41	15
玉川	415	408	33	10

36

学校名	生徒数		教員数	
	男	女	男	女
深沢	516	568	37	14
千歳	621	600	46	10
松原	402	416	31	9
千歳ヶ丘	607	619	45	12
明正	607	621	47	9
△赤城台	426	476	36	10
文京	592	647	47	10
向ヶ丘	454	498	35	11
武蔵丘	663	556	48	9
鷺宮	594	623	42	14
練馬	532	546	41	9
●西	821	446	52	6
富士	639	618	42	14
●豊多摩	739	497	45	11
杉並	605	608	48	9
荻窪	409	420	32	8
大泉	671	543	44	13
石神井	669	548	48	8
井草	611	611	45	12
△竹早	413	421	28	13
●小石川	787	426	52	5
●北園	784	306	41	8
豊島	551	552	42	8
板橋	627	611	44	12
大山	607	615	45	11
北野	529	546	40	10

37

学校名	生徒数		教員数	
	男	女	男	女
志村	601	611	44	12
北	548	562	40	11
城北	600	617	45	11
高島	227	225	19	8
京橋	499	538	37	15
日本橋	256	271	22	8
紅葉川	252	272	21	9
●上野	661	433	44	5
△白鷗	539	567	45	7
●江北	833	387	48	7
足立	613	609	42	15
淵江	550	548	37	13
足立西	92	93	10	4
●両国	869	362	50	4
墨田川	705	389	44	6
△小松川	637	588	45	10
本所	384	412	33	7
葛飾野	581	630	48	8
南葛飾	532	555	36	14
深川	507	567	41	10
東	515	572	41	10
江戸川	702	501	44	15
小岩	603	613	45	11
葛西南	361	367	30	10
水元	180	180		
南多摩	504	585	38	13

38

学校名	生徒数		教員数	
	男	女	男	女
富士森	524	553	39	12
日野	504	580	40	10
●立川	780	322	43	9
●国立	767	466	48	8
北多摩	530	549	41	12
昭和	526	549	40	9
武蔵	611	619	43	13
三鷹	542	544	42	8
府中	539	557	42	8
神代	535	552	38	13
町田	413	527	42	18
小平	516	572	42	8
久留米	513	573	43	9
東村山	512	574	43	6
五日市	157	158	26	5
多摩	410	418	29	10
国分寺	535	557	42	8
東大和	509	539	41	8
福生	524	565	39	10
忠生	526	544	45	6
片倉	657	706	52	12
永山	594	654	52	9
府中東	518	558	42	10
保谷	511	557	40	12
狛江	591	412	33	9
清瀬	353	368	32	6

39

学校名	生徒数		教員数	
	男	女	男	女
調布北	121	146	13	5
久留米西	185	185	18	4
野津田	225	225	50年（新設）	
府中西	225	225	〃 〃	
武蔵村山	225	225	〃 〃	
＊大島	129	123	27	8
＊大島南	58	73	28	4
新島	63	63	10	4
神津	61	57	9	3
＊三宅	65	69	29	4
＊八丈	158	220	29	10
小笠原	16	24	12	1
秋川（全寮）	676	0	50	2
（商）芝	99	863	58	10
（〃）市ケ谷	66	603	26	11
（〃）赤坂	39	355		
（〃）一商	124	938	44	9
（〃）四谷	111	1,020	48	13
（〃）桜水	78	1,140	45	16
（〃）四商	169	1,059	48	11
（〃）牛込	118	967	42	11
（〃）赤羽	69	1,163	41	18
（〃）池袋	130	1,081	44	15
（〃）京橋	72	616	26	13
（〃）上野忍岡	0	270	22	20
（〃）台東	108	800	38	10

40

学校名	生徒数		教員数	
	男	女	男	女
(商)荒川	145	1,080	44	13
(〃)向島	93	839	39	9
(〃)江東	60	779	31	12
(〃)三商	211	1,003	44	15
(〃)葛飾	165	1,046	42	17
(〃)五商	61	1,156	43	16
(〃)二商	92	1,118	47	13
(工)港	552	0	49	2
(工)羽田	678	56	62	4
(工)小石川	645	5	57	2
(工)世田谷	809	2	67	7
(〃)烏山	818	0	68	4
(〃)砧	802	23	66	4
(〃)中野	468	156 (食)	55	4
(〃)杉並	737	14	54	8
(〃)練馬	831	0	77	5
(〃)工芸	487	187(室内)	52	4
(〃)王子	776	0	59	3
(〃)北豊島	568	0	46	3
(〃)蔵前	588	6	44	6
(〃)荒川	908	3	66	5
(〃)足立	926	6	64	8
(〃)向島	664	30	53	5
(〃)化学	459	226	49	6
(〃)江東	681	0	51	4
(〃)墨田	559	4	48	1
(〃)本所	917	0	68	5
(〃)葛西	926	9	66	3
(〃)八王子	636	217(セーフー)	66	8
(〃)府中工	678	0	52	5
(〃)町田工	668	153 (工化)	64	7
(〃)小金井工	902	5	67	4

41

学校名	生徒数		教員数	
	男	女	男	女
(工)多摩	930	0	71	1
(〃)田無	918	13	66	5
(農)園芸	113	361	40	5
(〃)農芸	201	279	38	6
(〃)農産	143	527	42(併)	18
(〃)農林	254	201	49	11
(〃)農業	200	262	47(併)	19
(〃)瑞穂農芸	200	255	45	17
(〃)三宅	71	0	29	4
(家)上野忍岡	0	371	(併)	
(〃)農林	0	241	(併)	
(〃)農業	5	244	(併)	
(〃)町田	0	242	(併)	
(〃)瑞穂農芸	0	252	(併)	
(〃)三宅	0	122	(併)	
(芸)芸術	31	226	18	6
(体)駒場	36	87	(併)	
(海)大島南	102	0	(併)	
(農・家)大島	21(農)	75(家)	(併)	
(園・家)八丈	18(園)	72(家)	(併)	
181校	80,964	75,109	6,996	1,494

資料　50年度　○印旧制中学（男）△印旧制高女＊印は一校に普通科、商業科等が併設されているもの

問題点　①旧制中学(男)であったところは今も男子と女子の割合が2：1に近い割合で男子が多い。またこうした学校の女教師率は大変低い。②旧制高女(女)であったところは今も女子が多いところもあるが男女のバランスは大体保たれている。③男子の多い学校は男子の合格基準が高い、女子も高くなりつつある。④秋川高校以外は制度としては男女共学であるが、男子又は女子のみしかいない学校が16校ある。⑤商業科は女子が圧倒的に多く、工業高校でも機械、電気しかないところは女子は0である。

＊女教師率21・3％

42

埼 玉 県

学校名	生徒数		教員数	
	男	女	男	女
浦和	1,244	0	55	0
川口	1,203	0	54	0
川口工業	906	0	57	1
浦和工業	905	0	53	0
大宮工業	893	0	58	1
川越	1,221	0	54	0
松山	1,224	0	54	0
川越工業	907	0	61	1
狭山工業	663	0	44	0
玉川工業	676	0	41	4
熊谷高	1,234	0	55	0
熊谷工業	860	0	51	0
児玉農工	481	0	30	0
春日部	1,245	0	55	0
春日部工業	572	0	36	1
行田工業	731	0	42	0
浦和第一女	0	1,234	45	10
常盤	0	241	7	15
川口女子	0	1,618	53	22
川越女子	0	1,213	39	15
松山女子	0	1,130	41	11
熊ヶ谷女	0	1,238	39	11
行田女	0	1,088	37	11
深谷女	0	1,126	43	9
鴻巣女	0	810	24	17

43

学校名	生徒数		教員数	
	男	女	男	女
秩父東	0	688	23	10
熊ケ谷市女	0	664	23	10
春日部女	0	1,098	35	13
不動岡女	0	552	19	7
久喜高	0	1,094	37	12
浦和西	665	563	46	9
大宮	817	421	45	10
蕨	755	486	50	5
戸田	450	625	33	15
樋川	413	305	29	6
上尾東	141	135	11	2
川口北	148	131	14	2
浦和商	107	983	29	12
大宮商	175	897	45	6
与野	457	615	38	14
上尾	590	495	43	8
与野農工	678	12	46	3
浦和通信制	1,635	1,607	25	13
市立浦和	616	593	26	6
市立川口	496	623	47	10
大宮北	567	515	39	11
大宮西	514	544	41	9
浦和市立南	466	370	33	6
川口市立県陽高	197	182	17	4
飯能	551	520	46	5
小川	33	1,054	41	10

学校名	生徒数		教員数	
	男	女	男	女
朝霞	595	480	37	12
狹山	590	495	36	7
坂戸	599	314	34	5
豊岡	538	527	44	5
所沢	594	485	39	11
和光	428	463	31	10
越生	242	311	21	5
福岡	286	268	19	7
新座	242	212	16	4
日高	149	128	11	2
所沢北	148	127	10	3
志木	126	145	12	1
所沢商	194	756	44	4
川越農	491	440	50	9
川越商	266	959	46	8
本庄	837	383	43	12
児玉	493	584	43	9
秩父	577	509	39	5
小鹿野	359	357	27	7
深谷	118	64	10	0
深谷商	933	147	52	0
行田高	437	507	39	7
熊ヶ谷商	574	532	47	4
皆野	192	340	26	3
熊ヶ谷農	471	494	44	13
鴻ノ巣	612	415	39	11

45

学校名	生徒数		教員数	
	男	女	男	女
寄居	534	545	43	9
秩父農工	980	133	60	5
不動岡	981	185	51	1
越ヶ谷	701	394	40	9
草加	485	598	43	5
岩槻	477	479	31	11
菖蒲	400	335	25	9
越ヶ谷北	570	435	39	7
吉川	435	481	31	9
八潮	176	196	13	4
蓮田	211	244	18	3
越谷南	134	148	12	1
北川辺	175	188	15	2
久喜工	688	29	40	4
幸手商	231	836	46	6
羽生実	515	558	46	4
岩槻商	238	843	46	6
杉戸農	567	378	47	9
95校	45,025	42,917	3,514	595

資料49年度

別学校　30（男子校16、女子校14）。女教師率　14％

特徴　旧制中学、旧制女学校が現在は進学校として別学になっている。

工業高校は男子のみである。

46

静岡県

学校名	生徒数		教員数	
	男	女	男	女
大仁	0	922	35	9
三島北	0	959	40	4
沼津西	0	965	36	9
吉原	0	1,115	42	7
富士宮東	0	1,182	45	6
清水西	0	1,110	37	8
静岡城北	0	1,046	37	8
藤枝西	0	947	36	9
掛川東	0	1,057	40	8
磐田北	0	972	36	10
浜松城南	0	916	25	10
浜松市立	0	1,158	54	11
富士宮北	1,133	0	52	0
静岡農	730	0	40	2
焼津水産	764	0	52	1
中遠工	723	0	47	0
天竜林業	484	0	30	2
下田南	167	646	32	8
下田伊豆分校	59	45	12	0
下田北	557	250	36	2
松崎	320	450	34	2
稲取	304	313	31	2
伊東	530	415	41	2
伊東商	351	538	44	3
熱海	337	480	30	6

47

学校名	生徒数		教員数	
	男	女	男	女
御殿場	299	651	38	11
御殿場小山分校	162	5	14	0
御殿場南	693	278	39	3
裾野	404	412	33	5
沼津東	760	221	45	2
沼津北	562	160	34	1
沼津工	1,229	53	85	0
沼津商	319	777	50	2
吉原工	865	89	62	0
富士	902	280	50	2
富士宮農	501	125	33	3
清水東	798	241	47	1
清水商	691	291	46	5
清水工	907	79	65	0
静岡	793	252	46	3
静岡東	767	250	46	5
静岡工	1,165	91	85	9
静岡商	675	440	54	3
焼津中央	683	271	42	2
藤枝東	817	177	45	1
藤枝北	462	258	42	5
島田	464	494	44	2
島田工	981	1	66	0
金谷	241	360	30	2
川根	226	321	23	4
吉田	276	603	31	9

学校名	生徒数		教員数	
	男	女	男	女
榛原	623	323	45	4
相良	348	616	42	3
掛川西	704	297	45	3
小笠農	458	150	43	2
池新田	462	476	41	3
横須賀	406	410	37	2
森	305	500	34	6
周智	361	128	24	4
周智 春野分校	104	129	12	3
袋井商	483	591	45	6
二俣	480	481	40	4
佐久間	359	425	35	2
磐田南	755	243	44	4
磐田農	591	144	40	3
磐田商	432	521	41	5
浜松北	986	271	53	3
浜松西	996	276	49	4
浜松南	572	587	44	6
浜松湖東	707	293	41	4
浜松東	597	395	46	5
農業経営	353	122	35	2
浜松工	1,186	60	87	0
浜松城北工	973	6	63	1
浜松商	752	470	54	4
浜名	534	637	41	12
新居	511	420	40	7

49

学　校　名	生　徒　数		教　員　数	
	男	女	男	女
引　　佐	573	129	45	4
気　　賀	434	556	42	4
三　ヶ　日	360	457	32	5
市立　沼津	423	681	36	12
吉　原　商	463	717	50	5
清　水　商	570	581	45	4
静岡　市立	916	159	46	5
静　岡　商	283	687	44	5
土　　肥	185	279	22	4
修禅寺工	797	2	50	0
韮　　山	827	148	45	0
田　方　農	447	250	43	5
三　島　南	404	514	44	4
90校	44,821	37,157	3,804	360

資料　49年度

共学校　73校　　　別学校　17校

問題点

・女教師率6％で多分全国で一番低いと思われる。

・共学校中、生徒の男女のバランスがとれてない学校が多い、男子が全体の3割以下の学校が73校中33校もある。

・普通科に別学が目立つ。

50

京都府

学校名	生徒数		教員数	
	男	女	男	女
＊山城	534	660	50	9
＊鴨沂	603	593	51	14
＊洛北	667	679	48	13
＊朱雀	625	588	52	10
＊洛東	442	754	47	8
△嵯峨野	705	506	44	11
＊桂	717	576	53	13
△北嵯峨	152	117	13	1
＊桃山	592	736	47	9
△向陽	211	149	16	2
＊乙訓	566	777	52	13
△東宇治	408	311	27	7
＊城南	552	828	52	9
＊城陽	600	702	51	8
△八幡	384	408	30	6
◦田辺	835	0	60	2
＊木津	665	580	59	9
＊北桑田	311	342	30	6
＊亀岡	723	725	59	11
＊園部	457	611	45	7
＊須知	394	391	40	7
＊綾部	739	844	75	15
＊福知山	658	835	56	7
◦石原	867	4	64	2
△東舞鶴	612	600	50	5

51

学 校 名	生 徒 数		教 員 数	
	男	女	男	女
*西 舞 鶴	659	818	56	8
*大 江	309	278	31	3
*宮 津	765	670	63	7
●水 産	297	57	34	1
△加 悦 谷	360	350	30	3
*峰 山	816	479	60	3
*網 野	422	480	38	5
*久 美 浜	339	314	28	6
33校	17,986	16,762	1,511	240

資料　49年度

△印普通科　●印職業科　*印併設校

普通科7校　職業高校3校　併設校23校

問題点

・女教師率は各校でそれほど差がない。

・生徒数も各校はとんど男女差がない。

・普通高校や職業高校に比べて併設が圧倒的に多いのも総合制に近づけるためだろう。

・家庭科課程をもっている学校が10校あるがこれは女子のみと思われる。

52

資料Ⅱ

男女共学の法的根拠となる関連法令

53

≪日本国憲法≫

第十四条　すべて国民は、法の下に平等であって、人種、信条、性別、社会的身分又は門地により、政治的、経済的又は社会的関係において、差別されない。

第二十六条　すべて国民は、法律の定めるところにより、その能力に応じて、ひとしく教育を受ける権利を有する。

第十三条　すべて国民は、個人として尊重される。生命、自由及び幸福追求に対する国民の権利については、公共の福祉に反しない限り、立法その他の国政の上で、最大の尊重を必要とする。

≪教育基本法≫

第五条（男女共学）男女は、互に敬重し、協力し合わなければならないものであって、教育上男女の共学は、認められなければならない。

第三条（教育の機会均等）すべて国民は、ひとしく、その能力に応ずる教育を受ける機会を与えられなければならないものであって、人種、信条、性別、社会的身分、経済的地位又は門地によって教育上差別されない。

《世界行動計画》（一九七五年メキシコ宣言）

第十六条　男女平等の達成とは、両性がその才能及び能力を自己の充足と社会全体のために発展させうる平等な権利、機会、責任をもつべきことを意味する。そのため、家庭及び社会の中で両性に伝統的に割当てられてきた機能及び役割を再検討することが肝要である。男女の伝統的な役割を変える必要性を認識しなければならない。婦人をあらゆる社会活動に同時に参加させるためには、家事の負担を軽減するような社会的に組織されたサービスが設立、維持され、特に子どものためのそれが提供されなければならない。家庭と子どもについて、男女の共同責任が受け入れられるためには、主に教育を通じ、社会通念を変えるためのあらゆる努力が、払われるべきである。

第四十六条　一九七五年から八十年までの当初五年間に、下記諸項の達成を最低限の目標とすべきである。

(イ)婦人、特に農村婦人の読み書き能力及び市民教育を大巾に伸長すること。

(ロ)工業及び農業部門の男女に基礎的な技能に関する技術的、職業的な訓練を共学の形で拡張すること。

(ハ)あらゆるレベルの教育の機会均等、初等教育の義務化、中途退学の防止措置、を図ること。

（以下略）

55

第六十七条　教育及び訓練を受けることは、多くの国際文書により認められている基本的人権であるのみならず、各種の社会経済グループ間及び両性間のギャップを埋めるための社会進歩にとって決定的重要性をもつ要素でもある。多くの国において婦女子の立場は著しく不利である。これは一個人として当初から将来の社会的地位にとって深刻なハンディキャップとなっているだけでなく、開発計画に果す婦女子の貢献及び開発過程そのものの有効性にとって、著しい障害となっている。

第七十一条　政府は、国の必要に応じ、生涯教育の観点から学校及び学校外教育のすべての水準の教育、訓練の機会を両性に平等に与えるべきである。

第八十一条　教育及び訓練の計画、カリキュラム、水準は男女について同一のものとしなければならない。両性を対象とする教科課程には、一般科目の外、工業・農業技術、政治経済、社会の時事問題、親としての責任、家庭生活、栄養及び保健を含むべきである。

第八十四条　男女共学と、男女合同の研修訓練を積極的に奨励し、新しい職業と変遷する役割について、両性を啓発するための特別の指導を行うべきである。

56

≪婦人に対する差別撤廃宣言≫（一九六七年）

九条（教育）既婚または未婚の少女と婦人に対し、すべての段階において男子と平等の権利を保障するために、すべての適切な方策が行なわれなければならない。とくに、

(a) 大学、職業学校、技術学校、専門的職業学校を含むすべての種類の教育施設で教育をうける機会及びこれらの学校での勉学における平等の条件。

(b) 共学の施設であると否とを問わず、同一の学課選択、同一の試験、同一水準の資格をもつ教職員、同質の校舎と設備。

(c) 奨学金その他の勉学補助金から利益をうける平等の機会。

(d) 成人向け読み書き教育計画を含む継続教育計画に受け入れられる平等の機会。

(e) 家族の健康及び福祉の確保をたすける教育情報をうける機会。

おわりに

「国際婦人年をきっかけとして行動を起こす女たちの会・教育分科会」では、真の男女平等教育、男も女も生き生きと個性を伸ばせる教育を願ってさまざまな行動をしてきました。公立高校の男女別学状況基礎調査をもとに、この小冊子を作りましたが、その他次のような行動もしました。

一九七五・七〜 男女別学調査と併行し、全国公立高校の女教師率調査を行う。ここからも教育の歪みを見ることが出来る。

一九七六・三 国内行動計画への要望（家庭科の男女共修、全国別学・併学校を共学校に、教科書中の性差別記述の撤廃、進路指導における性別固定観念の排除）を総理府婦人問題企画推進本部へ提出。

一九七六・四〜 教科書の中の性差別記述チェック始める。

一九七六・五 性差別記述について教科書会社（開隆堂、東京書籍、学校図書、光村図書、日本書籍）との話し合いの会を持つ。教科書会社側が、この話し合いではじめて性差別的記述に気がついたという実情や、教科書検定制度で教科書会社も世論の協力を求めている

ことがわかった。今後よりよい教材を提供すること等を含めこのような会合を継続してもつことを相方望む。

一九七六・七　家庭科共修問題について影山裕子氏・奥山えみ子氏の報告と話し合い。この時、教育課程審議会答申が女子のみ必修に落着きそうだという情報が入り、ただちに、抗議のハガキ投函開始。

一九七六・九　シンポジウム「家庭科はいつまで女だけ？」を開く。家庭科の男女共修を進める会他十二団体と共催。発言者前田武彦、吉武輝子、和田典子ほか。全会一致で「家庭科の女子のみ必修に反対し、男女共修の実現を求める」という要望書を採択し、文部省教課審、婦人問題企画推進本部、同会議に、提出。

一九七六・十　教課審中間答申「家庭科の女子のみ必修」に対して、電話、ハガキによる抗議行動、「共修」への署名活動。「ボクも私も作る人食べる人……」のビラまきを開始。

一九七六・十一　「家庭科の女子のみ必修抗議集会」を婦選会館にて開く。発言者俵萌子、中山千夏、山根英之、女子高校生他。

一九七六・十二　東京都民生活局婦人計画課

59

へ、男女平等教育への行政改革試案を提出。

一九七七・二　高校校長会家庭科部会の差別的発言に抗議文を出す。

一九七七・五～　大学における女性解放の視点に立つ講座調査をはじめる。

一九七七・七　名古屋の教師研修の手びきに「男女の特性を育てる教育の推進」という内容が堂々と出されていることを発見し、愛知県教育委員会に書面で抗議。

以上が今までの行動のあらましですが、ひとりひとりが各々の職場や立場で出来ること（ハガキや電話による抗議行動、署名活動、ビラまき等）をやりつつ力を合わせて調査活動、集会やシンポジウムの準備をしてきました。この会の規則はなにもありません。この問題に関心をお持ちになった今、あなたの立場で出来ることをどんどん実行に移していって下さい。そんなひとりひとりのささやかな行動があるから世論のうねりが創れるのです。そして、そのうねりをより大きいものにするために、手をつなぎましょう。行動を起こす会事務局まで御連絡下さい。

このパンフレットについての御批判、運動のすすめ方についてのご意見もお待ちしています。

60

なくせ性差別

女の解放は男の解放

INTERNATIONAL WOMEN'S YEAR ACTION GROUP, JAPAN

「男女共学をすすめるために」　200円

編集・発行

国際婦人年をきっかけとして行動を起こす女たちの会

教育分科会

〒160　東京都新宿区新宿１－31－４　リブル葵　301

中島法律事務所内　　　　　電話（03）３５０－６０８２

国際婦人年をきっかけとして行動を起こす女たちの会

あなたは損をしていませんか！

パートタイマーの手引き

国際婦人年をきっかけとして行動を起こす女たちの会●労働分科会

目次

パートタイマーって何だろう？

「パート」で働いています――こう答える女性は一九八〇年現在で、二百万人います。「将来はパートでも」と考えている人や、「パートで働いていた」という人まで数えると、それはもう大変な数になるでしょう。

この現役＋予備軍のパートタイマーの存在と働きはいまや企業の「中心戦力」とまでいわれているほど大きなものです。

けれども……

パートタイマーと一般の勤労者とは、一体、どこがどう違うものなのでしょうか。

現在パートタイマーとして働いているあなたは、同じ仕事をしていながら賃金は正社員の半分、有給休暇はなし、いつクビになるかわからないといったわりのあわない条件に疑問を感じたことがあるはずです。

いつかパートで働こうと思っているあなたは、パートタイマーといってもさまざまで、勤務時間は人よりも短くもなく、そのくせ臨時雇いというわけでもないのに正社員にもしてもらえないといった話に、不安を感じたことがあるはずです。

このパンフレットは、そんなあなたのためのものです。

パートタイマーは法律で守れるか

表1　こんなに少ない有給休暇（昭和53年労働省調べ）

	パートタイマー	正社員（一般社員）
有	22.7%	76.1%
無	50.7%	12.0%
不明	26.6%	11.9%

解雇

パートは簡単にクビにできるという虫のいい考え方は、どこまで通用するものなのでしょうか。

休暇

有給休暇

たとえ、働く時間が短くても、前年度に八割以上出勤していれば、二

これにはまず、採用の時に雇用期間をどのように決めたか、その期間が過ぎた後、契約を更新してきたか、といった点が重要になります。例えば、二ヵ月の雇用契約で働き始め、契約更新を二回以上繰り返している場合などは「常用パート」と見なされ、名称がたとえ「臨時パート」であったとしても、よほどの理由がない限り、また予告もなしに解雇するということはできなくなるのです。

就業規則には解雇に関する規定がありますが、パートタイマー用の就業規則が特にない場合は一般社員のものが準用されることもあるということも知っておく必要があります。また、契約の際には労働時間、賃金、時間外手当、賞与などの労働条件をできるだけはっきりさせ、口頭だけでなく書面にしておく方が有利です。応募の時のチラシや給与明細なども残しておくと役に立ちます。

年目には、最低六日の有給休暇がとれます。三年目からは一日づつ加算されます（最高二〇日まで）。また就業規則でそれ以上の休暇が定められていれば、もちろんその日数が保障されます（パート用の就業規則がない場合は正社員と同じです）。

週三日とか四日勤務という場合でも、出勤日数に応じて有給休暇を保障するのが労働基準法の考え方から見て当然のことです。

長く勤めていても休みがすべて欠勤扱いになっているようなときは「労働基準法」に違反しています。会社に申し出て改めてもらうか、地域の労政事務所に相談してみましょう。

特別休暇

会社によっては忌引などの特別休暇制度がある場合があります。パートにはほとんど認められていないようですが、パート用の就業規則がない場合は、正社員の就業規則が適用されます。

表2　パートタイマーと社会保険

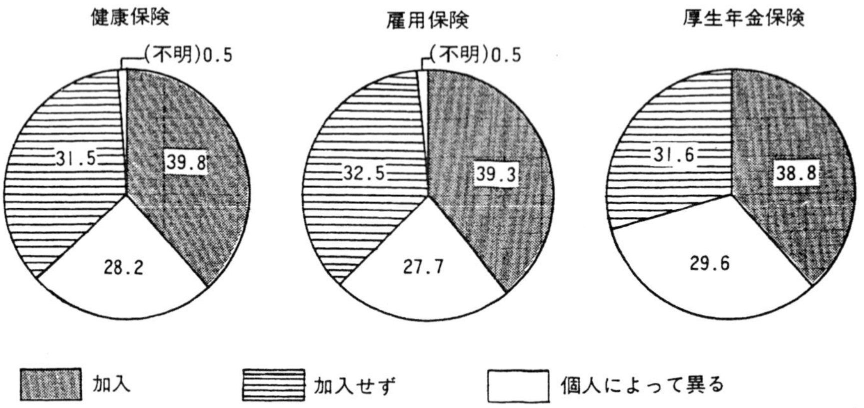

1979年調査
一橋出版「図説資料家庭一般」1980.5発行より

母性保護

働く女性の母性が破壊されないよう、不十分ですが、労基法にもいくつかの規定があります。産前産後の休暇、育児時間、生理休暇などが主なもので、もちろん、パートタイマーでもとることができます。

ただし、法律ではその間の賃金支払いを、雇い主に義務づけてはいないので、有給にするには雇い主と交渉しなければなりません。

また、無給の場合でも、母性保護のために休む時は、その旨を届け出ることが必要です。こうしておけば、欠勤とは異なり、解雇の理由となることはありません。

産前産後の休暇

産前産後に各六週間の休暇がとれます。

また、この休暇が無給の場合でも、健康保険に加入していれば、その間、出産手当金が支給されます。出産手当金は、休んだ日一日につき標準報酬日額の六割（日給の約六割）となっています。

出産とは、妊娠四ヵ月以上の分娩を対象としているので、四ヵ月以上の流産、死産の場合も、産後休暇六週間をとることができます。その間の健保からの支払いも通常の出産と同様です。

なお、健保ではこのほかに分べん費、育児手当金なども支給されます。

育児時間

生後満一年に達しない子どもを育てる時、一日に二回、三〇分ずつとれます。

ただし、一日四時間勤務の場合は一回となっています。

生理休暇

生理日にとる休暇です。

有給の場合は、日数に制限を設けている所がほとんどですが、無給の場合は制限はありません。就業が困難な人は自分の体に見合った日数休むことができます。

健康保険に加入していて助かった

パートとして働いて三年になります。ずっと夫の扶養家族として健康保険にも入らずにいましたが、同じパートの人にすすめられて、この四月から加入しました。ところが幸か不幸か、加入後一ヵ月足らずで盲腸炎になり、手術をするはめになりました。

夫の扶養家族のままですと、医療費の三割を負担しなければならないのですが、自分の加入した健保ですと、初診料六〇〇円と入院費が一日二〇〇円、七日間で二千円ちょうど。三割負担だと、三万円くらいかかると聞いて、あらためて健保に加入していてよかったと思いました。（東京・渋谷　S子）

出産で退職しても健康保険は有効

社会保険は、厚生年金と健康保険がセットになっています。そのため厚生年金はともかく、健康保険料まで取られるのはイヤ、と訴える人も多いでしょう。しかし、S子さんのような例もありますから、いつ、どんなふうに助かるかわかりません。

しかも、保険料の半額は会社負担ですからたとえばあなたの月額賃金が六万円なら、保険料は二四〇〇円、四万五千円だとしたら一八〇〇円です。ちょっと風邪を引いて薬をもらっても、三割負担ならすぐ千円ぐらいになりますし、歯などの治療を受ければ、多額の出費をしなければなりませんから、長い目でみれば、本人であってよかったと思うはずです。

また、出産などについてもいろいろな給付があり、たとえ出産の

社会保険

健康保険、厚生年金保険、労災保険、雇用保険などのことを総称して〝社会保険〟といっていますが、厳密にいうと健康保険と厚生年金は社会保険（厚生省）、労災保険と雇用保険は労働保険（労働省）と区別され、適用方法に多少の違いがあります。しかし、あなたの会社の正社員がこれらの保険に加入している場合は、パートタイマーであっても加入することができます。

ただし、二ヵ月以内の短期間だけ働くという場合は、適用除外となります。しかしこの場合でも、二ヵ月を超えて引き続き働くということになれば、二ヵ月を超えた日から即加入することができます。

たとえば社会保険（健康保険、厚生年金）では、常に五人以上の従業員のいる事業所は強制適用ということになっています。そこで、これまで従業員が四人しかいなかったので社会保険に入っていなかったという所でも、もしあなたが二ヵ月以上勤めるパートタイマーとして入社したとすると、従業員は五人となりますので、その会社は社会保険の強制適用事業所ということになり、全員が健康保険や厚生年金に加入することができるようになるのです。

また労働保険は、一人でも従業員を使用する者は、必ず加入することになっていますが、指導が徹底していないため、小さい所では加入していない場合も多いようです。

保険料は半額、または半額以上を会社が負担してくれる

社会保険や労働保険の強制適用事業所になっていながら、従業員を加入させていなかったり、あるいはパートタイマーだからといって、会社が積極的に加入手続きをしようとしないのは、一つには、保険料に会社負担があるからです。健康保険と厚生年金は保険料の半額が会社負担。労災保険は全額会社負担、雇用保険は本人一に対し、会社一・六くらいの割合で負担することになっているのです。

もちろん、パートタイマー自身が、保険料を払うと手取りが減るといったことから加入をしぶるということもあり、これは健康で豊かに暮すための権利をみすみす放棄することで、大変残念なことといわねばなりません。

各種保険に加入することのメリットは、このページのコラムや、12・13Pを読んでもらえばよくわかると思いますが、それ以前に、働く者の基本的人権として要求することが大切です。

ため退職したとしても、退職後六ヵ月以内の出産なら、すべてに健康保険が有効で、これは大きなメリットといわねばなりません（ただし、退職する時点で一年以上加入していること）。

なお、雇用保険については、失業しても雇用保険に加入していれば、賃金日額の八〇～六〇％が、一定期間給付されるなどの恩典があり、パートタイマーであっても、働く者の当然の権利として加入すべきでしょう。保険料の本人の負担額は、たとえば月額六万四〇〇〇円以上、六万七〇〇〇円未満の人で三六〇円ですから、微々たるものです。

賃金

賃金は時間給より日給、さらには月給制が有利ですから、そのように契約するようにしましょう。

時間給は一時間の労働に対して〇〇円という契約をし、それが実際に働いた時間分支給される仕組みです。ところが、日給制は一日単位ですから昼休みなど休憩時間をとっても、その時間分賃金から引かれることはありませんし、月給制は月単位ですから、週休日、祝日等休んでもその分賃金から引かれることはありません。

また、賃金の額は、雇用主との契約で決まるものですから、自分の労働力を出来るだけ高く認めさせ、契約を結ぶべきです。

諸手当

●通勤手当

仕事場へ行くための交通費は、支払われるのが原則です。

●時間外手当

一日の労働時間が八時間を超えた場合は、労基法により当然割増賃金が支払われなければなりません。

また、たとえ八時間以内でも、雇主と契約した労働時間を超えて働いた場合は、割増賃金を要求するようにしましょう。

●深夜勤務手当

夜十時から翌朝五時までの深夜労働は原則として禁止されています。例外として、旅館、飲食店等での業務、看護婦、スチューワデス、電話交換、寄宿舎の管理、限られた加工業務等では認められています。この場合、一・二五倍以上の賃金支給がなされなければなりません。

●出来高払いの保障給

外回りパートで「いくら契約をとってきたらいくら払う」という雇用契約をしている場合、仕事はしたけれど「契約」が全然とれなかったというような時も、労働時間に応じ保障給が支払われなければなりません。

そして、この率は平均賃金※の六〇%というのが普通です。

※平均賃金　算定する事由の発生した日以前三ヶ月に支払われた賃金の総額をその期間の総日数で割った金額

ボーナス(賞与)

引き続き六ヶ月以上働いている場合は支払われるのが普通で、現在パートを雇用している八五%の事業所で出されています。

率は正社員とは別立ての場合が多いのですが、会社の経営実態からみてその差に納得出来ない場合は、理由などを明らかにさせるようにしましょう。

昇給

引き続き一年以上働き続けている場合は、昇給するのが当然のこととなっており、パートを雇用する九三・一%の事業所でこの制度がとられています。

パートは労働者なのですから、春闘の時期などには、出来るだけ高率の昇給をするよう要求していくことが大切です。

表1　パートタイマーの労働条件

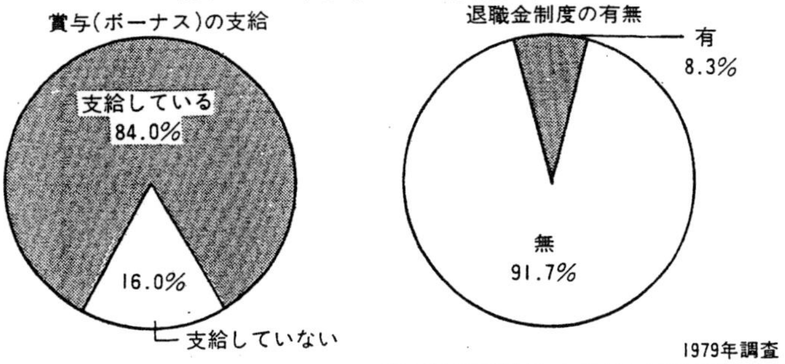

1979年調査
一橋出版「図説資料 家庭一般」1980.5発行より

不当に低いパートタイマーの賃金

高度成長期には「人手が足りないからパート」、不景気になってくると「賃金が安くて、いつでもクビにできるからパート」というわけで、パートタイマーの需要は年々増加する一方です。

たとえば、ダイエーとかイトーヨーカドーといったスーパーは、最もパートタイマーの多い業種の一つですが、ここの調査では（チェーンストア労働者の実態と意識／ゼンセン同盟55・7）、全従業員のうち正社員は六〇・六%、残りの三九・四%つまり四割がパートで占められていると報告されています。

こうなれば、パートといえども企業にとっては、もうなくてはならない存在です。実際この調査では、平均週労働時間六日、一日当り労働時間七～八時間で、女子正社員とほとんど変わらない時間を働いていることがわかりますし、仕事の内容についても、正社員とほとんど変わらない働きをしていることを自他ともに認めています。

それなのに、パートタイマーの賃金の低さはどうでしょう。簡単に比較したのが表2ですが、女子の常用労働者と、一時間約二〇〇円違うということは、同じ労働時間働いたとすると、月額で約四万円、年額では四八万円もの違いになるのです。

ちなみに、先のチェーンストアの調査では

・パートの年収は平均で七二万六千円

・最低は在職一年以上二年未満の四九万五千円

・最高は在職七～十年の九二万八千円であった……と報告しています。

それに対して、女子正社員の場合は一〇〇万から一八〇万円の層が最も多いのですが、たとえば、

・勤続一～二年のところで年収一四〇～一六〇万円といったところであろう……と報告しています（一時金も含む税込み年収）。

賃金の問題は男女間にも大きな格差があり、単純に女子正社員とパート間の格差を取り上げて云々することは正しいことではありませんが、パートの賃金が不当に低く押えられていることを知るために、その一端を紹介してみました。

表2　常用労働者とパートの賃金
—時間給の比較—

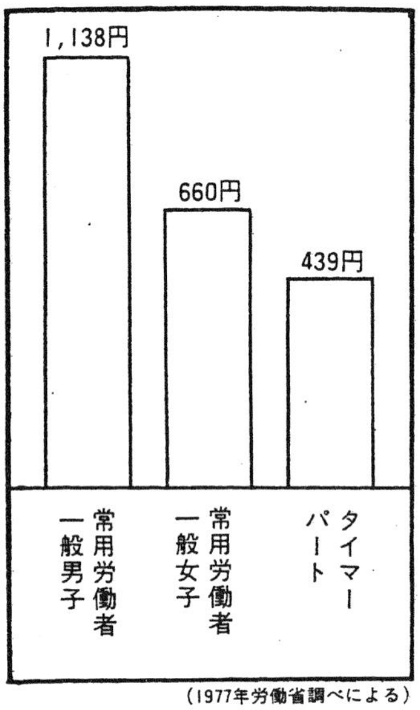

（1977年労働省調べによる）

表3
東京の女性パートの時間給（79年）

職種	平均	最高
一般事務	560	800
経理事務補助	650	800
販売店員	500	700
賄婦	500	820
ウエートレス	500	1,000
食器洗	500	750
食堂雑役	500	750
掃除婦	500	1,500
雑務	500	850
袋詰箱詰工	500	550
翻訳	800	1,200
英文タイピスト	800	1,000
編集員	700	2,000
校正係	700	800
キーパンチャー	850	1,500
電話交換手	600	800
経理事務	800	1,000
秘書	700	800
薬剤師	800	1,500
栄養士	600	800
保母	600	700

一九八〇年六月臨時増刊号ビジネスガイド「パートタイマー雇用」より

泣きねいりしないために

働く者はすべて、「労働条件」について会社側と交渉する権利をもっています（労働組合法第一条）。パートも決して例外ではありません。しかし、法律や権利を生かすのは働く者の〝力〟次第。何もしなければ会社の言うままになるだけです。

あきらめず勇気をもって行動をはじめてみましょう。思わぬところから道が開けてくるものです。

「やめてほしい」と言われた時

後にひけないのが何といってもこの時です。こんな時にこそ勇気をふるいおこして働く者の権利をフルに活用し、自分の力をためしてみましょう。

▼「働き続けたい」とはっきり言おう！

会社側は「パートはいつでも首にしていい」とか「どうせ家計補助だから生活に困らない」などとタカをくくっているところがあります。「解雇は不当だ、働き続けたい」という自分の意志をしっかりともち、それを会社にも同じ職場で働く人たちにも伝えることが第一です。

▼解雇理由―会社の本音を確かめよう！

「なぜ首なのか」その理由を会社に聞いてみることが必要です。会社は適当な理由をならべるでしょうが、会社の言い分をうのみにしないで自分でその理由を確かめてみましょう。これは会社と交渉する時に「〇〇〇のような理由による解雇は不当だ」という法律的なタテとして利用出来るので是非聞いておきましょう。そのためには交渉に入る前、会社が気を許しているうちに出来るだけ会社側（直接の上司、人事担当者など）と話しておくことが大切です。

パートタイマー等であることを理由とする解雇裁判例

「婦人労働の実情」より

年月日	判決裁判所	事件名	被告（被申請人）	原告（申請人）	判決（決定）の根拠及び経過
42.12.29	東京地裁	地位保全等仮処分申請事件	春風堂	野添照子	原告勝訴（確定） （真にパートタイマーを整理する経営上の必要はないと認められ、本件解雇は解雇権の濫用により無効）
47.12. 8	東京地裁	地位保全仮処分申請事件	三和銀行㈱	井ノ口淳子	原告敗訴（期間の定めのない臨時的雇用契約であり解雇は有効）
54. 2. 7	東京高裁	地位保全仮処分申請控訴事件	〃	〃	控訴棄却（54.522東京地裁に本訴提起）
45. 9.22	横浜地裁	労働契約関係存在確認等請求事件	東京芝浦電気㈱	幡野富枝	原告勝訴（本件臨時従業員の雇止め（解雇）には正当事由がなく無効）
48. 9.27	東京高裁	労働契約関係存在確認等請求控訴事件	幡野富枝	東京芝浦電気㈱	控訴棄却（同旨）
49. 1.30	最高裁	労働契約関係存在確認等請求	〃	〃	上告却下
49. 7.22	最高裁	労働契約存在確認等請求事件	前田多津子（他5名）	東京芝浦電気㈱	上告棄却（臨時工契約であっても、更新を重ねて実質上期間の定めのない契約と異ならない状態にあったこと等から期間満了を理由とする更新拒絶は無効） 1審 横浜地裁 昭和43.819、2審 東京高裁 昭和45.930、同旨、いずれも労働者側勝訴
49. 9.30	名古屋地裁	地位保全等仮処分申請事件	東洋精機㈱	丘置雅子	原告勝訴（企業合理化のため人員整理をするにあたり、単にパートタイマーと呼ばれ、その取扱いを受けていたという理由で、これらの者を第1順位の解雇対象者とするのは合理的理由を欠く。）（会社側控訴後53.22和解）
49.11.29	東京地裁	地位保全等仮処分申請事件	東芝レイ・オ・バック㈱	新井順子	原告敗訴 （30才以上の男子及び既婚の女子を有期雇とする採用基準は婚姻の自由を侵すものではなく、適法で本件雇止めは有効） （控訴後50.79東京高裁で和解）
50. 3.27	大阪地裁	地位保全仮処分申請事件	朝日放送㈱	植村多恵子（他1名）	原告勝訴（確定） （有期労働契約であっても、その雇止めが実質上若年定年を理由とする解雇と同様の機能を有し、著しく苛酷な解約として権利濫用により無効）

▼交渉のやり方

方法はいくつかあります。

①個人または何人かで交渉を申し込む。

②正規社員の組合に交渉してもらう。

③個人参加（企業単位ではなく）の組合に入り組合として交渉する。
（合同労組という）

④パート組合をつくって交渉する。
などです。

④は簡単にはできないので①～③の方法を事情にあわせて選んで下さい。

交渉のやり方のポイント、注意点などはその道の専門家に相談すると心強いもの。各地域の労働組合や労働組合協議会、個人参加の組合、労政事務所などが相談にのってくれます。東京では私たちも「働く女性の相談室」を開いています。（17P参照）

はじめに聞いた労働条件と違う場合

雇う側は〝労働条件〟を前もって明示する義務があります。はじめにこれを聞いておくことも大切ですが、約束が違ったらどんどん会社に申し立ててみましょう。だまっていれば会社はつけ上るだけです。会社の言い分が、納得出来なければ前記の交渉のやり方を参考に交渉してみることです。

大切な〝仲間づくり〟

なんとか働きやすい職場をと願っているのはひとりだけではないはずです。同じ職場の人たちと話してみましょう。一人より二人、二人より三人と集まれば知恵も出るし、心強いものです。また〝まとまること〟が会社を動かす力にもなります。いざという時だけでなくふだんから〝仲間づくり〟を心がけたいものです。

会社にはじめて文句を言った時

おもちゃ製造業勤務　**河田とし江**

「11月で契約期限が切れるからやめてほしい」と会社から言われたのは働きはじめてから二年くらい経った時のことでした。年の暮でもあり、今回も当然契約は更進されると思っていたので、あの時は本当に目の前がまっ暗。頭にはくるものの、どう言えばいいかもわからず半ばあきらめてもいたのですが、同じ職場のAさんが女性でただひとりの組合役員のBさんに話をしてくれました。Bさんは法律的にもいろいろ調査してくれて「いくら契約が六ヵ月でも二年間更進されたのだから簡単に首には出来ないこと」を教えてくれました。今まで他で働いたことも無いし〝権利がある〟と言われてもどうしたらいいものかオロオロしました。とにかくBさんに励まされ言われるままに「働き続けたい」と人事担当の人に伝えました。はじめは本当に言うのも恐ろしかったのですが、あの人事担当者の人を人とも思わない態度に腹が立って「こんなに簡単に首にするなら、会社の前ですわり込みでも何でもやりますよ」。と言ってしまったのです。興奮して震えるような感じでしたが言ってしまったら勇気も湧いてきました。結局、解雇予告手当として一ヵ月分の賃金を退職金がわりに会社から出させるくらいしか出来なかったのですが、何でもやってみるものだと思います。

パートの魅力と落し穴

一般には、パートタイマーは正規の人と同時間だけ働けない人のためのものであるかのように言われています。しかし、表1・2を見て下さい。すでに女はパートでしか採用しない企業もたくさんあるくらいで、むしろパートが女子労働の主流になりつつあるというのが実情なのです。

なぜ企業はパートを雇いたがるのか、**1・2**表を見ると企業の本音が実にはっきり見えるでしょう。「よく働くけど、賃金は安くてすむし、いつでも首にできるから」というわけです。これでは不満が出るのも当然。くやしい思いをしている女性もたくさんいます。

安西愈という弁護士はこんな女性の不満が表面化するのを見こして、経営者にこんな指導すらしているのです。「悪い労働条件に不満をもたないようにパートを働かせるには①主に家計を担っている人ではなく家計補助ですむ人をやとえ②パートと正規の仕事は分離せよ③32～37才の女を中心に採用せよ」―などと。「奥さま、あなたの能力を生かしてみませんか」――このような耳ざわりのいいキャッチフレーズの裏にかくされている企業の本音をしっかりと見つめていく必要があるのではないでしょうか。

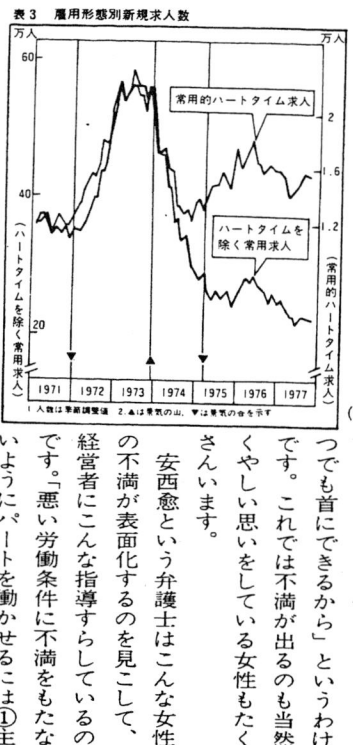

表3　雇用形態別新規求人数

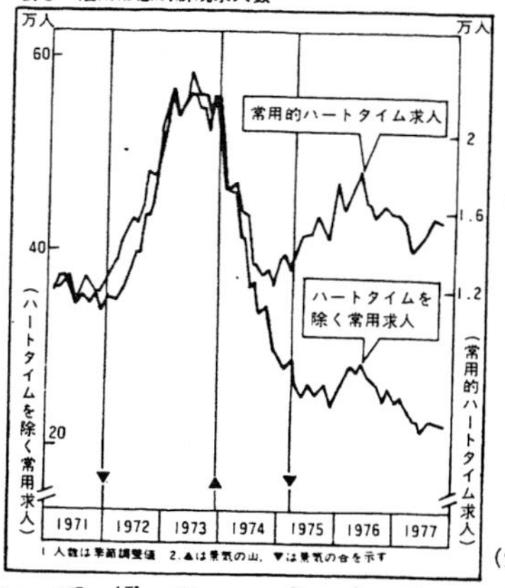

⬅女子パートが正規社員の求人を上まわるようになったのは石油ショック以後です。
「男は一度雇うと首を切りにくい」――この時、労働争議など苦い経験をした経営者は、女を採用する、それもより首の切りやすいパートで採用するという方針をとるようになってきたのです。このような傾向はますます強くなっております。

（労働省「労働白書」1978年版による）

表1　パートタイマー雇用の理由

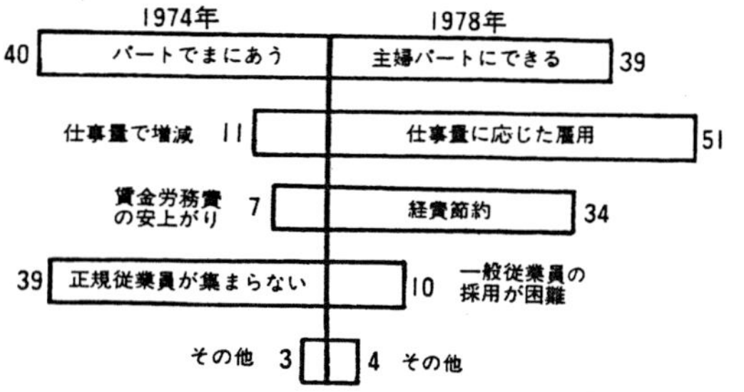

東京都調査（1974年）産業労働調査所（1978年）による

表2　パートタイマー（女）に対する企業側の評価　―回答事業所数1305　複数回数（ ）は％

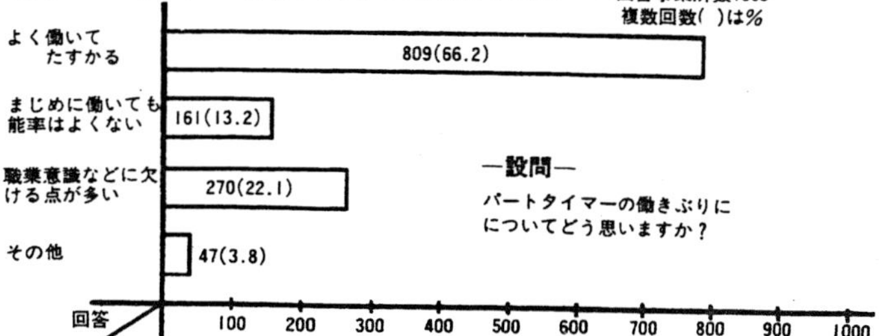

（東京都労働局・婦人パートタイマーの実状，1975年より）

家計補助に甘んじないで……

　パートで働きに出ても所得が年間七〇万円以上にならないようにわざわざ仕事を休んだりして調節している人がいます。「七〇万円以上になると夫の扶養家族からはずれてしまい、税金の配偶者控除もなくなるし、いろいろな面で損だから…」「自分が働いている事が税金の書類などで夫の会社にわかると、夫の働きが悪いようで体面が悪い。」などと思っていませんか。「あくまでも自分の収入は家計補助、こずかい程度でいいんだから、一家の大黒柱である夫のカサの下でおさまる範囲で働こう」というわけです。

　たしかにパートの給料は安いし、少しぐらい多く働いたところで、自分で健康保険や厚生年金の掛け金を払ったら、手取り額が減ってしまい損をしたような気もするでしょう。しかし、長い将来のことも考えてみる必要があります。八〇歳近くまでで生きてゆくとき、一生の間にはどんなことがあるか誰にもわかりません。夫の収入をアテにして生活設計を立てたところで、それがくずれない保障は全くないのです（退職勧奨、解雇、事故、離別、死別等々）。

　自分自身の保険や年金をもって働くのが人間として生きてゆくときの基本的なあり方です。雇用する側も一人の人間を雇うときには、当然役所に手続きをし、掛け金を支払う義務があります。女の人自身が家計補助でいいのだからと現状に甘んじていることを利用して、その支払いをサボっているわけです。結局、会社からは、いざとなれば夫が居るから、いつでもクビにできるし、低賃金でもかまわないと、都合よく使われることになります。（仕事は正社員と同でも……）

85万円を超したら税金を払っても収入は増える

　たとえば夫婦と子ども二人の世帯で、夫の年収が三五〇万円だとすると、夫が払う所得税の年額は一〇万八千円です（社会保険控除などの所得控除一三五万円とした場合「国税のしおり」より）

　この場合、もしあなたのパートの収入が七〇万円を超えて、配偶者控除がなくなったとすると、税額は一四万四千円ちょっとになります。

　つまり、夫の所得税が三万六千円も増えるのですから、あなたの年収が七〇万を一、二万超えるくらいではたしかに損です。

　では、あなたの年収が九〇万円だとしたらどうでしょうか。この場合、あなた自身も税金を払うことになり、その年額は一万一千円

　ということは、大変大ざっぱな計算ですが、あなたが二〇万円収入を増やすことによって、夫の税金とあなたの税金の計四万七千円ほどが支出増になるということですが、収入増に比べれば問題にならない額といえるでしょう。

　ちなみに大まかな試算では、八五万円くらいを境にしてそれ以上では、配偶者控除がなくなり、妻が税金を払うようになっても、一家の収入は増える計算になるようです（国税庁試算・東京新聞55・9・8より）

※一九八一年度から配偶者控除限度額が七九万円に改正する予定

　あなた自身が夫次第ではない自分自身の生活設計をもったうえで、夫と協力して家庭生活を設計する、という姿勢をはっきり持って働きに出る、そして会社に対しては、働く時間は短くても、家計補助ではない一人前の人間として扱うように、はっきり言うことが大切です。

国民年金の任意加入より厚生年金の方がずっとトク

社会保険に加入すると保険料が差引かれて手取りが減るなどを理由に、みすみす低い賃金や、不安定な地位に甘んじているパートタイマーが少なくありません。しかし、それらの理由は本当に正しいのでしょうか。

いま、サラリーマンの妻の八〇％が国民年金に任意加入しているといわれます。

それは、老後に少しでも多くの年金がほしいということがもちろんありますが、もう一つ大きな理由は、現在の厚生年金（公務員共済なども同じ）の制度では、離婚した場合、それまで長年夫と共に苦労してきたとしても、離婚と同時に夫の年金とは無縁となってしまうといったことが、一般に理解されてきたためです（今後は、離婚した妻が高年の場合は年金権が確保されるよう改正が検討される予定）。

ところで、あなたは国民年金に加入していますか。加入しているとしたら、毎月の保険料は三七〇〇円ですね（'80年12月現在）。

では、パートタイマーとして働いていて、厚生年金に加入したとしたら保険料はいくらでしょうか。

厚生年金と保険料は賃金によって異なりますので、仮りに月額賃金六万四千円（夫の被扶養者としてのおおよその限度額で、パートタイマーのほぼ平均賃金）とすると、保険料は五六九六円です（'80年12月現在）。

ただし、厚生年金の保険料は半額会社が負担することになっていますので、実際にあなたが支払う金額は二八四八円です。

つまり、国民年金の掛け金より高額掛けているにもかかわらず、厚生年金では会社負担があるために、実際にあなたが支払う保険料は一〇〇〇円近くも安くなるのです。

ちなみに、もしあなたの月額賃金が四万五千～五万円くらいだとしたら、保険料は四二七二円で、あなたの負担額は、二一三六円です。

以上、厚生年金の保険料は、'80年10月に改訂された金額です。

国民年金の保険料は'81年4月から四五〇〇円になり、その後毎年引き上げられていきます。

そのため任意加入の主婦の間には負担に耐えきれない人たちが出てくるのではないかとみられているほどです。

国民年金の任意加入では保険料免除の制度はありませんので、その点でも気をつけなければなりません。

老齢年金を受けるときも厚生年金の方がトク

公的年金であっても、当然のことながら保険料を多く収めた人の方が、受け取る年金額は多くなります。

また、とくに厚生年金は女子に有利になっています。それは、女子の方が保険料率が低い（現在女子八・一％に対して男子一〇・六％）男子より五歳若いときから年金がもらえる（しかも寿命は男子より長い）、厚生年金の年金額の算出方式には、定額部分と報酬比例部分があるが、定額部分が賃金の低い人に有利になっている、などのためです。そのため、女子は男子より（支払った保険料に対して）五割多い年金をもらう勘定になるといわれるほどです。

※年金額の計算例は左の表をみてください。

もちろん、わが国の年金制度にはさまざまな不備、不公平があり、こ

れらはいずれ抜本的に見直し、改正が行なわれなければなりませんが、より有利な制度に加入資格がありながら、加入しないという手はありません。

35歳すぎての加入なら 15年加入で年金がもらえる

老齢年金を受給するためには、厚生年金だけなら加入期間が二〇年以上。国民年金と厚生年金などの通算年金では二五年以上の加入期間が必要です。

しかし、もしこれまで厚生年金にも国民年金にも加入していなくて、35歳すぎて初めてお勤めをし、厚生年金に加入したという場合は、加入期間は15年でよいことになっています（加入年齢による女子の特例）。

かつて、女子には脱退金制度がありましたので、退職したときに脱退してしまったという人もいるでしょう。このような場合も、35歳すぎての再就職なら、55歳までに15年あれば、立派に老齢年金をもらう資格ができるのです。

■年金額の計算例

※例②と例③を比べてみると厚生年金の方がトクということがわかる

例1

18歳で就職。25歳で出産のため退職（この期間7年間厚生年金に加入しており、退職時に脱退していない）。以後、夫が厚生年金に加入しているため、公的年金には加入していなという場合。

退職した時点から18年以上、離婚せず、夫が元気で会社勤めをしていれば、厚生年金加入期間7年分について年金がもらえる。

年金額は

定額部分 2,050×7（年）=14,350円（月額）×スライド率

報酬比例部分　仮りに40,0000円だとすると

40,000×$\frac{1}{100}$×7（年）=2800円（月額）×スライド率

月額年金額　17,150円（スライド率加算される）

例2

上の場合で37歳から55歳まで国民年金に任意加入した場合。

㋑ 厚生年金の17,150円は上に同じ

㋺ 国民年金の部分の計算は

1300×18（年）=23,400円（月額）×スライド率

㋑+㋺=月額40,550円（スライド率加算される）

例3

例1の場合で、37歳からパートに出て厚生年金に加入し、55歳まで働いた場合。

厚生年金の実質加入期間は25年

定額部分 2,050×25（年）=51,250円

標準比例部分を仮に64,000円とすると

64,000×$\frac{1}{100}$×25=16,000円

月額　67,250円（スライド率加算される）

例4

37歳からパートに出て、初めて厚生年金に加入し、55歳まで働いた場合。

35歳すぎの加入では15年以上みればよいから、厚生年金がもらえる。年金額は

定額部分 2,050×20（年）=41,000円

報酬比例部分　64,000×$\frac{1}{100}$×18=11,520円

月額　52,520円（スライド率加算）

※定額部分は18年でも20年で計算される

困難な道だけど…パート組合をつくった！

栄松堂臨時労働者組合

職場の仲間二人が妊娠、産休後の職場復帰が危ぶまれたことから私たちは「臨時労働者組合」を結成した。

そして早くも二年、この二年間の闘いの成果は、それまで考えられなかった労働者としてのさまざまの権利を獲得している。

産休の有給化・育児時間・生理休暇(二日)時給のアップ・つわり休暇(三日)・夏休み(二日)組合事務所・メーデ休暇・組合活動休暇・食事手当(一部)慶弔休暇、等々……である。女性が大部分の組合員、しかも半数以上が小さい子持ちの身ではじめはどうなるのかと案じられたがよくここまで頑張ってこられたと思う。

私たちは〝組合〟を作ったことからたくさんのことを学んだ。「六法全書」もはじめて自らの問題として活用したし、基準局、労政事務所、地方労働委員会等の公的機関の利用等、仲間の団結の力とともにせいいっぱい動きまわったと思う。小さな組合にはそれなりの闘い方がある。はじめから企業内にとどまることをせず地域や同業種などあらゆるところへ参加した。

そして、何よりも闘っている沢山の仲間を知ることができ、実際に連帯して闘う意味を知ることができた。

パート組合をつくることは決して簡単ではない。仲間づくりから組合結成、会社との交渉など本当によく頑張ってきたと思う。一人の働く人間としての権利を行使するには「扶養控除限度70万円」にまどわされないこと、家事を夫にも分担してもらうことなど私たち自身が変わらなければならない課題もたくさんあった。本当に困難な道だけど、やれる道は残されている。全国で多くの仲間がパート組合をつくれたらと願わずにはいられない。

※栄松堂はチェーン形態の大型書店半数以上がアルバイトと称する臨時労働者でなりたっている。

▲「よく働く」と、企業側からの評価は高いが……

サービス部門もパートが多い▶

働くあなたに

評論家　樋口恵子

「ああ、働くなら働いていいよ。俺は女房が外で働くのに文句を言うようなケチな男ではないよ。ただし家のこと子どものこと、主婦がやるべきことはきちんとやった上で出てもらいたい」――これは、日本の夫たちの平均的なホンネといっていいでしょう。無理もありません。ついこの間まで、国民の意識形成に重要な影響を与える子どもの教科書に、こんな表現が載っていました。「おかあさんのしごと」というところに「おとうさんのお世話」。また、共働き家庭についての叙述の中で「おかあさんは外で働いて、家の仕事もするので大へんです」。これでは、女が職業を持つときは家の仕事をちゃんと一人でやること、そして大の男である「おとうさん」は、家事を手つだわないどころか、幼児や老人同様、おかあさんにお世話される、自立できない人間であたりまえ――と教科書で教えているのですから。

あなたがパートで働きに出ようとするのは、中年の主婦の前に開かれた仕事が、パートしかない、というのが第一の理由に違いありません。しかし同時に、あなた自身の内部に、夫の「家事と子どものことは……」という声に、押されたり同感したりするものもあったから「パートのほうが好都合」と思ったのではないでしょうか。家庭責任は女であるあなたが一身に背負う、だからパートのほうが待遇は低くても好都合――こうあなたが思うことこそ、パートを安く雇う企業にとって「好都合」なことはありません。仕事に執着を持たず、家庭こそわが人生の正念場と思っている人くらい、使う側にとって、気軽に使い捨てできる存在はありませんから。

もしあなたが、現在のパートの状態に不満と怒りを感じるとしたら、どうぞ家庭のあり方にも目を向けて下さい。家庭の中で、妻だけが責任を持つ「男は外、女は内」という性別分業意識が、外での女性の地位を「どうせ中途半端な存在」として低めているのです。

この性別分業意識を変えることが、男女平等のキイ・ポイントだということは、今では世界的に認められた考え方になりました。八〇年夏の国連婦人の中間年会議で、日本政府は「婦人差別撤廃条約」に署名しました。それには「…男女の社会的及び文化的行動様式を修正していくこと。」「児童の養育及び発育における男女の共同責任」等を述べています。

考えてみると、今、親たちを悩ませている少年の家庭内暴力や非行化も、父親の無力化という名の、父親の家庭責任からの逃亡と、「子育ては女の責任」の結果としての母の溺愛とが大きな原因だと、先日の総理府の調査にもありました。性別分業の行くつく果ては、決して好ましい結果ではないのです。パートへ出るのをきっかけに、家の中のやり方を少しずつ変えてみませんか。子どもにも、夫にも、いっしょに家庭の中の責任を分かち合い、いっしょに家庭を支え、そして社会を支え合うのです。教育ママ以上に、夫を変える教育ワイフはやりがいがあると思います。新しいより豊かな男女の関係をひらくためにも、同じ条件の女性がおたがいにアイディアを持ちよって、さあ、始めてみませんか。

いま、パートの役割は

弁護士　中島通子

パートで働く女性が急増しています。それは第一に、働きたい女性にとってパートしか働き口がないから、そして第二に、パートでなければ働けない女性が多いからです。

「なぜパートを採用するのか」という労働省の質問に対して、企業は「人件費が割安となるため」「生産（販売）量の増減に応じて雇用調整が容易であるため」と、率直に答えています。パートは安上がりの景気調節弁だということを、企業は堂々と公言しているのです。

具体的に見てみると、七九年女性パートの時給は**四七二円**ですが、フルタイマーの月間現金給与総額を月間総実労働時間数で割ると、一時間当り男性**一五九四円**、女性**九六一円**になります。その上退職金もないし、社会保険に加入させず企業の負担保険料を免れている場合が多いのですから、正規に男性を一人雇う経費で、女性パートを五人も六人も雇えるわけです。景気が悪くなれば真先にやめさせられる不安定な身分であることは説明するまでもないでしょう。

一方、女性の側でもパートを希望するのが現状です。家事や育児を担いながら働き始めようとする女性にとって、「まずパートで働きに出る」という方法は、最も現実的でしょう。しかしそれが、「パートこそ、女性にとって最も適した働き方だ」ということになると、問題は重大です。女子若年定年制を争う裁判で、会社は、「女性は家庭にあって家事労働に従事することが母性、母体の保護、子供の健全な育成、外部に出て働く男性の余暇の保障等のために必要不可欠である。……しかし、家庭婦人にも充分な余暇が保障されなければならないし、家事労働の余暇を利用して家庭外労働に従事することも、各人の自由である」と主張しました。性別分業を前提にし、家事労働の余暇に働く女性が男性と平等になれないのは当然で、このような働き方が労働の中の性差別の根源になっていることをこの主張は明らかにしていますが、さらにこれは、主婦パートのもう一つの役割をも示しています。つまり、家事育児はもちろん、男性の余暇時間まで保障することによって、男性が一〇〇％の力を企業のために発揮することを保障しているわけです。外国から働きすぎと非難される日本男性を支えているのは、まさにこのような主婦たちです。

世界一、二を争う経済大国日本の国際競争力を強めているのは、猛烈に働く男性労働者と、低賃金景気の調節弁として底辺を支えている女性パートや臨時、下請等差別的雇用の労働者です。すなわち女性パートは、労働市場の内と外の両面から、経済大国日本を支えているわけです。労基法改悪や家庭基盤充実政策は、この方向をますます強めるものに他なりません。

最近の国際情勢は、経済大国の道が、軍事大国の道につながっていることを明らかにしています。女性がパートという形でこの道を歩まされることを拒否するために、男女雇用平等法を作ってパートでしか雇わないという雇用差別をやめさせることと、家庭の中の役割を変えてパートの差別的な労働条件をやめさせることがどうしても必要です。

告知板

働く女性の相談室

＝泣き寝いりしてしまうまえに＝

●働く上で困る事、おかしいと思うことがあったら、どんな事でも話してみてください。どうしたらよくなるか一緒に考えましょう。

●持ってくるものは就業規則・賃金表・募集広告……その他参考になるもの

○毎週水よう日　午後六時～八時

○受付は毎日十時～五時　必ず電話で予約してください。

☎03(353)2365へどうぞ

『国際婦人年をきっかけとして行動を起こす女たちの会』とは

ハウス食品CM「私つくる人、ボク食べる人」への抗議（一九七五年）や、NHKの英会話テキスト「亭主関白」への抗議（一九八〇年）などはマスコミを通じてご存知の方も多いと思いますが、行動する女たちの会ではこうした固定的な性別役割分業に対する抗議行動の他、各分科会毎に地道な調査研究活動、パンフレットの作成等さまざまな活動をしています。現在活動中の分科会は私たち労働分科会の他に、教育分科会、家庭生活・主婦問題分科会、離婚分科会などがあります。それぞれの活動内容については合同事務所「ジョキ」までお問い合せください。

労働分科会の足跡

- 賃金問題シンポジウム―女が食えない賃金のからくり―女にとって望ましい賃金のあり方を考える―（76年11月、77年３月）
- 主婦の失業者宣言―女にも職を！（78年３月）79年，80年のメーデーに失業中の労働者として参加する
- 日本鉄鋼連盟の仕事・賃金差別裁判支援（78年1月～　）
- 地方自治体の募集・採用差別に抗議（78年度から毎年度調査し抗議をしている）

好評発売中！

２年目の記録　行動する女たちが明日をひらく（600円）
Action Now in Japan　（英文 250円）
男女共学をすすめるために　（200円）
女はこうして作られる　（300円）
離婚は怖くない　（500円）

男女雇用平等法

「その瞬間、先輩たちの長い間の運動・苦労がしのばれて……」――思わず涙ぐんだと、ある人が言っていました。

コペンハーゲンで開かれた一九八〇年、国連婦人の十年中間年の世界婦人会議でのことです。

キナ臭いニュースばかりが届く近頃、これは珍らしく明るいニュアンスの話しではありました。では、彼女をそのような感無量の心境に置いたものとは、一体、何だったのでしょう。それは――日本政府代表による婦人差別撤廃条約（正確には「婦人に対するあらゆる形態の差別の撤廃に関する条約」）の署名――これでした。

一九七九年の国連総会で採択されたこの条約のコペンハーゲン大会での署名をめぐって、日本政府と、女性解放グループの間で、ひともんちゃくのあったことは、御承知のとおりです。「国際婦人年をきっかけに行動を起こす女たちの会」では、署名見送りという当初の政府方針に怒って、ハンストによる抗議まで計画していました。「婦人差別撤廃条約」とは、私たち女性にとって、それほど抜き差しならない重要な意義を持つものなのです。

この条約は三十条からなり、条約の名が明らかにしているように、あらゆる分野、あらゆる形の女性差別を撤廃していく目的で作られたもので、しかも条約の締約国は、この目的のために必要な措置を取ることを義務づけられるのです。

ここで、私たちにとって特に切実な雇用に関する第十一条に目を通して見ましょう。とはいえ、条約文はとかく素人には読みこなしにくいものなので、ちょっと弁護士のNさんの要約・解説を引用させてもらうことにしました。

「条約十一条は、雇用の分野に関する条項だが、一項で平等を、二項で母性保護を中心に、次のように規定している。

まず、平等に関しては、「すべての人間の奪い得ない権利としての労働の権利を保障した上で、雇用機会、昇進、雇用の保障、職業訓練、賃金、待遇、社会保障、安全衛生等、雇用における女性に対する差別を撤廃するためのすべての適当な措置をとることを締約国に義務づけている。

次に母性保護に関して、(a)妊娠又は母性保護を理由とする解雇及び婚姻をしているか否かに基づく差別的解雇を罰則付きで禁止し、(b)所得保障、原職復帰、先任権、社会的手当の喪失を伴わない母性休暇の導入という強力な保護を義務づけている。

いうまでもなく、平等に関しても、保護に関しても、日本の現行法は条約の内容からほど遠く、批准のためには男女雇用平等法の制定と母性保護に関する立法措置が必要である。」

（私たちの男女雇用平等法をつくる会・ニュース、八月三十日発行・No.9）

婦人差別撤廃条約と

これでも仲々頭に入りにくい感じですが、そこをガマンして、くり返し読んでみて下さい。そうです――「職場における性差別を一掃せよ、そのための然るべき措置をきっと取れ」――とそれは言っているのです、画期的な内容です。

さらに大切なことは、「母性保護」を母性を持つ女の権利として、女性の働く権利と両立するものと条約が言い切り、これに対する措置の徹底を求めている点です。女のもつ母性はもはや、マイナスとは見なされないばかりか女個人の負担にもなってはならぬと考えられています。

パートタイマーは、現在の働く女性の中でも最も差別的な、劣悪な労働条件に置かれています。「女は家庭」「男は仕事」という固定観念がパートタイマーの女性に対する差別を正当化しているからです。「女だから、あるいは『主婦』だから――賃金は安くても良い、単調な仕事を押しつけておいても良い、保険をかけなくても良い、いつ首にしてもかまわない、母性保護なんてゼイタクだｅｔｃ」。なんとなれば、「女にとって、主婦にとって、職業・職場は第二義的なものだから」。婦人差別撤廃条約は、まさにこのような考え方、社会通念の息の根を止めることを使命としているのです。

それでは、あの日本国憲法の存在はどうなっているのでしょう。日本国憲法十四条は「両性の平等」を三〇年も前から保障していたのではなかったのでしょうか？

婦人差別撤廃条約はこれに対してこう答えています。

「男女平等の原則が自国の憲法その他の適当な法令に組み入れられていない場合には、これを定め、かつ、男女平等の原則の実際的な実現を法律その他の適当な手段により確保すること。（第二条(a)）

そうです、憲法による原則の確認だけでなく、それを具体化した法律が平等の実現のためには絶対に必要なのです。そして日本の働く女が欠いているのはまさにそのような法律なのであり、それが「男女雇用平等法」です。なぜならば憲法十四条の原則を労働条件について規定した「労働基準法」の中には、性差別禁止を明記しているのは「同一労働・同一賃金」の四条ひとつしかなく、雇用差別についてはなんの規制がないから、これでは募集・採用の時点から始まる女に対するもろもろの差別に対して、有効に対処し得るはずもありません……。

とにもかくにも日本国政府は、この「婦人差別撤廃条約に署名しました。条約批准のための法整備の段階に入った今日、私たちがやるべきことは、この婦人差別撤廃条約の理念と精神を正しく体現する、私たち女性のための「男女雇用平等法」の制定を、私たち女性の力で政府に迫まってゆくことです。

相談所一覧

■労政事務所

事業所名	所　在　地（最寄駅）	電　話
労働局	千代田区丸の内3－8－1（国・有楽町）	215－6110
中　央	文京区後楽1－3－48（国・地　水道橋）	812－4231
品　川	品川区広町2－1－36（国・大井町）	776－6110
渋　谷	渋谷区神南1－19－8（国・地　渋谷）	461－6862
新　宿	新宿区西大久保4－170（国・高田馬場）	203－6110
王　子	北区岸町1－6－17（国・王子）	900－0116
亀　戸	江東区亀戸2－19－1（国・亀戸）	637－6110
三　鷹	三鷹市下連雀9－9－2（国・三鷹）	0422－47－6110
立　川	立川市曙町3－7－10（国・立川）	0425－25－6110
八王子	八王子市明神町3－4－3（国・京王　八王子）	0426－45－6110

■労働基準監督署

足　立	足立区千住河原町5	882－1187
飯田橋	文京区後楽1－9	813－5651
池　袋	豊島区東池袋2－58	971－1256
上　野	台東区池之端1－1	828－6711
江戸川	江戸川区東小松川5－25	654－2391
大　田	大田区蒲田本町2－32	732－0171
王　子	北区赤羽2－8	902－6003
亀　戸	江東区亀戸2－21	685－5121
品　川	品川区東五反田2－6	443－5741
渋　谷	渋谷区渋谷1－17	400－6581
中　央	千代田区二番9－8	262－1131
中　野	中野区中野3－37	382－1551
三　田	港区芝4－4	452－5471
向　島	墨田区東向島4－33	614－4141

■その他

「働く女性の相談室」に連絡下さい。地域等、あなたの実情にあった労組を出来るだけ紹介します。

注意

▼組合もたくさんありますが〝労使協調〟などと言っている組合は働く者の立場に立って相談にのってくれることはまずありません。気をつけましょう。

▼東京地方のものを参考にして書きましたが、各地に同じようなものがたくさんあります。いろいろ電話をかけて、よい相談相手をみつけましょう。

職場のことや賃金のことなど《労働問題》で悩んでいる方へ―

▼相談所の種類

合同労組　いろいろな会社に勤める人たちがいっしょになって一つの組合をつくっているのを合同労組という。全国各地にあり、新しい組合員として組合加入もできる。会社との交渉のベテランもいるので相談にものってくれる。

労政事務所　地方自治体の機関で権限は無いが労働条件や労働組合のつくり方などについて労・使双方から相談をうけ（秘密は守ることにはなっている）指導を行なうところ。夜間相談日を設けているところもある。

労働基準監督署　国の機関で労働基準監督官がおり、労働基準監督行政を実際に行なうところ。労働基準法違反の疑いのある場合は立入調査や尋問をする。違反と認めれば書類送検をするなどの権限をもつ。相談所というより訴えを申し出る所といった方がいいだろう。労働者の訴えを良心的に扱ってくれるかどうかは監督官の個々人によってかなり差があるようだ。

▼相談のポイント

就業規則や労働契約書、賃金明細、その他労働条件に関係するものは何でも出来るだけ持参すること。

会社の資本金、社員数、パート社員数等会社に関係することや、正規社員の組合があるなら、どんな活動をしている組合か、上部団体はどこかなど組合に関することについても、わかっていればまとまっていると話しが進みやすくてよい。

何より相談者自身が、相談したい内容や何を要求したいのかをできるだけ明確にしておくことが大切。

編集後記

結婚や出産、家庭の事情などで一旦仕事をやめてしまった女がもう一度働きたいと思っても、そんな女性を募集しているのは「パート」の仕事ばかり。パートで働く人は今後ますます増え続けるでしょう。正規で働く女性にとっても決して他人事とはいえない問題です。

しかし、書店などでさがしてみても、「パート」をうまく使うための使用者向けの本はたくさんありますが、実際に「パート」で働いている人のための手引きになるようなものはみあたりません。私たちは「パートだって、ひとりの労働者として正規の社員と同じように企業はいろいろな保障をする責任があるんだ」ということを多くのみなさんに知ってもらいたい、「パートだからしかたがない」とあきらめないで欲しいと思い、このパンフレットをつくりました。企業のいうなりになって損をしないために、この冊子を活用してください。

パートタイマーの手引

―あなたは損をしていませんか―

監修／中島通子（弁護士）

定価／二〇〇円

一九八〇・十二・一

発行・編集／国際婦人年をきっかけとして行動を起こす女たちの会・労働分科会

〒160　東京都新宿区若葉一ノ一〇グリーンマンションD号
女性解放合同事務所「ジョキ」
TEL　〇三（三五七）九五六五

版下製作／須田幸子　**印刷**／トライプリント

事務所ご案内図

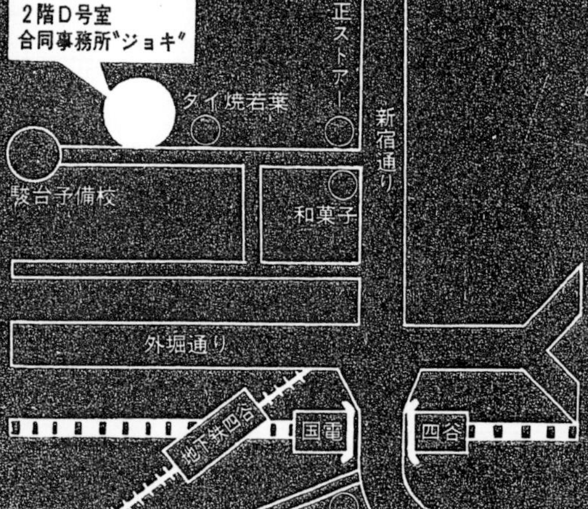
グリーンマンション
2階D号室
合同事務所"ジョキ"
タイ焼若葉
丸正ストアー
新宿通り
駿台予備校
和菓子
外堀通り
地下鉄四谷
国電
四谷
上智大学

増補

パートタイマーの手引き

労働分科会

圧倒的に多い賃金格差、身分保障の悩み

労働分科会が『パートタイマーの手引き』を出したのは一月下旬。全国の新聞その他に紹介され、問合わせ、注文がひっきりなし。三月には定例会を持ち、現実にパートとして仕事に携わっておられる方も含めて一堂に会し、パートをめぐるさまざまな問題を話合いました。

そこでこのたび私たちは、定例会で行なったアンケート調査、および手紙で寄せられた疑問や悩みにお答えする形で、手引きの増補版ともいうべきものをまとめました。「手引き」と併せお読みいただき、パートタイマーがかかえる問題について、一層の理解を深め運動を発展させてほしいと思います。

■アンケート集計の結果

三月一四日の集会でのアンケート調査に対して、三六名の方から回答が寄せられました。(内一名は男性、出席者総数九〇名)。以下がそのまとめです。

①年齢別構成（回答なし二名）

10(代)～24歳　4名　25～34歳　8名
35～44歳　11名　45歳以上　11名

35歳以上の子育てを終えたと見られる年代の方が、約三分の二を占めていました。就職にしろ集会参加にしろ、女性の社会参加はM字型の年齢構成がつきまとっているようです。

②労働時間

㋑週の労働日数(回答なし6名)

3日以内　4名　4日　なし
5日　10名　6日(5.5日)14名

㋺一日の労働時間(回答なし7名)

4時間以内　3名　5時間　6名
6時間　7名　7時間　4名
7.5時間　5名　8時間　2名

パートタイマーといっても、フルタイマーと変わらない長い時間を働いているという実態が、ここにもはっきり出ています。週に六日、一日七時間以上働いている人が八名もいました。

③賃金＝時間給(回答なし18名)

四五〇円以下　五名(最低額は四〇〇円)
四六〇～五〇〇円　五名
五一〇～五五〇円　一名
五六〇～六〇〇円　二名
六一〇円以上　五名（学校講師、編集、インテリア、経理、タイプなど）

東京の女性パートの時間給(一九七九年度)

一般事務　五六〇円（平均）
販売店員　五〇〇円（平均）

と比較すると、どちらかというと低い結果になっています。

④職場での悩み

賃金格差　10名
身分保障がない（解雇）　7名
社会保険がない　5名
昇給しない　3名
対人関係　3名
強制的に休まされる　2名
給料の遅配　1名
休暇が取りにくい　1名

当然のことながら賃金（格差、昇給）の問題、身分保障の悩みが多くなっています。

⑤意見・感想

「参考になった」「勉強になった」「はげまされた」「これからも問題意識をはっきりさせながらがんばっていきたい」といった前向きの感想がたくさん寄せられました。

■休暇・休憩時間などについて

有休を請求すると「パートだから、必要がないだろう」とか「忙しいから休暇をとられると困る」とか云われ、休暇がとりにくいのですが

「有給休暇」は労働者が人間らしい生活をするために、労働から解放されることを目的として、労基法に規定された権利ですから、働く以上は保証されます。年間の決められた労働日の八割以上を働けば、二年目からは有給休暇がとれます。たとえば、あなたが週五日勤務の契約で働いているとすると、年間、祭日などを除いたとしてたぶん二五〇日ぐらいになるでしょう。そうすると二五〇日の八割は二〇〇日ですから、はじめての年に二〇〇日以上出勤していれば、二年目に最低六日の休暇がとれ、三年目からは一年につき一日ずつ増えます。

なお、産休期間、有給休暇は、すべて出勤されたものとして計算されます。

また、有給休暇は「忙しいから」「業務に支障がある」「職場に穴があく」などの理由は、雇い主の主観的な判断では、正当な拒否理由になりません。雇い主は、ふだんから有休の人の代替要員を確保する義務があり、簡単に有休を制限したり、他の時季にふりかえることはできません。

なお、年末、年始、夏休み、忌引、慶弔など、会社が規定している休みは「特別休暇」です。あなたが休みを取りたいときに取り、しかも、休んでも賃金が支払われるのが「有給休暇」で、これは「特別休暇」とは区別しなければなりません。（規定、および適用については『パートタイマーの手引き』参照）

四時間勤務のパートタイマーです。ライン労働のためなかなかトイレに行けません。休憩はとれないのでしょうか。

トイレに行くという生理的要求を仕事の都合でがまんさせるなど、常識以前の問題で休憩時間とは関係なく当然トイレに行けるのでありそのための交代要員などは当然企業が用意すべきものです。

労基法上は働いている時間が六時間を越える場合は少々なくとも四五分、八時間を超える場合には一時間の休憩時間を、働いている時間の途中に与えなければならないことになっています。しかし、仕事の能率だけからいっても、適切な休憩は大切であり職安などでは法律上は休憩時間がないような仕事の場合にも適切な休憩時間を与えるよう行政指導しています。休憩時間は労働者が自由に利用できる時間であり、仕事中の客待ち時間などは含まれません。

■賃金・ボーナス・退職金などについて

2

私はいまのところに勤めるときに賃金について契約などしなかったのですが……

使用者が人を雇う場合、賃金に関しては必ず書面で知らせなければならないことになっています。（労基法15条—労基則5条3号・76年改正）書面とは、就業規則があればそれがその書面の役割を果します。また就業規則がない場合は、辞令等何らかの書面に明記したものでなければなりません。

書面に書かれなければならないことは「賃金の決定・計算、支払い方法。賃金の締切り、支払いの時期。昇給に関する事項」です。これはもう少しくわしく書くと以下のようです。

- ●賃金の決定・計算＝時間給・日給・週給・月給の別、その額とその内訳（基本給・能率給の割合等や、出来高払いの際の補償額と出来高の決め方）
- ●支払い方法＝現金払いか振込みによる支払いか。その日払い、週払い、月払いの別。特定された曜日。日など。
- ●時間外、休日勤務の割増賃金。
- ●昇給—勤務期間、勤務状況等による昇給のあり方、その時期など。

以上のことは、必ず書かれていなければなりません。まずこれらのことを確認して働き始めたいものです。

さらに諸手当（通勤、皆勤、扶養等）、臨時の給与（ボーナス）、退職金等のことも記してあるのが、本来の労働契約としては当然のことですから、この点も確認すべきでしょう。

『パートタイマーの手引き』をみて、私の賃金が驚くほど低いことがわかりました。これは田舎だからしかたがないのでしょうか。

最低賃金制が守られていますか？賃金には最低賃金法があり、業種別、地域別に最低賃金額が毎年決められます。それ以下の賃金で働かせると雇い主は罰せられます。

例えば東京の場合、一時間当り、食品業で四三二円、印刷業四四八円、スーパーで働く場合で四四六円という具合です。

東京以外の地域の場合、これよりやや低い額となります。くわしくは各地域の労政事務所、労基署、職安にパンフレット等が置いてあり、知ることが出来ます。

この最低賃金制の金額以下で働いている場合は、即座に訂正させましょう。聞き入れられない場合、労働基準監督署に行けば、法律違反として会社を強力に指導してくれるはずです。

また、以前の賃金についても違反があれば過去二年までさかのぼって、その不足額を請求できます。

もう五年以上も働いているのに一度も昇給したことがありません……

こんな例は、すべての労働者に適用される労基法の主旨からも許されることではありません。まず雇い主に交渉しましょう。それでも駄目な場合は、労基署に相談に行くのもよいでしょう。秘密を守って欲しいと求めれば申請者を明かさず会社を指導してくれます。

昇給は、一年以上同じ企業で働いて前年の出勤率が普通の場合、そして会社の経営が普通に行われていればするのが当然です。

パートのための就業規則がない場合、正社員の就業規則（十人以上の社員のいる会社は必ずこれを労基署へ提出しなければなりません）が準用されなければなりません。一日の勤務時間が正社員が八時間、パートは六時間という場合、その労働時間に比例した昇給率であるべきだ、ということです。

また、昇給の額の中に含まれるのは、一年働いた昇給分と、物価の上昇に見合ったベースアップ分の二つが加算されるべきです。昇給率などは特に、雇い主と働く者の力関係で決まっていく面が強いものですから、働いている者同志が団結して少しでも高い賃金を毎年勝ちとるよう頑張りたいものです。

パートタイマーにはボーナスはないのでしょうか？

ボーナスは、製造部門で92％、卸、小売部門で78％の企業で支払われています。その額はともあれ、圧倒的多くの会社で出すのですから、まずは支給を要求してみましょう。しかも出来るだけ多い額を。

また、書面に〝賞与を支給する〟と記されている場合は、6月、12月の年二回は必ず支払われなければならないことになっています。（支給時以前に六ヵ月働いていなければ、支給されないこともあります。）

パートタイマーには退職金はないのでしょうか。

就業規則、書面等に退職金の規定がなくても、以前に支給された場合があると、それは〝書かれざる就業規則〟としてその労働慣行があると判断されます。従って、これまでに一人でも支給された人がある場合は、必ず続けさせていくことが大切です。そして、順次支給基準等も明確にさせていきましょう。

また退職金は、会社の都合で退職する場合と、本人の都合で退職する場合では、前者がより高く支給されるのが普通です。

3

パートでも通勤手当を要求できるのでしょうか。

通勤手当はほとんどの企業で出していますので、当然要求出来るものと考えてよいでしょう。

通勤手当は、現物（定期券、回数券）で支給される場合と、その額のお金で支給される場合があります。

通勤手当の対象となる常識的な距離というのは、電車で一駅、バスで二駅以上の距離とされています。

■不安定な雇用形態や雇用上の差別について

産休・育児休暇の代替勤務をしていますが、次の仕事の保障を要求できるものでしょうか

産休や育児休暇の代替の仕事は通常継続してある仕事ではなく、ある時期に臨時に必要な業務といった性格のものです。したがって、使用者は法的に次の仕事を保障すべきだとはいえないようです。しかし何事も力関係、法律はその一つにすぎません。常に代替用員を多数必要としているようなところでは、臨時職員の組合をつくって、労働条件等についてさまざまな交渉をしているところもあります。

賃金をもう少し上げてほしいと言ったら、やめてほしいといわれたのですが……労働基準法に違反していることが非常に多いので、労働基準監督署に訴えようと思うのですが、すぐ首になりそうで……

雇い主といえど、従業員をそう簡単に解雇できるものではありません。とくに、パート・正社員の別を問わず、次のような理由で解雇することは絶対に禁止されています。

①組合をつくったり、加入したり、活動したことを理由にした解雇（労組法7条）

②業務上のけがや病気による休業や産前、産後の休暇、およびいずれの場合もその後の三〇日間における解雇（労基法一九条）

③労働者の国籍、信条、社会的身分を理由とする解雇（労基法三条）

④労働基準監督署への申告を理由とする解雇（労基法一〇四条二項、安全衛生法九七条二項）

以上のようなことから、お二人の場合、そのために解雇を言い渡されたとしてもそれは無効です。法的裏づけをもって闘えます。働く側がこのような権利を知らずビクビクしているのをよいことに、使用者は解雇をチラつかせるのが現状です。負けてはいけないと思います。

ただ、法律上無効であっても、いやがらせをされたりすることが十分考えられますので、日頃から共に働く人たちと話合う機会を持ち仲良く働くよう心がけておくことも大事です。

妊娠したことを理由に契約の更新を拒否されたのですが……

産前、産後の休暇中およびその後の三〇日間は労基法で解雇が禁止されていることは前項で述べた通りですが、妊娠中の解雇については、特に労基法上のとりきめはありません。

しかし、出産退職制など、母性機能を理由とした不利益な取扱いは、公序良俗違反として実質的に禁止されていると言っても過言ではありません。これは、多くの判例によって裏付けられています。

あなたの場合も、実質的な出産退職制と言えるもので、民法90条公序良俗違反として十分に闘えます。いや闘うべきでしょう。

また、一九八〇年、コペンハーゲンの世界会議においても日本政府も署名した〝**婦人差別撤廃条約**〟は、十一条二項において、母性機能を理由とした不利益な取扱いについては罰則をもって禁止するように謳っています。

このように、母性機能を理由とした差別の禁止については、すでに多くの女たちが闘いの成果として築いてきたものです。がんばれば必ず勝てる闘いである以上、決してあきらめてはいけません。

4

一年に六ヵ月だけの季節的な仕事についているのですが、次の仕事の保障はあるのでしょうか。

雇用契約が反復更新されれば、パートであっても簡単に解雇することはできません。

この場合、中途に休業期間が入ることになりますが、同じ仕事を毎年やっていれば、働く側に「来年もまた……」という期待が出てくるのは当然の気持でしょう。毎年同じ季節にある仕事であり、二、三年も続けてその仕事をやっているのならば、前年中に次の年の仕事の契約を申込んではどうでしょうか。

常時、同じ仕事があるのに、契約は二ヶ月ごとで、とても不安定なのですが……

本来パートタイマーとは、働く時間が正社員よりも短いというだけなのですが、特に日本では、短期間雇用（たとえば二ヶ月ごとの契約更新など）が抱き合せになっていることが多く、雇い主側から「すぐにクビが切れるから」という虫のいい言い分が出てきます。

けれどもパートタイマーの意味は、あくまで前記の通りであり〝臨時〟ではありません。

この臨時工制度について、69年東京地方裁判所で「景気変動に備えて雇用量を調整することは企業の採算上やむを得ぬ面があることは否定できず、そのため設けられた臨時工制度に種々の問題があるとしても、このことから直ちにその存在理由を欠くと断ずるに足りない。」という判例が出ていますが、同じ判例の中で「なんら合理的な理由がないのに形式上短期間を定めた労働契約を締結し、これを反復することにより労働法規の適用を免れようとする意図がある場合は、原告らの主張の公序良俗に反し無効となる余地はある……」といっているのです。

つまり質問にあるようなパートタイマーの待遇は、まさにこの判決文中にある、労働法規の適用を免れようとしているということに当たるでしょう。

けれども、こうした短期間契約であっても更新すれば、簡単に解雇はできなくなりますし、別の項に詳しく述べられているように、労基法も適用されますから一方的に契約破棄されたときなどは、充分訴えられるということを、ぜひおぼえておいて下さい。

正社員として働きたいのに、パートタイマーとしてしか勤め先がありません。

近頃、特に男子のみ正社員、女子はパートのみという雇用の形態が増えています。男女別賃金表・女子若年定年制等の、明らかな差別が違法とされてきた中で、こうした制度を温存したいがために、雇用形態を始めから違えて合理化しようとしているのです。

残念ながら、現在の労働基準法は、すでに働き始めた人には、適用されますが、こうしたいわば門前で行われる差別には無力です。また、東京都に設置された「職場における男女差別苦情処理委員会」も、こうした差別には力を持っていません。

このような差別をなくしていくためにも、「男女雇用平等法」の制定が必要なのですがこの法律は、一九八〇年コペンハーゲンで日本も署名した婦人差別撤廃条約の十一条一項でも締約国に義務づけています。

■社会保険などについて

社会保険の適用を免れるために一人月一〇日以上は働いてはいけないといわれます。私のところでは五ヵ月働いたら一ヵ月休むようにいわれます。

いずれも保険や労働法規の適用を免れるための会社の悪知恵、つまり意図的な雇用調整といえるでしょう。働く者が法律を盾に権利を主張するならば、会社は法律のぬけ穴を考えるというわけです。

しかし、業務の性格上の理由（たとえば、本当に五ヵ月しか仕事がない、一ヵ月に一〇日しか仕事がないなど）ではなく、法律の適用を免れることを目的にこのような契約を結ぶというやり方は、明らかに公序良俗違反（民

法九〇条）となります。したがってこんなやり方に対しては、法律的な裏づけを持って十分に闘うことができます。とはいえ、会社側は業務上やむを得ないなどと理由をすりかえ、正当化してくるでしょう。

会社に要求したり闘い始める前に、会社側の本当の理由を確かめておくと有利です。「あなたを六ヵ月間働かせたら雇用保険に入れなくちゃならない。会社は苦しいからそんなお金はないし、あなたも保険料を納めなくてもすむ」などといった本音が出たときは、いつ、だれが、どこでいったかというようなことを、きちんとメモしておくとよいでしょう。

社会保険に加入したいのですが、社長は希望しない人が多いからといって、加入しようとしません。従業員は五人いますがみんなパートです。

『パートタイマーの手引き』にあるように、厚生年金、健康保険、労災保険等は、保険によって違いがありますが、保険料の半額、あるいは半額以上（労災保険は全額）が会社負担となっています。そのため適用事業所であっても、従業員がそのことに無関心なら、ほったらかしという例も多いようです。

また、税金などの関係で、夫の扶養家族の範囲内で働いている場合なども、それを理由に、正社員は保険に加入させていても、パートタイマーは加入させなくてもよいと考える経営者もいますし、パートタイマーの方も、保険料などを引かれるよりその方がよいと考える人もいます。

しかしパートとはいえ、働くからには一人前の労働者として扱ってもらわねば、いざというとき非常に弱い立場に立ちますし、思わぬことから大きな不幸に見舞われないとも限りません。そこで、どうすればよいかですが、やはり従業員が一致団結して会社へ要望することです。そのためには『パートタイマーの手引き』や、この『増補版』を仲間にも読んでもらい、みんなの理解と意識を高めることから始める。つまり根気と努力が必要ですが、諦めずに頑張ってください。

従業員が五人以下の場合は、社会保険に加入することはできないのでしょうか。

厚生年金と健康保険の適用事業所は、五人以上の従業員を雇っている事業所となっていますが、五人以下の事業所でも、従業員の三分の一以上の（加入に対する）同意があれば、都道府県知事に申請することによって適用事業所となることができます。

なお、雇用保険や労災保険は一人でも従業員を雇っている場合、これに加入することになっています。

6

パート仲間の友人が出勤途上で事故に合い、一ヵ月も入院しましたが、会社からは何の保障もありません。パートに労災保険はないのでしょうか。

労災保険はパートタイマーであっても、それがたとえ一人であっても、従業員を使っている場合は加入することになっています。また、災害の対象は業務災害と通勤災害になっており、業務災害とは会社の指示で仕事をしている時に起こった事故、災害で、それが仕事中のことであればもちろん、また休憩中でも、会社の設備や環境の整備が悪いために起こったけがや病気なども、保障の対象となります。

通勤災害というのは、家と仕事場への往復の間に起こった事故で、私用で寄り道をした場合には適用になりませんが、それが日常生活に必要な寄り道、たとえば夕食のための買い物とか、病気の治療のための病院に通う道などは保障の対象となります。

いずれにしても、会社が手続きをし、それによって保障がおりるのですから、まず会社に労災保障の手続きをするように要求することです。そのとき、「パートは労災の適用にならない」とか「あんたはパートだから労災保険には加入させていない」というようなことをいったら、近くの労働基準監督所か労政事務所に相談に行くことです。

最近、作業中に二本の指を切断するという事故に合ったパートの主婦が、会社を相手どって起こした損害賠償請求訴訟がありましたが、その事故が労災の対象になるものでしたら、たとえパートであったとしても、会社に負けることはありません。

雇用保険に加入していると、失業した場合、は失業保険が受けられるし、またいろんな手当てを受けながら職業訓練も受けられると聞きましたので、ぜひ加入したいと会社に言ったところ、労働時間が短かいから加入できないといわれましたが……。

雇用保険は失業後の生活の保障や、求職活動を円滑にするためのさまざまな援助を目的とした保険です。労災保険と同じで、パートタイマーでも加入できますし、離職日以前の一年間に六ヵ月以上加入していれば、さまざまな雇用保険の給付が受けられます。

ただし、パートタイマーについては「一週間の労働時間が正社員の四分の三以上あり、二二時間以上であること」といった通達があります。そこで、この項の最初にあった質問のように、「月に一〇日以上働いてはいけない」というような会社の指示が出たりするわけです。

したがって、もし自分の意志ではなく、会社の指示で短時間しか働いていないとしたら、正社員の四分の三以上、または週二二時間以上働くようにすべきです。前にも述べたように、仕事があるのに短時間しか働かせない、あるいは同じような短時間パートを何人も使っているというような場合は、意図的な雇用調整と考えられますから、会社の言いなりにならないで、もっと長い時間働かせてほしい、そして雇用保険に加入させてほしいと、はっきり主張するとよいでしょう。

また、失業後の職業訓練については、訓練校の定員が少ないので、実際にはむずかしい面もありますが、大いに活用すべきです。まず失業すれば、所定の手続きを経て「基本手当」(いわゆる失業保険)を受けることができますが、職安を通して公共の職業訓練校に通えば、その上に「技能修得手当」として受講手当日額五一〇円、通所手当月額一万六二五〇円などが支給されます。

また、もしあなたが雇用保険の加入期間が一年未満であるか、年齢が三〇歳未満という場合は、基本手当の給付日数は九〇日ですが、職業訓練を受けた期間(日数)延長されます(延長期間は原則として一年間)。

なお、基本手当はその人の賃金によって異なりますが、賃金日額の六〇~八〇%の範囲で最低二一四〇円、最高六六七〇円となっています。(金額は56年六月現在)。

■対人関係について

人間関係がうまくいかなくて悩んでいるのですが……

ひと口にパートといっても仕事の内容、人数、職場の雰囲気などさまざまです。そして働きやすい職場かどうかということは、労働条件の他に人間関係も大きな要素になるのが現実です。正社員とパートでは賃金はもちろん、いろいろな面で待遇が違います。パートは制服が支給されない、昼食代の補助がないなどという、差別待遇に対する悩みもありました。

職場ではこうしたささいなことが原因で、正社員とパートの間で、またパート同士でも気まずい雰囲気になったりしがちですが、自分より身分や待遇のよい人を恨んだり、ねたんだりしても問題の解決にはなりません。そうしたことを決めているのは会社なのですから、働いている者同士、パートとか正社員にはかかわりなく、お互いに情報を交換し、おかしいと思ったことは、その理由を会社に聞くことが大切です。

やはり、自分の方から積極的に話かけていくように心がけ、気軽に話せる人間関係をつくることができれば、居心地よく働くことができますし、会社のやり方に対して文句を言ってゆくときの力にもなります。

これは家庭内のことなのですが、夫より帰宅が遅くなると機嫌が悪い。子供達も何もせず、ただ私の帰りを待っているような状態で、勤めつづけるのはとても大変なのですが……

家事が全てあなたの肩にかかっている状態では、たとえ短時間勤務とは言え（ほとんどの人がフルタイム並の勤務時間ですが）よほど丈夫な人以外身体をこわしてしまいます。また、責任を持って働くことも出来ないでしょう。

家事は家族皆で分担して行くことが必要です。子供達が小学生になっていたら、簡単な身の周りのことは自分で出来るようにしつけましょう。掃除や洗濯などもどんどんやらせましょう。男の子だったらなおさらです。鉄は熱いうちに、打たなくてはなりません。お料理だって少しずつ教えていきましょう。教育の時期をやや逸してしまった夫には根気よく、少しずつ、あせらないでやらせて行きましょう。子育てを経験しているあなたなら要領はわかっているはず。

子供達や夫が週一回ずつでも手を出すようになればしめたものあなたの負担はずっと軽くなります。家事は人間が生きて行く上で不可欠な大切な仕事です。あなたが家事の手を抜くのではなくこんなすばらしい仕事を家族にも分けてあげる、という考えで今日からはじめて行きましょう。夫との、家族との関係を変えていくために。子供も夫も家事を行う家庭をつくって行くこと、それがあなたの労働権の保障につながるのです。

■もっと権利を主張しよう

私たちは、色々の角度からパートタイマー労働者の権利を主張してきました。しかし、何ごとも一人で、会社に賃金や労働条件の改善を要求していくのには限界があります。できれば、一人でも多くの職場の人たちと一緒に要求することが、より実現しやすいのです。それには、パートタイマーの労働組合を作って要求していった方が、強力であり、法律にも守られます。そこで、簡単に労働組合の作り方にふれてみたいと思います。

★組合を作る前に知っておきたい法律

一つは憲法です。憲法第二五条の生存権、二七条の労働権、二八条の団結権・団体行動権等はぜひ頭に入れておきましょう。その上で、労働基準法、労働組合法を勉強するとよいでしょう。

★大切な仲間づくり

組合は、労働者の権利をいかに守ってゆくかが、労働組合の基本的条件ですが、それには、腹を割って話し合える仲間が必要です。会社に色々な不満を持っている職場の人たちと、日頃から話合いをしていくことです。そうして、信頼関係を結べるような仲間を、一人でも多く作るのが、組合づくりの秘訣です。そして、地域に信頼できる労組（労使協調を言う労組は信頼できません）や正社員の組合があれば相談するのもよいと思います。

★組合づくり

組合は、どんな職場でも、二人以上集まれば、簡単にできます。結成時は、まず労働組合の名前を決めます。次は役員選挙と規約の作成で一応の形式はととのいます。会社側には、労働組合結成通知書を提出し、同時に会社への要求と団体交渉申入書を持っていきます。そして、団体交渉によって労働協約・協定を会社側と結び誠実に守るようルールを確立する必要があります。あとは、随時団体交渉を持ち、一歩一歩ねばり強く、斗っていくことが必要です。なお、組合作りの詳細は、労政事務所や地区労組などに相談するか、労働組合の作り方の本なども出版されておりますので参照するとよいと思います。

「パートタイマーの手引」増補版
監修／中島通子（弁護士）
定価／二〇〇円
一九八一年七月一日発行
発行・編集／国際婦人年をきっかけとして行動を起こす女たちの会・労働分科会
東京都新宿区若葉一ノ一〇グリーンマンションD号
女性解放合同事務所「ジョキ」
TEL 〇三（三五七）九五六五

つばさをもがれた女の子

教室の中の性差別

男女平等の教育を考えるシリーズ　III

目　次

まえがき

私たちのグループが、日本の社会から、特に教育の分野での性差別をなくそうと運動をはじめてから六年たった。その運動の過程で、一九七七年には、小冊子、男女平等の教育を考えるシリーズⅠ『男女共学をすすめるために』、一九七九年には『女はこうして作られる——教科書の中の性差別』をまとめたが、予想外に多くの人々から共感をもって迎えられた。これは、一九七五年の国際婦人年以来、日本でも、「性別役割分業」排除の論議が、ようやく市民権を得てきた表われのように思われる。

私たちが、一九七五年に、コマーシャルの「ワタシ作る人、ボク食べる人」に抗議した時、マス・コミは「末梢的なことにメクジラをたてる」という非難の大合唱だった。

しかし、婦人の十年中間年の一九八〇年に、国連では、婦人に対するあらゆる形態の「差別撤廃条約」が採択され（一九八一年九月発効）、ようやく各国は、性差別の根源である性別役割分業の排除に積極的に取りくむようになった。日本国内でも、男女を問わず「人間としての自立」を追求することが一般に受け入れられるようになり、「家庭科の女子のみ必修」に賛成する人は、有識者では十二％（総理府七八年九月調査）、一般女性では二十四％（同七九年十月）に減る、というように、意識の上では急速な変化が起きている。

それにひきかえ、中央集権型の日本の教育の責任者である文部省は、教育課程の項でも後述するように、今だに「特性教育」という名の差別を続け、日本の政府自身が署名した差別撤廃条約の実現をはかる姿勢をほとんど示さない。他の差別の現状には、教科書でも一応気をつかい、教育委員会や学校へも教育的配慮を要請するなど、不十分ながら、取りくんできたが、性差別については、

「家庭科の女子のみ必修」を維持しようと、条約の精神に逆行する姿勢さえ見せている。

政府が、「婦人の十年」の国内行動計画に自ら述べているように、「婦人が、若年時代から正しい職業観を養い、生涯的展望に立った職業選択を行うことができるように」するためには、差別撤廃条約にうたわれた男女同一の教育課程の下で、憲法・教育基本法にのっとった男女平等の教育がすすめられるよう、各自治体の教育委員会や学校現場に積極的な指導をすべきだし、性別役割分業意識の排除のために、いまなお「婦徳涵養」を売物にしている私立女子校などに、その姿勢を改めるよう勧告するくらいの方針を打ち出すべきではなかろうか。

この小冊子に度々引用している、アメリカノースキャロライナの平等教育のガイドラインのような、性差別排除の為の具体的な手引きを公けにするくらいの熱意が必要ではないか。

私たちは、平等教育の推進に腰の重い文部省と教育委員会に日本の女性たちの男女平等教育を望む声をぶつけて、積極的な取り組みを促すつもりで、また、教育の現場を支えている男女の教師や父母たちに、今、それぞれが、平等教育のために、何をすべきかを考えてもらうつもりで、シリーズ第三冊目としてこの小冊子をつくった。これは男も女も、それぞれの個性を伸ばし、経済的、生活的、精神的な自立をめざすための「私たちのガイドライン」である。

一九八二年　三　月

国際婦人年をきっかけとして行動を起こす女たちの会　教育分科会

Ⅰ　ことばの中で

ことばは性差別を支える

まず、左上の「ブス十八ケ条」を読んでほしい。これは人気若手漫才ツービートの大ベストセラーの抜粋である。ここで言う「ブス」は、「美人」同様、女性だけに向けられることばだ。男性に向かって「ブス」とは言わない。なぜ女性だけに、美醜をはかることばがあるのだろうか。

ことばは、それが使われる社会を忠実に反映している。さしずめ、この「ブス」ということばは、日本社会に於ける女性の存在を、もっとも的確に物語っているのであろう。つまり、女性の価値は人柄やキャリアでなく、容貌にあるのだ。もし女性が人として認められている社会なら、ツービートのギャグも受け入れられなかったのではあるまいか。

・性差別とは、女と男を異なる価値基準で判

ブス18ヶ条

第3条　ブスは毎年、別に、ブス税を納めなければならない。

第7条　ブスは、皇居から半径10キロメートル以内に入ってはならない。

第10条　ブスは、それ以上、ひどくならないように、毎年、春と秋の2回、ブスワクチンの投与を受けなければならない。その際、登録して、鑑札をもらうこと。

第14条　ブスには、原則として、選挙権は与えない。

断することである。私たちをその価値体系の枠にはめ込む、大きな要因の一つが、性差別語である。たとえば「男らしい！」「女らしいわね。」がこどもたちを〃男〃と〃女〃の枠にはめ込んでいくように。

日本社会には、性差別的なことばや言い回しが氾濫している。部落や障害者への差別用語にはかなり過敏になったマスコミも、こと性差別語に関しては、あまりに無自覚・無神経・無責任である。むしろ性差別公害をタレ流しているかのようだ。これは全国日刊紙の編集関係者の九八・二％を男性が占めるという、異常な偏りに問題がある。ことばの送り手が男性で占められていれば、女性の主体性を表現することばなど流されるはずもない。

「世の中が男女平等に近づけば、性差別語は自然になくなっていく。だからことばじりに目クジラを立てることはない。」という考え方がある。ことば狩りより社会変革が先、というわけだ。

しかし、ちょっと考えてみよう。いまの「ブス」ということばの中で育ったこどもたちが、「女性は美人に限る。それでなくちゃ生きる資格がない。」といった考え方を無意識のうちに身につけたとしたら……。つまり、性差別語こそは、それを使う人に知らず知らずのうちに男女不平等観を植えつけ、世の中の性差別を再生産するものなのである。

私たちは現状に様々に働きかけるとともに、未来に於ける男女平等社会の担い手をも育てゆかねばならない。そのためには、性差別語は意識してなくす必要があるのではないだろうか。

性差別語ア・ラ・カルト

(a) 職業に関する性差別語

★次の文を読み、問いに答えなさい。

国会議員のI先生は、明日から新潟に遊説旅行に行く。さっきからダイヤルを回し続けていた秘書嬢が、上目づかいに先生に訴えた。「先生、どうしましょう。ホテルがどこも満員で一部屋しかとれませんでしたワ。私と同室では、おいやかしら？」

さて、あなたはこの秘書嬢とI先生のやりとりをどう思いますか。

ア　議員と秘書にはよくあること。

イ　道義的に許せない。スキャンダル

だ。

ウ　なぜおかしいの？

アまたはイと答えたあなた、あなたは「議員」ということばから、なぜ男性を連想したのだろうか。実はこのI先生とは、市川房枝さんのことなのに。

社長・医者・実業家・建築家・作家・新聞記者・パイロット・警察官・監督

これらのことばにも〝男〟のイメージがつきまとう。だから、たまたまこういう職業に女性が就いた時は、

女社長・女医・女実業家・女流建築家・女流作家・婦人記者・婦警・女流監督・女流パイロット

というように女であることを明記して、特殊な例として扱われる。

逆に伝統的に女性がやってきた職業は、

看護婦・保母・寮母・保健婦・賄婦・受付嬢・ウグイス嬢

など、男性が進出してもいっこうに構わないのに、あたかも女性の聖域であるかのように錯覚させている。

職業は、個性に応じて自由に選択すべきものではないだろうか。ある男子高校生は、将来保育園で働きたいのだが、「自分は保母になるのだろうか」とためらっていた。性差別的職業用語が職業選択の自由を奪い、一方の性に固定するイメージを与えているのである。

❖やってみよう

fireman → fire fighter
chairman → chair person
policeman and policewoman → police officer
看護婦 → 看護士
保母 → 保育者

また、会社ではよく「うちの課の女の子」という言い方がされる。一般的には「女の子」とは十二・三才までを言うはずなのだが。成人した女性に対し、これは蔑称にほかならない。「女の子」と呼ばれる人はどんな仕事を与えられるだろうか。――コピーとり、お茶汲み、単純計算、使い走り――なるほど、「女の子」にふさわしい。しかし、責任ある仕事をしている女性なら、決して「女の子」とは呼ばれないはずだ。

「女の子」とは、その女性の能力を低く見積もり、あくまで下働きの位置に据え置こうとする意図をもったことばである。

(b) 家・結婚に関する性差別語

A子の嫁入り

A子は三〇才近くなっても、まだ売れ残っていた。周りからは「行かず後家」「オールド・ミス」と陰口をたたかれていたが、やっと貰ってくれる人が現われ、ついに他家へ嫁いだ。両親も「ようやく片付いた」と喜んでいたが、先方の家風に合わず、やがて出戻ってきたのである。キズものの娘をかかえ、両親の嘆きもひとしおであった。

日本はこの種の差別語が実に豊かな国である。若い男性の多くが「嫁さんを貰う」などと言う。女性は、あげたり、貰ったり、売ったり、出たり、戻ったりする商品ではないのに。結婚に関しては、女性も男性と同様、自由と責任をもって選択し、行動できるのだ。が、幼児期より「お嫁に行けないよ」「貰い手がなくなるわよ」といった侮蔑的なことばを浴び続けたため、どれほど多くの女性たちが「何が何でも結婚しなくちゃ。」とあせり、また不本意な結婚にしがみついてきたことだろう。

主人 ――	家内・妻
旦那様 ――	奥様
亭主 ――	女房
○○氏 ――	○○夫人 ○○未亡人

これらの表現はごく日常的なものであるが、いずれも男が家の中心という観念に支えられている。たいていの女性は、結婚すると夫のことを「主人」と呼ぶ。その呼び方に抵抗を持っていても、周りの人は「お宅のご主人」としか言ってくれない。むろんこの「主人」ということばは封建的家制度の産物だ。日本の悪しき〝文化・伝統〟の名残りであり、いまだに社会の規範としての力を持ち続けている。

若い専業主婦にとって、しつこく食い下がるセールスマンを撃退する決定打は、「主人と相談しなければ……」である。もし彼女が日頃夫と対等の関係をつくる努力をしていても、ついこんな〝便利な〟ことばを使ってしまうようでは、とうてい家制度の固いカベは崩せない。こういうことばを積み重ねているうちに、いつか自分も本当の従属物になってしまうのではないか。

▲ＰＴＡの集まりは女ばかり

だから「主人」ということばをあえて使わないのは、単なることばの言い替えではない。自分は使わない――そして周りの人々にも使わせないためには、強固な意志が必要である。が、よりよき男女関係を築こうと望む人ならば、まずこれらのことばから排除してゆくべきではないだろうか。

教育現場でいまだに使われていることばに、「父兄」がある。かって、家を代表するのが父、または長男であった時代の用語が、現代の学校にも生きている。教育の父親不在が叫ばれて久しく、ＰＴＡと言えば出席するのは母親ばかりの現状なのに、教師が、「ご父兄のみなさん！」と呼びかける様子はこっけいでさえある。

❖やってみよう

主人 → 連れ合い・彼

お宅のご主人
お宅の奥様 } **→お宅のお連れ合い**

○○氏
○○夫人
○○未亡人 } **→○○氏、又は○○さん**

▼学校に提出する書類の保護者欄には、母親の名前も記入しよう。

▼「奥さん！」と呼ばれたら、ニッコリ笑って「私の名前は○○です。」と答えよう。

(c)らしさを強制する性差別語

○女のくせにメソメソするんじゃない。
○男だてらに一人前の口をきくな。
○あの娘は男のくさったのみたいにウジウジしているよ。
○へえー、男のわりには頭いいじゃない。
○私も女だ。女として責任をとります。
○いつまでも泣くなよ。男々しいなあ。
○男の細腕。
○女子一生の仕事。
○そんなに気が強いとおムコさんの貰い手がないよ。
○男の操。貞夫二女にまみえず。
○よく妻に仕えるかわいい夫。
○うちの愚夫です。
○女まさりの男教師。
○男の浅知恵。
○男は感情的だから困るよ。
○雄鶏が時を告げると……。（汚職・軍拡・買春観光！）

以上は、日常、あまりにもあたりまえに使われている性差別表現のパロディである。

これらのことばは、性によるステレオタイプに人を押しこめようとする。人は性差ではなく、その個性によって生きるのに、しばしば、らしさを強制する性差別語で可能性の芽をつまれてしまう。「男のくせに台所に入って！」といつも言われている子どもは、生活者として能力を奪われることになる。

だが、これらの差別語はあまりに無意識に話されているので、私たちは差別性に気づかない。独立心の強い女性は「男まさり」と呼ばれ、からかいの対象にされる。個人として評価されるべきところを、いつも男一般と比較されるのである。ひとりの男の業績が「男のわりには良くやった。」と評されるのがナンセンスなのと同じく、「女にしては」「女のくせに」という表現も馬鹿げている。

(d)ほめ言葉に形を借りた性差別語

あからさまな性差別語よりも始末に負えないのは、ほめ言葉の中にある差別である。素朴な善意でほめてくれるのだから真面目に怒るわけにもいかない。愛想笑いをして不快な思いをかみしめることになる。

その具体例は次のようなものである。相手の本心を見抜き、シャープに切り返そう。

※以下の文中では、（　）の中は発言者の本心、↓のあとは切り返し方の実例です。

①「あら、また女の子が生まれたの。でもかえって手がかからなくて楽だっていうわよ。」（お気の毒に。また女！）
↓「また味方がふえたわ。」

②「まあ、かわいいお嬢ちゃん、きっと将来は玉の輿ね。」（女の子はしょせん相手次第よ）
↓「でもこの子、目標はサッチャー首相なの。」

③「君みたいな理知的な女は、情にもろいって言うよな。」（絶対そうあってほしい。）
↓「男って楽観的ね。」

④「この料理うまい！　君はいい奥さんになるね。」（女房なんてメシをうまく作れればいい）
↓「男も料理がうまくないと捨てられるわよ。」

⑤「この仕事は君がやったのか。すばらしい！　とても女がやったとは思えないよ。」（女はたいした仕事はできないはず。業績をあげるのは男、そしてオレも男の一人！）
↓(A)「女への認識、変わりました？」
↓(B)「白人も成功した黒人にそんなセリフを言うそうですわ。」
※その場の雰囲気で(A)と(B)を使い分けるとよい。

⑥「やっぱり、女の人のいれたお茶はうまいなあ！」（男がお茶なんかいれて

られるか）

↓「そんなこと言ってると、停年後は粗大生ゴミになるわよ。」

(e)女の思考を曖昧にする女ことば

日本の社会は、女がはっきり物を言わないことに寛容だ。むしろ、はっきり物を言うのは女らしくないとされている。「物事を決定し、世の中を動かすのは男――女は黙って従えばよい」という通念が社会を支配し、女を社会にとっての脇役として扱うからだ。

だから脇役の分際の女が自己主張するためには特有の語尾が付される。

「――じゃないかしら」
「――だと思うんだけど」

自分の考えに責任を持ち、相手を説得しようということばではない。

「ウッソーォ！」「かわいい！」
「――なのォ」「だってーェ」
「すっごく」「いいんじゃない」

感覚的・感情的なことばを連発し、ムードだけで会話を続けることも、世の中を動かす重要事項に縁遠く、語彙が少なく、論理的に考える姿勢がないゆえだ。主役でないから空疎なことばで事足りるのだ。

こういう論理性に欠けた、自信のない曖昧なことばは、それを使うことによって女をますます脇役の立場に固定してしまう。論理的に思考を組みたてる態度が養われないからだ。

教育が自分の頭で考え、自分の意見を持つ人間を育てることをめざすなら、こういった女性ことばはつとめて排除していかねばならない。自分に対して、社会に対して責任を持ちうる女性を育成しよう。

❖やってみよう

▼教室の討論には女子が主体的に参加するよう特に気を配ろう。

▼教室内の発言では曖昧な言い方を許さず、論理的に意見を述べるよう指導しよう。

古今東西〝差別〟迷言集

●男のいのちは野心であり、女のいのちは男である――『マハーバーラタ』（サンスクリット）

●友を選ぶには一段上がれ、妻を選ぶには一段おりろ――『タルムード』（ヘブライ）

●美わしき女の慎みなきは、金の環の豚の鼻にあるがごとし――『旧約聖書』

●誰でも欠点はあるが、女の欠点は頭である――ピッタコス『格言集』（ギリシア）

●妻とストーブは家から動かしてはならぬ――リヒテンベルグ『格言集』（独）

●水と女は男がつくる道に従う――（セルビア）

●人生婦人の身となるなかれ。百年の苦楽他人に由る――白楽天

●妻は若き時の愛人、中年の相談相手、而して老年の看護婦である――ベーコン

●最も素晴しい女性とは、小さなことに満足している人のことを言う――モハメッド

●子供の将来の運命は、その母の努力によって定まる――ナポレオン

●家庭をよくし得ない女は、どこに行っても幸福でない――トルストイ

●牝鶏は牡鶏より先に歌ってはいけないものだ――モリエール

●男の愛はその生活の一部であり、女の愛はその全部である――バイロン

●男は将来に向かって努力し、女は慣習に向かって努力する――ゲーテ

●女子と小人は養い難し――『論語』

●丸の内におなかの大きな女は似合わない――奥村虎雄（鉄鋼連盟副会長）

●花には水を　妻には愛を　愛の奥様年金――平和生命

II　学校の中で

制度としての性差別

「婦人に対するあらゆる形態の差別の撤廃に関する条約」は、その後、批准に向けて、国内法その他の諸条件を整える段階にはいっている。

日本では、教育の分野における性差別として第一に挙げなければならないのが、一九七七年に発表され、一九八二年から実施されることになっている高校教育課程である。この教育課程では、「家庭一般」四単位が女子のみ必修となっている。

一九七五年の国際婦人年に、教育課程の改訂が審議中であったので、女子には「家庭一般」四単位、男子には格技（柔道・剣道・相撲など）を中心とする「体育」四単位を必修とする従来の男女別の高校教育課程を改めるよう、多くの人たちが運動をすすめた。「婦

人の十年」の国内行動計画を策定するために政府が委嘱した審議会、婦人問題企画推進会議も、はっきりと家庭科の女子のみ必修を改め、男女共修にすべきだ、と答申を出したのだが、文部省はこうした声を無視して、一九七七年の新教育課程にも、高校「家庭一般」の女子のみ必修を盛りこんでしまったのだ。

日本の政府は、差別撤廃条約に署名し、その批准へ向けて、国内法改正その他の条件整備をしなければならない国際的な義務を負っているはずなのだ。けれども文部省は、はじめから「家庭科の女子のみ必修」をあらためる気はなかったらしく、差別撤廃条約の審議に加わった日本の政府代表、高橋展子氏（現在デンマーク大使）に、同条約第一〇条(6)の「男女同一の教育課程による」教育という文章の〝同一（セイム）〟を〝同等（イコール）〟という語にかえるよう修正案を出させている。「同一の教育課程」では、高校の女子「家庭一般」・男子「体育」の必修が、同条約に抵触すると判断したからである。しかし会議では、これは世界中の代表からひんしゅくを買い、修正案は否決されてしまった、という。

差別撤廃条約では、こうして「男女同一の教育課程による教育」をすすめなければならなくなったのだが、文部省は、今度は、「家庭科の女子のみ必修」は条約に抵触しない、という見解で、現行の教育課程のままで条約批准を行なおうとしはじめた。同じ政府内部でも、外務省では「家庭科女子のみ必修は、条約に違反する」という見解をとっているのに文部省は「世界各国の教育事情を検討したところ、他の国には、もっと根本的なところで男女の教育内容がちがうところもある。この程度の違いは枝葉末節である。男女の特性を考えた教育的配慮までが、問題にされるとは思えない。」という見解を打ち出した。

しかし、福井大学の木村温子教授が、各国に家庭科についてのアンケートを出して回答をもとめた調査によれば、諸外国で（とりわけ先進諸国において）、現実に女子だけが家庭科を学んでいる国はあっても、制度として女子のみ必修を強制している国はない、という。（「家庭科の男女共修をすすめる会」一九八一年七月例会の報告より）その際、イギリスの平等委員会から、「教育において、一方の性のみに学習させるべきことは全くない。したがって、女子だけの教科はあきらかに差別である」との見解が送られてきたことも、木村教授は発表している。

現行教育課程では、男子も「家庭一般」を選択できるようになってはいるが、女子のみに必修を、制度として強制している点は、やはり条約違反と考えるのがふつうであろう。

中学の教育課程でも、「技術・家庭」は男子と女子で違った内容を学習することになっているのが問題である。こちらの方は、従来の、男子＝技術、女子＝家庭という男女別領域を改訂して、それぞれが一部を共学で行なうことが可能になってはいる。しかし、男女とも指導要領に学習領域の指定があって、男子は技術中心、女子は家庭科中心にならざるを得ない仕組みになっているのである。

日本ばかりでなく、他の国々でも性別役割分業の歴史は長かったから、そう急に意識が変わるものではないし、従来の慣習が残っているところも少なくないであろう。しかし、国が制度として男女別々の教育課程を定め、特性教育の名で、それを推進しているのは問題である。差別撤廃条約違反どころか、男女平等をうたった日本国憲法にも違反していると言えよう。

日本弁護士連合会でも、一九八一年の春、「家庭科の女子のみ必修」は憲法違反である、と法律家の立場からその違憲性を指摘している。

女性の社会進出がどんどん進んでいる現在、女性のみに家庭責任を強調するような制度があることは、性別役割の排除どころか、変化する現実に逆行し、日常生活の矛盾を拡大していく、という弊害をも生み出している。

文部省は、社会教育の場でも、「性にとらわれない教育の推進」という国内行動計画の文章に反して、母親しか集まれない昼の講座で「家庭基盤充実」や「親のための学級」に力を入れ、女性に家庭の責任や母親の任務を自覚させようとしている。また、後述する教科書検定でも、婦人年の精神である平和、発展、平等を強調し、性別役割を否定しようとする教科書に、多くの修正を求めている。これでは、たとえ条約を批准したとしても、男女平等をすすめる、という実効は期待できない。

私たちは、日本の政府（特に文部省）の、「条約を批准して国際的な体面は保ちながら、性別役割分業の実態は変えないままでおく」という姿勢を許さず、名実ともに、教育の場から性差別・性別役割分業を固定化するおそれのあるあらゆるものを排除するために、運動をすすめていくつもりである。その第一の前提として、教育課程の中の男女差別、「家庭科の女子のみ必修」を一日も早く改めるために、運動の輪をひろげていきたい。

ところが、今、高等学校長協会の家庭科部会は、文部省に対して、現行の「家庭科女子のみ必修」を変えないようにと強力な要請をしている。また、府県段階の現場の家庭科研究会なども、同じ趣旨の要望を文部省に次々と出している。

私たちも、ただ手をこまねいているのではなく、今すぐ行動を始めよう。

❖やってみよう

▼男女平等教育を望む人のすべては、文部省へむけて、「家庭科の女子のみ必修」を改め、男女とも家庭科を履修できるように、要望を出していこう。

▼教師はそれぞれの学校で、家庭科の男女共修に取り組んでいこう。

▼自分のまわりの人たちに、家庭科を男女ともに学び、女性が社会の中で自立すると同時に、男性も、生活の場で自立できる力をつけていく必要があることを訴えていこう。

▼一人ひとりが自分の家庭や職場の中で男の仕事、女の仕事という分担をなくして、どちらもできるように努力しよう。

☆N・キャロライナのガイドライン

このパンフレットの随所に出てくる「ノースキャロライナのガイドライン」とは、性差別禁止法に基づいて、州の公共教育省が一九七六年に出した「学校における男女差別廃止の手引」である。A4版一五〇頁の堂々たる冊子で幼稚園から大学までを含む教育機関と教育関係者に配布されている。

冒頭に「公立学校は法的にも道義的にも、学生一人一人の知的、情緒的、肉体的な能力を十分に伸ばす責任を有する。残念ながら、従来の学校は性差別の故にこの責任を果たしていない。」とあるように、この手引は性の固定観念が間違いであることを、アメリカの最近の社会学、心理学、教育学などの研究を紹介しながら、くわしく説き、何をどう変えるべきかを示している。

この手引は現実に幼稚園などでも実施されている。「男と女は、違うところより、同じところが多い」「大きくなったら男も女も何にだってなれる」という風に固定観念を意識して破ろうとしている場面が方々でみられる。

教科書の中の性差別

一、教科書の役割

一九七六年、私たちが教科書の中の性差別を問題にし始めたときは、マスコミも教科書出版社も、まるで闇討ちに会ったように、納得がいかぬ様子だった。「男女差別など考えたこともない」「ごく自然にしている」「いままでに何の差し支えもなかった」「いちいち目くじらを立てなくても」等々。そして、出版社と文部省が同じくいうには、「理想をいっても、教科書は社会通念の後を追うものだから……。」（O社及び文部省検定課）。

たしかに日本社会の現状では、政治的・経済的にはいうまでもなく、家庭内や娯楽にまで性差別が至る所にある。それをはっきりとりあげないで、ただ「社会通念」という捉えどころのないもののせいにして手をこまねいているのは、いかにも卑怯な逃げでしかない。

●教科書は性差別を公認する

教科書は、生徒が学習によって自分やまわりの世界を理解し、考える力を身につけていく、有力な手がかりである。必要な基本的知識が、さまざまなモデルを通じて提示されているはずだが、根底に一人一人の人間の尊重が貫かれていなければならない。たとえ身のまわりに男女差別がまかり通っていたとしても、それらが教科書の中で確認され、系統づけられては、差別が天下に公認され、次代に継承されることになってしまう。

教科書だけに限らず、掛図や教室の掲示物やチャートなども知らず知らずのうちに固定観念を作りあげる。練習問題やテスト問題などにも目を配らなければ、差別の傾向は増幅されていくだろう。

●教室の半分を忘れないで

すべての教材の中で、「人間というとき、必ず男女両性が平等に含まれて」おり、「他人事でなく、自分が社会に積極的参加をする一員である」と、どの生徒にも思えることが大切である。生徒の半数を占める女子が疎外され、「自分の価値を見出して、希望をもって生きる」ことを否定される教室では、男子も健全に育つはずがないことを忘れてはならない。

二、教科書に表われている性差別

「性差別」を意識的にうたっていなくても、教科書の中に差別を固定化、助長する記述がたくさんある。「何が差別なのか」をはっきりさせるために、問題点を整理してみよう。（七九年までの調査は『女はこうして作られる』に、その後のものについては『続女はこうして作られる』にまとめてあるので、くわしくはそれらを参照していただきたい。）

女らしさ・男らしさの決めつけ

教科書に登場する女の子は、みんなに笑われると「目になみだをためて下を向い」たり、「あの時みたいな電話」が男の子から来るのを待っていたり、内気で受動的で夢みがちと決まっている。たまにお転婆であっても、結局は「やっぱり女の子」だからおしゃれなんだと書くことで男性作者たちは安心するのである。

ひきかえ、男の子は、「いつまでもめそめそするんじゃない。きっぱり……」と叱たされ、「男の子がそんなことでどうする」と、男だから勇気を持ち、男だから泣いてはいけないと教えこまれる。強さを学ぶのも「おとうさん」からとなっている。

しかもこれらの特性が社会的歴史的に作ら

れたことを無視し、個人差に属する性格なども考慮しないで、「男子は勇敢で積極性に富む」「女子は将来結婚して夫に頼るべき……」のように生理学・心理学の権威をもって記述されていることを問い直すべきであろう。
　そして、この「らしさ」の押しつけが「女のくせに」とか「めめしさ」という差別語となって、心の奥に差別の根をはらせていく。度胸のいい女の子や、心やさしい男の子に、規格外ということで圧迫感を与えていいものだろうか。それぞれの個性を生かしてこそ、教育ではないだろうか。

性別役割分業を疑わず

　国語、英語等の教科書で、女性が主人公となる課は極めて少なく、登場したとしても、妻、母という立場で、名前も持たない場合が多い。そしていつも「男は仕事、女は家庭」という性別役割分業が強調されている。夫がもって帰った給料袋を、妻が感謝をこめていただいている絵、お父さんがユカタでくつろいで新聞を読み、お母さんが飲物を運んでいる絵、そして「おとうさんのはたらいたおかねでくらす」と小学社会では教えている。
　お父さんが外で働くときは汗のにおいも頼もしく描かれる一方、お母さんが働きに出るのは行商などで、「赤い手がかわいそうだ」とか、「うちにいてほしい」と否定的に書かれている。

●いこいは誰が与えるか

　「家庭は家族を憩わせ、くつろぎを与える」と中学・高校の家庭科のどの教科書にもある。「子どもを養育し、老人や病人をせわする」ことも入っているが、誰がそれを行なうかを考えるとき、家族それぞれがどう関わっていくかを示さないかぎり、妻や母親に一方的に要求している意味をもつ。
　「……共働き家族は……不満や不和から家出、離婚も起こりかねない」「子どもを保育所に入れ……できあいの食事……」「働く母のための保育所」という価値判断をこめた社会科記述と呼応して、女子のみ必修の高校家庭科では、さらに露骨に家庭責任を女性に押しつけている。「育児教育期にはさらに妻は家事に専念するようになる。妻は主婦として……家庭生活の中心」になり「教育という重要な役割をになう」という教科書からは、男女ともに生命と暮しを大切にする方法を学ぶことは不可能であろう。

●職業においても性別分業

　教科書では、職業の中にも性別分業を当然として扱っている。医師や弁護士はつねに男性、看護人は女性の姿で登場している。将来の夢を語るときも、女の子は保母さんか幼稚園の先生、男の子は宇宙飛行士か発明家と書かれている。「進さんはロボット研究所の所長さん、わたしは助手」ばかりでなく、別の可能性を示して励ますことは考えられないだろうか。

男性が人間である

「人が生きる喜びを得るためには、みずからの職業（仕事）と生活にほこりをもった日々を送る……」「すべて国民は勤労の権利を有し義務を負う」と社会科で学んでも、女子は自分が人間であるとはっきり自覚できるだろうか。
　現実に働く女性は全就業者の三分の一を越えているにもかかわらず、働く女性を例外として考え、また人間の中の例外として無視し

☆誰がいったい女性労働者？

——日本中の就業者のうち女性が四割に達した現在、「女は家にいるもの」という姿しか書いてない教科書はヘンだと思いませんか？
T課長　やあ、そんなに働いてますか—？　そんなことはないでしょう。
——お宅の社にはいないんですか？正規にも臨時にも……。
T課長　ああ、パートやなんか……。それから女の子も（＊その中に）入れるんですか？
＊記録者注
——O社での交渉の一場面

ている傾向が政治・経済、とくに労働の分野で多くみられる。

「はたらくひとびと」という小学社会の項目に登場するのは圧倒的に男性である。工場で働く人も、交通・輸送・安全を守る人も、さし絵にも男性ばかりが目につく。せめて現実を反映し、これからの方向に敏感なとらえ方ができないものだろうか。中学・高校社会でも、労働上の差別や悪条件にふれ、あるべき姿の指針を示す記述は極めて少ない。

●人間の臓器には子宮がない

人間の中に女子がいないのは社会科だけではない。高校保健体育（男女両性用）の教科書の表紙裏いっぱいに「人間の臓器」の絵が出ているが、男性の身体だけあって、女性の身体はどこを探しても載っていない。

☆人類普遍の男

教科書の中の性差別についてK出版へ話し合いに行ったときのこと。

「いや、うちの社に限って、女性差別なんて全然ありませんよ。」

——でも、この高校英語は男ばかり。女などページのすみっこにもほとんどいませんねえ。

「え、それは別に男というより人類普遍のこととしてたまたま男に……。」

——一冊十三課中、たまたま一人残らず男なんですか!?

全体を通して、やはり男性中心で、女性はその補助的人間として扱われている。分業は経済体制からみれば能率的かもしれないが、人間一人一人の生活からみれば、大変いびつな形の発達といえよう。

人間として働き、日常生活を営み、精神的充足を求めることに男女の別があるかのような教科書で、子どもたちの人生を豊かに引き出していけるだろうか。意識して差別的なものを排除し、さまざまな生き方、暮し方を理解し、自分を伸ばそうと希望のもてる教科書を求めていきたい。

三、婦人年と教科書

●世界の動き

国際婦人年以来、それまでの女性解放運動が、世界的に市民権を得た勢いで、各国で教育においても、差別撤廃の具体的な施策が画期的にすすめられてきた。

その中に教科書内容の根本的な検討、改善がある。スウェーデン等北欧諸国は平等教育の先進国として成果が知られているが、「紳士の国」として伝統の強いイギリスでも、機会平等委員会（ＯＥＣ）が行政当局、学校教師にひとつひとつの項目をあげて指導し、実施状況をチェックする一方、幼児向けの読物・遊具にも目を光らせて、差別扱いをなくすようメーカーや出版社に勧告を重ねている。

アメリカ各地でも、絵本から算数テストに至る教科書・教材を調査し、何が平等に反するかをとり上げて問題にする教師、研究者、市民団体が発言を強めてきた。州教育委員会でも研究をすすめ、ガイドラインを発表し、性差別追放にのり出している。アメリカには「教科書検定」はないが、教科書選択の基準に「性差別の排除」を入れた州も増え、教科書編集者・出版社は、ＰＴＡや教師集団・市民グループによる「差別を助長する本」を拒否する運動に注目し改善をはかっている。教科書会社自身が性差別のことばや考え方を排除するための手引きを発行し、広い分野でそれらが活用される等の積極的とりくみがみられる。

●日本の反応は

日本政府も国際婦人年の決議に加わり、世界行動計画を受けて国内行動計画を作っている。しかし、教育課程や他の項目で述べたように、文部省は教科書においても、逆方向の熱意をもってとりくんでいる。——このことは「教科書検定」の項で詳述する。

私たちのグループは教科書出版社と何度も話し合いを重ねてきた。調査した差別例を素材にした討論会・集会に各社の出席を要請し、

また、訪問も続けた。編集者・著者は圧倒的に男性が多く、女性は極めて稀である。いきおい理解を得るのに時間と困難さが伴う。

七五年にわたしたちが提起した「作る人、食べる人」にひそむ性別役割分担の問題性が理解されるには、かなりの時間がかかったが、七九年に出版した私たちの『女はこうして作られる―教科書の中の性差別―』は、思いがけず多くの方から関心を寄せられた。その後、日教組の教研集会―まだ一部だが―や、女教師集団による教科書点検が各地で続けられている。市民グループ・市町村の婦人講座でも、平等のための教科書学習会が開かれてきた。そして中間年の「差別撤廃条約」についてはマスコミの報道が集中し、その後「性別役割分業」を問い直す記事なども目につくようになった。ただ、教育委員会や学校当局は、文部省から指令がこない限り、何の動きも関心も表わしていないのが大きな問題である。

●わたしとぼく

これらの動きが教科書出版社にわずかずつ反映しはじめた。「男子と女子」「ぼくとわたし」の順序しかなかった教科書に、「わたしとぼく」が出てきた（小一国語　光村'80）。家事育児万端の他、自分の朝の身支度までをおかあさんに「せわ」されていたおとうさん（小一社会　中教'77）が、日曜日に「おふろを洗っている」姿になった（同上'79）。「働くことが大好きで、何でも作れるお母さん」、「パン屋の家業を一人前に手伝う女の子」など（小四・小六国語　東書'81）、いままで教科書であまりみかけなかった女性像が登場して、堂々と生きている。

婦人年を中心とした女性解放の新しい波を意識して、「人権と女性」「女性と職業」等に目を向け始めた『中学公民』や『高校現代社会』も現われている。まだ小さな動きで手探りの段階だが、これらに注目して、生徒・父母・教師だけでなく、広く論議を重ねていく中で育てていく大切な芽といえよう。

四、検定の圧力

ここで私たちは「社会通念」という漠たる怪物でなく、政治権力による意図的な介入にぶつかった。与党の政治的な圧力で、文部省は前年合格した同じ記述やさし絵に、八一年には膨大な削除、書きかえの指示を出しはじめた。それについては各方面で論議や運動が起こり、詳しい冊子も出ているのでゆずり、私たちは平等教育の観点から、教科書検定を追ってみた。

●「女性解放」は危険思想

江戸時代の女性の地位についての記述が、「事実であっても、当時の男性が一般にきわめて身勝手なものであったかのような印象を生徒に与える」として修正を求められた。（注1）　近代日本思想の中で、女性解放の思想が「三頁半も長々と書かれますと、やはり記述過大」として不合格の理由にあげられている。（注2）　これらは検定制度を問う著者たちが、従来から明らかにしてきたことの一部だが、歴史を男性だけのものとして見、女性を付属物として扱うことを検定が要求している例の多いことは案外知られていない。

注1『家永日本史』三省堂
注2『不合格高校倫理社会』三一書房

●人間の差別に目をつむれ

検定の横暴さは「'81高校現代社会」で極みに達した。その非論理的、権力的なことは、著者の一人、岸本重陳教授の、「飲まず食わず、トイレも迂闊に立てぬ十三時間」の証言でも明らかである。いままでは「検定合格」をかちとるために、涙をのんで沈黙していた著者、編集者たちが、検定経過の一部を公表し始めた。その中に女性差別をすすめる事項が続出している。

「例えば十五才の若者が交通事故の犠牲者になった場合」補償金の算定に性別の差が大きく、「同じ人間の生命の値うちが、男女の性別でこのように異なることは……承服できることではない」（全面削除　実教）の他にも人種差別・性差別の記述が軒並み消されている。「女性差別をめぐる問題」というタイトルで、雇用形態・賃金・定年差別等を書き、

「仕事をもって働きたい女性の働く権利が男性と同じく保障されてこそ、真に民主的な社会といえる」とあった文は、タイトルごと消されてしまった。

●社会福祉は家庭に肩替わり

家庭に関する項目への介入は、とくに「日本型福祉」なるものの押しつけだった。核家族化へのすう勢を客観的にとらえ、その問題点をあげた原稿に「老人へのいたわり」の大切さを書き加えさせ、「祖先を崇拝し、老人を大切にするべきだという伝統的な家族観がみられる」を挿入して、社会福祉ではなく、家庭（つまり女性）で片をつけることを「伝統的美徳」として押しつけてきた。さらに、「高福祉高負担」の懸念を表わした原稿を、「福祉社会は国民全体で……自覚を一そう深めることが国民一人一人に強く望まれる」と正反対に書き改めさせている。

●国家の道具としての女性でなく

水俣病で死んだ娘を背負った母のことばから削られた「チッソ」の名前は、批判の声の大きさで復元されたが、戦争の悲惨さを描いた「ガラスのうさぎ」は消され、「原爆の図」も許可されなかった。自衛隊の合法性を強調し、憲法の平和主義を無視して、軍国主義日本の歴史的事実にも修正を強要してきた。

家族や国に対する情は自然発生的なもので、政府は国民生活の条件整備をすればよい。国民とは別に、「国家」が一人歩きして意志をもつことの危険性を、私たちは警戒しすぎることはない。戦前の家族制度は、女性を無権利状態におき、舅を看とり、夫に仕え、子を産み育てる道具として、国家政策をすすめる上で大いに利用してきた。

戦争は、力の強弱がものをいうむき出しの「差別」の権化である。平等をうたうためには平和が不可欠であり、また平和を守るためには、基本的人権の尊重される民主的な社会が必要であろう。検定課の回答は非常に不真面目で、権力をもたぬ者の声など耳も貸さぬという態度である。

❖やってみよう

▼教科書の採択をする時には次の観点から選ぼう。（本文だけでなく、さし絵や写真にも注目！）
- ・登場人物や主人公の性別のバランス
- ・「男らしさ」「女らしさ」の決めつけの有無
- ・人間一般の記述が男女両性に自己のことを受けとめられる記述か否か
- ・性別役割分業的表現の有無
- ・一方の性を優位だととれるような記述の有無

▼教科書の中に性差別的表現を見つけたら、出版社や執筆者に抗議をし、改善するよう申し入れよう。

▼文部省による検定制度を廃止し、民間の専門家会議による技術的審査の制度を、また、学校・教室毎による採択の制度を作らせる運動をすすめよう。

▼当面の検定制度下では、処分の理由、審議過程等の公表と、調査官や審議会委員中、少なくとも三分の一は女性を入れるよう運動をしつづけよう。

☆関心をもつ人が誰でもできること

▼教科書を読もう。持ち寄って読書会にするのもよい。近くの図書館に教科書を備え、交流の場を作ろう。

▼PTA・グループ等で話し合い、学校や教育委員会に質問状を出そう。新聞、雑誌、電波にのせて意見を発表し、文部省へ抗議文や公開質問状を出そう。

▼教科書の権力による統制反対の署名を集め、その際、平等教育の面からみての問題点を訴え、話し合おう。

差別は学校生活のどこにでも

慣習の中で

教育課程や教材などのほかにも、学校には性差別がたくさんある。昔からそうだったから……とつい見逃してしまいがちな言葉や慣習を拾い出してみよう。

小中学校一年に入学して、入学式で新入生の名前が読み上げられる時、アイウエオ順はいいとして、なぜかいつでも男の子の方が先。以来、出席簿でも、番号でも男子が先、女子が後、という順序は変わらない。なぜだろう。こんなことを言うと、別に理由はない、昔からそうなのさ、何でそんなことを言うのかね、と不思議な顔をされるのがオチだ。校長も教頭も、ふつうの先生も、父兄会という言葉をよく使わないだろうか。「ことば」のところでも出てきたが、文書では、学級父母会とか保護者会とかなっていても、日常のことばでは、つい父兄会と言って、一向気にしない。実際には、父や兄なんてほとんど一人も来やしないのに……。

ＰＴＡ名簿――これもお定まりで男子生徒の方が上、女子は下と決まっている。さらにおかしいのは保護者名がみんな父の名になっていること。おやまあ、じゃあ母親は子どもの保護者じゃないの？　だから保護者宛の通知を出そうと思ったら、いつも男の名前。お母さんが学級の委員などになった時、改めて、お名前は？と聞きかえさなくてはならない。

ＰＴＡ役員や委員の候補者に男性が一人でもはいっていれば、たちまち会長や委員長に祭りあげられてしまう。この頃は、お父さんは会社の仕事で忙しいと学校にあまり現われないことが多いので、女性のＰＴＡ会長もあちこちに見られるが、自営業の家庭の多い地域などではＰＴＡ会長はみな男性。ＰＴＡ連合会の会長の集会は全員男、という区もあるそうだ。

生徒会、クラブ、部活動では？

あなたは学校生活の経験の中で児童会・生徒会長が女の子だったことがありましたか？（もっとも女子だけのクラブや部活なら、女が部長というのは当然でしょうけれど。）もし、そういう学校に在学したことがあれば、あなたはしあわせな人です。

> エッ！　あなたの高校では男女別の名簿だったの？　男子が一番からずーっと並んで、その後に女子がくっつくわけ？　私の高校は違ったわよ、男女こみのアイウエオ順。中学もそうだったし、小学校は生年月日順。私は四月生まれだからいつも一、二番だったな。ところで、どうして男女別にするの？　男女別の成績表でもつけるのかな……。
>
> ――千葉県のある市立高校卒業生の話

別に会長、部長、議長は男、という規定があるわけではないのに、ほとんどの学校で、会長、部長などは男の子、というのがふつう。副会長は男女各一名、というように規約できめてあるところもあるが、そんな規約がなければ、児童会、生徒会役員は女子はいても、せいぜい一、二名。たいてい書記とか、会計などの役割を引きうけている。児童会、生徒評議会の議長なども、小学校では女子のこともあるが、中学ともなればたいてい男。女子が議長の場合が時々あって、どちらかと言えば議事の進行は女子の方が冷静に、順序よくさばいていくのだが……。

いろいろな委員会の中で、女子が出てくる

のは、給食、保健、美化、清掃といったところが多い。こういう仕事は女子向き、と子ども自身が決めてしまっているのだ。もっとも校務の分担の場合、教師も、こういう仕事に女の先生をあてることが多いのだから、大人の世界、教師の世界の反映だ、とも言えよう。先生の責任は重大である。

学校行事では？

入学式、卒業式、対面式、離任式、体育大会（運動会）、学芸会、文化祭など学校にはたくさんの行事がある。子どもたちも、それぞれ学年に応じて行事運営の仕事の分担をするのがふつうだが、その役割分担にも性別分業はないだろうか。

例えば、受付とか、接待の役目は、いつも女子。司会や、選手の宣誓や、体操の号令は男子、という具合に……。とかく壇上やステージに立つ目立つ仕事はいつでも男子で、目に見えないところで細かい奉仕的な仕事をするのが女子ということになりがちではないか。

女生徒は、中学生くらいになると、目立つことをするのを避ける傾向が出てくる。「女のくせに出しゃばりだ」と男の子から思われたくないのだ。成績さえも、トップだと男の子に敬遠される、と一歩控え目に、と心がける子までいるのだから……。

男子の方にも、何かと目立つ行動的な女の子、○○長と名のついた女の子は「かわい子ちゃん」ではない、という意識があり、ガールフレンドには煙たいと思う。性を意識しじめる年頃だけに、いっそう特性意識に汚染されやすいのだ。

☆生徒会役員選挙の演説から

女子立候補者——女のくせに役員に立候補するなんて、ナマイキだ、と思うかもしれませんけれど、生徒の半分は女なのだから、女の役員も必要だと思い、立候補しました。（エライ。女は天の半分を支えているんだぞ。）生徒会の仕事だって女の方が向いている仕事はいろいろあるでしょう。記録をとるとか、書類の整理をするとか。何より女がはいると役員会の雰囲気がなごやかになります。（あっ、やっぱり、お茶くみ、コピーとり、職場の花のＯＬ候補生でありました。ガックリ！　でもこの演説がウケて彼女は見事に当選。）

学級の中で

さて、学級の中ではどうだろう。学級委員は男女各一名というところが多いが、正、副の別があれば、たいてい女子は副委員長となる。生徒会の場合と同じだ。仕事の分担も、委員長の場合と同様、保健、給食、美化、清掃、会計などは男子のなり手が少なく、女子がすすんで希望する。男女各一名と決まっている場合は、これらは最後まで男子委員が決まらずにもめるポストである。同じ学級委員の仕事でも、号令をかけるのは男子、出席簿の管理をするのは女子、というように自分から役割分担を決めてしまう。

とかく先生の方も、清掃とか、美化とか給

3 年 B 組　担任　西垣晴次　船橋市高根

氏名	保護者	電話	郵便番号	住
秋山浩二	弘太郎	751-4083	143	大田区池上7-2
阿部信也	芳也	0427-22-1421	194	町田市森野3-3-
安西和紀	信之	428-1697	158	世田谷区上用賀
安藤一郎	賢一	044-82-5287	213	川崎市二子579
飯島信司	新次郎	044-91-5206	214	川崎市宿河原1
池上龍太郎	雅夫	712-8996	153	目黒区上目黒5-
⋮	⋮	⋮	⋮	⋮
阿部俊子	秀五	044-72-0314	211	川崎市上小田中
石岡良子	清明	781-1605	141	品川区平塚2-16
井上純子	武久	713-8267	153	目黒区東山2-16
伊藤良枝	勝介	729-4400	145	大田区南千束3-

▲ある高校のＰＴＡ名簿　保護者の欄には男の名前ばかり、名簿の並び順も男子が先、女子が後という典型的なパターンだ

食とかの仕事は、女の子にまかせた方がうまくて、世話がやけないので、「ちょっとその机の上を拭いてくれ」とか、「花の水を替えておいてね」などと女子にたのむ。
　掃除当番でも、ホーキを振りまわして、チャンバラや野球のまねばかりする男子は見逃がして、最後の後始末は女子に頼んだりしがちだ。うっかり、女の子にむかって「女のくせに掃除当番（または給食当番）をさぼるなんて……嫁にいけないぞ」などと口走る先生はいないだろうか。

道徳や生活指導の中で

　道徳教育そのものにも問題があるが、道徳の教材や授業で、「男らしさ」「女らしさ」や性別分業が強調されやすいのが心配である。例えば「男女の協力」という単元で、男子が重い荷物を運び、女子がそれに感謝して、細かい雑用を引き受ける、といった内容の「男女の協力」美談を取り上げたりしてはいないだろうか。「家族の協力」というテーマで、「お母さんはいつも家の中で縁の下の力持ち、家族のために自分を犠牲にしています。お母さん、ありがとう」といった題材を取り上げていないだろうか。この二つは、数年前から現場に配布されている文部省の道徳指導資料集にはいっている。
　この資料集は徳目別になっており、女性の登場人物はきわめて少ないが、女性が主人公の徳目は、奉仕とか忍耐とか、自己犠牲を讃美するものが多い。民間からも、道徳の副教材がいくつか出版されているが、やはり似たような傾向がある。
　生活指導の面ではどうだろう。男でも、女でも、してよいことと、いけないことは同じはずなのに、ほめられ方、叱られ方に差はないだろうか。
　掃除や、給食の当番をさぼった時、男子よりは女子の方がイヤ味たっぷりにしかられることが多いのは先に例をあげた。一方、長距離で落伍したり、朝礼の時気分が悪くなったりすると、男子の方が「男の子のくせにだらしがない」とおこられる。男子には根性が、女子にはやさしさ、こまやかさが強く要求されるから、叱られ方、ほめられ方に差が出てくるのだ。
　体罰はよくないにきまっているが、でも男生徒に対しての方が許容されることが多い。

☆誇り高い女性

　中学一年の道徳副読本では、集団生活を考えさせる教材として、大松博文の著書からマネージャーについて述べた文章をとりあげている。
　「明かりの下の燭台」と題されたその文では、マネージャーになってくれ、と言われて、はじめはいやだと泣いた女性が、監督に頼まれてマネージャーをひきうけてからは、ひとこともこぼさずに、夕食・夜食の準備、ユニホームの洗濯、旅行の時の雑務など選手たちのいっさいの面倒をみてきた事を述べたあとで、こう続ける。

『旅行の宿では、鈴木恵美子はいつも河西と同室。そして宮本も谷田も半田も、エミちゃん、エミちゃんとたよりきっていた。しかし、あの鈴木恵美子が四年前に、「わたしはバレーをしにきたのだ。マネージャーをしにきたのではない。」と泣いて訴えたことなど、みんな露ほども知らない。ああいう人だと思っている。

　六　ここに見る真に誇り高い女性
　大役を果たした今、彼女は言う。
「チームが勝つこと、ただそのことだけが喜びであり、それにすべてを集中した。選手のけが、気持ちの上の苦しみを和らげ、気分をほぐすことに全力をあげた。しかしやることが楽しかったから、苦労とは思わなかった。」
　彼女の手は、「魔女」たちの手よりもあれている。わたしは面と向かって「ありがとう」とも言っていない。
　あんなに献身したことには、ほんとうに頭がさがる。だが、さらに頭のさがるのは、いったん陰の力になろうと承諾したかぎり　その苦衷を、四年の長い間、だれにも、ただのひとことも、もらさなかったということだ。
　そしてぐちを言わないことによって、人に知られなくとも、彼女は自分をおとしめず、誇り高いひとりの女性として鈴木恵美子はここに存在している。』

生徒の方も、男の子はひとつ、ふたつなぐられてもたいして気にしないが、女の子だとちょっと小突かれたくらいでも泣きわめく。だから先生の方も、特に男の先生は、同じことをしても女の子には体罰を与えることが少ないし、叱り方もあまり強くない。男生徒は、よくこのことに不満を訴える。だが、これは、はたして女子にとって、良い状況なのだろうか。同じことをしたのなら、同じようにほめられ、叱られるのが道理だろう。

男の先生は、女子に甘い、という男子の不満は、実は裏がえせば、女生徒は甘やかされスポイルされているということなのだ。

❖やってみよう

教科外の学校生活は、先生の裁量にまかされていることが多く、指導要領に拘束される心配もあまりない。あなたが先生なら、今すぐ変えられることがいくらでもある。お父さんや、お母さんもいっしょに今日からやってみよう。

▼父兄会なんて言葉を決して使わないようにしよう。誰か使ったら、ふしぎそうな顔で「父母会」でしょ？と聞きかえそう。いつもやっていると、一ケ月もすればなくなりますよ。

▼児童会、生徒会、学級クラブなどで、長と名のつく仕事には女の子もつかなくては……といつも言いつづけよう。できれば規約を男女ともがなれるように改正しよう。

▼ＰＴＡの名簿にお母さんの名を入れるように提案しよう。そうすれば、実際に働くのはだれか、がはっきりわかって、会長などの役員もだんだん女性になってくる。

▼男の子の仕事、女の子の仕事、という先入観をかえるように、なるべく今までとちがった係の仕事に、男女がかたよらないでつくことを子どもたちにすすめよう。

先生も校務分掌を男女で固定化せずに分担することは当然!!

▼ほめ方、叱り方で男の子、女の子に差をつけていないか、反省しよう。同じことをしたら、男の子でも女の子でも同じようにほめたり、叱ったりしよう。

▼出席簿――男女こみのアイウエオ順にするように仲間の先生と話し合ってみよう。職員会議で決めるまでには時間がかかるが、まず、男女別の出席簿の配列にみんなが疑問をもつようにするのが第一歩。

▼女の子が目立つことを避けないように、積極性は男女とも必要なことだ、といつも話しかけていこう。

☆学年会のために茶碗を運んでいた女の先生と、女子生徒の会話

女子生徒「先生の間でも、やっぱり女の先生がお茶を入れるってきまっているのね。」

女の先生「違うわよ。きょうは私がヒマだから。校長室で会議する時は、校長先生がお茶を入れてくれるのよ。だって、一番ヒマなんですもの。」

スポーツも男女平等に

女子に参加資格を与えぬ甲子園野球
――アメリカでは違法――

夏が過ぎ、今年も甲子園の高校野球が終った。さまざまな矛盾を残して。

選手の集め方が問題だ。宿泊費が規定をオーバーして毎晩ビフテキやシャブシャブが出る。まるでプロ野球選手なみのサイン風景……。

与えられすぎている。野球部員は特典をこうした批判は主催者でもある朝日新聞にもよく取り上げられる。しかし、甲子園野球はどうして男子だけが選手として認められるのか、どうして高校野球は男子だけのものなのか、という疑問が載せられたことは誠に残念ながら一度もない。日本では、こんなことを言うとほとんどの人は「バカなことを。プロ野球を見ろ、野球は男のスポーツじゃないか。」と言うだろう。そう、たしかに子供のころから少年野球はあるが少女野球はない。少女のためにはソフトボールチームが出来ている程度である。中学に入っても野球部は男子だけだし、高校でも、大学でも男子だけで当然と考えるのは、今の日本では無理もないことであろう。「野球が好きならマネージャーがあるじゃないか。ユニフォームの洗濯や試合の記録でもチームに貢献できるんだぞ。男の領域に口を出すなんて、自分の体力や技術を考えてからにしろ。」というのが大方の意見であろう。

しかし何の実験も裏付けもなく、野球は男子のものというのは明らかに偏見と差別である。マラソンやサッカーの例を引くまでもない。まして昔からそうだったのだから今もそれで良い、などと考える人がいたら、それはあまりにも変化に対して鈍感すぎる。

すでにアメリカでは、リトルリーグに女子を入れないことが違法だという判決が出ている。女子がリトルリーグのエースとして活躍している例もある。以前リトルリーグに女子を入れることになった時、何人かのコーチは、「とんでもない、男子の力が落ちる。」と文句を言った。しかし実際にやらせてみると女の子の中には、男の子よりもはるかにうまい子が見つかり、偏見を改めねばならなかったと記されている。

▲「お人形で遊びなさい」「イヤ！　野球の方が好きだもん」

実はアメリカでは六年前にタイトルⅨという法律が通り、スポーツでも女子に男子と平等な機会を与えない学校には州からお金が出ないことになったのである。さらに公立の小中高校では男女一緒に体育をすることが義務づけられたという。これに対して最初はクレームをつけた女教師も、今はうまく軌道にのせているそうだ。

勿論、野球部の練習をふくめて今のスポー

ツのあり方すべてに賛成し、女子も共にと言っているのではない。丸一年を通じて休みがお正月の三が日だけであったり、授業が終ると教室の掃除もやらずにグランドに飛び出し、帰りも家に着くのは八時、九時。試合の前には修学旅行すら参加しない。家では夕食を食べればバタン、キュー。猛烈社員ならぬ、家族と女子マネに一切の雑用を押しつける猛烈運動部員だ。

しかし、何はともあれ、男子むき・女子むきのスポーツという偏見を取り除いて、まず共にプレイしてみることが大切であり、また差別撤廃条約でいうところのスポーツに於ける男女の機会均等であると思う。日本人はあまりに男と女を違う人間と思う傾向があり、とりわけスポーツの世界ではそれが強かった。しかし、男女平等を求める世界各国では、次々と新しい試みがなされ、そのことは男子にとっても良い影響をもたらしている。男女共に家庭科を学び、男女一緒に体育をすることから相互の理解が深まる。さらに、人間は男と女に二分する以前に、独立した個人だということを知るきっかけにもなろう。

現在の小中高の体育の内容

小学校では男女共に六年間同じ内容で学ぶ。しかし、男子は少年野球チームやサッカーチームで鍛えられているし、遊びの中でも比較的チームプレイをしている。女子は鉄棒のような器具を用いたものや個人プレーは上手だが、走るとか跳ぶ力が男子に比べて弱い。球技は一般的に男子の方がうまく、これは校外での体験と関連があるようだ、とある小学校教師は述べている。

五・六年生ともなると、体格は女子の方がまさっているが、体を動かすことでは男子の方が活発であるそうだ。女子は家にいても親から文句を言われないが、男子の場合だと、「外へ出て遊びなさい。」と言われることが多いという。女子は家の中に居るため、次第に家事の分担を多く期待されることになるようだ。

中学になると、一・二年は体育は三時間ずつ、三年では二時間体育、一時間保健をやっているが、内容は男女で異ってきている。水泳・バスケット・体操等は共通だが、ダンスは女子だけに、サッカー・格技は男子だけである。またクラブ活動では野球・サッカーが

☆タイトルⅨ（ナイン）とは？

アメリカ合衆国議会は一九七二年に、教育における性差別禁止法令を通過させた。「タイトルⅨ」とはこの法令のことを言う。

これは、連邦政府から補助をうけるすべての学校に適用されるもので、教育課程や、活動において、「性によって差別、または疎外し、利益を得たり参加したりする機会から除外する」ことを禁止している。

一九七五年には、これの実施に関する規定も議会を通過した。その規定の中から、体育に関するものをいくつか紹介してみよう。

(1)体育を含むどの授業も性によって分けてはならない。

(2)少なくとも一年に一度は、学校は学生にどのスポーツに参加したいか、を決定させねばならない。

(3)この調査にもとづいて、学校は両性が、彼らの選んだ体育活動に参加できるような平等の機会を準備するために、積極的な手段をとらなくてはならない。

(4)男女別のチームができた場合は、施設・設備・用具をそなえるのに、性にもとづいた差別がないようにしなければならない。それぞれのチームに対する総支出が同じである必要はないが……。

(5)一方の性に対する競技の機会が制限されてきたところでは、学校は積極的に努力して、その性をもつ人たちに平等な機会が与えられていることを知らせ、参加を保障するために、十分な援助をしなければならない。

これらの規定があれば、体育や保健の中の性差別がすべてなくなるわけではないが、でもそのための力強い一歩である。人種差別を違法とした初期の法律と同様に、この法令も公教育に革命をもたらすことになるだろう。

男子だけ、ソフトボールは女子だけを対象にしている。それでも、中学までは学ぶ時間は男女同じだが、高校に入ると時間・内容共に違ってくる。男子は三年間で十一から十三単位、女子は九単位が普通である。これは、先に教育課程のところでふれたように、女子はその時間に家庭科を学んでいるからである。

学齢以前から男の子たちは、「腕白でもいい、たくましく育って欲しい」という親の期待をうけて、外を飛びまわり、野球をし、サッカーをしている。あげくに高校に入ると女子よりも四単位も多く体育を学ぶのだから、ますます男女のスポーツに対する関心や能力の差は開いてくる。こういう状況にあっては、意識的に女子により多くのスポーツの機会を与えることこそ、真の平等につながるはずだ。

高校でのこうした授業時間数の差は、家庭科同様、あきらかに「差別撤廃条約」十条の、

(b)項　同一の教育課程の機会
(c)項　教育のすべての段階の男女の役割についての定型化された概念の撤廃
(g)項　スポーツ及び体育に積極的に参加する同一の機会

に反している。家庭科が差別撤廃条約に違反する、ということは多くの人から言われているが、体育についてはまだ声が小さいので、もっと多くの人に認識してもらう必要がある。

最近の女子は腹筋が弱く、出産に耐えられないので、帝王切開が非常に増えている、と言われている。

アメリカでは妊娠中のスポーツの研究が盛んで、胎児が安定してからのスポーツが母体にとってどれ程大切か、というデータを出している。残念ながら日本では、まだまだこうした状態には至っていない。

体育費・部活動費の中の男女差別

高校の部活動費は生徒会費から支払われる。生徒会費は男女とも一律に払うのに、野球部やサッカー部には女子は入部できない。

埼玉県立高校一一六校の野球部の平均予算は三八万四千円だが、それは全額男子のために使われていることになる。とりわけ商業高校では八割近くが女子であり、その女子の納めた生徒会費の中から、女子を排除している野球部にこれだけ多く使われるとは、全くおかしなことである。部費のみならず、地区大会で使う球場の費用、甲子園大会の費用等が全て男子だけのために使われていることになる。そしてその負担だけが男女平等に課されているのだ。ある商業高校では――甲子園に

●男の子だってかわいそう
オリバーは男の子だけど、スポーツが苦手。ボールをすぐ落っことすし、うまく走れません。男の子たちはオリバーを見ると言います。「男じゃないぜ、くずめ！　お前がはいるとうちのチームは負けたようなもんだ！」
（トミー・ド・パオラ作
『オリバーはいくじなし』より）

も一度出場したことのある学校だが — 体育部費二四三万円のうち、半分にあたる一〇〇万円が野球部の予算である。それに続く、ソフト二七万、テニス二六万と比べても大変な額の違いである。

しかしこうした男子への優遇措置は、必ずしも日本だけでなく、かってはアメリカにもあり、それを正すためにタイトルⅨの教育法案が国会を通過したのだった。

では、体育に於ける性差別とは具体的にはどんなことだろう。アメリカでは次のような例が指摘されている。

▽授業の内容が男子の方が多様で、施設も多い。教師・道具・金をかけている。

▽テキサス州ワコの研究によれば、男子の体育教育費は年二五万ドル、女子には九七〇ドル。スタジアム・野球場は男子のためだけに確保され、女子バスケットボールチームは「男子が体育館を使っているから」という理由で、対抗戦に参加できなかった。

▽男子は学校がチャーターしたバスで試合場へ、そして女子はクッキーセールの売り上げで試合場へ行っていた。

▽体育奨学金を受けていたのは、男子五万人に対し女子五〇人。あまつさえ、男子への恩恵が減ることを危惧した大学婦人体育協会は、経済的援助を受けたスポーツウーマンの対抗戦参加資格を剥奪した。

（ノースキャロライナのガイドライン〝体育に於ける性差別〟より）

多くの女性が体育奨学金を受け取るようになった今でも、学校は費用を公平に分配し、活動を支持しているとはいえない。学校当局は、女子が興味をもっているスポーツは少ない、また学校間の競技にあまり興味を示さないと言って、こうした不公平に対して弁解している。しかし、多くの研究者は、「学校内外の性別役割分業が女子の興味を限定する。」と指摘している。ノースキャロライナのガイドラインは次のように提言する。

「適切な計画・施設・コーチ・設備・指導のみが、女子が自らの関心を発見し自分達の能力を開拓することを可能にするであろう。」

▲騎馬戦をしている女子高生たち

女子への差別は男子への差別

スポーツに於ける性差別は女子への差別にとどまらない。スポーツの苦手な男子は「女のようだ」「弱虫だ」と言われ、からかわれたりする。就職の際にもスポーツオンチの男子は不利である。また体育教師の勝利中心主義は、スポーツの不得意な男子を無視し、ひ

☆知っていますか？
— 女ははいれないスポーツ聖域

男女共学のはずの早稲田大学。ところが一ケ所だけ「男の牙城」がある。それは教育学部の体育専修というところ。女子は受験さえできないのである。入試は実技と筆記、そして高校時代の実績がモノを言う（とのもっぱらの噂）。インターハイの花形が何人も入学し、そして有名スポーツ選手が巣立って行くのもここ。なぜ女子を入れないのだろうか。栄光のワセダ・スポーツの代名詞、ラグビー部や野球部が女子を必要としていないからだろうか……。

どちらがほんとの試合の花？

応援団の花たち

☆日本では

甲子園をめざすのは男子だけ。女生徒にとっての甲子園は、応援と洗濯（マネジャーの仕事）だけ……。

☆アメリカでは

女子ラグビーの全米試合のようす。スクラムを組む女たちは皆たくましい。

たすら選手レベルの子に目が注がれる。一人一人の素質を伸ばすことがなおざりにされるのだ。また、そういう中で選手になった男子にしても、あらゆることを犠牲にして勝つことを期待され、それが重荷になりがちだ。選手たちが期待に応えられなかった時の挫折は大きい。スポーツだけで生きてきたのだから。

しかし多くのスポーツ選手は、いつかは別の道を発見していかざるを得ない。その意味でもスポーツに全エネルギーを注がせる教育は間違っている。

　スポーツを男女がいっしょに行なえば、お互いの理解も深まり、勝敗だけにこだわらないスポーツの楽しさを発見することもできる。

日本では、女子のスポーツ選手は結婚と同時に引退の例が多く、まだまだ家庭と両立させていくケースが少ないが、外国では赤ちゃん連れで競技会に参加する選手すら見受けられる。学校教育の場だけでなく、その後もずっと女子がスポーツにかかわっていく機会を増やさなくてはならない。

学力の男女差はつくられる

一、男女の知能に先天的な差はない

「女は馬鹿である。いな、彼女が賢からんとするとき二重に馬鹿となる。」

これは、某国立大の西洋史教授のお気に入りの言葉だ。彼は女子学生に向かってこの言葉を講義中に言う。彼はさらにこうも言う。

「西洋史と英文の、どちらを選択しようか迷っている？　英文にしとけ。女に西洋史は無理だ。」

女を馬鹿よばわりする男たちのなかで、女たちは成長する。そして女の子はこう叫ぶ。

「女の子はダメなんだ。男の子にはかなわないんだ」

「数学、またアカ点！　でも女の子って理数系に弱いものなのよネ」

「中間試験、またヒデオ君より上だった。彼、気にしてないかしら」

学力をめぐる女たちの思いは複雑だ。しかし、本当のところはどうなのだろう。知能や学力に男女差はあるのだろうか。この問題に科学的に取り組んだスタンフォード大学の性差心理学者エレノア・マッコビィは、長年の研究から、知能についての男女差を次のように発表している。

一般的知能　ふつうの知能テストでは、どちらかというと女子のほうが高い数値を示す。

言語能力　就学前から低学年にかけて、言語行為のあらゆる面で女子がまさっている。

数の能力　女子のほうが早くから数を数えることを学ぶが、就学中を通して算数計算能力には明確な性差はない。

空間能力　板の組み立て・積み木などの空間的作業については、就学前には男女差はないが、小学校低学年になると、男子のほうがまさってくる。

分析能力　バラバラの小物・絵から一つの組み合わせを作ったり、流動している状況に反応する能力のことで、就学前では性差がない。

達成能力　標準達成能力では就学中を通して女子のほうが成績がよい。

創造力　知覚認識を必要とする課題では男子のほうがすぐれているが、多様な発想という点では女子のほうがまさっている。

マッコビィは多くの調査分析によって「知能について先天的は性差はない」という結論をだしている。「女は馬鹿だ」という神話が科学的に打ちくだかれたわけである。(詳細はエレノア・マッコビィ編『性差——その起源と役割』家政教育社発行、を参照)

二、つくられる学力の男女差

しかし喜んでばかりもいられない。先天的に性差のない知能が、高学年になるにつれて学力の男女差を生みだしているからだ。このことはどう理解すればよいのだろう。マッコビィの研究を参考にしながら考えてみよう。

●女の子の遊び、男の子の遊び

「遊び」は子どもの能力に大きな影響を与えるものである。その遊びが男女で異なるということは問題だ。積木、木登り、ボール投げ、ミニ・カーなど、いわゆる男の子の遊びは、数学的能力に欠くことのできない空間的能力を発達させ、ままごと、着せかえ人形、裁縫などは言語的能力の発達に関係するという。マッコビィは、遊びの違いが男→理数

系、女→文化系という傾向を生じさせていると指摘している。

●「女の子らしく」「男の子らしく」

「従順でおとなしい」――これは男の子のしつけでは全く否定されるものだ。これが女の子の場合「ウチの子、恥ずかしがり屋で困るわ」程度でかたづけられる。

実は、このしつけの差が女の子の知力・学力を押さえつけている元凶だ。波多野・稲垣共著『知力の発達』(岩波新書)にはこうある。

「六才から十才までIQが上昇した子どもは下降した子どもに比べて、競争的で知的好奇心が強く、またねばり強く課題を達成してゆく傾向があった。彼・彼女らは、いわゆる従順なおとなしい子どもではなかった。」

マッコビィも調査の結果「臆病・内気などは知能発育を妨げる要因である」という結論を得ている。

●性によって異なる能力を要求する社会

A子は高校二年生。彼女は先日、物理の試験で満点をとった。男子の最高点が八七点。彼女は先生から言われた。

「女で物理百点とって、おまえ、オカシイんじゃないか!」

これは、ある都立高校で実際にあった話である。A子は物理が嫌いになったそうだ。

社会的動物である人間が、もっとも充実感を味わう瞬間――それは自分の能力がまわりから認められた時であるといわれる。ところが、その社会は性差によって求める能力に違いをつけるのだ。男→理数系、女→文化系というパターンがくずれないはずである。

●モデルが少ない女子の世界

学校のなかを見てみよう。女の子が目にする女性は、家庭科あるいは国語・英語の先生だけであることが多い。理数系や社会科で女の先生に教わる――これは生徒にとっては、ちょっとした事件だ。東京都教育委員会五四年度資料によると都の公立学校の女教師率は、

	中学	高校
数学	二三%	九%
理科	十八%	六%

となっている。

同じことは社会科にもいえる。女子のほうに「政治経済は苦手だ」と訴える生徒が多い。そのわけをさぐるため、歴史の教科書を見てみよう。どのページにも男性の武勇伝ばかり。政治経済の扉絵には黒い背広を着た男性政治家や、こぶしをあげている労働組合の男たち。こんな教材に女生徒がみずからの関心を投入できる方が、無理というものではないだろうか?

女子向けと称されるマンガやテレビ番組には、社会背景の欠如しているものが多く、愛とやさしさがムーディに散りばめられているだけ。場所も時代も政治もスッポリ抜けて、恋愛やおしゃれの世界のオンパレードだ。

「ベルサイユのばら」がはやった頃、フランス革命あたりのテストで女生徒の平均点がぐんとあがったというエピソードのわけがよくわかる。このように学校の内でも外でも、目にふれる教材は伝統的役割意識を超えるものではない。いったい女子生徒は誰をモデルに能力を開発すればよいのだろう。

☆女の子は鉄道員のお嫁さん!?

あるニュース番組でのこと。四・五畳の部屋を鉄道模型でうめつくしたおじいさんが紹介された。

「嫁にやった娘の部屋が空いたもので……。孫が生まれると聞いてからは、毎日作り続けてきました。女の子だったのでガッカリです。しかるべき施設にでも寄付して、(男の子に!?)楽しんでもらうしかないですね」

山あり、鉄橋あり、ディズニーランドを思わせるほどの素晴しいセットの中で、老人は寂しそうに微笑している。

――アナウンサー(男)が気の毒そうに言った。

「二人目のお孫さんはきっと男の子ですよ。あまり気落ちなさらないで。」

三、私たちの提案

「女は馬鹿である」「女は理数系に向かない」「女は理論的思考ができない」──これらは全く無責任な言い分だ。いわゆる「学力の男女差」は社会的につくられ、自分もその社会を構成しているのだから。先天的に能力に差がない子どもたちが、学力において男女差を示すようになる──このことについて、私たちは共同責任を負うはずだ。さまざまな能力を秘めた子どもたちのために、私たちが明日から実行できることを挙げてみる。

◀**大工仕事が大好きなジャッキーちゃん**
（E・レビィ作『カッコイイ女の子』）

●こんな絵本がホントになる日はいつ？

▶**おままごとをしているトット君**
（G・ウルド作『トット君とマリンちゃん』）

❖やってみよう

▼子どもに対して、おもちゃを男児用・女児用と分けてあたえることをやめよう。

▼異性用と考えられている遊びやゲームにもどんどん参加するよう、小さなアドバイスを！

▼女児を持つ親は、おてんばで活発な娘をむしろ期待しよう。うるさく規制するのはやめること。

▼外でけんかしてきたり、男の子を泣かせてしまっても、「女の子はそんなことしちゃいけません」式の叱り方はしない。

▼娘を積極的に外に連れだし、思いっきり遊ばせよう。ほめて、ほめて、ほめてあげよう。

▼学校に女の先生を増やそう。特に数学、理科、社会に増やすよう、組合や校長に要求しよう。

▼（先生へ）補習授業などで、理科、社会のできない女子を励まし、学力が伸びるよう特に注意しよう。教育の本務を尽くすために。

▼（先生へ）試験の平均点を安易に男女で分けて出すのはやめる。

▼（先生へ）「女（男）だから」「やっぱり女（男）の子は」という価値観を含んだことばを生徒の学力評定に絶対使わない。

▼家庭科・技術科の男女共修をすすめよう。

▼女性の自伝・女性史関係の本を、もよりの図書館に備えるよう働きかけよう。

▼子どもの能力を偏差値や試験の点数で評価することの愚を悟ろう。

女子の進路を阻むもの

進路指導とは

進路指導の基本とは、生徒の個性や興味を尊重し、情報を提供し、自分で将来を選びとる力をつけることである。しかし現在の学校では、「進路指導」イコール「偏差値による輪切り」である。その弊害は広く知られている。が、女子は輪切りの対象からも除外されていることは、あまり気づかれていない。なぜなら、一流高校→一流大学と難関をくぐり抜けたゴールである一流企業は、そもそも女子に門戸を開いていないからである。企業は女子を使い捨ての労働力としか見ていない。学校はそれを受けての進路指導をするだけである。就職する生徒に仕事の中身や将来性を考える機会を与えたりしない。名の通った、聞こえのいい企業に送りこめば事足れり、としている。進学する生徒にも将来の職業を見通して大学を選ばせはしない。女子は従来の通念から一歩も出ることなく、おきまりのコースを選ばされる。

親の問題

まず親が女の子を進学させる理由を見てみよう（左表）。驚かされるのは、「幸せな結婚生活」のために大学に行かせる親が十八％もあることだ。男子はわずか一％。「社会で役立つ知識や技能」を期待する親は十九％。男子の四十一％の半分にも満たない。約半数を占めるのは「幅広い教養」を願っての進学である。聞こえはいいが、言いかえれば「社会で役に立たない知識や教養」ということだろうか。かくして「幅広い教養」の持ち主が

親が子どもに高校教育を受けさせたい理由

理由	女子	男子
●社会に役立つ知識や技能を身につけてほしいから	19%	41%
●幅広い教養を身につけてほしいから	48%	32%
●大学を出ていないと就職や昇進に不利になるから	2%	11%
●今の世の中では大学に進むのが当り前だから	3%	8%
●学校生活を十分楽しませてやりたいから	9%	5%
●学問で身を立ててほしいから	1%	2%
●幸せな結婚生活を送ってほしいから	18%	1%

（資料） ＮＨＫ放送世論調査所，昭和51年。

☆女子学生就職戦線虎の巻Ｉ

入社試験を控えている女子学生のみなさん！ あなたがたに、面接試験の必勝法をお教えしましょう。これらは、いずれも大手出版社から出されている、面接対策集から拾い集めたものです。

とにかく、すらすら言えるようになりましょう。決して口ごもったり、ためらってはいけませんよ。これさえ言えれば、企業は喜んであなたを迎えるでしょう。

とにかく、ムムム……必勝法はこうなのです。

〔職場での男女差別ということがいわれていますが、それについてのあなたの考えは？〕

▽**良い答え方**

「同じ能力のある男女が、性の違いだけで差別されるのは決して好ましいことではありませんが、ある程度は男性と女性の間に職種の相違があるのはやむを得ないと思います。いわば、仕事の分担のようなもので、私は特別に意識はしません。」

図①結婚は何歳ぐらいでしたいか　(%)

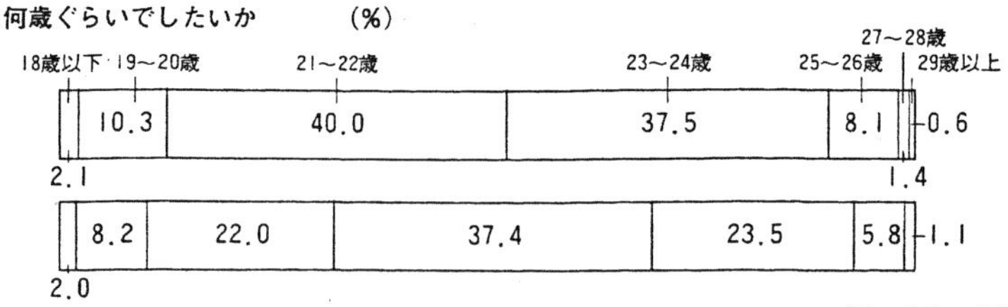

「モノグラフ 中学生の世界」(福武書店)より

図②成績×何歳で結婚したいか(女子)　(%)

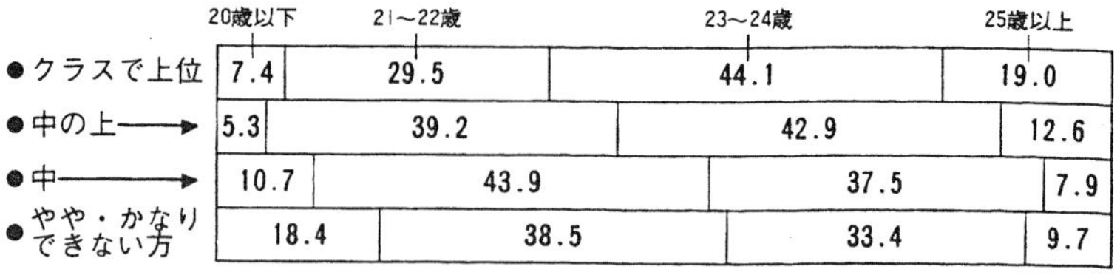

毎年続々と振袖姿で大学から巣立ってゆく。〝教養〟や結婚を目的にしての進学だから、いきおい「きこえのいい学校」「クリスタルな学部」を選ぶことになる。学生生活を十分に楽しんだあとは、見合いの釣書を飾り、結婚披露宴で、「○○女子大英文科出身の才媛で……」とハクをつければ、親が高い授業料を払った目的は達成されるのである。

結婚したいブリッ子たち

ここ数年、女の子が周囲の制約に沿った形で自己規制を強める傾向が目立っている。はっきり物を言う女の子より、「ブリッ子」の方が楽に生きられるという実感を持っているようだ。モテたい、かわいがられたい、という意識が知らず知らずのうちに女の子を縛りつけている。成績が良すぎると敬遠されるが、クッキーやマフラーを作っていれば歓迎され、存在価値を認められるのだから。

最近の中学生についての調査によれば、結婚は二四才までにしたいと八八%の女子が考え(図①)、さらに成績に自信のない女子の五人に一人が、二十才以下で結婚したいと考えている(図②)。

結婚への展望に比べ、仕事をずっと続けたいと思っている女子は二二%しかいない(次頁図③)。残る七八%は結婚を永久就職と考えている。「子どもを育てながら働くのはシ

女子の場合、結婚したらやめていただくという、我社の制度についての感想は?

▽良い答え方

「そういう貴社の規定については知っております。私も結婚したら、家庭にはいりたいと思っておりますので、とくに問題はございません。」

▼感心できない答え方

「女性にも、仕事に生きようとする人は大勢いますし、その人たちが働く機会を失うことになってしまうわけですから、やはり、この制度には問題があると思います。」

◎アドバイス

なるべく、この制度の是非には触れないほうが無難です。「良い答え方」は簡潔に自分の立場が述べられており、考え方も温厚で、相手に与える印象は良いでしょう。一方「感心できない答え方」の方は正論であり、これでよいのかもしれませんが、あまりダイレクトに「問題がある」と指摘されると、なかには心証を悪くする面接者もありますから、この点にはやはり配慮が必要です。

「モノグラフ 中学生の世界」（福武書店）より

図③

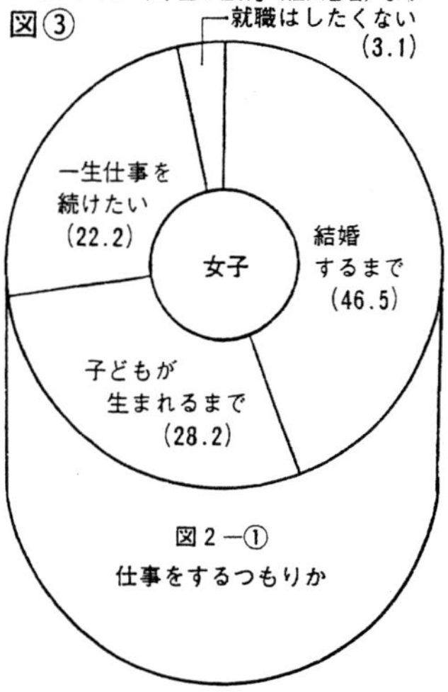

ンドイ」とあきらめたり、「子どもは母親の手で育てるのが一番」と信じていたりする。

指導教師の女性観

まず図④を見てほしい。男性教師の六五％が「女性の本分は家庭」と考えている。「結婚したら家事に専念」が三五％。「女性の能力は社会進出で増す」と考えているにもかかわらず、女性教師でさえ「本分は家庭」を否定するのは三三％にすぎない。この資料は少し古いが、十年以上たった今でも、特に男性教師については、その意識にさほど大きな変化があったとは思えない。

「一生仕事を続けたい」二二％の女の子も、女は家にいるべきと信じこんでいる教師から進路指導を受けるのだ。もっとも女の子の生き方をワクにはめているのは、教師自身かもしれない。

現場の努力が社会を変える

A教諭の場合

「そうか、堅い所に就職したいのか。銀行はどうだ、○○銀行はいいぞ。世間の受けもいいし、あそこなら嫁に行きそびれる心配もないぞ。ざっと五年も勤めれば五百万や六百万は軽くたまるってよ。でも伊藤素子みたいにゃなるなよ、ワッハッハッ。」

B教諭の場合

「なに、工学部に行きたい？　変わってるなあ、おまえ。理数系の成績だってパッとしないじゃないか。文学部出たってプログラマーぐらいなれるんだぞ、何も女が……。落ちたらどうするんだ？　エッ、浪人！　男だったら一年や二年、どうってことはないけれどなあ、女はなあ。どこでもいいから入ってしまったらどうだ。」

C教諭の場合

「○○ガスの人事の方ですか？　お宅の高卒一般事務募集なんですが、〃男子のみ〃となってますが、女子にできない仕事なんですか。私の学校で、一人お宅を希望している女子がいるんですが、試験を受けさせていただけませんか。」

後日、会社側は女子も可と返答した。ただし初任給で五千円差がついていたが、それでも根気よく要求し続けることが大切だろう。

☆女子学生就職戦線虎の巻Ⅱ

何年ぐらい勤めるつもりですか。（結婚・出産の時は、どうしますか。）

▽良い答え方

「三年ぐらいは勤めたいと思っています。でも、結婚し、子どもができたら、家事をしっかりやりながら仕事をするのは大変で、会社にも御迷惑をおかけするかもしれませんので、その時には会社はきっぱりやめようと思っています。」

▼感心できない答え方

「なるべく長く勤めたいと思います。結婚や出産のこともありますが、私はできれば一生働きたいと思っております。」

◎アドバイス

「なるべく長く」という言い方はいいのですが、女子にはやはり、結婚・出産という問題があります。仕事を覚えて仕事ができるようになる「三年ぐらい」が適当でしょう。「結婚退職」か「出産退職」かは、会社によって違いますから、事前によく調べておく事が必要です。いずれにしても「家庭を

現場の小さな努力が女子生徒の未来を切り開いていくのだ。

❖やってみよう

進路指導部では

▼女子教員を必ず担当に入れよう。

▼女子の進路について、担当者や担任で研修会を開こう。

図④　女性観についての男女教師の意識　都立教育研究所「女子生徒の進路指導の研究」(1967～69)から

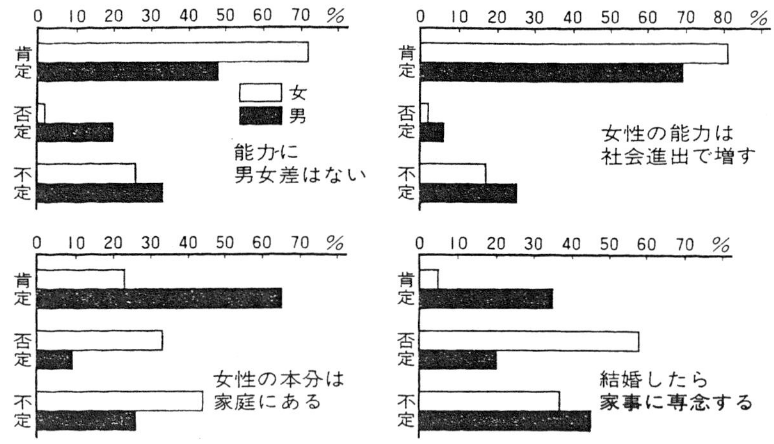

▼進路相談室には、女子の進路に関する資料をそろえよう。

生徒に対して

▼いろいろな分野で働いている女性の話を聞く機会を作ろう。身近な女子教員や卒業生の話は、ぜひ聞かせたい。

▼働く女性の実態を、調べさせよう。就職・定年・賃金差別の現状を知り、働き続ける困難さや克服の方法などを学ばせたい。

▼以上のような内容を、ＰＴＡの会合、面談、通信などを利用して保護者にも知らせ、共に考えていこう。

企業に対して

▼学校に求人に来る企業等に対し、性差別に関する調査をしよう。例えば、

・性によって、賃金、昇給、昇進、職種、研修、定年に違いはないか。

・産休、育児時間はどのくらい保障されているか。育休はあるか。

・既婚女性、子どものいる女性はどのくらいいるか。(『婦人労働チェックノート』＜東京都労働経済局労働組合課＞などを参考に)

▼調査した企業に差別があれば、なくすように要請しよう。特に男子のみの求人には、女子でも採るように働きかけよう。

しっかり守る」「家事で仕事をおろそかにしない」という姿勢を見せた方が良いでしょう。

〔我社では女性には補助の仕事をしてもらっていますが、それでよいですか。〕

▽良い答え方

「やはり男性と女性は役割が違うと思います。また、補助といっても、補助の仕事をする人がいなければ、男性の方がしっかり働けないわけですから、とてもやりがいのある仕事だと思います。」

▼感心できない答え方

「女性だから補助職というのはおかしいと思います。私なりの能力を生かせる仕事をしたいと思います。」

◎アドバイス

会社の役割については反論しない方が良いでしょう。補助的な仕事についても、「良い答え方」のように肯定的にとらえていくべきです。

教師の意識も問われる

無意識の言動から

教科外活動や学力のところで、先生の無意識の一言が、性別役割意識を助長してしまう例をいくつかあげたが、「男だから、男のくせに」「女だから、女のくせに」といった言葉が、タブーであることを意識している先生がどれだけいるだろう。

女教師はそれでも、職業人として男性の社会に進出してきた、という意識があるからいくらかましだ。男の先生は、そうした意識をもつ機会が少ないせいか、無意識に性差別的な言動をまきちらしている人が多い。

性の差別については、かなり敏感でも「男は男らしく」「女は女らしく」という特性教育や、性別役割分業を認める教育が差別だ、という意識を全くもたないまゝに、「女の子は、いい相手をみつけて結婚するのがいちばんしあわせ」と信じていれば、「男らしく、女らしく」「男のくせに、女のくせに」という言葉に疑問をもつはずはない。

「ぼくはフェミニストだから……」と称する先生が、女の子に甘く、男生徒に、女の子をいたわらねば……と指導するのは、それで女性を尊重している、と信じこんでいるだけに始末がわるい。

妻が専業主婦である先生は、特にこうした傾向が強いようだ。妻を家庭で安穏に暮させてやっているのは愛妻家だから……と思っているのかもしれない。女性を保護し、扶養してやることをフェミニストと思っている男の先生に、男女平等の教育がどうしてできようか。

女の子は観賞用？

女の子はやさしく保護すべき存在だ、と信じていれば、教科指導で、女生徒の学力がそんなに伸びなくても、自分の力量不足だとは思わずにすむ。女生徒はもともと理数に弱いもの、と決めてかかり、たまたま数学、物理、化学などが抜群にすぐれた女生徒がいたりすると、かえって「おまえは女じゃないな」などとからかったりする。

男の先生たちの雑談の中に出てくる女生徒のうわさに、「ミス○年は誰だ」とか、「あの子は美人だ」とか、「頭はよいが、顔が悪い」とか、「ボインだ」「プロポーションが良い（悪い）」「セクシーだ」等々、外観の良し悪しについての話題がかなり多いのに、気づいたことはないだろうか。

男生徒についてでも、そうした話題が全くないわけではなかろうが、女生徒の場合となれば、たいていの男の先生が乗ってくる。

女の教育実習生や、PTAの母親の批評でも、まず「美人かどうか」が話題になる。

女性をすぐ性的関心の対象と考える日本の男性の悪弊が、学校にもやはり残っているのだ。女性を観賞用と考える男の先生の本音が、女生徒に与える影響、そしてそれをそのまま

☆愛妻べんとう

遠足のおべんとうをひろげて、先生たち。

「やあ、○○先生のおべんとう、うまそうですな。二段重ね、デザートつき。愛妻べんとうか。」

「ぼくなんか、けさ、駅弁買ってきたんですよ。うちは共稼ぎだから……。」

「あら、わたしもよ。あたしは奥さんいないもの。私にも、愛妻がいたらなあ。」

受けとめる男生徒への影響を思うと、うっかり笑って見逃すわけにはいかない。「そんなじゃ嫁にいけないぞ」「もらい手がないぞ」という言葉にも、女は男に選ばれるものだ、という偏見が表われているのではないだろうか。

教師の性別役割分業

まず男の先生を槍玉にあげたが、女の先生に問題がないか、といえば決してそうではない。

たとえば、学校の中の仕事の分担で、男の先生は、教務、生活指導といった、いわゆる表だった管理的な役割を引き受けることが多く、女の先生が、保健、給食、会計といった事務的にこまごまとした内助的な仕事を引き受けることが多いことを問題にしよう。こうした校務の分業の性別役割は、何となく社会通念、あるいは慣習で決まっていくように見えるが、女の先生が、自分から、表立った仕事を避け、内助的な仕事を買って出ることから起こる場合が少なくない。

▼僕はフェミニスト!?

こうした仕事は、決められたことをこつこつやっていれば大過なくすごせるし、企画、立案など、主体的に考えることが少ないので、目立たなくてすみ、女の先生にとって風あたりが少なく楽なのだ。だれかがおぜん立てをしてくれれば、その枠内で事務的なことは引き受けましょう、という依頼心が、やはり女教師の中にもまだ残っている。

女生徒に対しては、自分から進んで考え、行動することを期待して指導しながら、自分はなるべく目立たず、決められたことをきちんとやるだけ、という姿勢でいては、やはり教師として失格ではないだろうか。女の先生は、職員会で、男の先生と同じように積極的に発言しているだろうか。自分からは何も言わないで、多数派の意見にいつも乗っているだけではなかろうか。とかく事なかれ主義に、目立たぬように、という意識を捨てなくては、女教師はプロとはいえまい。

今、学校にも主任制が導入されて組合が反対しているが、主任制が確立されてしまえば、女教師が主導的な立場をとることを避けて通る傾向があるかぎり、男性がリードし女性がその下で働くという他の社会の悪い実例が、そのまま学校にもちこまれてしまう。これでは、男女平等の教育どころではあるまい。女教師こそが、男女平等教育の中心的なにない手にならなければならないはずなのに……。

☆アメリカ・ノースキャロライナ州のガイドラインより

女性であることと、リーダーであることの矛盾に加えて、女性は妻・母であることと職業上のキャリアとの矛盾にも直面する。いろいろの原因から、一生を通じて女性は第一の責任は妻として母としてつくすことだということを学んできている。その結果、彼女は家族とキャリアの両方に時間をさかなければならないことに罪の意識をもつようになる。夫が、家事や育児の責任を共にわかとうとしなかったり、できなかったりすれば、彼女は権威ある管理的地位を引きうけることはできないと思うだろう。もし夫が、彼女の職業上の野心に反対すれば、彼女は決してそれに挑戦しようとしないだろう。

管理職への進出をめぐって

日本の学校では、校長、教頭、といった管理職の位置がきわめて特殊で、管理職への女性の進出が少ないことを、女性の意欲がないから……と、簡単にきめつけることは問題があろう。

文部省と教組の対立が続き、管理職は、文部省や教育委員会の上からの指示を、現場に伝えるパイプになっている学校も多いから、自ら管理職になることを拒否する先生は、男性の中にもかなりいる。

しかし、女性の校長・教頭の比率が、女教師の実数にくらべてきわめて少ないことは、やはり女教師が職場で主導的な立場に立つのを避ける傾向と無関係ではあるまい。

前頁のノース・キャロライナのガイドラインの中に示されているように、日本でも、女教師には「女であること」と「主導的な立場に立つこと」の矛盾がつきまとっている。

家庭責任を背負う女教師は、管理職などという、めんどうで責任の重い仕事にはつきたくない、というのが本音かもしれない。一方、男性の方は、文部省や教育委員会と現場の板ばさみになる苦労の多いポストでも、やはり、自分の教育的な考えを生かせるという魅力や、昇進という体面から、希望者がたくさんいる。

県によっては、夫が管理職に昇進する時期が近くなると、共働きのその妻に退職を勧告するところもある。勧告されなくても「夫の出世」のために、自分の働く権利さえも、進んで放棄する女教師が少なくない、という。

管理職への昇進(?)が、このように、学校支配の道具にされている現状を考えれば、管理職になることは必しも望ましいことではない。とはいえ、実際に学校を経営していく校長や教頭に、女性が極度に少なければ、学校もまたいつまでも変らず、男性優位の社会に留まり、男女平等の教育は進んでいかないだろう。日本の学校管理のあり方を考えるとともに、女性も、ポストにつく、つかないは別として、学校内での主導的役割を進んで選んでいく姿勢をもちたいものだ。

> **☆良き妻のやることは……**
>
> 「九州では、夫が管理職になることを条件に、妻が退職を勧奨されるという話があちこちで聞かれます。九州以外でも過疎県で教組の力が弱いところでは、やはり同じようなことがあるそうです。この頃は、もう退職勧告をされる前に、夫の管理職昇進をねがって妻が自分からすすんで退職するという例も出てきていて、よく県の婦人部で問題になりますが、婦人部役員が辞めないように説得にいっても、『家庭の都合で』の一点張りで、話し合いに応じてくれないので困っています。」
>
> (一九八〇年日教組教研集会参加者の女教師談)

❖ やってみよう

- ▼男の先生も、女の先生も、それぞれ自分たちの中にある性差別意識や、性別役割分業意識、そしてそのあらわれとしての行動をチェックしあおう。
- ▼何が差別か、について職場で話し合う機会をもとう。
- ▼男女平等教育をすすめる分掌(例えば平等教育委員会など)を職場に作り、組織として取り組む方向を打ち出そう。
- ▼教育委員会に、平等教育の手引きなどのパンフレットを作らせ、すべての先生が研究していこう。人権教育などでその例はあるのだから、決して不可能なことではないはずだ。
- ▼女の先生は、女の役割に甘んじないで、すすんで新しい仕事に主体的に取り組もう。

制服考

制服――なんとなつかしく、なんといとわしい響きをもつ言葉だろう。いやな事も過ぎてしまえばなつかしい、とよく言うけれど、そして確かになつかしさもあるけれど、でもイヤだった、嫌いだったという事は、はっきりと覚えている。

夏の暑さ、冬の寒さ、汗とホコリ。脱ぎ着のできないセーラー服は、気象の変化に合わせて調節をするのが難しい。それでも冬はまだいい。上に重ねて着ればすむ。首もとに風が入り込むのも大きなマフラーをすれば、何とかなる。それに対して暑い方はもう全くお手上げである。特に初夏の頃は地獄といっても言い過ぎではない。脱げない、そして洗えない冬服の上着は、暑い日射の中で動きまわってかいた汗を、たっぷりと吸いこむ。それが繰り返されて、制服はすぐに汗とホコリで煮しめたような感じの匂いがただよいだす。

新陳代謝の激しい時期に、どうしてあんな着たきり雀のような格好をしなければならないのか、全くわからない。そのうえ、とんだりはねたり動きまわったりする事も、おとなよりはるかに多いのだから、清潔という観点からみたら、毎日服を取りかえられる私服の方がずっといいにきまっている。なのに、どうしてだろう。

制服のイヤなところはもう一つある。動きにくい。セーラー服にしろ、詰め衿やスーツスタイルにしろ、上着はどれも総裏のついたがっちりした仕立である。袖のつけ方ひとつ見ても、動きやすさを考えて作られていない事がすぐわかる。さらに、女子にはヒダのスカートというおまけがつく。ヒダのスカートにするのは動きやすくするためだろうが、このスカートは重い。高校の頃、生まれて初めて肩凝りを経験したが、あれは鞄の重さだけじゃなくて、スカートの重さも原因だったのではないかと、後になって思った。それに、ヒダのスカートはしゃがみにくい。へたにしゃがめば、スカート転じて床拭き雑巾となる。私の教える授業では、よくスカートを埃だらけにした生徒を見かける。実験に夢中になり、パッとしゃがんだり、ずっとしゃがんだままで測定を続けたりした結果だ。物理の実験では、ボールを使うことも多いから、しょっちゅうボールを追っかけてはスカートを汚すことになる。

さて、物理の授業を行なう教師である私は、というと、シャツにジーパン、冬はそれに加えてセーターというのが一般のスタイル。生徒には申し訳ないが、何といっても実験にはこれが一番の服装で、はじめの頃は結構着ていたスカート類も、今ではすっかり戸棚の奥に押し込まれたまま。

けれどもよくよく考えてみれば、学校は生徒が主人公のはず。勉強するのも、動きまわるのも、育っていくのも生徒たち。そしてそのどれにも、動きやすい服装の方が合っている。また、その方が育ち盛りの生徒たちにはよく似合うに違いない。

しかし、制服はなくならない。一時期はいっせいに私服の学校がふえた都立高校も、この頃は皆制服である。制服の規制をすることが生活指導の大事なポイントになっている学校も多い。

でも、自分が体験したイヤな事、嫌いな事を、何の改善もせずに人に強制することはとってもおかしい事だ、と心の隅の方がいつもつぶやいている。制服に対する私の気持ちは、学校の常識と心の隅のつぶやきとの間を、折ある毎に揺れうごいている。

Ⅲ 社会の要請にそって

男子校・女子校の特性教育

「やはり娘は女らしく……」

憲法と教育基本法によって、男女の教育機会は均等でなければならない、というたてまえになっているが、現在の社会は、性別役割分業の上になりたっており、実社会に出てみれば、男女の特性による役割分担が、歴然としている。そこで、現実的に考えれば、実社会に適応しやすいような教育をしてほしい、という願いが親の心には潜在的にある。

高校を選ぶ時、クラスの親達の何人かは、かならず「男子ですから、少しでも進学に有利な高校を……」「女の子ですから、なるべく女らしく教育してくれるところを……」といった希望をのべる。

そういう親の意識、あるいはそうした希望

3．本校では，自主独立・国際的視野に立ってものごとを考える人物育成の目標のために，あらゆる困難に打ち克つ**忍耐力**の養成を重く見ています。人の嫌がることを率先してできる人物こそ，将来各分野においてもっとも望まれる指導者であると考えるからです。

●私立女子校・男子校のパンフレットから……

●本校では創立以来一貫して人間の社会生活に最も必要な、潤滑油の役目を果す「アイサツ」について特に心を使って訓育しています。社会人になろうとしてその予備教育を受ける高校生にとって、この「アイサツ」の訓練は最も必要な要素の一つです。

●本校に入学すると心からアイサツの出来る子になります。「ハイ」という返事は勿論、「おはようございます」という人間同志の最初の挨拶を始めとして、「さようなら」「有難うございます」「ごめんなさい」が反射的に楽に口から飛び出すように、教職員一同心を合せてこの訓育に当り、立派な効果を挙げ、生徒の保護者、特に就職先や卒業生から喜ばれています。

■生活指導――情操教育中心の全人教育。
●躾（しつけ）、和及び規律の重視。

■教育の目標

健正勉
強厳勤

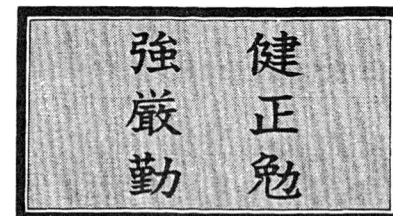

一、健全な心身と豊かな思考・情操の陶冶
一、思いやりの心と奉仕精神の昂揚
一、勤勉努力と清潔整頓の習慣化

■建学の精神

個性を尊重した教育を行ない、質実剛健にして、国家有用の人材を育成する。

☆どれが女子校のものか、わかりますか？

夢見るような美しい学園
独創的教育方法・近代的教育施設

を受け止める学校側の意識が、男女別学校の存在を支えてきた。東京、京都など、公立高校は普通科、職業科を含めて、すべての学校が共学になっているところもあるが、全国的に見ると、公立高校でも、男子校、女子校と別学になっている地域がほとんどだ。新設校は男女共学でも、伝統ある旧制中学、旧制高等女学校の後身である公立学校は、なかなか共学に変えようとはしない。

男子校は、伝統ある名門校の歴史をふりかざして、男子エリートの養成をうたい、女子校は、女の子としての**しつけ**の伝統を看板に、伝統を守ろうとする。共学化への動きに一番反対なのは、当の学校の教師たち、同窓会、そして、その地域の親たちだ。

公立高校で男女別学校が多いのは、特に関東北部から東北地方にかけてである。県によっては、共学の公立高校がほとんどないところもある。（次頁注参照）

私立高校ともなれば、そういう親の希望に沿うため、意識的に男子校、女子校と別学を売りものに、男は「男らしく」女は「女らしく」教育することを教育目標にはっきりかかげている学校も少なくない。

行きたくなくても女子校へ

東京のように、公立学校はほとんど共学でも、普通科で男女別に定員を定めている学校

の中で、男子の定員が女子の倍という学校がたくさんある。名門旧制中学だった都立のナンバー・スクールがそれだ。旧制高等女学校であった都立高校では、とっくに定員を男女同数にしているのに……。だから、東京の公立普通科全体の女子定員は男子よりかなり少ない。

東京でも、私立で男女共学のところは数えるほどしかないから、女生徒は共学校を希望しても半数以上は女子校に行かざるを得ないのだ。

都立の職業科は、どこも男女両方を受け入れるが、商業系は女子が多く、工業系は男子が圧倒的に多い。商業高校には女子の求人が多く、卒業生の大部分は事務や販売などの職種につく。工業高校は科によってかなり女子がいるところもあるが、求人は男子向きが多く、せっかく専門技術を身につけても就職の時に女子は不利になる。こうして、社会の要求、親の希望が性別役割をつくり出していくのだ。(職業高校の詳細は次章参照)

進路指導における問題点はすでに指摘されたが、こうした現実を考える時、教師が社会の現状に妥協して男子向き、女子向きの進路指導をしてしまうのも、一面では無理もない、と言えよう。

（注）『男女共学のすすめるために』(教育分科会編）より

「婦徳」の育成をめざして。

[redacted]学院の教育理念にもとづき、実社会に役立つ教養豊かな日本女性…新しい時代に適応し、心身ともに健康で知識技能に長じ、家庭に幸福と平和をもたらす「よい妻」「賢い母」の育成を目標とする。

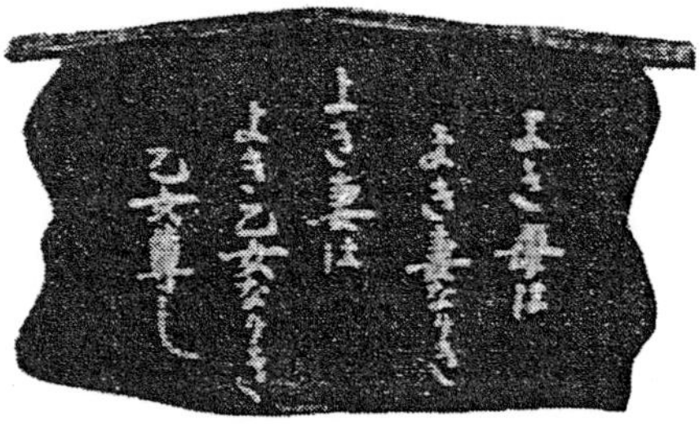

本校は女子のみに開放する学園であります。教育方針は次の通りであります。

1. 婦徳の養成を教育の第一義とする。
2. 時勢に適応する良妻賢母の養成を教育の根幹とする。
3. 師弟の温情に最も重きを置き、家庭的愛と誠により教育の実を挙げる。

本校はこの基本方針に従って女性の特性を涵養しようとするものでありまして、家庭、国家、社会を形成することのできる、知徳円満な女性の育成をその使命として進んでいます。従って、本校は人物の上でも、学力の上でも、又技術の上でも優れたものが多い。

本校を希望する人およびその父兄は予め本校の性格をよく知った上で願書を提出して下さい。

建学の辞

古今を問はず東西を論ぜず、偉大なる人物の人となりを見聞する時、いずれの場合に於ても共通して痛感することは、その母が子女を教育するに当り、母性愛に燃え苦心惨憺まれにみる努力奮闘の姿である。又現代に於ても大を為しつつある人の家庭には、必ず内助の功あり且つ如何なる苦境にも耐え、常に愛情豊かな賢夫人の存在を認む。

いずれの時代如何なる国家に於ても、健全なる社会を構成する基礎は健全なる家庭に在り、その家庭を作るものは良き母である。即ち女性の人となりに在り、理想の女性育成の重要性がここにある。

●良き妻・賢き母のオンパレード
(私立女子校のパンフレットから)

職業課程の男女差別

工業科出身の女子生徒の就職はむずかしい。学んだ技術や知識を生かせる職業はほとんど期待できない。ごく平均的なOLとしてコピーとりやお茶汲みに励むか、ベルト作業に従事するか、いずれにせよ五～六年で使い捨てられる点を買われてのことだ。

職業高校は、本来職業人養成のためのものである。しかし現状はどうであろうか。海外の例をも参考にし、考えてみたい。

一、職業教育の現状

明らかな男女別コース

都立工業高校二九校に在籍する女子生徒は、わずかに全体の四・二％にすぎない。最も女子の多い学校でも三割に満たず、一人もいない学校が四校ある。ほとんどの学校は「女子生徒若干名」で、そのわずかな生徒が在籍するのは、食品工業、繊維工業、染色化学、デザイン、室内工芸といった「衣食住」に関係するコースである。その反面、機械・金属は男子ばかりで、同じ工業科の中に女子コース・男子コースが形成されていることがわかる。

対照的に家政科では女子が九八・八％と圧倒的である。残る一・二％、十五人の男子も食物コースに限られており、家政コースには一人もいない。

農業科だけは比較的男女の人数差がない。しかし、よく見ると

〔女→食物・食品製造（……→台所？）
男→緑地土木・造園（……→外まわり？）

という男女別コースになっていることがわかる。（以上表①参照）

職業高校の生徒募集は男女別ではない。建て前としては、性別でなく個性が尊重されていると言える。しかし、現実の職業教育は男女別に分断されている――求人の状況に応じる形で、そして教師や親の性別役割意識に支えられて。

専門教科の少ない女子

職業高校の女子生徒は、男子に比べて専門教科の履修が四単位少ない。女子は〝女子のみ必修〟の家庭一般を履修するからだ。普通

表①　職業課程高校における男女生徒の在籍数

東京都教育委員会・昭和55年度東京都公立学校一覧

課程	男子生徒率	女子生徒率	備考
工業科（29校）	95.8%	4.2%	●女子生徒在籍０の高校名 （鮫洲工業）（練馬工業）（北豊島工業）（墨田工業） ●女子生徒在籍20％以上の高校名 （中野工業）（工芸）（化学工業）（八王子工業）
家政科（５校）	1.2%	98.8%	●男子が在籍の高校 （農業高校家政科課程）
農業科（６校）	38.0%	62.0%	●男子の多いコース（造園）（緑地土木） ●女子の多いコース（食品製造，農産製造） （園芸）（畜産）（食品化学）
商業	13.1%	86.9%	

科の男子は家庭科の裏番組として体育（格技）が指定されているが、職業科では直接男子の専門教育充実につながる。

一見男女差がなさそうな商業高校でも、役割分担のカリキュラムは用意されている。男子は経済・工業簿記・経営数学・商品、女子は秘書実務の履修指定（表②）。同じ条件で入学してきた男女生徒が、自由に選択するべき専門科目に性差のワクをはめられているのだ。

表②
ある商業高校の商業科カリキュラム例

科　　目	単位数
商業一般	3
経済	男 2
商業法規	3
経営	2（選）
簿記会計 Ⅰ	4
〃 Ⅱ	3
〃 Ⅲ	3
工業簿記	男 3
計算実務	5
電子計算機一般 和文タイプ 英文タイプ	3
秘書実務	女 3
商業美術	男 2
商業英会話	3～2
商業実践	3
家庭一般	女 4

「秘書実務」の内容！

商業科で特に女子に学習させている「秘書実務」とはどのような科目であろうか？　ここで文部省検定済教科書「秘書実務」（産業能率大学教授三沢仁著　一橋出版　五六年度版）を見てみよう。まず前書きにこうある。

みなさんが本書で学ぶ知識や技術は、実は秘書だけに必要なものではない。一般の女子職員にとっても必要なものである。みなさんが実社会に出ると、みなさんは**単なる職員としてではなく、女子職員としての働きを期待される**ことが多いであろう。つまり**男性では性格上うまくないような仕事をうけもたされることがふつう**である。その仕事がこれから学ぶ秘書実務なのである。

（ゴチックは筆者）

ここにある「男性では性格上うまくないような仕事」「単なる職員としてではなく、女子職員としての働き」の内容がピンとこない人は、この教科書でしっかり勉強することだ。

本書によれば秘書の役割は以下の七つである。①上役の予定の管理　②来客の応待　③会議関係　④出張旅行　⑤上役の身辺の世話　⑥経理的事務　⑦文書実務――具体的には、会食の準備、ゴルフ準備、お茶くみ、食事の世話、上役の健康管理、上役の部屋の掃除、冠婚葬祭の用意などがあると示されている。

（お茶くみなどは、多くの女性たちが拒否の運動をしているの

――秘書実務の教科書から――

▽やってみよう、教科書の練習問題

問　秘書に求められる要件の一つに、健康であることがあげられるが、それはなぜか、おもな理由を二つ書きなさい。

答　(1)欠勤して上役に迷惑をかける。
(2)疲れた顔つきが人に不快感を与える。

▽心得ておこう、「秘書の心構え六ケ条」

一、上役の陰の力となること。主役はいつも上役である。その仕事は地味であり、不断の努力のわりには、周囲から認められたりほめられたりすることの少ない仕事である。
二、上役を理解すること。
三、いつもすすんで知識をひろめること。
四、他部門の人との協調を大切にすること。
五、感じのよい人がらであること。
六、身だしなみに注意すること。

☆その他「贈り物の水引き」とか「米寿は何歳で祝う祝いか」といった練習問題もあった。

世界では男と女の仕事が変わりつつある

スウェーデンでは……

▼政府行政機関である「男女平等委員会」による「女性の新職域開拓のための研究プロジェクト」が進行中。

▼農業・牧畜・造園・金属工業・エンジニアリング・建設・地下鉄・タクシー運転手など、従来男性の職場とされていたものに女性が進出。

▼司書・会計・商店販売員・ビル清掃など、今まで女性の分野だったものに男性が増加。

アメリカでは……

▼労働省は数十種類の職名を変更した。例えば、スチュワーデス（女性のみ）──→フライト─アテンダント（男女両方を指す言葉）と変更。

▼ガソリンスタンドの従業員に、若い女性が増加。

▼電話交換手に男性が進出。

日本では……

☆いったいどこが変わったか、よーく考えてみよう！

に、教科書で女性の仕事と教えているのだからタマラナイ！）

右頁下にのせた教科書の一部引用も見てほしいが、こんな具合にざっとあげただけでも「秘書実務」の内容がよくわかる。小間使い的な、アクセサリー的な秘書を養成することが目的なのだ。秘書とは、自己完結した仕事は何ひとつなく、「上役が立派な成果をあげるための陰の力」として補助作業をする存在──まさにオフィスワイフ、職場の世話女房である。女子がこのような秘書実務を学習している間、男子は商業美術、経営数学、商品知識など、就職後すぐに役立つ内容を教わっている。学校教育はこのように「男は労働の主役」「女は補助」という鋳型に生徒たちをはめこんでいく元凶とすらいえる。

「差別撤廃条約」に反する日本の教育

以上のように、女子への職業教育は生徒の個性を開発して独立した人格を育成するというより、抑圧された女子労働の現状に適応させるのが目的に見える。日本政府は「差別撤廃条約」に署名しているが、その第十条には、

「条約国は男女平等の基盤の下で、教育分野において女性が男性と同等の権利を持つことを保証するために、女性差別撤廃のあらゆる適切な措置を講ずる」

と明記され、同(a)項においては

「進路指導・学問の機会および終了証書修得のための平等な条件は……あらゆる種類の教育施設において確保され、このような平等は、就学前教育・普遍教育・技術教育・職業教育・高等技術教育およびあらゆる種類の職業訓練につき保障される」

とある──日本の職業教育は条約の求めるものにも反する。男女の在籍数の極端なアンバランスや教育内容の差異、施設設備の条件など、早急に是正されねばならない。

二、〝職業教育の中の伝統的役割分担〟是正の動き
─アメリカ・スウェーデンの場合─

アメリカ・ノースキャロライナ州の「男女平等教育にむけてのガイドライン」には、今まで男子のコースとされていたものに女子の登録が増え、その逆もまた多いとある。男子のみや女子のみのコースはもうほとんど見られないが、さらに次の提案がなされている。

▼伝統的に男子むきとされていたコースの教員に、積極的に女性を入れること。

▼固定的役割を破る例、すなわち女性の機械工、塗装工、電気工、大工、また男性の看護士、幼稚園教師、美容師、室内装飾家を学校に招いて生徒に会わせること。

▼今まで男性のものとされてきた職業に就いた女性を描いた、教材、ポスター、記事等を利用すること。逆も同じ。

ここでは、変わりつつあるとはいえ、やはり多くの男子生徒が農学や、配管・電子・自動車・溶接等の工学コースへ、女子の多くが家政、保育、服飾、事務、化粧学のコースに登録する現状を示したうえで、親や教師、進路指導者、学校管理者が仕事の機会への新しい情報を与えなかったこと、新しい職業分野を開拓するよう奨励しなかったことを批判し、是正への具体的な提案をしているのである。

また、スウェーデンでも、アメリカ同様男女で職業が分れており、低学年や幼稚園の教師はほとんど女性で、校長の九割は男性である。織物・手工芸の教師は一〇〇％女性、木工製作・金属工芸の教師は一〇〇％男性。これらの是正を課題として、一九六八年には、すべての生徒が六学年までに、織物・手工芸、木工・金属工芸を必修とすることが定められ、職業教育の性によるアンバランスをなくそうと努めている。

❖やってみよう

職業高校では

▼工業や家政科課程の高校で、男女ともが学べるよう、施設・設備を整える。

▼工業、農業、商業に関する科目の教師に、もっと多くの女性を採用する。また、家政に関する科目には男性教師の養成と採用を強力にすすめる。

▼工業・農業高校に学ぶ女生徒の就職分野を開拓する。

▼専門教育を男女同一とし、同じ教室で行うこと。（むろん家庭科も共修に！）

▼職業意識を男女共に培うこと。

その他の学校では

▼進路指導担当の、男女の職業に偏見を持たないカウンセラーを置く。

▼教師が「男子むき」「女子むき」の偏見を捨て、親をも啓発しながら〃常識的な〃進路指導ではなく、個性に応じた適切な指導をする。

▼男性の保育士（保父）や女性の運転手を学校に招き、生徒に話を聞かせて偏見をなくす手助けをすること。

▼教師自身の体験をふまえ、生徒が労働の意義や女子労働の問題について話合えるよう、意識的に機会を作ってゆく。

☆タイトルⅦ（セブン）

一九六四年に成立したアメリカの公民権法は、男女の差別だけでなく人種・カラー・宗教・出身国等による差別を禁止した包括的な法律であり、男女平等の確保に大きな役割を果たしている。

その第七篇「タイトルーセブン」は雇用機会の平等に関するもので、一九七二年の大幅改正により一層充実したものとなった。これは十五名以上雇用し、二州以上の州にまたがる取引きに影響を及ぼす産業の使用者・自治体・労働組合・職業紹介所に対し、前記の差別を禁止するもので、特に、

a 雇用・解雇・強制帰休・呼び戻し
b 昇進・訓練・補償
c 各種保険・配転・募集広告・退職後の設計・休暇・病気休業等

において、受益上の差別があってはならない、となっている。

したがって、求人広告に「男子」、「女子」と見出しをつけること、性を指定すること、性によって制限をつけること、あるいは性別に分けた欄に広告を載せること、これらはすべて違反となる。

企業の求める女性像

「あなたも明日から丸の内レディ！」
「女性の活力を生かそう」

企業から女性を求める声は甘く、高卒で就職すれば三百人の卒業生に対して八百社の募集があったりする。

しかし、その仕事の内容、入社後の女性の立場をよくみれば、企業が男性に求めている「終身社員」とは全く性格が異なることに気づくだろう。

最近急にもてはやされてきたコンピューター関係の大卒女子にしても、入社後五～六年でほとんど使い捨てられる技術なので、男子を入れるとあとの処遇に困るところから、新陳代謝のよい女子を求めるといわれている。

男性――会社への献身
女性――交換部品

鉄鋼連盟に働く女性たちによっておこされた仕事差別裁判（注参照）でも会社側がいっているように、男性は「基幹社員」であり「終生働かざるを得ないもの」であるから、無限責任をもって会社に献身を求め得る。それに対して女性は消耗品。だから毎年採用する。

「コンピューターでできない手仕事や、外交の男子の内助（準備・事務処理）のため、新鮮で素直で、与えられた仕事に喜びをもつ女の子が必要だ。」とK銀行の係長も語っている。「仕事をおぼえ、馴れてから二～三年はがんばって、少々飽きたり疲れたりした頃結婚退職でもしてくれれば、祝い金は惜しまない。」という企業の本音が、次頁の広告によく現われている。

（注）詳細は「鉄連の七人と共に性による仕事差別・賃金差別と闘う会」（東京都新宿区若葉一－一〇　グリーンマンションD号室）

女性の仕事に徹する

四年制女子に対して門戸を開いていると評判の、ある商社のパンフレットには次のようにある。ちょっと長いけれども、引用してみたい。

女性の能力・特性をビジネスの場でフルに発揮できる女性

商社においては、男性は主として外向きの仕事を担当しており、例えば相手先との打合せや交渉・折衝をしたり、新しい商売をクリエイトするといった役割を担っています。一方女性は、事務所の中で留守を守り、男性が外に対して思う存分活躍できるように、きちんと資料を整備したり、複雑かつ膨大な書類を正確・迅速に処理するというような仕事を担当しています。

これは外向きの役割と内向きの役割がそれぞれに重要であり、男性と女性がそれぞれの特性を活かしながら、パートナーとしてひとつの仕事をやり遂げていくということです。

従って、ビジネスの場では、女性でなければ発揮できない、女性が本来もっている能力・特性をフルに発揮してもらうことが求められています。具体的に言えば、細かいことにもよく気をつける、手間のかかる仕事をコツコツと粘り強くやる、電話や来客の対応で相手に好感を与える、職場に明るい雰囲気をつくるといったことも女性の大切な役割です。

どんな時でも明るさを失わない、職場の潤滑油となれる女性

商社の仕事は時間との競争です。忙しい商社の職場は往々にして、ピリピリしたムード・緊張感がみなぎります。場合によっては、男性同士のやりとりも多少荒っぽくなり、慌しさを一層かきたてることにもなります。

そんな時、女性のちょっとした心くばり、明るい態度が職場の雰囲気を柔らげ、心をなごませます。いつも爽やかな笑顔を絶やさず、やさしい気

たしかな技術で世界をむすぶ○○

○○の概要

●創　　立　明治32年7月17日
●資 本 金　　486億円
●売 上 高　8,928億円
●主力製品　通信機器、コンピュータ、電子デバイス、ホームエレクトロニクス機器
●従業員数　35,000名

相模原事業場の概要

仕事内容は

余暇活動は

未来をひらく○○

このような技術の進歩は、コンピュータの小型化、分散処理能力の向上を一層促進し、同時に通信機器、制御・計測機器、民生機器などの電子機器全般の発展にも大きな影響を与えております。

○○○○はこれらの部門で世界のトップレベルの技術力と市場占有率を誇っており、当社にとって80年代はさらに飛躍の機会が約束されていると言えましょう。

❖こんなに違う！男子(↑)と女子(↓)の募集パンフレット

○○は心のふれあいを大切にしています

私たちの職場

私たちの職場は、冷暖房完備で明るく、換気もゆきとどいていますので、とても快適です。また、相模原事業場では従業員の健康と安全にとくに力を入れています。

職場の雰囲気はきびしさの中にもなごやかさがあり、先輩たちもとても親切です。

私たちは、めぐまれた環境の中で、毎日楽しく仕事に励んでいます。

週休2日制、さてあなたは

ゆたかな知識と教養

○○さがみはらでは、和裁・洋裁・編物・着付などの女性教養コースをはじめ、英会話・マイコンなどの各種プログラムを用意しています。

豊かな教養を身につけて、一人前の女性として飛び立ってみませんか？

○○さがみはらは、女性としての豊かな知識と教養を身につける手助けをしています。あなたも参加してみませんか？

（見出しは全部、本文は一部を引用してあります。）

持ちで周囲の人と接することは、私達女性のひとつの大きな役割だと思います。

女性の仕事に徹する

男女共に、会社にとってはひとつの歯車であり、それぞれが大切な役目を持っている。女性の力を重視するというのは、何も男性の仕事の分野まで進出し、男性と同様の仕事をするという事ではないだろう。家庭内で、夫として妻としての役割があるように、会社においても然りである。要は、女性は女性の仕事に徹する事。そして、すべてはヤル気の問題ではないだろうか。

私個人の場合でいうなら、つねに「はい」の姿勢で担当者とのコミュニケーションを図り、まずそういうことから、アシスタント業務に徹していこうと心がけている。とはいえ、理想と現実はなかなか結びつかないものである。一般的に、女性が安心してアシスタント業務に徹することができるのは、男性が担当者としての自分の業務を完全に遂行してくれた時だけにいえる事ではなかろうか。

この会社は、女性の活力を生かすといううたい文句で、意欲の高い女子社員への資格制度を作ったというが、はじめから男子一般職、女子事務職を厳然と差別採用をし、女子が資格制度によって一般職へ移る試験を受けるには十年の勤続年数が必要である。しかも、結婚退職制が外部への宣伝物には一切表われていないが、慣行として守られている。そして、退職後パートとして再雇用される。

犬のごとくはイヤ

前記商社の女子社員に質問した。組合もあるのに、どうして結婚退職なんて前近代的な制度を許しているのかと。

「私たちの仕事は一～二年でだいたい頭打ちです。配転もないし、変化もありません。男性は次々と仕事を与えられて、人に負けまいと夢中でくいついているけど、月曜日から午前さまの残業で、次の朝九時に出勤しているなんて、リフレッシュするとは思えない。私たちだって、残業残業でボロボロになっちゃうから、約束の三年が過ぎたら、こっちからサヨナラしたいです。」

人間らしく働けるために

こうしてみると、二四時間会社人間の夫を支える専業主婦だけではまだ足りず、会社にもう一人助手をおいて、はじめて一人の働きバチが存在するわけになる。

私たちは雇用平等法を要求し、同じ仕事と同じ昇進のチャンスを要求する。しかし同時に、「男性よ家庭に帰れ」と、人間らしい生活を要求していかなければならない。けだし、女性解放は男性解放にもつながるのである。

▶公務員でも……

「ふさわしい」という婉曲な表現で、しかしはっきりと、男子向け、女子向けの職種を分けて採用している。

昭和56年度東京都職員(高校卒程度)採用試験公告

昭和56年7月6日
東京都人事委員会

1. 試験の種類、職種、試験区分等

試験の種類	職種	試験区分	採用予定人員	職務内容	主な採用予定先
東京都一般職員（高校卒程度）採用試験	事務	事務A	約35名	行政事務の補助的業務で、Aは一般の書記的な事務	各局の本庁及び事業所（知事部局 水道局 下水道局等）
		事務B	約40名	Bは水道メーターの検針事務で、男子をあてるにふさわしい事務（おおむね4～5年後に一般事務に従事する）	
		事務C	約10名	Cはタイプ等のように女子をあてるにふさわしい事務	事務Bは水道局の支所、営業所
		事務D	約50名	Dは学校事務	

☆男女平等を考えるシリーズ

Ⅰ「男女共学をすすめるために」　　200円

Ⅱ「女はこうして作られる

——教科書の中の性差別——」　　300円

詳しくは下記事務所までお問い合わせ下さい。

1982年3月30日初版発行　　1982年8月1日第2刷発行

国際婦人年をきっかけとして行動を起こす女たちの会　教育分科会

東京都新宿区若葉町1－10　グリーン・マンションD号

合同事務所「ジョキ」内　　Tel 357−9565

印刷　芝タイプ印刷

東京都港区浜松町1－1－9　早野ビル

Tel 438−3200

￥400

あなたの性差別度は？

——教育者のための性差別テスト——

あなたのいつもの生活を思い浮かべて、率直に、ハイ・イイエと答えて下さい。最後の質問は論文テストです。質問の後にある方法で点数をつけ、Ｃ以下の人は、治療欄の処方をよく読み、すぐ直す努力をして下さい。

「性差別センセイ」というレッテルをはられることのないよう、心から祈っています。

1．クラスの中で、重い荷物を持ったりするのは男子に頼んでしまいますか。

ハ　イ　　　イイエ　　　ワカラナイ

2．ＨＲ活動の時、リーダーの役割を男子に、補助や記録の役割を女子にさせていますか。

ハ　イ　　　イイエ　　　ワカラナイ

3．見だしなみにかまわない女の子を見て、「気の毒に」と思ってしまいますか。

ハ　イ　　　イイエ　　　ワカラナイ

4．おしゃれでかわいい女の子を好ましいと思いますか。

ハ　イ　　　イイエ　　　ワカラナイ

5．運動の苦手な男の子を、「かわいそうだ」と思うことがありますか。

ハ　イ　　　イイエ　　　ワカラナイ

6．肩まで髪を伸ばしている男の子、Ｇパンをはいている女の子を見て、好ましくない感じを持ってしまいますか。

ハ　イ　　　イイエ　　　ワカラナイ

7．女性を主婦・母親としか見ていない教材を、黙って使っていませんか。

ハ　イ　　　イイエ　　　ワカラナイ

8．これまでにこんな言葉を使ったことがありますか。〈女子に〉おてんば・男みたいだ・オトコオンナ・女らしくない・女の子はそんなことをしないもんだ・女のくせに・女だろう〈男子に〉いくじなし・弱虫・男のくせに・女のくさったヤツ・さすがは男だ・めめしい・男だろう

ハ　イ　　　イイエ　　　ワカラナイ

9．女の子は文科系科目や芸術科目にすぐれ、逆に男の子は理数科にすぐれているはずだと思っていますか。

ハ　イ　　　イイエ　　　ワカラナイ

10．進路指導では、男子の方により熱が入ってはいませんか。

ハ　イ　　　イイエ　　　ワカラナイ

11. 女子は、一生仕事を続けるものではないと考えて、進路指導をしていますか。

ハ　イ　　　イイエ　　　ワカラナイ

12. 大工、運転手などは女性に適さない仕事だと思いますか。

ハ　イ　　　イイエ　　　ワカラナイ

13. 男の子なら体罰を与えるような場合に、女の子だと言葉で叱るだけですませることがありますか。

ハ　イ　　　イイエ　　　ワカラナイ

14. 「父兄会」、「ご父兄のみなさま」と言うのを耳にしても平気ですか。

ハ　イ　　　イイエイ　　　ワカラナイ

15. 試験の平均点や順位を男女別に出しますか。

ハ　イ　　　イイエ　　　ワカラナイ

16. （論文テスト）　マサコとマサオは双生児である。二人の性格・行動は全く同じと言ってよい。ところが、周りの人の二人に対する評価は、こんなふうに違っている。

（マサオはハキがない。
マサコはおっとりしている。）

（マサオは積極的だ。
マサコは出しゃばりだ。）

（マサオは熱血漢だ。
マサコは感情的だ。）

（マサオは論理的だ。
マサコは理屈っぽい。）

上の文について、論理的に、直感的に感想を述べなさい。(400字以内)

あなたは何点でしょう？

1から15まで、ハイは5点、イイエは0点、ワカラナイは3点として点数をつけて下さい。

質問	1	2	3	4	5	6	7	8	9	10	11	12	13	14	15	計
点数																

合計点を出し、自分の性差別度がどの位なのか、認識しましょう。

A　0～12点　　**B**　13～40点　　**C**　41～58点　　**D**　59～75点

◆治療方法

A　この差別社会で、よくもここまで人間性をそこなわれず成長しました。あなたのような教師にめぐり会えた生徒は幸福です。

B　自称「フェミニスト」のあなた。机の上ばかりでなく、台所でもフェミニストになるよう、もう一歩です。

C　あなたが身につけた性差別のアカはなかなかとれません。今すぐまわりの女性の声に耳をかたむけること、それがあなたのアカを落とす最高の洗剤です。

D　性差別主義者です。あなたのような人が教職についている限り、性差別はどんどん拡大再生産されます。あなたにできるもっとも生徒のためになる教育、それは、あなたが明日、辞表を出すことです。

16番の論文テストは、原稿用紙に記入の上、下記に送って下さい。豊かな経験・深い知性に富んだカウンセラーが批評し、あなたの今後にアドバイスをいたします。

（送り先）　東京都新宿区若葉1－10グリーンマンションD号　ジョキ内　Tel 03(357)9565
国際婦人年をきっかけとして行動を起こす女たちの会教育分科会

さよなら ボーイファースト

男女別出席簿を考える―

さよならボーイファースト

——男女別出席簿を考える——

目次

はじめに

一九七五年の国際婦人年からすでに十五年が経過した。これは日本の女たちにとって、かってない大きな変動の時代だった。

総理府はもとより、各自治体での行動計画の策定。婦人会館の建設。差別撤廃条約への署名。国籍法の改正と、不充分ながらも雇用均等法の成立。さまざまな職場に女たちが進出し、家庭科の男女共修も決定した。

が、法や制度の改革に比べ、女と男の意識の変化は遅々として進まず、相も変わらぬ男子優先の思想が人々をおおっている。

男が先、女は後。男が主、女は従。意識の底にしみついたこの「常識」が、伸びようとする女の子たちの、どんなに重い足かせとなっていることか。

その意識を形成する要因のひとつに、毎日毎朝の教室の、出席点呼の風景がある。

「安藤くん、飯塚くん……」

に始まって

「吉田さん、渡辺さん」

で終わる出席簿。男と女はきれいに分けられ、そして決まって男が先。入学式もテストの席も、予防注射の順番も、卒業証書を受け取る時も、いつでもどこでも男が先。

雨が岩にしみいるように、日々繰り返されるこの光景は、いつか女の子たちを「第二の性」に作りあげているのではないだろうか。

私たちが教育の場での性差別をなくす運動の過程でこの問題を取り上げたのは、五年前のことだった。しかし、その反響は必ずしも好意的なものばかりではなく、むしろ

「ささいなことじゃないか」

「男女平等のためにはもっと大事なこと、本質的な問題をやるべきだ」

という声が圧倒的だった。

が、さまざまな論議を経て今、男子優先の出席簿は決してささいな問題ではないという認識が急速に広まっている。

中でも八九年七月、堺市の、すべての公立学校での男女混合名簿使用の決定は、世の中に大きな衝撃を与えた。今まで「当りまえ」と思われていたことが、実は明確な男女差別だったのである。

社会に満ち満ちた性差別をこの一見「ささいなこと」から切り崩していくために、私たちはこれまでの論議と資料をまとめ、この冊子を作製した。名簿に限らず「男

が先」の習慣を空気のように当然のものと受け止めていた人たちにも、ぜひ一度考えてもらいたいと思う。

そしてこれが、各地で男女平等のために闘っている女たちへの励ましになればなによりもうれしい。

「どうしていつも男子からなの」とわりきれない気持ちを抱いている女子生徒たち。

なんとか混合名簿にしようと職員会議でがんばっている先生たち。

そして、差別のない学校に子供をゆだねたい多くの親。男子優先名簿で育ち、今、振り返ってはほろ苦い思いをかみしめている女たち。

そんな人々と手をつなぐための、これは私たちの「男女平等の教育を考えるシリーズ」四冊目である。

1.出席簿の現状は？

あなたが通っている学校、あるいは通っていた学校の出席簿は、どういう順だったろうか。また、あなたの子供達の通っている学校は？

保育園・幼稚園では、生年月日順というのもあるが、ほとんどの小・中・高では、男女別、ボーイファーストになっているのが、現実である。

〔アンケートの結果〕

まず、私たちが、一九八五年に行ったアンケートの結果をみよう。アンケートは、東京都、埼玉県内の高校一五〇校の各校組合婦人部長あてに発送したが、回答数は八〇校。うち国立三、公立七十一、私立六であった。

現状は八〇校のうち、男子が先、女子が後というのは、七一校約九〇％である。この現状に対しどう思うかというと、おかしいと思ったことがある（三二名）、ない（三六名）で約半々であり、その内容は下のとおりである。

次にこの現状を変えようという動きはあったのだろうか。あったのは三校。男女こみの提案をしても、女子は家庭科、男子は体育というカリキュラムのちがいから不便だとか慣

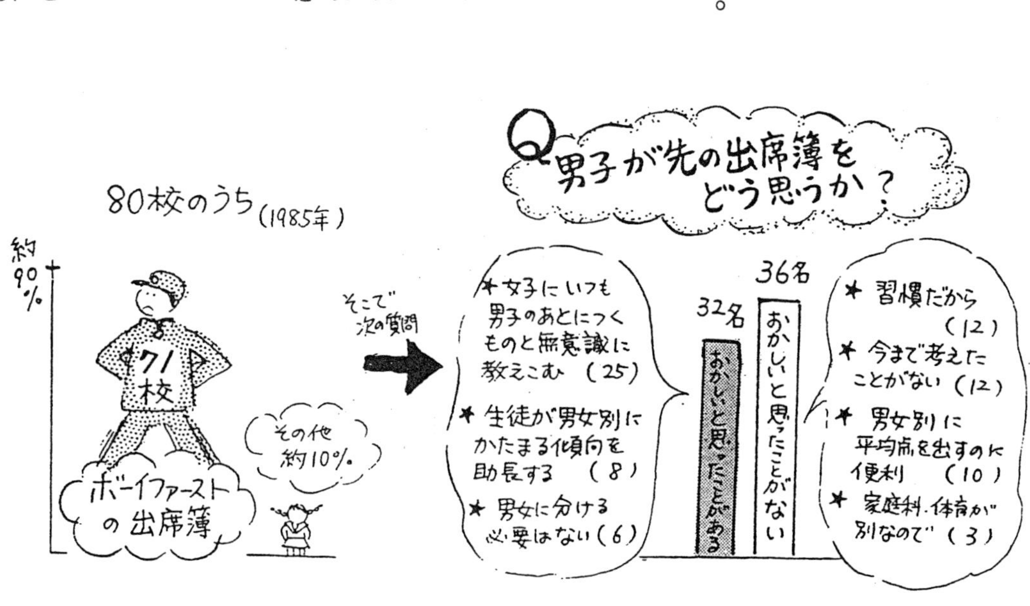

80校のうち（1985年）
約90%
71校
ボーイファーストの出席簿
その他約10%
そこで次の質問
Q 男子が先の出席簿をどう思うか？
★女子にいつも男子のあとにつくものと無意識に教えこむ（25）
★生徒が男女別にかたまる傾向を助長する（8）
★男女に分ける必要はない（6）
32名
おかしいと思ったことがある
36名
おかしいと思ったことがない
★習慣だから（12）
★今まで考えたことがない（12）
★男女別に平均点を出すのに便利（10）
★家庭科・体育が別なので（3）

例ということで、変えるまでには至っていない。（中に、一校だけ以前は、男女こみだったのを、体育、家庭科に便利だという理由で、男女別にしたというところがあった。）

それでは、どのような出席簿が望ましいのだろうか。男女こみでアイウエオ順（三一）に対し、男女を分ける（三二）と、約半々にわかれている。男女別の内訳は男子が先（一九）、女子が先（八）、どちらでも（五）。またこの中には男女こみが原則だが、現状のカリキュラムでは、男女別は仕方がないというのが多数あった。男女別にする理由については、今までの習慣だから、特性分けだから、自然だから、という現状を追認するもの、また、男女別の作業があるから、検査や統計をとるとき便利という事務処理を優先するもの、そして、やはり多いのは、男子は体育、女子は家庭科というカリキュラムのちがいとするものであった。

ところで、最近ではマスコミにもずいぶんとりあげられるようになったこの運動について、その当時一九八五年の見方はどうだったか。何事にも男女で分けがちな日本の悪しき慣習をなくすために大変有効である（二八）、に対し、ささいなこと、男女平等をめざすならもっとも広い視野に立って本質的な問題に取り組むべきだ（三四）、運動の意味が理解できない（五）、となっており、この運動に対する意識はまだまだ低かった。

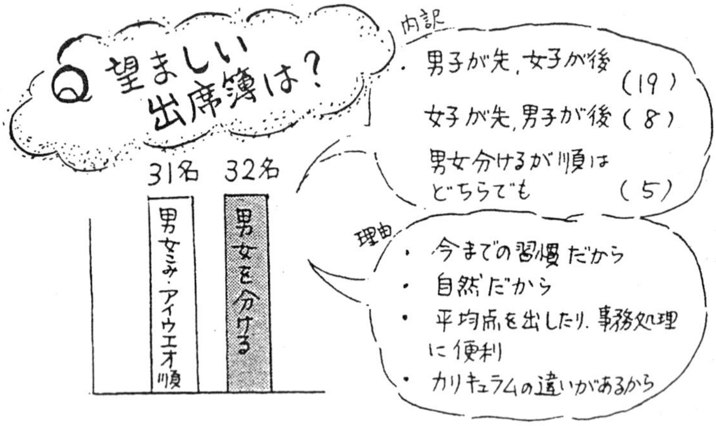

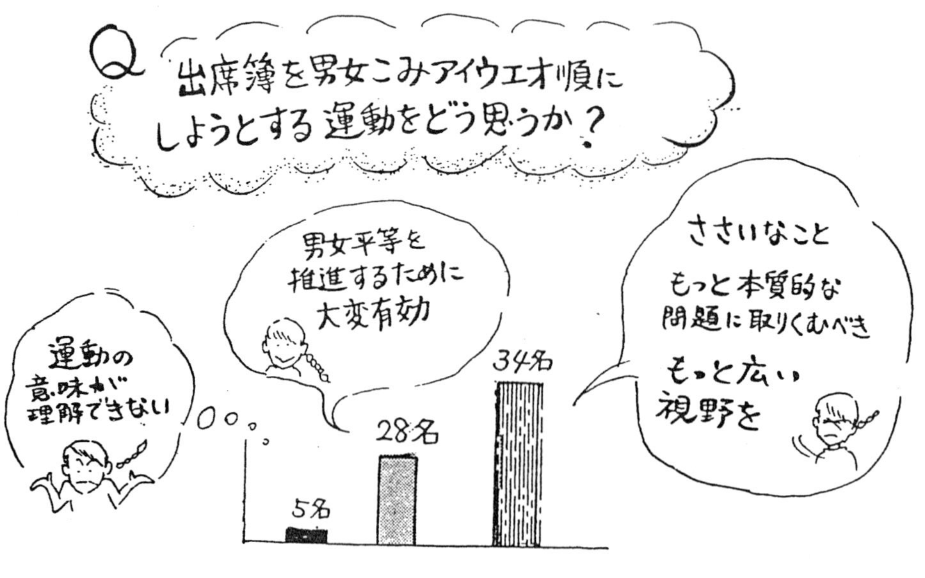

Q 出席簿を男女こみアイウエオ順にしようとする運動をどう思うか？
運動の意味が理解できない
男女平等を推進するために大変有効
ささいなこと
もっと本質的な問題に取りくむべき
もっと広い視野を
5名
28名
34名

〔追跡アンケート〕

アンケートの結果では、男女別名簿の一番の理由になっているのが、カリキュラムのちがいであった。そこで、私たちは次に男女全く同じカリキュラムで授業をしている小学校へ同様のアンケートを送った。発送五〇通のうち、回答十三校、そのすべてが男子が先、女子が後の名簿であった。そこではカリキュラムのちがいは理由にはなりえない。数年後には家庭科が男女共修になるが、そのとき名簿も男女こみにするのか、それとも別な理由をみつけて、まだボーイファーストを続けるのか。

現行の出席簿

1　安藤浩二
2　井上直也
3　梅林　章
4　海部俊郎
5　加藤正人
6　川野勇一
7　佐竹和男
8　鈴木　稔
9　妹尾秀樹
10　高橋二郎
11　千野英一
12　仲曽根康夫
13　西野純平
14　野津大輔
15　平山洋二
16　堀内　学
17　前田知男
18　三浦　誠
19　森田和義
20　山田淳司
21　渡辺正治

51　浅野裕子
52　阿部美恵子
53　伊藤友子
54　内田万理
55　遠藤ひろみ
56　小川恵里
57　加納直美
58　小林由美子
59　佐藤紀子
60　清水　綾
61　曽野恵子
62　高橋美樹
63　千葉直子
64　戸田恭子
65　中野和子
66　沼田明子
67　長谷川里美
68　福田七恵
69　松田優子
70　宮沢知恵
71　武藤由紀
72　吉田礼子

男女ミックスの出席簿にすると

○1　浅野裕子
○2　阿部美恵子
3　安藤浩二
○4　伊藤友子
5　井上直也
○6　内田万理
7　梅林　章
○8　遠藤ひろみ
○9　小川恵里
10　海部俊郎
11　加藤正人
○12　加納直美
13　川野勇一
○14　小林由美子
15　佐竹和男
○16　佐藤紀子
○17　清水　綾
18　鈴木　稔
19　妹尾秀樹
○20　曽野恵子
21　高橋二郎
○22　高橋美樹
23　千野英一
○24　千葉直子
○25　戸田恭子
26　仲曽根康夫
○27　中野和子
28　西野純平
○29　沼田明子
30　野津大輔
○31　長谷川里美
32　平山洋二
○33　福田七恵
34　堀内　学
35　前田知男
○36　松田優子
37　三浦　誠
○38　宮沢知恵
○39　武藤由紀
40　森田和義
41　山田淳司
○42　吉田礼子
43　渡辺正治

学校の出席簿順

今も続く"ボーイ・ファースト"

女の子と男の子。どちらにも無限に可能性の芽があるはずなのだが……（大阪市北区の小学校で）

体育大会、遠足……と秋は学校行事の多いシーズン。こうした学校生活で使われる出席簿は、大抵男の子の名前から先に始まっている。一見「ささいなこと」ではあるが、この"ボーイ・ファースト"、日常的にしかも長期にわたり、子供たちに何らかの影響を与えることはないだろうか。外国の学校にはあまり例がないこの日本的な出席簿の順番について考えてみた。

広島県・安浦町立安登小学校では昨年の春から、二―六年生の出席簿を男女こみのアイウエオ順に変えた、一年生だけ除外したのは出席簿の順に並ぶことがまだ難しいためで、代わりに身長順にしている。

「子供たちにすれば、出席簿は空気のような存在かもわからんけど、だからこそ少しでもいい環境にしておいてやりたい。ここで頑張り抜かにゃいけんというとき、『どうせ私は女じゃから』と、たったそれだけのあきらめが一生を決めることもあるわけですから」と同校教諭の松井安子さんはいう。

福岡県久留米市立明星中では、六、七年前に一、二年生だけ女子を先にした。ただし、三年生は入試の名簿と連動させる便宜上、従来通り、男子が先になっている。

「せめて一、二年生だけでもと考えたのですが、他校から一年生に転入した男子生徒が『先生、この学校、女がえらいと！』っていう。どうして？と聞くと『出席簿で女が先じゃもん』って」と同校教諭の森山玲子さんはいう。

だが、こうしたケースは全国的にはごくわずか。「行動する女たちの会・教育分科会」が二年前、国公私立高校の女性教師に出席簿についてのアンケートをしたが回答があった八十校中七十一校が男子が先、二校が女子が先、残りが男女混合だった。

〈出席簿はどの形態が望ましいか〉という質問には、〈男女こみでアイウエオ順〉が三十一人と最も多く、〈男子が先〉が十九人、〈女子が先〉が八人、〈男女どちらが先でも〉が五人。男女を分ける理由には「体育・家庭科の男女別カリキュラムがあるから」が多数あがったほか、「差別ではなく特性分け。世の中の不平等は個々に具体的になくせばよい」といった意見が出た。

不思議がる外人留学生

9/9

「行動する女たちの会」のメンバーの一人、中嶋里美さん（高校教諭）は他の国々の生の声を聞いてみようと、六十年の「国連婦人の十年ナイロビ会議」に参加するとき、英文のアンケートを用意した。十八か国四十九人が記入してくれたが、うち、男子が先の出席簿を使っているのはインドだけだった。日本の出席簿について「女子に自分たちは第二の性だと教えている」（スーダン）「女の子に君は劣っているんだというメッセージをおくる穏やかではあるが強力な方法」（オーストラリア）などの感想や意見が寄せられた。

「私たちにはあまりにあたりまえで疑問に思わないことでも、別の文化圏から見るとやっぱりおかしい、とわかることもある」と話すのは、元神戸市立葺合高校教諭で、家庭科の男女共修をすすめる運動をしてきた入江一恵さん。三年前、アメリカから来ていた女子留学生が「日本の高校でおかしいと感じたこと」として制服と出席簿の問題を挙げたという。

福岡市立福岡西陵高校で英語の非常勤講師をしているアニタ角田さんは、自分の英語の授業の出席簿は男女混合アルファベット順にしている。

「出席簿の順序など、たいしたことじゃないという人も多いけれど、十年、二十年たつうちにそれが"自然"になる。その方がもっと大きな問題だと思います」

＜ 87.9.9 読売（関西本社版）＞

〔世界の出席簿はアルファベット順〕

同じ一九八五年、国際婦人年ナイロビ会議にて十八か国、四九名の女たちに聞いたところ、インドを除いてすべてアルファベット順、インドのみ男が先、女が後であった。そして、日本の出席簿に対してどう思うかという質問に対しては、「変えるべきだ、不公平だ」という意見から、変えるための具体的な提案まで、「差別であるから、早く変えるべきだ」というものがほとんどであった。

〔協力してくれた人の国は〕

ケニア・アメリカ・フランス・韓国・カナダ・オーストラリア・オランダ・インドネシア・スウェーデン・インド・イタリア・西独イギリス・デンマーク・ボリビア・ナイジェリア・スーダン。

1. 女子が劣等であるという感情を取り除く為には出来るだけ早くアルファベット順に変えた方がよい。（オランダ）

2. 正義に反する（西独）

3. 実際これは大問題だ。どうして男子が先にこれるの。こんな形式は誰にも平等を教えない。（イギリス）

4. こうした順序は女子に自分たちは第2の性だということを教えている。（スーダン）

5. これは悪い方法だと思う。なぜなら女子はクラスで小さくなりがちだ。（ケニア）

6. これは大変な差別であり不幸なことだ。一緒に変える運動が出来るといいのですが。（アメリカ）

7. これは私達の国と同様男権社会だからです。（インド）

8. ミックスがベスト。そうすれば男の子も女の子も自然に出合う。もう一方の性に対しても大いに関心を抱く。（フランス）

9. こうした女性を劣った性とみなしている考え方をおしつけることに反対する。（カナダ）

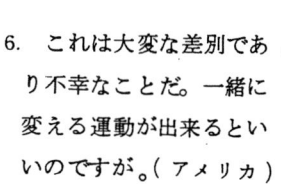

10. 男の子を先にすることは女の子に君は劣っているんだよというメッセージをおくるおだやかではあるが強力な方法である。当然アルファベット順にすべきである。（オーストラリア）

2. 出席簿をめぐる声・こえ

「ささいなこと」と言われ続けてきた出席簿。ここへきて、あちこちでスポットライトを浴びるようになってきた。「男女混合に」なんて口にしようものなら、まるで変人扱いだった十年ほど前とは隔世の感。こだわり続けることの意味に改めてジーンとしてしまう。

「なんで？」「やっぱりヘン」という疑問から「積極的に混合名簿に変えていこう」という呼びかけまで。変化へ向かう確かな響きが聞こえてくる。

十年後、二一世紀を迎えたとき、はたしてこうした議論がどんなふうに映るのだろう。

なぜ男子が先なの 無意識の差別では

勝田市　高橋　ひさ子（主婦　29歳）

学校などでは、名簿や行事にしても、必ず男子が先で女子が後のようです。一見何でもないことのようですが、考え直す必要がないでしょうか。

どちらを先にするかではなく男子のみ常に先というのは、考えてみるとおかしなことです。それに慣らされて何の疑問も持たなくなってしまう現状に、一人考え込んでしまいます。

このような小さな差別が、無意識のうちに行われていくことで、小さい時から心の奥に、誤った差別感を植えつけてしまい、成人してからも引きずっていくとすれば、これは両性にとって不幸なことです。

私は心理学も教育学も知りませんので、間違っているかもしれません。でも、考え直してみる価値はあると思うのです。そのためにささやかながら問題提起ができたら、と願います。

＜'89,2,9 朝日「 声 」＞

ナイロビでも東京でもアンケートをとったことだし、ここいらでひとつ出席簿をメインテーマに集会やろうよ、と開かれたのがこの、「学校はいつもボーイファースト ―変えよう、男から始まる出席簿」。３０人ほどのささやかな集まりだったけど、生徒、教員、親の立場から、さまざまな異議の声が上がった。

同じく集会を報じた記事

こんな所ですりこまれる「男が先」の思想

いつも「ボーイ・ファースト」変えよう！ 男から始まる出席簿

東京

二日、東京・中野区勤労福祉会館で「学校はいつもボーイ・ファースト　変えよう！　男から始まる出席簿」集会が、国際婦人年をきっかけとして行動を起こす女たちの会の教育分科会主催で開かれた。

まず、坂本ななえさんが同会で行った出席簿についてのアンケートの報告。

「対象校は、かなり意識のあると思われる高校を選びましたが、結果は約九割が男子が先で、その後に女子が並ぶという形態です。

そして、出席簿を男女こみにという考えに対する答えは、現状の体育・家庭科の男女別カリキュラムがあるから、男女別名簿の方が便利とする意見が多数をしめました。そこで、男女が同じカリキュラムの小学校へ追跡アンケートをしたところ、回答は、すべて男女別名簿でした。カリキュラムのためという理由ではなく慣習的に行われているのでは……」と指摘。

つぎに、卒業式を五十音順でと、トライした体験談を、教師の長谷川美子さんが紹介。

「生徒間（高校）の話し合いで、五十音順に男女こみで証書をわたすことを決め、リハーサルを無事にすませましたが、当日になり急に『従来とは違う』という理由だけで教師側から圧力がかかり不可能になりました。でも生徒から思わぬおくりものを得たと思っています」と、実際の壁の厚さが明らかにされた。

では、世界ではどうか、今年七月、ナイロビで開かれた国際婦人年の十年NGOフォーラムに参加した教師の中島里美さんが報告。

「四十九人にアンケートしたところ、十七カ国が、ABC順で男女こみ。インドだけが、男が先で女があると分かりました。そして日本の出席簿をどう思うかには、差別、偏見である、闘うべきと、世界の女たちは圧倒的に支援してくれています。今が出席簿の問題を問題化する時期です。政治、マスコミに広く働きかけていくことが必要」とアピール。

討論に移り、「女だからというだけで、第二のカテゴリーに入れられることは差別です。常に男が先という思考体系を作り上げるのが、出席簿であると痛感しました」と教師。

「一見小さいことと思われがちですが、夫婦同姓につながる根深いものを感じます」と、長谷川さん。

「二十年ずっと一人で悩んでいて、今日は嬉しくて駆けつけました。私も教師をしていて、日常的な通信で、男女こみを実行しています。生徒の母親からも『ホッとした』との声があります」と語る。同行した息子のAさんが、「中学は男女別名簿で、男女のつながりがなかったが、高校は男女こみなので、関係がやわらかくなったと思う。体育なんかは、男女体力差があるから、なんとなく分かれちゃうから、しょうがないと思う。だからできるところは家庭科も一緒にやってます。僕はこういう母をもっていたので、前からそのへんのことを変だと思ってた」と発言し印象的だった。

<'85,11,22 婦人民主新聞>

男が先か 男女こみか

──学校の出席簿で集会・東京──

学校の出席簿は男が先？女が先？　それとも男女こみのアイウエオ順？　このほど、東京・中野の勤労福祉会館で、『学校はいつもボーイ・ファースト－変えよう！男から始まる出席簿』（国際婦人年をきっかけとして行動を起こす女たちの会主催）集会が開かれた。『一見ささいなことと思われるものにも目を向け、マナイタの上に載せました』という司会者の言葉を皮切りに、教師、母親、高校生らからホットな報告・意見が聞かれた。

まずは同会が今夏行った『出席簿についてのアンケート』（回答は東京と埼玉の高校八十校の女性教師八十人〉の報告。これによると、出席簿は〝男子先〟が七十一校と圧倒的。このうち、男女別の出席簿がおかしいと思ったことがある教師は三十三人で、その主な理由は『女子に、いつも男子の後につくものと無意識に教え込む』『生徒が男女別に固まる傾向を助長する』。また、出席簿は『男女こみでアイウエオ順が望ましい』と答えた人が三十一人で最も多かった。

『ウエートリフティングをやる女の子もいっぱい』と話す女子高校生

無意識のうちに差別

教師や高校生らが参加

調査をまとめた、同会の坂本ななえさん（高校教師）は『入学式から卒業式まで男子が先では、日々無意識のうちに差別が作られてしまう』とアピール。

同じく中嶋里美さん（高校教師）は今年の夏、ナイロビ世界婦人会議に参加した際に、『世界各国の出席簿の様子、日本の男が先で女が後にくる出席簿をどう思うか』についてアンケート調査（アメリカ、ケニアなど十八カ国四十九人が回答）をしてきた結果を発表した。これだけで、それぞれの国の実体を把握出来るわけではないが、それによると男が先で女が後の出席簿はインドのみで、すべて男女こみのアルファベット順だった。

このアンケートについての各国の感想は手厳しい。『女子に自分たちは第二の性だということを教えている』（スーダン）、『女の子に君は劣っているんだよというメッセージを送る、穏やかではあるが強力な方法。アルファベット順にすべき』（オーストラリア）など。

ところで、先の日本の調査では、『原則的には男女こみの出席簿が望ましいが、体育・家庭科の男女別カリキュラムがある現状では、男女別が便利（または仕方がない）』とする人が少なくなかったが、その男女別カリキュラムに疑問を投げかける母親もいた。『うちの娘は活発なほうで、なぜ女子だけが体育でダンスしなくちゃいけないのと不満げだ』と言う。中学・高校になると、体育は大体、男女別。ダンスは女子が主で、剣道や柔道などは男子が主。これについては、高校の教師から『私は男子にもダンスを教えたい』という声も聞かれた。

高校生たちも発言。アメリカ・アリゾナに一年間留学していた女子高校生は『私の通ったハイスクールでは、体育は男女一緒。ウエートリフティングを選択する女の子も大勢いました』と、好きなスポーツを選び、ともに楽しんでいる様子。

『出席簿も男女こみで体育も家庭科も男女一緒』と言う私立の男子高校生は、『体育などはやはり体力差があるから、なんとなく男女分かれちゃうけど、それは仕方ないと思う。でも、一緒だとつながりがあって、全体が柔らかい感じ』と話していた。

『男女共修や出席簿に関して、生徒たちはしなやか』とは、男女こみの出席簿を試み始めた教師たちの弁だ。

＜'85,11,21 時事通信 ＞

新聞の意見欄にも　いよいよ　登場した出席簿、
さっそく、反響が寄せられた。

論壇

出席簿は男女分けずに

協力し合う文化、まず教室から

中島　里美

学校は今、新学期の準備に追われているが、この際、ぜひ改めてほしい慣習がある。それは、男子から始まり、その後に女子が続く出席簿である。小学校入学のその日から、無意識のうちに男子優先を教えていることになり、憲法一四条、差別撤廃条約一〇条にも違反すると考える。

私たち「行動する女たちの会」の教育分科会のメンバーは、家庭科の男女共修、教科書にある男女差別記述の改善申し入れ運動などとともに、出席簿を男女混合でアイウエオ順にするよう運動してきた。勤めている学校の職員会議に提案したり、認められなかった場合は、せめて担任のクラスだけは男子を先にした「公式」の名簿とは別に、男女混合の「非公式」な名簿を作り、生徒にその意味を説明したりした。教職員組合婦人部の定期大会で提案したりもしてきたが、残念ながら、これを差別だと感じたり、改善しようとしている人たちが余りにも少なかった。

四年前のことだが、埼玉県内の高校に勤めていたメンバーが、最後の卒業式ぐらい自分のクラスは男女混合で呼びたい、と生徒と相談して決めた。ところが当日朝、にわかに職員会議が招集され、体育の教師が「こんな名簿では卒業式はできない」と反対し、激高の余り罵声（ばせい）を浴びせる事態になり、引き下がらざるを得なかった。

一九八五年、会では東京、埼玉の公立、私立二百高校の教職員組合婦人部長あてにこの問題でアンケート調査をした。八十校から回答があったが、そのうち七十一校までは男子が先だった。男女混合はわずか七校で、二校は女子が先だった。婦人部長であっても、男子が先の出席簿を「おかしいと思わなかった」人が三十六人もいて、「おかしいと感じていた」三十三人を上回った。男女別名簿は「家庭科や体育などの男女別カリキュラムがある以上、仕方がない」と答えた人もいた。そこで、男女同一のカリキュラムになっている東京の公立小学校五十校にアンケート調査をしてみたが、回収されたものすべて、男子が先であった。

諸外国ではどうなっているのだろうと、同年夏、ケニアのナイロビで開かれた「国連婦人の十年世界会議」に出席した際、十九カ国の人にアンケート方式で答えてもらった。インドを除いて韓国、フランス、アメリカ、ケニア、オランダなどすべて男女混合で、アルファベット順だった。そこでは、日本の男女別出席簿を変えるためにと、「男女混合にするよう政府に要求しなさい」（オランダ）「学校の教師たちに、こうした名簿が女子にどんな悪影響を与えるか教育したら」（アメリカ）など、大いに励まされた。

この問題を「ささいなこと」と受けとめる風潮がまだ強い中で、出席簿をどうしても男女混合型に改めたい理由は二つある。一つは、男女のどちらに生まれるかには選択の余地がなく、女に生まれたから後、などということは許されない。もう一つは、やがて女は家事・育児、男はひたすら働き老後は粗大ゴミ、と煙たがられる男女分断の文化に、教室段階からサヨナラを告げたいからである。

文部省は、国際化教育の推進を図っているが、そのためにはまず、こうした男尊女卑の名残を真っ先に改めるよう通達を出してもらいたい。外国の留学生から「日本の学校の教室では、男子は男子で、女子は女子同士で固まるのが不思議だ」と言われる。出席簿もそうした情景づくりに力を貸しているのであろう。

男女が何のこだわりもなく協力し、助け合うことの意義を自然に教え、育てていくためにも、四月から一校でも多くが、男女混合アイウエオ順に変えるよう望みたい。

（公立高校教諭　埼玉県在住）

＜'89.3.24　朝日＞

声

＜朝日
西部本社版より＞

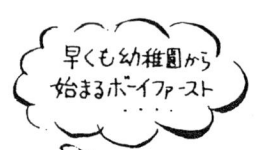

早くも幼稚園から
始まるボーイファースト
・・・・

＜'89,3,30＞

男女分けぬ出席簿
深い共感を覚える

下関市 中野 弘子
（主婦 34歳）

二十四日の論壇に寄せられた中島里美高校教諭の「出席簿は男女分けずに」の意見に深い共感を覚えます。

毎日の出席名簿ももちろんのことですが、先日、末娘の幼稚園の卒園式に出席した折、卒園児の名を読みあげる順序がまず全クラスの男児名を全部読みあげた後に続いて女児が読みあげられていきました。

日本の社会は憲法上は男女平等がうたわれながらも、どうして幼い時からこうもはっきり男女の区別をつけ、男性優位であることを明確に押しつけていくのでしょう。まだしも女子の名を先に読みレディーファースト式の方がスマートでさわやかな感じではないでしょうか。

それでは気が済まないと言う人が多ければ、男女混合のアイウエオ順で何の差し支えもない。男女平等の教育を実施する学校や幼稚園で当然のように男子が先で女子が後に続くと言う態勢をまず、毎日使う名簿、それに儀式の際、名前の読み順から改正してほしいと思います。

出ました！反論の定番
♂→♀は自然の摂理？！

＜'89,4,6＞

男女の役割の区別
差別ではないはず

山口県 末光 雅彦
（会社員 30歳）

三月二十四日付論壇「出席簿は男女分けずに」を読んで思う。自然の摂理として、男女の区別は厳然とあり、しかも役割がある。それを差別と受け取るのは問題だ。

異なる物があり、それを集合整理する時、自然に並びが出来る。それが男、女の順になることでどれだけ生活や精神が脅かされるだろうか。もっとも現在において、男、女の並び順は決して差別を目的としたものではなかろう。

ただ、後だ先だという表面的なことだけにとらわれる人の方がよほど特別な差別意識があるようだ。その狭い考え方を教育する側に問題がある。ゆがんだ差別感を持った女性と真の正義感を失った男性が引き起こす家庭崩壊の方が現実には大変な社会問題ではないか。

天与の分、役割を忘れ、目先の利益主義で形にこだわる平等感を持つ教師の下へわが子を預けることに不安を感じる親も多いと思う。男は男らしく、女は女らしく、違う性質の者同士がそれぞれの役割を果たした上で協力し合う美しさを現行、出席簿から教えることの方が教師として賢明ではなかろうか。

エネルギーの使いどころはもっとほかにあるのではないか。過剰主張をし、誤った平等感を作り上げ社会混乱を来している国もあると思う。

＜'89,4,13＞

学校の出席簿
男女混合望む

鹿児島市 大塚 清恵
（教員 30歳）

六日付「声」欄「男女の役割の区別 差別ではないはず」を読んで思う。出席簿の男女分けは区別であって差別でないという意見だったが、私はやはり差別だと思う。

大学では性別、国籍にかかわらず五十音順に学生の名前を並べ点呼や事務処理を行っているが、それで不都合が生じたことは一度もない。アメリカでは小学校から男女混合でアルファベット順に子供の名前を呼ぶ。子供を性で二分し、常に男子を優先するのは日本だけの習慣ではないだろうか。

かつて私が通った小学校では、成績優秀者が偏らないよう公平に組分けを行うにもかかわらず、三学期になると必ず一組の平均点が五クラス中トップで五組の平均点が最低という結果がでた。先生方は「一組は何をやる時でも一番初めだが五組はいつも最後に回されるからだろう」と分析していた。

点呼の際、常に女子を後回しにすることは女子の意欲を低下させることにつながるのではないだろうか。男女、父母、夫婦など言葉の上でもいつも女は後回しにされている。

男女は平等であるという感覚をしっかり子供に持たせるために小・中・高の出席簿は男女混合に改めてほしい。

いえいえ
日本の不自然な
習慣です！！

高校生はこう考える

毎日新聞に載った意見に対し、雑誌「考える高校生」が意見をつのった。
大人たちの声の〝焼き直し〟的な現状肯定派に比べ、ミックス派には「男女平等」を願う視点が伝わってくるのが、たのもしい。

提言

男女込みの名簿に

「ボーイファースト」の出席簿

長谷川美子

「女の子に、君は劣ってるんだよ、というメッセージを送る、穏やかではあるが強力な方法」――おおかたの日本の学校の、「男が先、女はあと」という出席簿について、ある外国人女性のもらした感想である。

学校の一日は出席点呼で始まる。が、ボーイファーストの習慣はなにも朝だけにとどまらない。入学式での呼び名から、運動会の入場行進、テスト答案の返却、そして卒業証書の授与にいたるまで、見事に男女別。女の子はいつも「あとまわし」だ。

習慣が人の意識に及ぼす影響については、今さら述べるまでもないだろう。「リーダーシップや自発性に欠ける」と女子生徒の消極性を指摘するのはたやすい。しかし、彼女たちは、小学校から高校まで実に12年間も、こうした日常光景の中で育っていくのだ。

男女込みのアイウエオ順を提案すると、決まって教育現場で返ってくるのは、「体育や家庭科など男女別授業には今のままが便利」、「ささいなこと。男女平等の根幹にかかわる事柄ではない」という声だ。

すでに家庭科の男女共修は決定ずみ。クラスを解体しての選択講座の授業では、体育に限らず各教員が独自に名簿を作成している。まして、男女全く同一のカリキュラムの小学校では男女別にする根拠はない。健康診断や各種の統計など、どうしても事務上必要というなら、二種類作成する方法もある。

あまりに日常化した差別は、ともすると見えにくいもの。一見、「ささいなこと」と取られがちだが、決して効率や機能性とはかりにかけられない問題に思えてならない。

「中学校では男女別名簿で、男女のつながりがなかったけど、高校は男女込みなので、関係がやわらかくなったと思う」。男女込みアイウエオ順の名簿を用いる私立高に進学した男子生徒はかつて、こう語ってくれた。

仕事もレジャーも、男は男同士、女は女同士とかたまりがちで、男女が自然に交じり合うことの少ない日本の社会。男女込みの名簿がこんな土壌を変えるきっかけになれば、女にも男にも幸福なことではなかろうか。

それでもなお、「たかが名簿の順番。いちいち目くじら立てなくても……」という人に問いたい。ある朝、あなたの机上に配られた社員名簿。ふとめくってみると、ただ性別だけを理由に、自分の名前が同僚のあとに並んでいるのを発見したとしたら……。

名前は人格の一部。世界の学校の大勢は男女込みである。各学校でぜひ検討していただきたい。（都立高校教員・31・東京都練馬区）

＜'89,4,20 毎日＞

男女別派

◎今月の問題――男女込みの名簿に

今年七月、大阪・堺市で、男子優先の名簿を、男女混合に改めたという新聞記事を読みました。「何でそんなこと?」って、不思議に思うでしょうか。今月の問題は『毎日新聞』の記事からです。

◎

〈……学校の一日は出席点呼で始まる。が、ボーイファーストの習慣はなにも朝だけにとどまらない。入学式での呼び名から、運動会の入場行進、テストの返却、そして卒業証書の授与にいたるまで、見事に男女別。女の子はいつも「あとまわし」だ。

習慣が人の意識に及ぼす影響については、今さら述べるまでもないだろう。「リーダシップや自発性に欠ける」と女子生徒の消極性を指摘するのはたやすい。しかし、彼女たちは、小学校から高校まで実に12年間も、こうした日常光景の中で育っていくのだ。

男女込みのアイウエオ順を提案すると、決まって教育現場で返ってくるのは、「体育や家庭科など男女別授業には今のままが便利」、「ささいなこと。男女平等の根幹にかかわる事柄ではない」という声だ。……略。

あまりに日常化した差別はともすると見えにくいもの。一見「ささいなこと」と取られがちだが、決して効率や機能性とはかりにかけられない問題に思えてならない。「中学校では男女別名簿で、男女のつながりがなかったけど、高校は男女込みなので、関係がやわらかくなったと思う」。男女込みアイウエオ順の名簿を用いる私立高に進学した男子生徒はかつて、こう語ってくれた。……略。

それでもなお、「たかが名簿の順番、いちいち目くじらたてなくても」というだろうか。

名前は人格の一部。世界の学校の大勢は男女込みである。各学校でぜひ検討していただきたい〉

(都立高校教員・31・長谷川美子『毎日新聞』89・4・20付)

差別と騒ぎすぎる最近のイヤな風潮

私ははじめこの記事を見たとき、たかが出席簿ではないか、バカらしい、と思いました。そして、こんなことで差別だなんだというこの方が差別の目で見ていることではないかと腹が立ちました。

もしそんなことを言うのなら、体育のとき身長順にするのだって、テスト等を良い成績順に返却するのだって差別ではないか、見方を変えたら差別なんかいっぱいあるのではないかと思いました。

女性である私が言うのもヘンだけど、この頃、女の人は何かあると、差別だ、レディファーストだと言って、何でも男性に責任を転嫁しているような気がしてならないのです。

と言っても、私のクラスは女子ばかりなので、あまり男女差別について実感がわかず、そんなふうに言うのかもしれません。社会に出たら、これは重大なことだと考えだすかもしれません。

(熊本・三年/M・N)

男女混合は不便 今のままでいい

僕の意見は、別に今まで通りでいいのではないかという保守派です。男だからかもしれませんが、男女別の方が見やすいし、一般授業用と体育・家庭科用の二種ではややこしくなるからです。

男が優先みたいですが、実際には男もそれなりにいやなこともいろいろあるのです。例えば、もうすぐ体育祭ですが、うちの学校では個人種目に男子一五〇〇メートルと女子一〇〇〇メートル走があります。体力的な差はありますが、平等なら女子も一五〇〇メートル走にすべきだと思います。

ささいなことでも男女平等にしようとする動きがあることはいいことですが、でも名簿みたいに、男女混合にすることによって不便になることは、別にしなくてもいいのではないかと思います。

(埼玉・三年/N・W)

女子の方が元気 順番は関係ない

出席簿と差別は関係ないと思います。私達のクラスでも相場のとおり男子女子の順番です。

でも、男子よりはかえって女子の方が元気なくらいで、出席簿を男女混合にしたとしても、これは変わらないと思います。そんな出席をとる順番で性格が決まるくらいなら、順番をつけること自体が間違いだと私は思います。

なぜ、どっちが先だとか後だとかで自分が劣っていると思うのでしょうか。いじめられて、自分が劣っていると思ったことはありましたが、出席簿の順番でそう思うなんて、ばかげていると思います。

(北海道・三年/R・M)

<「考える高校生」’89.11月号>

どう考える!?

男女込み派

必要のない性別化 身近にもいっぱい

私は「まったくその通り派」の一人です。出席簿の話はある先生が話してくださって以来、ずーっと気になっていました。

もの心ついたときから、男の子の持ち物はすべて青色、女の子の持ち物はすべて赤色と決まっていて、何の抵抗もなく受けいれてきました。出席簿も男子が先で女子があとということに疑問を抱きませんでした。しかし、今ようやくおかしいなと気づき始めたのです。

一つは、男女の持ち物の色を区別することによって、必要のないものまで性別化しようという動きが感じられます。

もう一つは、男子の名を先に並べることで、女子の能力の低さを表わしているようです。

私が結婚して赤ちゃんを産み、その子が小学生になったときも、今と同じ状態が続くのかと考えたらゾッとします。

最近よく男女平等が叫ばれています。でも、出席簿だけではなく委員長といえば男子、副委員長は女子といった意識構造など、身のまわりの小さな矛盾を解決していかない限り、真の平等はおとずれないような気がします。

（兵庫・三年／坂田春子）

わが校は男女混合 今では当然のこと

私はやはり幼稚園、小学校から男女混合の名簿にするべきだと思います。小さい頃、無意識のうちに組みこまれてしまったことを、あとから直すというのは難しいだろうし、そういうところから、心の中に男尊女卑の考えが芽生えてきていると思うからです。

わが校（公立）は男女混合の名簿です。入学した頃は、違和感がありましたが、今は男女混合にするのは当然のことではないかと思います。

私はたかが名簿だなんて思いません。性差別をなくしていくには、こういう小さなところから少しずつ改めていくべきではないでしょうか。

（滋賀・三年／Y・Y）

アイ君!
オカさん!
ウエさん!
キク君!!

女は男の次はヘン 男尊女卑の名残り

男子が先で女子があとの出席簿はおかしい、と意識し始めたのは中三ぐらいからです。小学校からずっと出席番号が女子で一番、だけど男子のあとでした。中学に入ってテストの訂正をする時に、決まって先生が「はい、男子から」っていうのがイヤでしたね。同じ生徒として見るべきなのに、女・男を区別するのは変だ。男子の方を優先するのはどうしてかって。

これは男尊女卑の名残りなんでしょうね。口先では「男女平等」と叫んではみるけれど、しょせん女は男の次さと考えている人が、この世の中には星の数ほどたくさんいるからだと思います。

男女雇用機会均等法なんて、女性と男性が対等に扱われていないからできたのだし、男女平等とよく言われるのは、男女不平等だからですよね。

いっぺんには変えられないと思います。必要なのは意識と自覚ですよね。性による違いはしかたないけれど、もっと性の別をおい払って考えていかなくてはと思います。

（北海道・三年／A・A）

悲しいけれど解決しない問題?

この問題を提起されたとき、ハッと思いました。いつも「男女平等にしてよ!」と思っているのにどうして今まで気づかなかったんだろうと。

私の場合、女子でも出席簿の順番が後ろの方なので「遅刻する確率が減る。ラッキー!」としか考えなかったので、この男女込み名簿は大賛成です。男女ともに同じ人間なんだから、平等に扱ってほしいのです。

でも、学校で生活していると、すごくくやしくなる時があります。男子は体力があるし、友人関係もサッパリしているし、なんだか頭もイイみたいで、いいなぁと。

女子に生まれたからしょうがない、女子だったら力仕事はやらなくてすむ、あんまり先生には怒られない、いい大学に行かなくても何とかなる（だろう）など利点?もあるし。

この男女平等問題は、男女の体の違いと女子の側の甘えがその根底にあるので、きっといつまでたっても解決しないと思います。悲しいけれど。

（神奈川・三年／N・M）

カット・市村　紀子

※今月この問題に寄せられた高校生たちの意見は集計の結果ちょうど半々に割れてしまいました。機会があったら学校でもぜひ話題にしてみてください。

「差別だ」と声をあげれば、決まってもどってくる「ささいなことを…」。ところが、「ささい」というわりに、混合名簿への学校現場でのすさまじいまでの抵抗ぶりは何なんだ…?!

ときには、たった1日のささやかな試みで、あわや殺されかねないという　コワーイお話も…

卒業式ってなんだ

長谷川美子
(東京都練馬区・高校教諭・28歳)

教員になって五年目の昨春、埼玉の公立高ではじめて卒業生を送り出した。卒業式担当者がセレモニー嫌いだったこともあり、スライドを用いたり、クラス代表と担任とのひとことずつのやりとりを入れるなど、従来とはひと味違った式になりそうな気配だった。

卒業生呼名の際のBGMを何にするか、誰を代表にするかなど話し合ううち、生徒から「名前呼ぶときには、うちのクラスは男女こみにしてよ」との声が出て、全員一致で決定。

ちなみに日本ではどういうわけか、名簿はほとんどが男が先、女が後のアイウエオ順。生徒にしてみれば、ミックス案は、折にふれ授業やホームルームで性差別の問題を取り上げてきた担任の私への「ご祝儀」のつもりだったのかもしれない。

そして迎えたリハーサルの日。ひと通り予行が終わり、会場を出ようとした私を数人の教員が取り囲んだ。「まずいっスヨ」というのは司会役の若手体育教師。「男と女がまじってるなんて、見苦しいっスヨ」。「卒業式の呼名の順序は男が先って決まりはないでしょう」という私に、「あんたは日本語が通じないのか。狂ってる」と同じセリフを繰り返し浴びせるのは、学校中こわい物なしの暴言好きな社会科教師。あくまでミックスでというと、学年主任は「そんならもう俺はどうなったって知らねえぞ」と日ごろの慇懃さはどこへやら。

このやりとりを目撃した生徒の呼びかけで、再度クラスで話し合いを持ったのを私が知ったのは放課後のこと。「先生にはいやな思いをさせて悪いけど、卒業式の主人公は俺たちなんだから、このままでやってよ」と生徒が報告に来たときには胸が熱くなった。

式の朝、職員朝会で口火を切ったのは体育科の長老教師。「あるクラスが特殊の順序で呼名しようとしている。このままでは式は中止だ」。もう父母は集まっているし、管理職はただオロオロ。

全職員に事情を説明しようとした私に、何と理科のある教師が「殺したろか!」と突進してくるではないか。結局、発言の機会も与えられないまま、ことの是非はともかく前もって学年会にはかるという手続きを踏まなかったという理由で、従来通りに、ということで幕切れ。

たかが名簿というなかれ。男が先、女が後という慣習のこの根強さ!　そんな中で、「悔しくて涙が出た」という生徒たちの健康的な反応は、まさに私への「ご祝儀」となった。

卒業生名簿のほうも男女混合にしたところ、卒業式の数日後、なんと男女別にもどった「訂正版」が配られたとか。

<'86.4.4 朝日ジャーナル「読者から」>

組合では

八六年秋、都高教婦人部定期総会でこんな修正案を出してみた。そこはなんたって「婦人部」。反対意見はないはずだろうと踏んだのだけど……

「趣旨には賛成。でもこういうことはそれぞれの方が、それぞれの職場でがんばればいいんじゃありません？」

「どうですかねー、趣旨はともかく、組合で決議すると強制力を持つわけですからねー。今の段階では……」

という、「趣旨には賛成、でも修正案には反対」というクビをかしげたくなる意見が続出。

「こういうことはあえて明記しなくても『男女平等教育の推進』という項目に含まれていると考えますので」と、採決直前に執行部のこれまた玉虫色発言。

結局、この年は少差で否決。

二年後に出された同趣旨の案も可決されず。

そして三年後の八九年、マスコミでこの問題が取り上げられることが多くなったせいか、

「生徒の名票については、男女混合の五十音順などとするよう、各職場で検討をとり組みます」

という文章で、ようやく承認された。わずか三年でというか、長い三年間だったというか。

でも、婦人部の運動方針に入ったことで、職場の反対派を説得しやすくなったことは確実。よかった！

修正案

（提案者）三井マリ子（2支部，駒場・全）　芦谷 薫（7支部，松が谷・全）
長谷川美子（5支部，荒川工・全）　藤武礼子（8支部，北多摩・全）
坂本ななえ（6支部，農産・全）

> 学校の中に習慣として存在するあらゆる形態の性差別を見直し、特に、すべての都立高校で1990年度までに出席簿を男女こみのアイウエオ順に改める運動をすすめます。

〔提案の趣旨〕

あなたの学校の教職員名簿を思い浮かべてみて下さい。男女別になっているところはまずないでしょう。それがある日、机上に配られた名簿を見ると、男が先、女が後になっていたとしたら———。たいていの女性が困惑，不快感、そして怒りを覚えるのではないでしょうか。

ところがこれが毎日毎日、しかも学校という場で繰り返されているために、自分たちの名前はいつも男子のあとにくるのが当り前という意識を刷り込まれているのが女子高生です。

名前は人格の一部です。世界の国々と比べても、日本のような男女別出席簿は例外的な存在です。小学校から高校までの12年間にもわたるこの「習慣」が、何事につけ男は男同志、女は女同志という傾向や「男の人、どうぞお先に」という日本の女性の「待ち」の姿勢の温床のひとつになっているといっても過言ではありません。

名簿の順がどちらが先かなど「ささいなこと」という批判や、体育や家庭科など男女別授業がある以上、出席簿も男女別の方が機能的だという意見がよく聞かれます。

ところが、その「ささいなこと」をひとたび変えようとすると、とてつもなく大きな抵抗に会うのはなぜでしょうか。機能性では同じはずの男女別で女子が先という案を何度会議に出しても通らないという話、学年会で承認ずみの女子が先の名簿を発注したところ、管理職が直接印刷所にストップをかけたという話、卒業式での呼名をミックスにしようとしたら、「男女いっしょはみっともない、前例がない」という理由でやめさせられたという話など、どれも「男が先であるのが普通」という固定観念の強さを物語っています。

家庭科の男女共修もいよいよ決まり、婦人部として体育の男女別履修単位数の是正を推しすすめるのであればなおのこと、女子差別撤廃条約に明らかに違反する男女別教育課程にとって「便利な」現在の出席簿を改めることは急務です。

一部の都立や私立では、従来から男女こみの出席簿が使われています。男女平等の精神は習慣や機能にはかえられません。これから積極的に生きていこうとする女子生徒に旧習を押しつけかねない現在の出席簿を改め、一日も早く男女こみアイウエオ順の出席簿をすべての都立高校で実現させましょう。

3. 議会では……。

女性議員の進出により出席簿問題は議会でも問題にされ、教育委員会や現場教師たちに波紋をなげかけている。

朝日新聞で三回にわたる「なぜ男の子が先――出席簿男女混合への試み」が掲載された翌日、国会でも江田五月氏が文部省へ質問した。

各議会でのやりとりを紹介する。

♡…まあ、蚊に刺された程度、いや、時間がたつにつれじわりじわりと効いてくるボディーブローになるかな、ぐらいには考えていたかも知れない。が、まさかの必殺ストレート、カウンターパンチになってしまうとは首相もゆめゆめ……。「耐えるのが女」。確かにこれまでの世の中、否、男の論理ではそうだった。

怒る 男を変えなきゃ

♡…燎原（りょうげん）の火のごとく燃え広がった批判。堺ではとうとう、首相の猛省を求める意見書を審議する臨時市議会開催へ。一人会派で〝女性党党首〟を任じ、旗振り役となった山口彩子議員の怒り度はいまや測定不能。「男が支配し、女が隷属する。これ、有史以来。告白女性を責めるのは男と女が五分の土俵に上がってからの話じゃないの。男女対立じゃなくて対等にってことなのよ。ずっと言ってきたわ。消費税とおんなじ様に、女性の人権は政治課題だって。わかってもらえる？」

♡…「ええ、わかってはいるんですが」じゃ、もう済まされない。女は変わった。あとは男が、だ。逆風は国民だけじゃない。男の論理もまた、吹き飛ばされてしまいそうなこの夏――。

—172—

教育

出席簿 男女混合で平等化

大阪・堺市　来春から分冊方式を廃止

学校教育での男女差別をなくす運動が各地で続けられている。大阪府堺市では、男子が先、女子が後になっている学校や幼稚園の出席簿を、早ければ来春から男女混合のアイウエオ順に切り替える。「現行の方式は子供たちに、女性は男性の後についていけばいいんだ、という意識を植えつける」という一女性市議の指摘を受けて、同市教委がこのほど方針を明らかにしたものだが、全市で出席簿の男女平等化に取り組むのは全国でも珍しい。一方、東京弁護士会では、男女別枠で決められている東京都立高校普通科（全日制）の募集人数を男女同数にするよう都教委に求めており、成り行きが注目される。

区別せずアイウエオ順 女子の従属意識なくす

堺市をはじめ全国の学校や幼稚園のほとんどは現在、男子用と女子用を別冊にした出席簿を使っている。点呼のときなど男子を先に呼ぶという決まりはないが、習慣上、男子を先、女子を後に呼んでいるところが圧倒的に多い。

この男子優先の出席簿はおかしい――と問題にしたのは山口彩子市議（堺女性協会）。さる三月の定例議会文教委員会で「出席簿が別々になっているために、いつも男の子から先に名前を呼ばれる。入学式、卒業式でも入退場は男の子が先で席も別々。こういうささいなことの繰り返しが、知らず知らずのうちに女性は男性に従属するという意識を植えつける」と訴え、市教委に改善を求めた。

山口市議の指摘を受けて市教委は検討に入り、このほど出席簿の男女分冊見直しの方針を打ち出した。

その内容は、①幼稚園と小学校では出席簿を男女分冊にする必要性はなく、五十音順の混合方式にしても全く支障はない②しかし、中学校の保健体育と技術・家庭科は男女別々の授業なので出席簿も男女分冊の現在の方式が合理的かつ機能的③ただ、中学校でも男女一緒の授業で点呼するときなどのために五十音順の男女混合方式の出席簿を考えたい――というものだ。

同市教委は「男女平等教育の観点からすれば、混合五十音方式がいいとわかっていても、保健体育や技術・家庭科、文部省や府教委への報告や統計、また高校の募集人数などが男女別になっていることもあって即座に変えられない部分もある。現場の学校、幼稚園と話し合って理解が得られれば、来春からでも改めたい」（中野守国・学校指導課長）という。

ところで出席簿の移り変わりを見ると、もともとは一冊で、その中で男子が先、女子が後になっていた。それが昭和三十年代後半から男女平等の観点から分冊になったという経緯がある。堺市も昭和四十五年ごろ、一冊から分冊にした。この分冊方式が皮肉にも再び男女平等の観点から見直しを迫られているわけだ。

文部省でも「どんな様式の出席簿を使うかは、基本的には各学校に任せられているが、男女混合方式に全市で改めるというのは、聞いたことがない」（高岡道久・同省初等中等教育局指導研修係長）という。

同市のこの方針について、お茶の水女子大学の江原由美子助教授（社会学）は「出席簿が男女別なのは便利さなど、いろいろ理由はあるだろうが、男性と女性が別だという意識を作ってしまう。男女一緒にアイウエオ順にするのは、ひとつの実験として面白い。先生も子供たちに対して、これまでのような女の子だから、男の子だからという見方ではなく、別の新しい見方ができるようになるのではないでしょうか」と言っている。

イラスト・蟹田　純

<'89,7,23　読売>

必見!! 日本一オモシロイ議事録

議会や職員会議のトラの巻

1989.3.堺市議会文教委員会

○山口彩子委員
　さて、きょうの質問は、卒業、入学シーズンでもありますので、私、十年前から教科書の問題だとか、さまざまな質問を教育委員会にいたしました。もうそろそろ変わる時期であろうと思いますのに、なかなか変わりません。変わるどころか、ますます男女別が固定化されてくるという教育現場を見まして、私は恐れおののいております一人でございます。先ほどから教育次長の答弁にも、時代に適応した教育内容の充実だとか、よりよい教育を目指して教育をやっていくとか、そういう理想に燃えた教育理念をお持ちになりながら、現場ではまずこういうことが行われています。今のところ私が質問する内容というのは出席簿の問題ですけれども、出席簿が今はどうなっておりますか。

○浦学務課長　出席簿につきましては、学校教育法施行令第十九条及び学校教育法施行規則第十二条の四に基づきまして、学校に備えなければいけない重要な書類となってございます。以上です。

○山口彩子委員　その施行規則で出席簿が具体的にどうなってますか。

○浦学務課長　現在堺市の小中学校、幼稚園では統一した様式を作成しておりまして、現在のところ、男子用、女子用というふうに区分をいたしております。以上です。

○山口彩子委員　その男子用、女子用とした区分の理由は何ですか。

○浦学務課長　本出席簿につきましては、日々の児童の出席状況の把握が必要でございます。これが男女別の把握及び調査統計等にも男女別の把握が必要でございまして、これの報告用にも必要でございますので、

○山口彩子委員　だれのために必要なんですか。

○浦学務課長　児童の状況把握並びに統計等のために必要でございます。

○山口彩子委員　教育いうたら統計だけのためにあるんですか。そうじゃないでしょう。検査や統計のときに便利でしょう、ね。それから、実験の班をつくるときに、このときも男女別にしておいた方が便利でしょう、ね。体育科や家庭科など、そのときにも、この出席簿を別にしていたら、男女別にしていたら便利ですね。何なりするのに便利なのは、だれに便利ですか。先生が何なりするのに便利なんでしょう。違いますか。生徒のために有効的なんですか。先生のために効率的なんですか。どっちですか、これ。

○浦学務課長　教育上、学校としての必要性

のために区分をしているものでございます。

○山口彩子委員　それじゃ、便利や効率主義のために、こんな女子の人間形成をゆがめてもいいというんですか、あなたは。

○浦学務課長　出席簿につきましては、男女の区別をするということではなく、把握をしやすいということで区分をしていると。教育上で差をつけるということではございません。

○山口彩子委員　それじゃね、お聞きしますけれども、それはあなたの理論であってね、これ見てください。課長からいただいたんですけど、これ出席簿ね、これは女は赤で、男は青ですね。これは、いつごろからこんなんですか。これは封建制の名残じゃないんですか。男女七歳にして席を同じゅうにせずの封建制の名残じゃないんですか、これは。

○浦学務課長　本様式につきましては、相当古くから様式を定めるということで、現在そのものを使用しておりますけれども、いつからということは現在のところ記録にはございませんけれども、相当古くからそれを使用しているということでございます。

○山口彩子委員　あなたは、そういう教育効果のために男女別にしていると。この出席簿がどんな大罪を持っているかということを考えたことありますか。

○浦学務課長　出席簿の重要性ということは、やはり法令的にも定められておりまして、児童の把握、また転入学の把握等、非常に重要な記録の書類であるという観点、それと教育上、日々の児童の出席の把握、また欠席者がおられましたら、学校から家庭へどうなっているのかということも含めまして把握をするための重要な書類というふうに考えております。

○山口彩子委員　そらしたらいけない。私、最初から男女別はなぜなのかということをお聞きしているんでね、出席簿の有効性についてとやかく言うてるんじゃないんです、ね。そらしているのか、そのままお答えになって、認識の違いなのか、わかりませんけどね。どうして男女別になっているのか、男女区分を聞いているのであってね。はい、もう一度答えてください。そして、この男女区分が何を意味しているのかお考えになったことがありますかって、あなたの考え方を聞いているわけです。

○畑山教育次長　この出席簿の取扱い、あるいは必要性については、学務課長が答弁したわけでございますが、これの、ご指摘の男女に区分したというふうな問題でございますが、私も現場におりまして、当時は一冊の出席簿の中で男子、女子を分けておったわけでございます。そして、習慣的に男子を先にし、それから女子を後ろの方へつづって作成しておったと、これが現状でございますが、当時から、あるいは最近になりまして、やはり男女平等教育を進めていく中で、この出席簿の中でなぜ男子を先に持ってくるのか、あるいは女子を先に持ってくるのかと、こういうふうな議論が現場の中でなされておるわけでございます。その経過の中で、例えば一つの議論として、男女をそれぞれもう一緒にして、あいうえおの順なり、あるいは生年月日の順番にとか、こういうふうな議論もあったように聞いておるわけでございますが、最終的にはこれは全く平等の扱いということで別冊扱いをする方がいいんじゃないかと、こういうふうなことで、現在の出席簿に変化してきたと、こういうふうな経過があるように私ども聞いているわけでございますが、そういう取扱い上の問題と、やはり私は、そういう人権問題なり、あるいは男女平等というふうな意識の中で一つのこういう区分した経過があろうかと、こういうふうに考えております。以上でございます。

○山口彩子委員　それじゃ、少し質問があちこちになりますけどね、この男女別の出席

簿がベースになって、卒業式、入学式にはどうなっていますか。

○**井上学校指導課長**　卒業式の卒業生、児童生徒の呼名につきまして、クラスごとの従来からの呼名の慣例と申しますか、学校によっては出席簿の順番に呼名をしていくと、そういうふうな状況がございます。

○**山口彩子委員**　そうでしょう。卒業式も入学式も、いつも男子が先でしょう。これ、あなたね、ささいなことや思ってるでしょう、ね。この出席簿の男女別によって、入学式、卒業式では男子が先でしょう、いつも。入退場も皆男子が先、ね。そうでしょう。一緒に行くところもそれはありましょう。一緒に入退場しても、席は別々に座りますね。そして、修了証書、卒業証書を渡すときも、これ男子が先ね。これは一体、女子に対してどういう教育的影響を及ぼすことになりますか。

○**井上学校指導課長**　すべて男子が先、女子が後というふうな慣例化された中で、自然に子供たちの中に男子優先と申しますか、先行と申しますか、そういう意識的なものがつくられてくるんではないかということが考えられます。

○**山口彩子委員**　つくられてくる、そういう従属的な意識がつくられてくる、それがわかりながら、あなたは何もしないんですか。

○**井上学校指導課長**　先ほど申し上げましたように、すべての学校がというふうには申し上げておらないわけですけれども、男女平等教育につきましては、本市の場合、非常に力を入れて学校教育の中でも取り組んでいる大きな柱でございます。学校の中で、すべてが男子が先に呼ばれている、あるいは壇上に上がっているというふうな実情ではございません。どの学校が幾つあるかというふうな、そういった調査は実施しておりませんが、女の子を先に呼名するというところもございます。以上でございます。

○**山口彩子委員**　女子が先か、男子が先かという問題ではなくて、これはどうですか、世界でね、学校の出席簿やなんか ― 世界の出席簿を調べたことありますか。

○**浦学務課長**　調査したことはございません。

○**山口彩子委員**　私、ケニアへ参加させていただきましてね、あちらで調べましたら、データはありませんけれども、日本とインドだけです。ただ、隣の国の韓国だとか中国、一部こういう男女別の形はありますけれどね、これは日本の植民地政策の名残でありましてね、本当に世界の物笑いです。そして、このことが何を引き出しているかという、つまり先ほどから皆さんお答えしました、いつもこの出席簿が男女別になっているがゆえに、卒業式も入学式も男女別になりますね。世界各国はアルファベット順になっていますから、だから、少なくとも男が先にくるのか女が先にくるのか、アルファベットですから、自然とそういうふうな流れになってきている。こういう男女別になっていることが、ひいては卒業式、入学式、ああいうセレモニーの目に見える形の中で、形式的な形の中で女と男とが区分されて、根強い男女区分を引きずっているという。あるいはそのことが、女子に対する影響、男子に対する影響、女子は男についていけばいいんだという。入学早々から、女の子は男の子の後なんだと、その意識がどういうふうな教育的弊害を及ぼすのか、人間形成の中でどういう影響を持つのか、このことをもう一度お答えいただきたいと思います。―

都議会では

一九八九年九月二十一日の都議会本会議では佐久間むつみ議員が質問、教育長より「各学校の意見を聞き、適切に対処していく」の答えを引出した。また、同年十月七日の厚生文教委員会でも三井マリ子議員が質問。

さて、都教委はどう「対処」するのやら。

生徒名簿男女混合型に

平等教育　都教育庁、指導に乗り出す

都内の公立学校の生徒名簿は男女に分かれ、大部分は男子生徒が先になっているが、都教育庁は男女平等を推進する観点から、男女混合にする方向で区市町村教育委員会や各学校に指導する。

九月二十一日の都議会本会議での佐久間むつみ議員の質問に続く七日の都議会厚生文教委員会で田中指導部長が、社会党・都民会議の三井マリ子氏の質問に対して、「区市町村教育委員会や学校の意見を聞きながら適切に対処する。近く校長会等に提起したい」と答弁したもので、教育庁はこれを正式見解として区市町村教育委員会や公立学校に通知する。

生徒名簿の記載形式は学校の判断に委ねられており、今回の指導は誘導程度のものになるが、教育庁指導部では「教育現場での男女平等を実感してもらうことも重要な平等教育だ」と話している。

都内の公立小中高校のうち、名簿を男女に分け男子を先にしている学校は八割五分、混合型は一割弱で大部分が男子が先になっている。例外的に、女子を先にしている例もあるが、それらの学校も女子の占める割合が極めて少ないため早く処理するため、というのが実態。

欧米先進諸国では、ほとんど男女混合型を取っている。

<'89,10,6　都政新報>

東京都議会会議録より
一九八九年九月二十一日
佐久間むつみさん

○佐久間むつみ君
社会党・都民会議を代表して、一般質問を行います。

（中略）

その二つ目は、現在多くの学校において児童生徒の名簿記載方法が、慣習的に男子が先、女子が後の名簿順になっております。最近、大阪府の堺市において、男女混合の名簿順に改めることを全市を挙げて取り組むことになりました。これまで余り問題にされなかったことではありますが、男子が先、女子が後の名簿順は、大変強力な男女別意識を植えつける役目を担ってきた事柄であります。都教育委員会としては、この名簿記載方法を改める考えはないかをお伺いします。

〔教育長水上忠君登壇〕

○教育長水上忠君　男女平等教育についてお答え申し上げます。

（中略）

次に、児童生徒名簿についてのお尋ねでございますが、出席簿は、児童生徒の出席状況を記録するものであり、在籍状況の把握や健康診断、調査統計等にも基本的な名簿として用いられております。

このようなことから、多くの学校で通常男女別に出席簿を作成しておりますが、必ずしも男性優位という考え方によるものではないと考えております。しかし、日常の教育活動での名簿の扱い方によって、固定的な性別、役割分業の意識等を醸成することがあるとすれば、そのようなことにならないよう、各学校での配慮が必要であると考えます。

都教育委員会としては、今後、区市町村教育委員会や学校関係者の意見を聞き、適切に対処してまいりたいと考えております。

〔七十六番佐久間むつみ君登壇〕

○佐久間むつみ君　再質問をさせていただきます。

（中略）

それから、二つ目は性差別の問題でございますけれども、男女の出席簿の名簿順を混合にしてやるということは、これはとても大事なことだというふうに思います。性差別の中には、大変日ごろ気づかない慣習的なものがたくさんございます。そして、それを正すには制度的な改正が必要なのです。学校における出席簿もこの一つでありまして、こういうところからまず手始めとして意識的に取り組むべきであるというふうに私は考えますし、教育長がこのことについて積極的な対応をしてくださるように要請したいと思います。教育長の再度の見解を伺います。

〔教育長水上忠君登壇〕

○教育長水上忠君　基本的人権の尊重と男女平等の問題は、教育における大切な課題であると考えております。

各学校における男女平等教育の推進と出席簿等の名簿のあり方、扱い方の問題等につきましては、男女平等教育が推進されるという立場に立って、各区市町村教育委員会、各学校等の意見を聞きまして、適切に対処してまいりたいと思います。

東京都議会厚生文教委員会
速記録より
　一九八九年十月五日
　三井マリ子さん

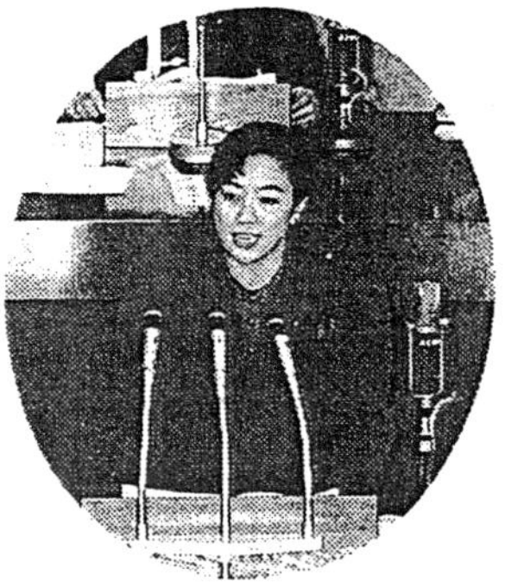

水上東京都教育長の
答弁は・・・堺市にくらべて

のらりくらり。

（前略）

○三井委員　九月二十一日に教育長は、出席簿は児童生徒の出席状況を記録するものであり、在籍状況の把握や健康診断、調査統計等にも基本的な名簿として用いられているという答弁をなさいましたけれども、法律的に調べてみましたところ、健康診断は学校保健法施行規則六条を根拠としておりまして、出席簿は健康診断に用いられろ基本的な名簿ではないし、調査統計も同じだということがわかりましたけれども、この答弁、そうしますと、ちょっと間違いですね。

○水上教育長　出席簿が学校における児童生徒の出席状況等を把握する基本的な名簿でございまして、その名簿に基づいて健康診断の名簿とか、調査統計の名簿だとかつくられているという意味でございまして、出席簿そのもので健康診断が行われているということではございません。

○三井委員　それでは、出席簿運用の実態なんですけれども、資料要求させていただきまして、その資料要求の二十二番、二九ページにそのお答えがあるわけなんですけれども、都内公立学校における児童生徒名簿記載方法の実態が明らかになりました。

　これを見ますと、小中学校におきましては、男女別がほとんどですね。混合名簿はゼロ％、そして高校におきましては、一一％が全日制におきまして、それから定時制では一八％、混合で名簿がつくられていることがわかりましたのですけれども、例えば都立の四校ですね、全日制の日比谷、戸山、西、上野高校というのは、男女の混合アイウエオ順になっているんですけれども、指導部長、何かこれで支障があったんでしょうか。

○宮澤指導部長　ご指摘の四校につきましては、特に支障があるということは聞いておりません。

○三井委員　ありがとうございます。

　それから、いつも私発言するときに、自分が今置かれている位置といいますか、空間といいますか、そういうことを考えるわけなんですけれども、教育庁の職員出勤名簿はいかがですか。男女別じゃないですよね。

○市川総務部長　男女別ということではございません。

○三井委員　男女の混合のアイウエオ順だということですね。それで何も支障はありませんね。

○市川総務部長　若干所属によって違うかもしれませんが、アイウエオ順ということではございませんで、一般的には所属の順番によ

るものというふうに考えております。特にそれが支障があるということはないと思います。

○三井委員　そうしますと、小学校、中学校でこのように男女が別々にされ、しかも多くといいますか、すべてだと思うんですけれども、男が先、女が後なんですね。男のアオヤマ君から始まってワタナベ君で終わって、そして例えばそれが一番から五十番までとしますね。そうすると、五十一番のアイダさんから始まって、そして何十番かの一番最後のワタナベさんで終わるというような、そういう名簿が現実なんですね。その名簿といいますのは、その前の段階の入学式の健康診断の際から使われておりまして、もちろん入学式のときはそう、ありとあらゆる教育の現場においてそれが使われているわけなんです。

私のように、私ばかりではなくて多くの学校現場には、さまざまな性によって分けられる教育の活動そのものが、男女の性別の役割分業を固定化しているものだと、女は後でいいんだという意識を植えつけるものだから直さなきゃならないと、物すごい努力を続けております。例えば、私なども、名簿がそうなっているものですから、学年会で提起するわけですね、男女混合にしたって何の支障もないではないかと。でも、なかなかそれが多数決で通らなくて、男性の先生が依然として多いものですから、通らないわけなんですね。しょうがないわけですから、私などの場合は、自分のところのクラスと、それから英語だったんですけど、英語のクラスはすべて自分が手書きで直すわけですね、アイウエオ順に。そしてそれをやっていく。そういう個人的努力。ほかにも、卒業式の際に、男女混合で呼んで、ある都立高校の話なんですけれども、その当該高校の男子の先生から、殺したるか、とまで脅迫された、そういう実態があるわけなんですね。

変えるということはいかに大変なことか。そういう実態を考えていただきまして、実際、男女混合にやっていて支障がないわけですから、それを変えるということにご指導なさるお気持ちございませんか。

○宮澤指導部長　ご指摘のように、学校におきましては、この記載実態でおわかりのように、小中学校につきましては混合がゼロでございます。高等学校につきましては、今ご指摘のような一一％の全日制高等学校で混合にしてございまして、先ほど申し上げた四校につきまして、特に支障がないということを申し上げました。

なお、ほかの数について申し上げましても、これらの学校、混合ということでも女子の数が極めて少ない学校というような特性のあるところでは、男子と女子と一緒にしているということでございます。

私ども今後、このようなことに基づきまして、今ご指摘のようなこともございますので、教育長が本会議でご答弁申し上げましたような形で、区市教育委員会の関係の方々、あるいは学校長等学校関係者、こういった方々のご意見を伺いながら、今後検討を進めてまいりたい、そのように思っております。

○三井委員　性差別撤廃条約の第五条の(a)項、それから十条の(c)項、それには、この名簿の差別を裏打ちするような言明がなされているわけなんですけれども、読んでいただけますでしょうか。

○宮澤指導部長　ただいまご指摘の条約の第五条でございます。第五条「締約国は、次の目的のためのすべての適当な措置をとる。(a)両性いずれかの劣等性若しくは優越性の観念又は男女の定型化された役割に基づく偏見及び慣習その他あらゆる慣行の撤廃を実現するため、男女の社会的及び文化的な行動様式を修正すること」。

第十条でございます。第十条の(c)「すべての段階及びあらゆる形態の教育における男女

の役割についての定型化された概念の撤廃を、この目的の達成を助長する男女共学その他の種類の教育を奨励することにより、また、特に、教材用図書及び指導計画を改訂すること並びに指導方法を調整することにより行うこと」。

以上でございます。

○**三井委員**　性差別撤廃条約は、日本政府がちゃんと批准しております。そして、私どものグループで調べた結果によりますと、全世界広しといえども、男女で分けて、男子が先、女子が後のような、こういう名簿に基づいた教育慣行を持っている国は、インドと日本、この二つだけです。やはり、そういうことが、日本の女性が依然として世界の女性の地位の中から見ましても非常に低い地位、そういうものをつくっている、ささやかですけれども非常に強力な慣行だと思うんですね。私自身もアメリカへ行きまして、私が議員だということをいいましたら、東京都の議会の議員というのは三井さん一人だろうとか、非常に日本の女性に対して依然として、まあ例の問題、芸者さんの問題があったせいなのかもわかりませんけれども、本当に恥ずかしい実態、そういう先入観しか持ってないわけなんですね。そういうことを私は本当に、さまざまな諸外国を旅行するたびに、びんびん感じてまいります。

そういう実態を直すためにも、教育でやらなきゃならないことは山のようにあるはずです。教育長、最後にお願いいたします。この慣習に対して適切に対応するということをおっしゃいましたけれども、適切に対応するというのは、慣習として男子が先、女子が後の順になっている現状を改めるということですね。

○**水上教育長**　私は、この問題を解決するには、学校関係者の意識の改革なり、また学校での実態の状況なりというものを、きちんと論議し、また把握することが大切だろうと、こう思っております。

既におとといでございますか、都立の高等学校の校長会の幹部と定例的な校長会がございました。また、都立の心障学校の校長さんとも別途校長会でお話をしまして、このご質問と、それから私の答弁をきちんとお配りをし、そして基本的人権と男女平等の問題が教育における大きな課題なんだと、そういう意味で、出席簿、名簿等、今まで慣習的に行われていることについて、もう一度検討した上で、ご意見をもらいたいと。その上で私は、それらの意見を聞いて、きちっと適切に対応したいと思います。

また、区市町村の教育委員会につきましては、今後区市町村の教育委員会、集まる機会に、同じような形でご意見を聞き、その上で対処してまいりたい。やはり、上からぽんというんじゃなくて、意見を聞きながら、論議をし、理解を深めていくということが、私は大切だろう、こう思っております。

別紙 2

出席簿の現状及び男女平等の観点からの意見

学　校　名 [　　　　　　　　]

該当する項目の（　）の中へは○印を、〔　〕の中へは言葉を記入してください。

		現　　状
様　式	男女別	①男子から女子へ（　）　女子から男子へ（　） 　アイウエオ順（　）　生年月日順（　）　その他（　） ②男女別葉　男子先（　）　女子先（　）　不定（　） 　アイウエオ順（　）　生年月日順（　）　その他（　）
	男女混合	①アイウエオ順（　）　②生年月日順（　） ③その他（　）〔　　〕
	その他	①学年（学級）により男女混合　1年（　）2年（　） 3年（　）4年（　）5年（　）6年（　） ②その他〔　　〕
扱　い	教科等の指導の名簿	①出席簿の順の名簿を用いている（　） ②出席簿の順によらない名簿を用いている（　） 例〔　　〕
	入学式の呼名	①出席簿の順の名簿を用いている（　） ②出席簿の順によらない名簿を用いている（　） 例〔　　〕
	卒業式の呼名	①出席簿の順の名簿を用いている（　） ②出席簿の順によらない名簿を用いている（　） 例〔　　〕
	健康診断等の統計・調査	①出席簿の順の名簿を用いている（　） ②出席簿の順によらない名簿を用いている（　） 例〔　　〕
その他気付いたことを記入してください	（現状）	

男女平等の観点からの意見	主な理由
①男女別がよい（　）	
②男女混合がよい（　）	
③ ①②どちらでもよい（　）	
④その他（　）〔　　〕	
教科等の指導の名簿	①男女別がよい（　） ②男女混合がよい（　） ③その他〔　　〕
入学式の呼名	①男女別がよい（　） ②男女混合がよい（　） ③その他〔　　〕
卒業式の呼名	①男女別がよい（　） ②男女混合がよい（　） ③その他〔　　〕
健康診断等の統計・調査	①男女別がよい（　） ②男女混合がよい（　） ③その他〔　　〕
（意見）	

水上教育長の答弁を受けて東京都教委が実施したアンケート。現場の声を聞くといいながら，回答したのは校長，教頭ばかり。(対抗して組合は独自にアンケートを実施)

各地の議会

各地の議会でも、論議されるようになった。たのもしい女性議員の追求に、教育長もビックリ。
「研究する」「検討の余地はある」とまでは答弁するけれど……

八王子市議会三月定例会会議録より
一九八九年三月二十九日
井上　睦子さん

○井上睦子議員
第4点目に、名簿、出席簿の問題であります。ほとんどの学校で男子が先であると思いますけれども、卒業式でも男子が先、女子が後というように修了証書を受け取ります。とてもささいなことに思われますけれども、こうしたことは無意識のうちに男性優先の考えを持たせることにつながらないか、お伺いをいたします。そして、名簿が男女に分けられていることによって、互いを理解する文化は育ちにくいのではないかと思いますが、お考えをお聞かせください。また、どうして名簿を男女に分けているのか。男子が先にという方法はどうしてとられているのか、その根拠があれば、お聞かせください。

○学校教育部長松井透君　（前略）
次に、出席簿のことでございますが、慣習として、出席簿をつくる場合に、八王子なんかでも、全部調べたわけではございませんが、大体のところが、やはり男子をアイウエオ順にまず並べると。その後、女子のアイウエオ順を並べると。こういうようなつくり方をしていることは事実でございます。こういうふうに分けることによって、男性優先の考え方を植えつけるようなことになりはしないかと、こういうことでございますが、確かにそういうことも言えるのではないかというふうに思っております。この場合、やはり教師が意識をして、その指導に当たるということ。男女平等ということを意識して指導に当たらないと、なかなかそういう点は直ってこないのではないかというふうに思っております。

宇都宮市議会会議録より
一九八九年九月十二日
添田包子さん

質問
小中学校児童生徒の男女別出席簿の見直しについて

婦人行政の第二点は、小中学校児童・生徒の男女別出席簿等の見直しについてです。

出席簿は小中学校とも、クラスごとに男女別のアイウエオ順でつくられています。これは当然うつのみや女性プランに示された計画の基本理念からいっても、男女の別なく、アイウエオ順に改めるべきです。

多くは申しません。先ず教育の現場からも、両性の平等、男女共同参加型社会へ向けた実践をすすめていただきたいと存じます。

藤田教育長答弁
婦人行政についてのご質問のうち、小中学校児童生徒の出席簿のみなおしについてお答えいたします。

現在各学校で使用しております出席簿等の各帳票類は、名簿の構成が男子、女子の順となっているのは事実でございます。

このことは以前からの慣習で行われていることもありますが、このような形式が継承されてきた背景には、例えば、中学校の保健体育科、技術・家庭科など、男女別の履修教科の指導や、スポーツテストや、身体計測などの性別に応じた統計処理を行う場合など、指導面や、事務処理面での便利さがあるためと思われます。

出席簿等を男女別にすべきか、男女の別なくアイウエオ順にすべきかにつきましては、現在のところ、教育委員会として指示すべきものとは受け止めておりませんが、今後学級運営の面で支障がないかなど、多方面から研究してまいりたいと存じます。

なお男女平等意識を育てる教育は、日頃よりたいへん重要なことと受け止めており、学校教育全体の中で具体的な活動を通じ、児童生徒の人権感覚や、男女平等意識を高めるよう努力してまいりたいと考えておりますので、ご理解を賜りたいと存じます。

多摩市議会第四回定例会速記録より
一九八九年十二月七日
新井美沙子さん

○新井美沙子君（前略）

多摩市も「婦人行動計画」が策定されて、男女平等教育というのがきちっとうたわれているわけですから、無意識の中に、いつも男の子が先だなというふうなのを避けるためにも男女混合のアイウエオ順ということを目指していっていただきたいなというふうに思います。

特に例えば幼稚園とか、小学校などの入学式においては、みんな男の子と女の子が手をつないで入場してくるわけです。入ってきて、席に座るときにパッと二つに分かれて、男の子が先で、女の子が後というふうになってしまうんです。それも言いようによってはひどく不自然で、男女で手をつないで入ってきたら、そのままま じってアイウエオ順に席につけばいいわけです。そういうふうなところで積極的に、分けるのではなくて、一緒にやっていくというふうな形で検討をしていっていただきたいと思うんですけれども、どうでしょうか。

○教育長（松尾英昭君）

私は、先ほど来ご答弁申し上げておりますのは、管理的な立場からだけ物事を考えてはいけないということを言っているわけでございまして、管理と指導というのは全くの裏腹でございます。即指導につながる内容が教育には非常に多うございます。そういう意味で、ヒョウ簿、あるいは形、そういったようなものがどうであるかということよりも、大事にしたいことは、先ほど来申し上げている人権尊重ということで、「男女平等教育」という言葉そのものも私はおかしいと、平等であろうということも当然言えると思います。それほど慣習といいましょうか、用語といいましょうか、そういうことが日常的にそのようにある。

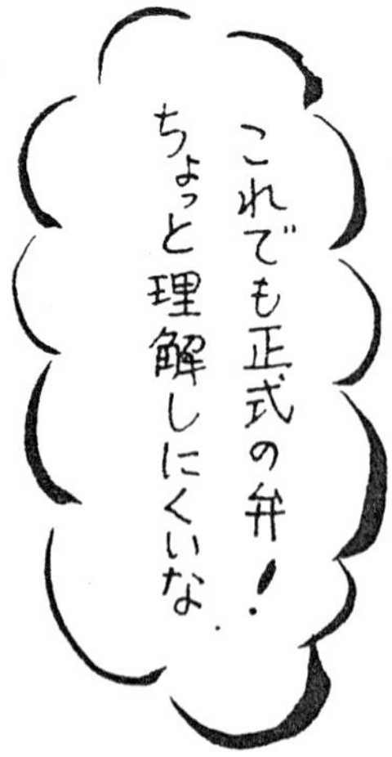

これでも正式の弁！
ちょっと理解しにくいな

国会でも

衆議院議会文教委員会会議録より
一九八九年十一月十七日
江田五月さん

ついに国会に登場！

衆議院議会文教委員会で江田五月氏の質問に、「男女差別とかそういうことに結びつくようなことは避けるという配慮は必要かもしれません」と菱村文部省初等中等局長。

○江田委員　これはまだちょっと先走り過ぎて、質問してお答えをいただくという段階まで行ってないと思いますが、子供の人権条約批准といったときに、恐らく多少の法的な手直しも要るんだと思います。女子差別撤廃条約の批准のときに家庭科の履習の仕方について検討会議を設けて、そして今、指導要領の改訂というところまで至っているわけです。そうしたこともまた検討される必要があるのではないかと思いますので、この点はひとつよろしくお願いをしたい。

あと五分しかありませんが、この子供の権利条約の中にも性差別を含めたあらゆる差別の禁止ということが入っているのですが、学校現場で何かと性による区別だけでない差別的な——差別というものはなかなか難しくて、例えば最近セクシュアルハラスメントなんといって、何がハラスメントかといったら、女性がハラスメントと感じたことがハラスメントだ、そんな話もあったりで難しいのですが、やはり学校の中に差別というものがある。

そこで、具体的に男女別出席簿、出席簿をとにかく男の子だけ初めに五十音順でざっと書いて、それから今度ちょっと欄をあけて女の子が五十音順でずっと並ぶ、そんなのはやめたらいいのじゃないか、もう男女混合で出

席簿をつくったらいいのじゃないかというような声があって、一部の地域では既にそういうことに積極的に取り組んでいるところもあると聞いております。

大臣、この出席簿がこんな問題で今騒がれている。騒がれているというほどでもないけれども話題になっている。これは御存じですか。

○石橋国務大臣　具体的には余り耳に入っておりません。

○江田委員　これは朝日新聞ですが、上、中、下と三回に分けて特集まであるわけです。とにかく教育に関することはもうすべて触覚を働かせて、いいことであろうが悪いことであろうがぜひ注意深く見ておいてほしいと思いますが、それはお願いですが、男女別出席簿を混合五十音順の出席簿にするといったことはできないのですか、できるのですか。

○菱村政府委員　出席簿は、学校教育法施行規則の十五条で学校で備えなければならない表簿の一つになっております。そういう規定がございますが、文部省としてその様式を特に示したということはこれまでないわけでございます。教育委員会または学校で適切な様式を定めて作成するというものでございます。したがいまして、出席簿の様式をどうするか、男女別にどういうふうに並べていくかというような問題は、学校、教育委員会で学校運営上の問題を考慮して考えていただければいいのではないかと思います。

ただ御指摘のように、それが男女差別とかそういうことに結びつくようなことは避けるという配慮は必要かもしれません。男女の平等の問題につきましては、御指摘がありましたように、家庭科は直しましたし、それから、今回の新しい指導要領では家庭科以外にも社会科の中でも、それから特別活動のホームルームなどでもそういうことを指導するように、そういう配慮をしております。

○江田委員　最後に、文部省への報告あるいは都道府県教委への報告の様式が男女別になっておるから、それが障害になって出席簿の男女別の配列を直すことができないんだ、そんなことが言われたりしておりますが、そんなことはありませんね。

○菱村政府委員　出席簿の様式等について文部省に届け出ということは一切ございません。それから教育委員会は、教育委員会によってはあるいはあるのかどうか私は詳細存じませんけれども、そういうことが隘路になって今の問題が困る状況になっているとは考えておりません。

議員ばかりにまかせておけない。各地の市民も行動開始!!

検討の余地はある――市教委

八王子市では、市民団体「八王子手をつなぐ女性の会が」、市教育委員会に、男女平等教育推進にあたっての公開質問状の中で、男女別名簿についての考えをただした。

89・9・27

…………………

問　児童の出席簿は、その順が「男が先、女が後」とすべく印刷されていますが、それは男女差別を助長することではないですか。

①児童・生徒の出席簿について

児童・生徒の出席簿の氏名順について「男が先、女が後」とすべく印刷されている事実を見出だすことはできない。また、市教育委員会はそのような指導もしていない。氏名順については各学校に委ねられているのが現状である。しかし、便宜上、指導上、慣例により多くの学校の出席簿の氏名順が「男が先、女が後」となっているのは事実である。このことが、このことだけで男女差別を助長しているとは言いがたく、派生する多くの問題も考えられるが、男女平等教育推進のために、検討の余地はあると思われる。

ばってんうーまん

BATTEN=WOMAN

'89年　11月　NO. 109
<事務局> 〒850 長崎市古川町3-11-603
津田尚美方 TEL.0958(24)5076
<編集> 〒854 諫早市福田町1611-66
大城直子 TEL.0957(24)0210

《市教委》「慣習だから」と言いのがれ、「男女別名簿」改めず。

右に掲げた新聞記事のとおり、長崎市内の父母と教師たちが、名簿を男女混合に改めるよう、教育委員会に求めました。

くわしい様子を、参加したばってんうーまんの池田玲子さんから、うかがいました。（まとめ／大城）

名簿問題は、「障害児の進路保障」「学童保育の充実」などを盛りこんだ10項目の要望の中の、四番目でした。

私たちの求めに対し、教育長「慣…から、…

朝日 11/21

学校の名簿男女混合で

母と女教師の会が長崎市に要

長崎市母と女教師の会の中村カネコ会長らが二十日、長崎市役所で本島市長、黒岩教育長らと面会、「学校での名簿が男子が先で女子が後となっているのは男女差別で、男女混合名簿に改めてほしい」と要請した。教育長は「長い間の慣習になっており、利便性の問題もある」とだけ答えた。

この問題では、大阪府堺市が来春から、出席簿を男女混合五十音順に改めることをきっかけに全国的に論議が高まってい

4.ああ言えば、こう言おう

反対派説得法

実際にあなたが出席簿を男女混合にしようとすると、思わぬ反対や抵抗にぶつかるものです。私達が今まで出会った難問・奇問を紹介します。あなたならどのように答えますか。

Q1 男と女、どちらが先かなんて、ささいなことじゃない。

A1
りぶ子　そうなのよ。ささいな事だから、変えるのも簡単じゃない。

ブリ子　一見ささいな事に思えるかもしれないけど、女の子は、小・中・高と12年間も毎日学校で男の子の後で呼ばれるわけ。それが女の子に何の悪影響も及ぼさないと言い切れるかしら。

りぶ子　女の子はいつも後、という「待ち」の姿勢を知らずにすりこまれるのね。女の子の積極性と可能性をはばむんだもの。事は重大よ。

Q2 男女平等の問題の中で（或いは教育活動の中で）他にもっと重要な事があるでしょうに。

A2
ブリ子　あなたは、あなたが重要だと考えることをやって。私も協力を惜しまないわ。私は私のできる所から少しずつやるつもり。だから、あなたも反対でなかったら、ちょっとだけ力を貸して。職員会議で混合名簿賛成の方に手を上げてくれるだけでいいの。

Q3 男女を分けるのは差別じゃなくて区別だよ。

A3
ブリ子　アメリカの学校で、白人が先、黒人は後なんていう出席簿を作ったら、まさか「区別です」という人はいないでしょ。「区別」って言葉、クセ者なのよね。

りぶ子　'85年に日本も批准した女子差別撤廃条約では性に基づく区別は、差別であるとしてるし、女性を差別する古い慣習も廃止しなければならないともいっているのよ。男女別出席簿はまさにこの古い慣習よ。

Q4 体育や家庭科の授業は男女別だから、点呼や成績処理のとき大変だよ。

A4
りぶ子　都立西高校や戸山高校では男女混合名票を古くから使っているけど、転勤してきた教員もすぐ慣れるし、まったく問題はないそうよ。

Q5 健康診断のときなんか大変だよ。

Q6 教員はいいにしても、事務が大変だよ。

Q7 式典や整列のとき、男女混合では見苦しいっスヨ。

Q8 男が先、女が後というのが自然なのだ！

ブリ子　家庭科は'94年には男女共修完全実施だからかえっていいわ。体育だって共修にしてもいいころよ。小学校の時は体育も家庭科も男女いっしょで楽しかったじゃない。

A5
りぶ子　年に一回の健康診断のために毎日の悪習を変えられないわけ？
ブリ子　どうしても、という場面では男女別名簿をあらかじめ作っておいてもかまわないじゃない。

A6
ブリ子　どんなことが大変なのかしら。事務室で男女別に分けなきゃいけないことってある？
りぶ子　都立西や戸山では事務でも問題ないそうよ。混合名簿の大学の事務室でもそんな話聞かないけど。単に慣れの問題じゃない。

A7
ブリ子　他の国の人たちにとっては男女別に並んでいるのはとっても異様な光景なんだって。
りぶ子　あなたは男子校でボーズ頭・つめえりが整列していれば「美しい！」って感動するんじゃない。

A8
りぶ子　あきれた！　今だに「男女七才にして席を同じうせず」の世界に住んでいる人がいるのね。
ブリ子　日本の自然は世界の不自然なのよ。

Q9 不便だし、今さら変えるのは面倒くさいな。

Q10 教室の中で男女が入り混っていると生徒の顔が覚えられなくなるよ。

Q11 男女別の平均点が出せないじゃないか。

Q12 女子にはさまれた男子がかわいそうじゃないですか。

A9
ブリ子　私達は選択科目の繁雑な成績処理だって、生徒の為と思えばこそやっているし、それに比べればワケないわ。「慣れ」の問題よね。男女平等と「今現在の便利」どちらが優先されるべきか言うまでもないと思うけど。
りぶ子　生徒達だって年々変化しているし、「変化」に柔軟に対応できなくなったらおしまいね。

A10
ブリ子　若いうちは生徒の名前もすぐ覚えられたわね。私も年だからきついけど、せめて生徒の名前を覚える熱意だけは持ち続けたいわ。
りぶ子　そういう人はたぶん男女別に並んでいても、覚えないものよ。

A11
ブリ子　男女別の平均点なんてどんな意味があるの。男女の平均点に差がでたら、それに応じて男女別に指導法を変えるわけ？
りぶ子　無意味な作業がひとつ減っていいじゃない。

A12
ブリ子　その逆は考えないの？
女の子にもそれ位気をつかってね。
りぶ子　かえって喜ぶ子が多いわよ。

なぜ男の子が先

出席簿の男女混合への試み

＞上＜

入学式、卒業式といった儀式で呼ばれる時は、無論男が先で女が後。毎日の学校生活でも、出席簿は男の子が先で女の子が後。「なぜ、いつも男が先？」。女性教師らが、こう思い始めてから十余年になる。ところが、最近になって、全国で初めて大阪府堺市が男女混合の五十音順名簿に、市として取り組む方針を打ち出したのをはじめ、東京都議会などで女性議員の質問が出るなど、やっと学校名簿のあり方に注目が向けられて来た。名簿を男女交えてアイウエオ順にするという、ごく簡単そうなことが、なぜ、そんなに難しいのだろうか。

（佐藤　洋子記者）

議会の場で

「無意識の差別」問う

堺市宿院町の婦人会館の一室。堺市女性団体連絡協議会の事務室で、委員長の山口彩子さんは「大事なことやけど、こんな初歩的な名簿の問題が、何でいまさらこう話題になるのか。かえって、わたし、ポカンとしてます」と話す。

山口さんは堺市議会議員でもある。今年に入って三月と六月の二度、男女差別ではないかと、男女別の出席簿の問題を市議会でとり上げた。そして同市教育委員会から「男女混合あいうえお順の方向でいきたい」という答えを引き出し、全国の教育関係者らの注目を浴びた。

「女性党を一人でやっているつもり」と語る山口彩子・堺市議（右から二人目）＝堺市婦人会館で

山口さんは議員になって三期十一年目、どの党にも属さず「女性党」を自称している。一貫して市議会で女性問題を取り上げて来た。出席簿の問題は、その中のひとつに過ぎない。

堺市から輪広がる

しかし、この質問の背後には、山口さん自身が小学生の時からずっと、何かにつけて男が先・女が後の序列をおかしいと思い続けて来た経緯もある。

「いつも、大したことない男の子が級長で、わたしは副級長。何でやねんと思って来ました」

堺市での動きに刺激されるように、九、十月と宇都宮市、東京都などの議会でも、女性議員による出席簿の質問が続いた。

宇都宮市では添田包子市議会議員（社会党）が、「出席簿の男女別は、無意識のうちの差別教育につながる」として、男女別の出席簿を男女一本化してアイウエオ順にすべきだと、市側に迫っている。

添田さんも、女性の地位向上にとり組む栃木県婦人月間実行委員会の委員長を務め、県の「女性プラン」作りにも積極的にかかわって来た。

前向きの答弁得る

「私なりに、たとえば男女いっしょの教員用トイレを男女別にする、女性教師のみの掃除分担はおかしいなど、教育現場での平等に目を光らせて来たつもりです。男女平等は、ぎょうぎょうしいことでなく、身辺の問題を解決していかなければならないから」という。

「堺市のように全国に先がけてやろうという勇気は、宇都宮市にはない」と添田さんは批判するが、それでも「多方面から研究して行きたい」という答えを市側から引き出している。

また、東京都議会では、九月に佐久間むつ美議員（社会党）、続いて十月に三井マリ子議員（社会党）が、堺市の動きを受けた形で、名簿について同じ趣旨の質問をしている。これに対して、東京都教育庁は「名簿などの決定権は学校長にあるので、教育委員会が一方的にこうせよとはいえない」としながらも、二議員の質問をきっかけに、世界の動きなどの資料収集や現場の考え方の調査などをする予定だ。「名簿という具体的なものを手がかりに、平等教育とは何かを現場の先生同士話し合い、考えてもらって、その上で環境作りをしていきたい」と、同庁指導企画課。ここでも、一応前向きの姿勢が示されている。同庁の調べでは現在、東京都の公立学校での男女混合名簿採用校の比率は、小学校が〇・五%、中学ゼロ、高校一一・八%に過ぎない。

女性議員の増加も背景

こうした動きの中で、堺市教育委員会の中野守国・学校指導課長は、今後の見通しを次のように説明する。

まず幼稚園（二十園）と高校（四校）は来年四月実施。小学校（八十九校）は平等教育実行委員会を作って意思統一をはかるためにもう少し時間がかかる。中学校（三十九校）は府などへ提出する書類が男女別なので、出席簿そのものを混合にするには時間がかかる。とりあえず卒業式、入学式など普段の活動に男女混合の呼び方をとり入れていく一方、校長会の中で中学名簿の研究会を作っていく。

「積極性」に注文も

そして、中野課長は「もう少し女性の先生方が積極的だと進めやすいのですが。現状を変えるのに消極的なのは女性の先生に多いように思います」とも付け加えた。

学校での名簿の問題は、このように「教育問題」というより、「女性問題」として、増加する女性議員の数を背景に、いま議会の場で脚光をあびはじめている。高校教師から都議に転身した三井さんも「十七人に増えた女性議員の後ろに、さらにたくさんの女性たちが存在することを実感します。それが、同じ女性問題を質問しても、行政に目を向けさせる大きな力となっていると思います」と、時代の変化を語る。しかし、逆に、政治の場で取り上げられなければ、学校に変化をもたらすことが難しかったともいえそうだ。

＜1989. 11. 14　朝日＞

家庭

なぜ男の子が先

出席簿の男女混合への試み

〈中〉

「男女平等運動家」。埼玉の県立高校の英語教師を三月にやめた中嶋里美さん（50）がくれた名刺には、こう印刷されてあった。学校の内から外へ。中嶋さんを大きく変えたのは、四年前のナイロビ体験だった。

一九八五年夏、ケニアのナイロビ大学構内には、自分たちの主張を世界中の女たちに訴えたい女性たちがひしめいていた。中嶋さんもその一人だった。机ひとつを確保するために、早い者がちだから、早朝から陣取る。中嶋さんが机の上に用意したのは、一たばのアンケート用紙。学校の出席簿は、各国では男女どんな順番になっているのか、日本の男が先・女が後の名簿をどう思うかを聞く英文のものだ。

「男が先」は一ヵ国

「国連婦人の十年」最終年にナイロビで世界会議が開かれた時、民間女性たちが参加したNGO（非政府組織）フォーラムの会場風景である。十八カ国延べ四十九人がアンケートに答えてくれた。欧米、アフリカ、アジア、南米など。「男が先女が後」はインド一国、あとはすべて男女混合アルファベット順だった。

中学校の卒業式も、男女別に列を作るのがごく普通の光景　＝1989年３月

日本の、男が先女が後の男女別名簿については、「正義に反する」（西独）、「差別だ！」（ボリビア）、「闘うのみ」（ケニア）、「男の子に自分が女の子より優れているという考えを与えてしまう」（米国）。短い力強い言葉を世界の女性たちは書き込んだ。

女教師たちの壁

反対や無関心の同僚

帰国後、中嶋さんは、自分が参加している性差別をなくすための活動グループ「行動する女たちの会」の仲間と共に、東京と埼玉の公私立高校、八十校八十人の女性教師に「出席簿についてのアンケート調査」をした。

八十校中、男が先・女が後は七十一校、「違う」は九校。男女別名簿をみておかしいと思うかの問いには重複回答で①女子に、いつも男子の後につくものと無意識に教え込む（二十五人）②生徒が男女別に固まる傾向を助長する（八）③男女に分ける必要はない（六）④いつも女子が待っていなければならないから不公平（五）など。逆に男女別で「おかしくない」という答えの内容は①習慣だから（十二人）②今まで考えたことがない（十二）③男女別の平均点を出すのに便利（十）など。ナイロビで聞いた世界の様子と日本は、鮮やかな対比を示していた。

「中心課題でない」

日本の場合、出席簿はごく普通には、一番から男子がアイウエオ順で続き、少し空白をおいて、五十番などキリのいい所から女子の名前がはじまる。

「なぜ、いつも男が先？」。OLも経験している中嶋さんは、男女の賃金差や補助職の限界などをいやというほど感じてきた。学校内での平等問題にも敏感だった。

改善の提案　立ち消えに

一九七二年、埼玉県のこの高校で新一年生の受け持ちになった時に、「今度は出席簿で女の子を先にしたい」と学年会で賛成を得たことがある。

しかし、すぐ養護の先生から、身体検査の身長・体重の統計を文部省に提出する時、学年ごとに男女の順がバラバラなのはやりにくい、女が先なら先で、全学年統一を、という意見が出た。さらに他の学年の男性の先生からは「名簿の男女順などはささいなこと、女性問題の中心課題ではない」という声も。職員会議でも無関心派が大方で、結局、男が先の元通りに戻ってしまった。

何度かの試みを経て八三年、中嶋さんは職員会議に「名票（名簿）の氏名の並べ方についての改善の提案」を出した。その中で、中嶋さんは提案理由を次のように書いている。

――男子を先にするとか女子を先にとかは共学の中では不自然であり、もっとも普通なのは男女お混（こ）みになっているものであると思う。「女子差別撤廃条約」（国連が七九年に採択）でも、こうした身のまわりにある封建的な慣習を改めることを要求しているし、教育にたずさわる者が率先して、そのような任務を果たすべきである。

中嶋さんがナイロビに出かけて行ったのは、この二年後だ。

手続き論をタテに

「十年前に男女混合なんていったら〝ドン・キホーテ〟。四年前にたった一日の卒業式ですら、自分のクラスを男女混合にすることができなかった」と話すのは、東京都立荒川工業高校の長谷川美子教諭。

長谷川さんは八五年の三月、当時いた埼玉の県立高校で、受け持ちのクラスの生徒たちから、自分たちの卒業式には、名前の呼び上げを男女混合にしようという提案があってクラス全員一致で決定した。本番前日のリハーサル。予行を終えて会場を出ようとする長谷川さんを、数人の同僚教師が取り囲んだ。

「見苦しいですよ。男と女が交じるなんて」。生徒たちは、遠くからこの様子をじっと見ていた。

翌朝の卒業式。父母たちが会場へ入りはじめている時間にも、職員会議は続いた。このままなら式は中止か。「結局、手続きをふんでいないから、という手続き論で断念しました」と長谷川さん。いまも、その時の悔しさを忘れない。

「不意打ち的なやり方でなく、冷静な対応なら〝たかが名簿〟、正面きって反対しにくいはず」。いま、名簿問題に取り組む他校の教師たちに、長谷川さんはこう助言している。

＜1989.11.15　朝日＞

家庭

なぜ男の子が先
出席簿の男女混合への試み

＞下＜

深く静かに
「不便さ」克服へ工夫
理解の輪も徐々に拡大

教育委員の準公選制で知られる東京都中野区。九月のまだ暑さが残る土曜日、「区民と区の対話集会——中野区の女性をめぐる施策について」が、同区の婦人会館で開かれた。

会場正面に区側の責任者がずらっと並び、八十人ほどの女性たちが、教育、労働、福祉などについて区側に質問する。主催は「中野の婦人行動計画推進を促す会」。今年は五回目の会合だが、教育問題では、「来年度から大阪府堺市が取り組むが、中野区ではどうなのか」と、男子優先の出席簿について、市民側からの質問が相次いだ。「女性の校長先生の指導で女子を前にしたり、男女混合の出席簿が実現したことが（区内で）あったが、今後区としての働きかけは？」

区民が活発な要求

これに対して区教委は「学校長の責任において（出席簿は）作られるため強制はできない」と型通りの答えだったが、女性たちからは活発な声が出た。

「区の教育委員会が、学校にアドバイスするぐらいでも、随分変わることができるのではないでしょうか」「この問題は予算がかかるわけではないので、手をつけやすいはず」

「教育委員会の一方的命令というよりは、住民と教委、学校の三者が話し合う形がもてればいちばんいいと思うのですが…」という意見の人もいる。

会場に来ていたPTA会長経験の女性は、「堺市のニュースを聞いた時、私たちが十年も前から取り組んできた問題が、やっと社会的に認められはじめたという気持ちさえしました」と話した。

十月、東京都新宿区の四谷公会堂で東京都高校教職員組合婦人部の定期総会が開かれた。その総会で、今年は活動方針の中に、「男が先、女が後の男女別生徒名票（名簿）を撤廃し、男女混合名票にとり組みます」という一項目が認められた。

三年前に、同定期総会に「出席簿を男女こみのアイウエオ順に」という提案をしたある都立高校教師は、こう話す。「その時は、なんといったって"婦人部"。反対意見はないと思ったのに通らなかった。今回、通ったのは、堺市の取り組みをはじめ、ジャーナリズムでこの問題が取り上げられることが多くなった影響が大きい。職場の反対派を説得しやすくなりました」

先生にアンケート

三十代はじめの女性教師二人に会った。同じ公立高校の中で、いま、一歩ずつ手続きを踏みながら、男女混合の出席簿を実現させようと力を合わせている。「職員会議で正々堂々と実現させたい。深く静かに前進中です」

二人が勤めている学校の運営組織委員会が校内の教職員からとった出席簿についてのアンケート調査を見せてもらった。その中から、出席簿を男女混合にした場合「不便だと思う点」の答えを抜き出してみた。

▽名前だけでは男女の区別が判断できないことがある▽家庭科、体育は男女別々授業なので出席簿が混合では困る▽男女別の平均点を出す時に不便▽生徒の名前を覚えにくくする▽男女別にならばせた時に名前を呼ぶのが不便▽在籍数、健康診断の集計など男女別につかめないと混乱する▽男女バランスを考えたクラス分けをする時に不便▽慣れるまで時間がかかる、など。

男女混合の出席簿を使っている学校は、東京都の例でもわかる通り、全国でも数少ない。その一つ、都立戸山高校の場合は、男女交えてアイウエオ順にし、通し番号をつけ、女子だけ名前の前に○印を書いている。先のアンケート調査に書かれた「不便」な点は、同校でどう受け止められているのだろうか。

赤丸など目印活用

同校の体育教師、町田由紀さんは、五年前に同校に赴任した時、男女別出席簿になれていたのでかなりとまどった。「体育は男女別なので、前任の先生が名簿を切り離して、女子だけの出席簿を作っておられたので、私も一年目はそのようにした。が、全校の女子の名簿を作るのは大変。結局、翌年からは女子の○印を赤丸に。慣れてしまえば特に不自由は感じません」

体育や家庭科の成績の転記や、指導要領に記入する時に、男女の単位数が違うので、男女別の時よりも少し注意が必要なこと。健康診断の時は健診票の片側に、（女子は）赤いマジックで帯をつけるなどの工夫もされている。

「混合名簿を作る段階で、まず担任が男女別を慎重にチェックすることが必要。しかし、この名簿は職員にも支持されているし、生徒や父母からも好評だと思います」と町田さんは付け加えてくれた。

「たかが」「ささいな」「当たり前」だと思い込んでいる人には見えにくい問題に、女性たちは、いま踏み込みはじめている。それが多くの人々の共通の課題になる日へ向けて。

◇

このシリーズで見てきた出席簿の男女別や、男女混合の試みにご意見をお寄せ下さい。八百字以内。あて先は〒104・11東京京橋局私書箱三〇〇号、朝日新聞学芸部「学校名簿」係。住所、氏名、年齢、職業、電話番号を明記して下さい。

数年前の、ある都立高校の男女混合出席簿。女子の名前に丸印がつけてある

＜1989. 11. 16　朝日＞

5. 編集メンバーによる

怒りのトーク

こんなにある！
目に見えない出席簿の後遺症

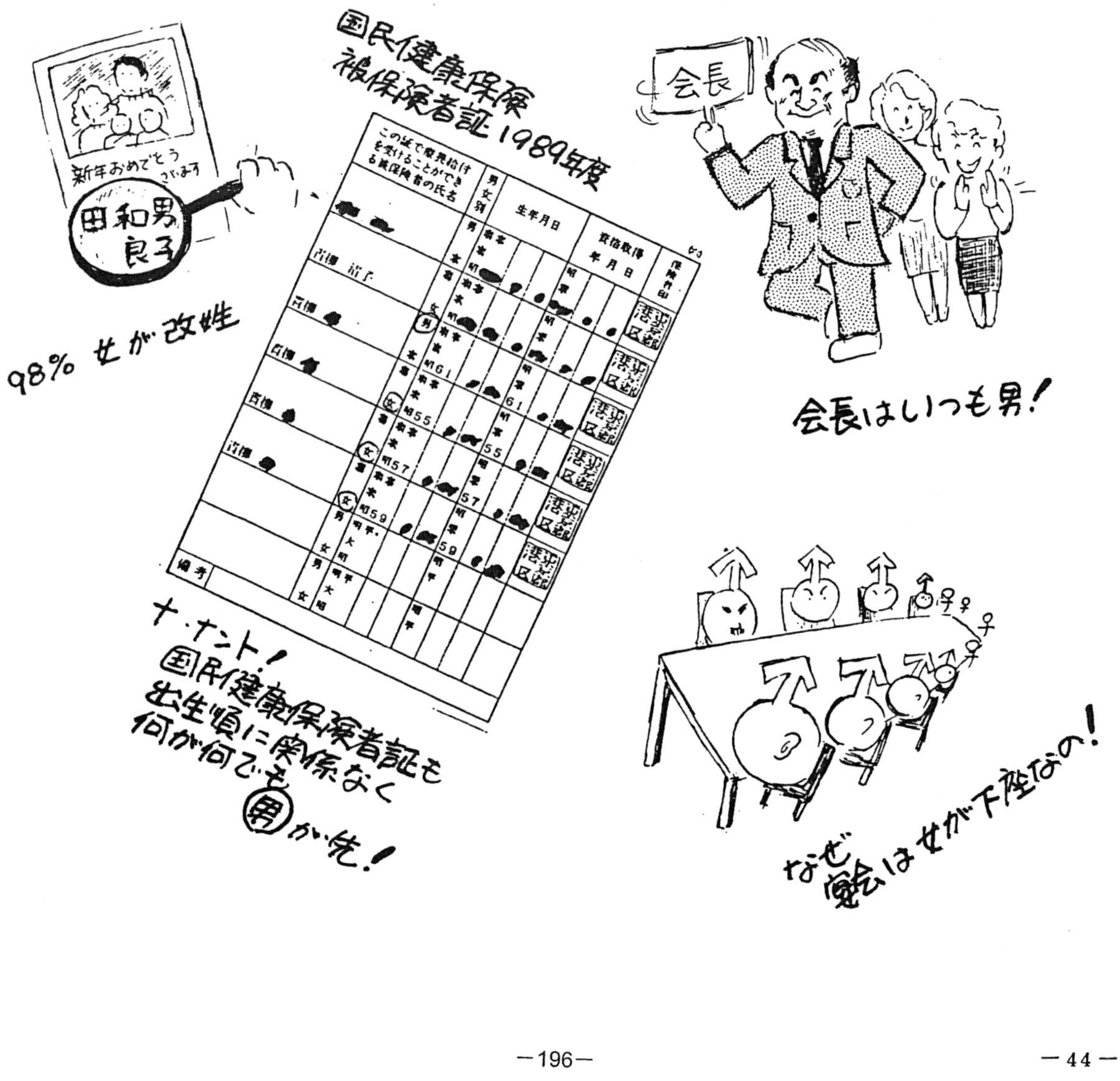

新年おめでとうございます
田和男
良子
98% 女が改姓
国民健康保険
被保険者証 1989年度
会長
会長はいつも男！
ナ・ナント！
国民健康保険者証も
出生順に関係なく
何が何でも男が先！
なぜ宴会は女が下座なの！

＜ミックス賛成九割も＞

A　「なぜ男の子が先」という記事が朝日新聞に三日に渡って連載されたのは、画期的なことね。

B　反響のうち、9割がミックスに賛成というのも驚いたわ。少し前なら「そんなつまらないことを」とか「くだらん」って反応がほとんどだったもの。

C　すごく勇気づけられたわ。

A　でも反対意見もたくさん来たそうよ。たとえば男性の校医さんだけど、「健康診断の際、名簿順でないと処理できない。混合名簿では男女同じ部屋で上半身裸で検査を受けなければならない。社会問題になるでしょうね」という声。

D　出席簿というと、なぜすぐ健康診断が浮かぶのかな。保健所の健康診断だって、男女別の名簿があるわけじゃないのに。

E　会社だってそう。男女こみの名簿がフツーだけど、だからって男女同じ部屋でやらせる？

A　名簿を混ぜたら検査もいっしょに受けなければならない、という発想が異様ね。

D　その光景を期待してるんじゃない？

E　男と女、いろんな人種が混ざってるからおもしろい、って発想がないのよ。すぐデメリットを見ようとする。

B　分離こそ自然、と思ってるんだ。

A　「コンピューター処理ができない」って反論もあったけど、コンピューターだからこそ問題ないはずなのにね。

E　データを男女別にピックアップできるものね。

B　仮に不便があるにしても、健康診断は年一回よ。そのために毎日毎日使う出席簿が男女別とは。

A　「前後という順序で人間の価値がきまるという思い込みがある」って批判も載ったわね。

C　前が偉くて後はダメなんてまさか思ってないわよ。問題なのは、アイウエオ順でも何でも、さらにその中で男と女を分けていることよ。そしてそれが与える影響を言ってるのに。問題を混同しているわ。

＜共学なのに、分かれる男女＞

A　教室でも名簿の順に生徒を座らせる先生が多いよね。廊下側は男ばっかり、窓側はズラーッと女なんてやりにくいし、不自然。

D　男と男、女と女しか親しくできないようになっちゃってるんだ。

A　うちの近所の中学を見てると、登下校の時、男女別のカタマリばっかりよ。でも連れ合いに言わせると「あの学校、妊娠してる子もいるって話だから、けっこう男女の仲がいいんじゃない」だって。

（全員）ウワーッ！

E　男と女がくっついていれば、即カップルなんだ。貧困な文化としか言いようがない。

B　友達としての関係が作れないのよね。男女いっしょにワイワイ帰ってもいいのに。

D　無理に分けるから、イザという時、望まない妊娠なんかするのよ。

B　子供も男女別に慣れてるから「男の中に女がひとり～」とか「女の中に男がひとり～」ってハヤしたてる。本当はうらやましいのに。

A　男女別学高校の存在は平等への最大の障

害だけど、それを支える土壌は共学校でも男女がバラバラなことよ。
E　男も女も同じようなジーンズ姿で、仲よさそうに帰っていたら、別学の生徒はとてもガマンできない！
B　でも目に映る風景はそうじゃないから、まだ耐えていられる。
A　男子優先の考えかたは世の中のいろんな現象から身につくものだけど、男女を分けるってのは明らかに学校教育の後遺症ね。
C　大学生になっても教室でなんとなく男女が分れて座ったり。朝日ジャーナルの「ゼミナール訪問」なんか、いつも教授のわきに女子学生が固まってるわ。
D　12年間の名簿の影響はちょっとやそっとでは取れないわよ。

＜ささいなことやんけ＞

A　なのに相変わらず「ささいなことじゃないか」って反応も多いわね。大阪の高校生が「なんでこんなことでモメなあかんねん」と投書をよこしてるわ。
E　「ささいなことだからそのままにしておきたいの?」って聞いてみたい。
B　コトバじゃそう言いながら、大げさな反応にいつも驚かされるわ。「ささいだ、ささいだ」と言いたてるのに異和感を感じるのよ。
A　外国の人は誰も「ささい」なんて言わないわよ。非常に驚いて、たいへんなことだと叱咤激励されるのが普通。
C　みんなうすうす大きな問題を感じてるから反発するんじゃない?
D　差別の本質に触れる問題と男たちは感じてると思う。世の中で男・女という序列は男にとってものすごい既得権でしょ。それに抵触するんだから心理的な抵抗は大きいわよ。
E　「ささい、ささい」と騒ぐ人を見ると、反対に「これはでっかい問題なんだな」とあらためて痛感するわ。

＜男子優先の後遺症＞

A　名簿の後遺症ってどんなことがある?
D　夫婦連名の年賀状を見てよ。彼女のほうしか知らないのに、後に名前が書いてあるのはイヤね。
B　それに加えて女の名前が小さな活字だったり、まったく不愉快。
E　冠婚葬祭がいちばんヒドイわね。お葬式での焼香は実の娘より娘婿のほうが先、花輪はすべて男名前……。
A　PTA名簿も並ぶのはお父さんばかり。イザという時、学校に来る人の名前にしてほしいわね。
B　だけど、なぜか保育園関係の書類だけはまず母親の名前を書くようになってるの。そのあとに父親をくっつけるわけ。
D　子育ては女の仕事、って意識の反映ね。
E　PTAでも、役員選びのときなんかすぐ「じゃ、男の方に……」
C　私、会長を二期やったんだけど、女同士だと、すごく民主的にやれる。ところが、「やっぱり男の会長でなくちゃ」と言い出したの、女が。
D　なに、それ！
C　次の男の会長が総会であいさつしたら、「やっぱり男の人だと締っていいわ」だって。
D　PTAに限らず、会議なんかでも女ははしっこ、うしろの席に固まったり。まっ先に発言するのは男って感じない?
A　うん、あるある。
B　女が、しかも若い女がまっ先に発言すると、「なまいき」みたいな。

A 私はできるだけ心がけて一番に発言することにしてるの。なんたって最初はシーンとしてるから、そこでしっかり意見を言って雰囲気を制覇しちゃう。

B エライ！ でも、自覚してなおかつ自分を鼓舞しなきゃならないっていうのが悲しいところ。

E 宴会の席だって、女は下座に固ってペチャクチャ。

A 生徒の中にも、「男の子に引っぱってってもらいたい」って根強いもの。「女が言ってもついてこない」とか。

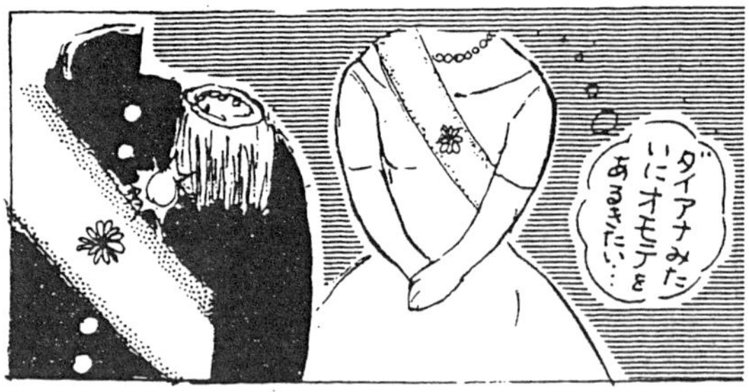

ダイアナみたいにオモテをあるきたい…

E 生徒会長に立候補した女の子が選挙演説の中で、「女だけどがんばります」

D 「女だけど」は余計だってーのに。

B もひとつ思い出した。文化勲章なんかもらうと皇居にお呼ばれするでしょ、あれ、いつも不愉快なのよね。夫婦で横に並んで入っていくことって絶対ないのよね。必ず何メートルか男が先。間隔まで決められてるみたい。

C あら、そのお手本をロイヤルファミリーがやって見せてくれてるじゃない。

＜こんなとこにも男↓女＞

B 結婚するとき、どっちの姓にするか、男はよく「つまんないこと」って言うでしょ。「じゃ、あんた変えたら？」って言うと猛り狂う。

E 「ぜったいイヤだかんな、オレ」とかね。

C 女の人も抵抗しない。まれに男が「ボクが変えたっていいんだよ」って言っても、「カレがかわいそう」とか。

D 「もっとほかにやることがあると思うの」とかね。

A 女はいつも後についてると、自分の苗字を大事にしなくなるのよね。

E 私もそうでした、実は。

A うちは別姓なんだけど、表札作るとき、私を上にしようとしたら、彼はビックリして、「どこの表札屋だ、すぐ電話する！」って大騒ぎ。アイウエオ順でもこっちが先なのに。

B 年齢からいっても。

A 収入からいっても。身長以外みーんなこっち。なのにすごーくこだわってた。平等意識は普通の男より高いと思ってたんだけど。

D そうそう、知ってた？ 港区の友達から聞いてビックリしたんだけど、国民健康保険証の家族欄、子供は年齢にかかわりなく男の子が上なんだって。

B えっ？ じゃ、12才のお姉ちゃんより3カ月の弟の方が上？

D そう。彼女のところも、女の子二人のあと男の子が生まれて、日頃から「よかったわね、やっと男の子で」とか言われてたのよね。その上、そんな保険証を見たもんだから、上の女の子が、すごく悔しがったんだって。「私ってそんなに価値がないの？」って。

C トーゼンの疑問ね。

D コンピューター処理の都合って役所は言うんだけど、抗議してやっと手書きで書き直してもらったそうよ。

〈憲法より大きな影響力〉

C　日本人はすごく序列に気を使うでしょ。芝居の役者の名前なんて、並べ方に神経すり減らしてるわけでしょ。

D　あいつより後なら、もう降りるとかね。

C　なら、いつもあと回しにされてる女の子の身にちょっとはなってもいいでしょうに。

D　ていうより、男が先っていうのは序列以前の掟なんじゃないの。そういう人には。

C　学校の名簿については、親の意識は薄いみたい。崩すのは教師からしかないのかなあ。

A　そりゃ、教師に一番責任あり。原稿書くのも、呼ぶのも、平均出すのも教師だもん。

C　親からも言うような関係ができるといいね。

A　うん。確かにやり易くなるよね。

E　こんな差別社会で、男に生まれただけでエライ、と思わせられる価値体系の中に男子優先の名簿があるのが問題。

D　男女差別を助長し、補強するシステムとしてね。

B　もしこれが、黒人と白人のいる学校で、名簿が白人優先なら、誰でもその差別性がわかるはずよ。背景にある差別が名簿に現われてるだけだって。

A　憲法には、「男女は法の下に平等、性別により差別されない」って立派な文句。一方、学校で毎日ボーイファーストの出席簿っていう現実。どっちが人の意識に及ぼす影響が大きいと思う？

E　毎日憲法読む人なんていないでしょ。受験の知識や一般常識として男女平等を叩きこんでも、こんな名簿に慣れ、この感性で、心底ナットクってことはないと思うよ。

A　出席簿って、日常光景として目に焼きつく分だけ、影響も大きいよね。ささいなことと言われてひるまないようにしないと。

C　出席簿を変えるのは、男社会を変えてくひとつのとっかかり。世の中変えたくない人にとっては「ささい」だけど必死に守っていきたいことなわけ。

D　何とか崩せるところから崩していきたいよね。

ジョギングもウォーキングも肩を並べた方が楽しいのに……

行動する女たちの会教育分科会出版物

男女平等の教育を考えるシリーズ

Ⅰ 『男女共学を進めるために』 （1977）

—絶版—

Ⅱ 『女はこうして作られる

ー教科書の中の性差別ー』 （1979）

—絶版—

Ⅲ 『つばさをもがれた女の子

ー教室の中の性差別ー』 （1982）

・上記の3冊は事務局でお読みになれます。

さよならボーイファースト
——男女別出席簿を考える——

一九九〇年二月二四日発行

定価　五〇〇円（送料別）

発行　行動する女たちの会・教育分科会
東京都新宿区荒木町二三　中沢ビル二F
女性解放合同事務所　ジョキ内
TEL／FAX（〇三）三五七ー九五六五

郵便振替口座／東京八ー五三七四〇六

編集　行動する女たちの会　教育分科会
安達幸子　金沢恵子
坂本ななえ　中嶋里美
長谷川美子　福徳ひろみ
前田朋乃

カット　前田朋乃

編集協力　遠藤真子
有限会社　マサコカンパニー
東京都千代田区九段三ー三ー一四
フラット九段南六〇二
TEL　〇三（二六一）二八七八

印刷　株式会社　日本企画サービス

行動する女たちの会

行動する女たちの会・教育分科会　男女平等教育を考えるシリーズⅣ

500円